Técnicas em GESTALT

Dados Internacionais de Catalogação na Publicação (CIP)
(Câmara Brasileira do Livro, SP, Brasil)

Joyce, Phil
    Técnicas em Gestalt : aconselhamento e psicoterapia / Phil Joyce, Charlotte Sills; tradução de Vera Joscelyne. – Petrópolis : Vozes, 2016.

Título original: Skills in Gestalt : counselling & psychotherapy.
Bibliografia.

9ª reimpressão, 2025.

ISBN 978-85-326-5182-2

1. Gestalt (Psicologia) 2. Gestalt-terapia I. Sills, Charlotte. II. Título.

CDD-616.89143
NLW-WM 420

15-10366

Índices para catálogo sistemático:
1. Gestalt : Psicoterapia : Psicologia   616.89143

Phil Joyce • Charlotte Sills

Técnicas em GESTALT

Aconselhamento e psicoterapia

Tradução de Vera Joscelyne

Petrópolis

© Phil Joyce e Charlotte Sills, 2014 – 3ª Edição

Tradução do original em inglês intitulado
Skills in Gestalt – Counselling & Psychotherapy,
publicado por Sage Publications.

Direitos de publicação em língua portuguesa:
2016, Editora Vozes Ltda.
Rua Frei Luís, 100
25689-900 Petrópolis, RJ
www.vozes.com.br
Brasil

Todos os direitos reservados. Nenhuma parte desta obra poderá ser reproduzida ou transmitida por qualquer forma e/ou quaisquer meios (eletrônico ou mecânico, incluindo fotocópia e gravação) ou arquivada em qualquer sistema ou banco de dados sem permissão escrita da editora.

CONSELHO EDITORIAL

Diretor
Volney J. Berkenbrock

Editores
Aline dos Santos Carneiro
Edrian Josué Pasini
Marilac Loraine Oleniki
Welder Lancieri Marchini

Conselheiros
Elói Dionísio Piva
Francisco Morás
Teobaldo Heidemann
Thiago Alexandre Hayakawa

Secretário executivo
Leonardo A.R.T. dos Santos

PRODUÇÃO EDITORIAL

Aline L.R. de Barros
Anna Catharina Miranda
Eric Parrot
Jailson Scota
Marcelo Telles
Mirela de Oliveira
Natália França
Priscilla A.F. Alves
Rafael de Oliveira
Samuel Rezende
Verônica M. Guedes

Editoração: Maria da Conceição B. de Sousa
Diagramação: Sheilandre Desenv. Gráfico
Capa: Sandra Bretz

ISBN 978-85-326-5182-2 (Brasil)
ISBN 978-1-4462-7587-0 (Reino Unido)

Este livro foi composto e impresso pela Editora Vozes Ltda.

Sumário

Prefácio – Técnicas em aconselhamento e Psicoterapia Gestalt: uma perspectiva holística, 7

Parte I – A Gestalt-terapia na prática, 11

1 Preparando para a viagem, 13

2 Fenomenologia e Teoria de Campo, 30

3 *Awareness*, 49

4 O relacionamento terapêutico, 67

5 Avaliação e diagnóstico, 81

6 Considerações sobre o tratamento, 100

7 Fortalecendo o apoio, 111

8 Vergonha, 121

9 Experimentação, 133

10 Estilos de contato: moderações ao contato e polaridades, 149

11 Situações inacabadas, 169

12 Transferência e contratransferência, 180

13 Processo incorporado, 202

14 Trabalhando com sonhos, 216

15 Autossupervisão, 224

16 Terminando a viagem, 229

Parte II – Administrando encontros desafiadores, 243

17 Avaliando e administrando o risco, 245

18 Fornecendo recursos ao cliente, 258

19 Depressão e ansiedade, 274

20 Trauma, parte 1: avaliando e estabilizando, 300

21 Trauma, parte 2: processando e integrando, 314

Parte III – Prática da Gestalt em contexto, 333

22 Terapia breve, 335

23 O profissional refletivo: pesquisa na Gestalt, 347

24 Diversidade, cultura e ética, 365

25 Aconselhamento espiritual, 378

Referências, 387

Índice remissivo, 401

Prefácio

Técnicas em aconselhamento e Psicoterapia Gestalt: uma perspectiva holística

Este é um livro sobre prática. Em 1999, quando preparávamos a primeira edição do livro, escrevemos:

> Nossa experiência como instrutores e supervisores nos levou a perceber quantos livros excelentes existem sobre a filosofia e a Teoria Gestalt e quão poucos existem sobre a verdadeira prática clínica. Mesmo quando técnicas e habilidades são descritas, as descrições estão espalhadas por toda a literatura e não fornecem uma visão abrangente para o profissional interessado. Tanto os alunos iniciantes quanto os avançados frequentemente expressam confusão ou surpresa sobre as várias opiniões nas situações clínicas, especialmente quando não conseguem ir adiante (como ocorre com todos nós). Com frequência sua insegurança está relacionada com alguns dos aspectos essenciais da boa prática terapêutica em geral, tais como a avaliação de risco para clientes fragilizados ou que causam danos a si próprios, como abordar as implicações da diferença cultural, como solucionar os problemas de dilemas éticos ou como estruturar um bom fim para a terapia. Nosso objetivo é abordar muitos desses elementos essenciais, bem como aspectos específicos da Gestalt-terapia, tais como completar situações inacabadas, trabalhar com o processo corporal, "desfazer" uma retroflexão ou formar um diagnóstico de processo. Percebemos, é claro, o perigo que existe em uma abordagem que é baseada em técnicas. No setor público e profissional é um estereótipo frequente dizer que a Gestalt-terapia é meramente uma coleção de técnicas, ou de apenas duas delas (destruição de almofadas e falar com uma cadeira vazia). É, portanto, nosso desejo enfatizar aqui nossa crença de que o aconselhamento e a psicoterapia Gestalt estão baseados apropriadamente em uma filosofia de vida e uma prática holística na qual, secundariamente, existem certas técnicas e habilidades.

Acreditamos que essas palavras ainda são verdadeiras enquanto preparamos a terceira edição.

Apesar disso, há algumas diferenças significativas nesta edição que gostaríamos de detalhar aqui.

Nos últimos anos, houve um número ainda maior de desenvolvimentos no campo mais amplo da compreensão humana.

• Uma vasta quantidade de descobertas de pesquisas nas neurociências e na psicologia do desenvolvimento que frequentemente fornecem evidência fisiológica para aquilo em que os psicoterapeutas Gestalt acreditaram ou que observaram clinicamente durante décadas. Entre essas descobertas a principal é a importância dos primeiros relacionamentos no desenvolvimento do cérebro e para o sentido do *self*, bem como a permanente importância do relacionamento e do reconhecimento mútuo para uma vida saudável. Isso levou a uma crescente orientação na psicoterapia para a importância do intersubjetivo e da natureza cocriada do significado no relacionamento terapêutico – um foco que vem sendo central para a Gestalt por muitas décadas. Outra descoberta significativa é a contínua plasticidade do cérebro (ou capacidade de aprender) durante *toda a vida adulta* que confirma o valor de experimentar (outros dos pilares mais importantes da Gestalt) para permitir novos comportamentos e mudanças fundamentais a qualquer idade.

• Um reconhecimento crescente do valor da *awareness* (o pilar central da Gestalt) agora apoiada pela pesquisa neurocientífica, e incorporada como técnicas de plena atenção (*mindfulness*) em muitas abordagens psicoterápicas contemporâneas.

• Um novo interesse no estudo de uma vida e um processo saudáveis, o valor da resiliência, da gratidão e do otimismo naquilo que passou a ser conhecido como psicologia positiva. Isso leva a nossa inclusão de fornecimento de recursos para apoiar transições difíceis e mudança duradoura (cf. cap. 7 e 18).

• Uma insistência crescente sobre a necessidade de demonstrar evidência de pesquisas para a efetividade terapêutica, que surge a partir das exigências de agências conscientes dos custos e da introdução no Reino Unido das diretrizes do Nice e do Iapt.

• Um aumento na incidência registrada de transtornos como depressão, ansiedade, traumas infantis e doenças mentais em geral.

Uma mudança de ideia

O novo foco específico desta edição, no entanto, é nosso envolvimento com uma tensão importante tanto na Gestalt quanto no mundo terapêutico mais amplo. Os últimos vinte anos viram uma revolução em todo o campo da psicoterapia, bem como na sociologia e na política. Essa mudança é muitas vezes conhecida como "a virada relacional" e caracteriza um movimento que passa de uma visão do ser humano como um indivíduo com necessidades e impulsos organísmicos (uma teoria da pulsão) para o ser humano inseparável de seu contexto e cocriado por esse mesmo contexto. Isso fez com que profissionais, inclusive nós mesmos, explorassem e desenvolvessem princípios relacionais de prática que são compatíveis com essa filosofia de "duas pessoas".

No entanto, em uma exploração de técnicas e métodos terapêuticos cujo objetivo é trabalhar eficientemente com clientes, é importante também adotar uma visão pragmática. Frequentemente, os problemas de um cliente – ainda que despertos e vivenciados no relacionamento presente – são resultados de um distúrbio de seu mundo interior, e seria equivalente à negligência se o terapeuta insistisse em considerá-los a partir de um ponto de vista cocriado. Sem dúvida, eles se originaram no relacionamento do cliente com seu ambiente, mas, como ele os traz para a terapia, eles lhe "pertencem". Isso é especialmente verdade com relação ao trauma e as razões para isso são explicadas em detalhe nos cap. 20 e 21.

Em outras palavras, o terapeuta é algo – ou faz algo – que provoca uma reação particular que tem muito pouco ou nada a ver com o próprio terapeuta. Esse algo evoca uma reação que está relacionada com um antigo episódio traumático ou uma circunstância de vida anterior.

Nesta terceira edição, esperamos fornecer uma ponte metodológica entre as duas posições, tecendo de uma a outra durante todo o livro e particularmente na Parte II, onde a auto-organização do cliente traumatizado e as questões relacionadas com a saúde mental muitas vezes são prioritárias.

Algumas palavras sobre palavras

Em primeiro lugar, alternamos o uso de "ele", "ela" e o inepto "eles" durante todo o livro e nos exemplos normalmente escolhemos dar gêneros diferentes ao conselheiro e ao cliente. Isso foi feito unicamente com o objetivo de clareza. Alternamos também entre os termos aconselhamento/psicoterapia e conselheiro/psicoterapeuta porque acreditamos que as técnicas que descrevemos se aplicam em todas as áreas da prática terapêutica, bem como ao treinamento e outras formas de relacionamento de ajuda, em que muitas vezes é só a natureza do contrato e a frequência da duração das sessões que diferenciam as atividades.

O segundo ponto está relacionado com nossos comentários anteriores sobre o perigo de representar erroneamente a psicoterapia Gestalt em virtude da descrição extremamente concreta das técnicas. A maioria dos conceitos da Gestalt tem como foco a maneira pela qual o organismo – o ser humano – "estabelece contato com" ele próprio/ela própria e o outro/o ambiente. "Estabelece contato com" está entre aspas aqui a fim de alertar a nós mesmos e ao leitor para a impossibilidade de usar a linguagem para descrever experiências sem criar uma divisão dualista entre a experiência e aquele que a vivencia. O que queremos dizer é que a pessoa *vive, incorpora* "*é*" e *é dona* de sua experiência. Gestaltistas estão interessados na qualidade desse vivenciamento da experiência – ele é pleno, consciente e forte ou é não percebido, dividido, irresoluto? Nossa tentativa de descrever as técnicas e métodos irá inevitavelmente levar a uma falsa solidez daquele processo essencial, efêmero, transiente, em evolução. Pedimos desculpas antecipadamente.

Ao tentar oferecer-lhes essas técnicas e habilidades, baseamo-nos em anos de treinamento e orientação por parte de muitos profissionais excelentes da Gestalt, a maioria dos quais são mencionados nos próximos capítulos. No decorrer de nosso desenvolvimento (e de acordo com a tradição Gestalt de assimilação acompanhando bom contato) nós inevitavelmente absorvemos e incorporamos muitas ideias e técnicas de nossos colegas. É, portanto, bastante provável que às vezes sugiramos uma técnica, uma frase ou uma ideia que pode ter se originado de um outro gestaltista ou instrutor. Pedimos desculpas antecipadamente pela omissão inevitável de créditos a alguns desses profissionais influentes e desejamos dar-lhes nossos sinceros agradecimentos e nosso reconhecimento por todas as fontes de inspiração gestáltica.

Nosso reconhecimento e agradecimento vai para toda a equipe em Sage, para Francesca Inskipp a editora da série e, é claro, para todos aqueles a quem treinamos, supervisionamos ou foram nossos clientes e que nos ensinaram tanto por meio de seus desafios e o compartilhamento generoso deles mesmos e de suas lutas.

Parte I
A Gestalt-terapia na prática

1
Preparando para a viagem

Acreditamos que uma boa prática Gestalt pode ser descrita pelas cinco seguintes características:
- um foco nas experiências que emergem aqui e agora (por meio da *awareness*, da fenomenologia e do princípio paradoxal de mudança);
- um compromisso com uma perspectiva relacional cocriada;
- a oferta por parte do terapeuta de uma relação dialógica;
- uma perspectiva teórica de campo;
- uma atitude criativa e experimental com relação à vida e ao processo terapêutico.

Durante todo este livro, estaremos explorando esses cinco aspectos da prática. Presumimos que o leitor terá alguma compreensão prévia de teoria e, portanto, iremos incluir o mínimo para fazer sentido daquilo que se segue (para panoramas abrangentes da Teoria Gestalt, cf. a Leitura recomendada no final deste capítulo).

Decidimos começar no início abordando as questões que precedem qualquer compromisso de aconselhamento ou psicoterapia – os primeiros passos que são necessários para que a prática Gestalt ocorra. Este primeiro capítulo é direcionado primordialmente ao profissional em formação e cobre as seguintes áreas:
- preparando seu consultório e você mesmo;
- recebendo um cliente pela primeira vez;
- usando uma folha de admissão;
- explicando como a Gestalt-terapia funciona;
- elaborando um contrato;
- decidindo quem não é adequado para seu tipo de tratamento;
- mantendo registros da sessão.

Preparando seu consultório e você mesmo

A maneira como você organiza e arruma a sala em que trabalha será como uma declaração para o cliente. Da mesma forma, a maneira como você se veste e o nível de sua formalidade irão influenciar a impressão que o cliente terá de você e do aconselhamento. Esses detalhes serão uma comunicação importante sobre você como pessoa e como terapeuta e também dará uma impressão de como você intenciona se relacionar com o cliente. Um tema permanente deste livro é que a experiência terapêutica é coconstruída – isso significa que como você *é* com o cliente irá influenciar como o cliente *é* com você e vice-versa.

> **Sugestão**
> Imagine que você é um cliente chegando para ser atendido por você, o terapeuta, em seu local de trabalho. Visualize tudo aquilo que você veria e ouviria à medida que se aproxima da porta. Entre em seu consultório como se você fosse o cliente, observe o que vê e a impressão que a sala lhe causa. Imagine que você está conhecendo a si próprio como um terapeuta. Qual é a impressão que você causa? Qual é o impacto? Quais são suas reações como cliente?

Um fator igualmente importante, no entanto, e até que ponto você está no momento presente e está realmente aberto e disponível para escutar o novo cliente. Muitos conselheiros terão a experiência de chegar a uma sessão cheios de preocupações e aborrecimentos que impedem que estejam totalmente presentes para o cliente. Embora algumas dessas reações possam claramente ser relevantes para a terapia algumas precisarão ser "postas em parêntese" – colocadas de lado – como provavelmente irrelevantes. Pode ser útil, portanto, ter a disciplina de realizar um exercício preparatório tal como o que se segue antes de o cliente chegar.

> **Sugestão**
> Sinta seu peso na cadeira, tenha a sensação de seus pés no chão. Fique consciente de sua respiração, observe se está rápida ou lenta, superficial ou profunda. Permita-se sentir as tensões em seu corpo e verifique se sua atenção está fluindo livremente ou se você parece estar preso a preocupações sobre o passado ou antecipando o futuro. Observe o que você está fazendo mais, se é sentir, perceber ou pensar.

Reconheça quais de seus interesses ou preocupações não são relevantes para a sessão que irá começar e descubra uma maneira de abandoná-los por hora. Tente dar um nome ao que está ocorrendo dentro de você e depois deixe-o partir. Concentre-se nas visões e sons de seu ambiente, sua sensação incorporada de você mesmo, seu viver e respirar neste exato momento. Concentre-se na contração e expansão rítmicas de seu peito e de sua barriga. Entre plenamente no momento presente, esse momento único no tempo.

Agora, se você já atendeu a esse cliente antes:
- examine suas anotações da última visita e lembre-se de quaisquer questões em andamento;
- lembre-se de qualquer coisa importante que você precisa ter em mente, por exemplo, um feriado próximo, uma característica específica da personalidade daquele cliente que precisa ser considerada, ou o tipo de relacionamento em que vocês estão;
- lembre-se de qualquer foco ou intenções que você pode ter para essa sessão;
- então esvazie a mente de todas essas considerações e uma vez mais volte para o momento presente para estar disponível para receber seu cliente.

Recebendo um cliente pela primeira vez

Como conselheiro, você tem uma série de tarefas importantes a desempenhar quando recebe um cliente pela primeira vez, e a principal delas é estabelecer uma conexão e uma afinidade com ele. Iremos explorar essa tarefa central no cap. 4 (O relacionamento terapêutico). Por enquanto, simplesmente resumiremos as outras tarefas de uma primeira sessão.

Considere que expectativas o cliente pode ter da sessão que se inicia. É possível que vocês já tenham tido uma conversa prévia por telefone, quando marcaram a visita, e ambos já formaram alguma impressão um do outro.

Achamos que é proveitoso enfatizar para os clientes que a primeira sessão é uma sessão de avaliação *mútua* para que as duas partes comecem a decidir se a terapia será útil e se você é o terapeuta certo para o que é necessário. Peça ao cliente permissão para fazer anotações breves de seus detalhes biográficos, eventos históricos importantes e sua situação atual etc. Há uma visão oposta segundo a qual anotar uma história é antiético para um profissional da Gestalt e que a verdadeira Gestalt é simplesmente uma exploração "daquilo que o cliente traz" ou "daquilo que emerge". Esse debate será discutido em maior detalhe posteriormente neste livro. Acreditamos, no entanto, que é importante para um profissional saber como avaliar um problema que se apresenta e considerar se a terapia que oferece vai ser útil ou se alguma outra abordagem especializada seria melhor. Acreditamos também que é necessário fazer certas perguntas para decidir sobre o nível potencial de risco envolvido, especialmente porque a revelação de algumas questões na terapia ou o uso de intervenções fortes pode muitas vezes perturbar a estabilidade de um cliente e levar a um possível dano (cf. cap. 17). A tomada de história é uma parte essencial da realização dessa avaliação para determinar a adequação e a segurança da terapia.

Usando uma folha de admissão

Na próxima página temos um exemplo de uma folha de admissão. As folhas 1 e 2 contêm a maior parte das perguntas importantes que achamos que você precisa fazer antes de aceitar o cliente para a terapia contínua. Elas ajudarão a orientá-lo na sua obtenção da história ao indicar as áreas sobre as quais é importante adquirir informação. Isso inclui detalhes pessoais, uma visão geral dos eventos importantes na vida do cliente, sua história psiquiátrica, e assim por diante.

Lembre-se, é importante para a proteção do cliente que você mantenha o nome, endereço e número de telefone dele separados do corpo principal das anotações.

Você precisará decidir o quanto a primeira sessão deverá ser estruturada, garantindo que irá deixar tempo suficiente para o cliente contar sua história e estabelecer uma conexão com você, bem como tempo para que ambos decidam se será proveitoso ter outras sessões. Você também precisará explicar as condições de confidencialidade, sua política de cancelamento etc.

Para muitos clientes, sugerir algum tipo de estrutura para a sessão provavelmente irá produzir uma sensação de segurança e contenção enquanto o cliente se orienta para você e para a situação. Dependendo daquilo que você percebe com relação ao cliente, é possível dizer algo assim:

> Eu gostaria de passar a primeira parte da sessão obtendo alguns detalhes biográficos seus; depois gostaria que você me dissesse por que veio. Talvez possamos também parar dez minutos antes do fim da sessão para fazer um resumo e esboçar um plano. Você está de acordo?

Folha de admissão do cliente – 1

Nome:

Data de nascimento:

Idade:

Endereço:

Tels: fixo/celular

     (W)

e-mail:

Clínico geral   Endereço/Tel.

Data da primeira visita: Enviado por:

(Esta folha deve ser guardada separadamente das anotações do caso.)

Folha de admissão do cliente – 2

Primeiro nome ou código:

Data em que começou a terapia:

Ocupação: Raça/Cultura/Religião etc.:

Estado civil: Filhos:

Pais:

Irmãos:

História médica/psiquiátrica:

Bebida/Drogas/Tentativas de suicídio/História de automutilação:

Nível atual de funcionamento e estresse:

Experiências ou eventos prévios significativos:

Terapia/aconselhamento prévios:

Questões/problemas apresentados:

Expectativas e resultados desejados da terapia:

Contrato. Frequência e duração:

Honorários:

Verifique se o cliente concordou com:

1) Os limites de confidencialidade com relação a: a) supervisão; b) risco para o cliente ou para outra pessoa.

2) Período de aviso prévio antes de terminar.

3) Política de cancelamento e de faltas.

4) Permissão para registrar e para que o material escrito seja utilizado para objetivos de supervisão e profissionais.

Durante a sessão, além de obter uma impressão geral do cliente, você também estará tentando avaliar se a terapia Gestalt será apropriada para essa pessoa. Você pode oferecer algumas intervenções tentativas para ver como o cliente irá reagir a essa abordagem específica, por exemplo:

- Estou notando que você está respirando muito rápido/de forma irregular/superficial. Como é que você está se sentindo?
- Qual é a sensação que você tem de estar aqui comigo enquanto me conta essa história difícil?
- Você acha que desempenhou alguma parte naquela situação?

Estou me sentindo triste/emocionado ao ouvir você falar sobre sua história.

Estamos procurando perceber se nossa abordagem será interessante ou adequada para aquele cliente. Nossas intervenções experimentais nos permitem ter uma ideia de como o cliente reage aos convites para aumentar sua *awareness*, se ele aceita alguma responsabilidade por sua vida, reage bem a nossas autorrevelações ou tem a sensação do relacionamento que está se formando. Uma resposta aparentemente antagônica (p. ex.: "O que importa como eu me sinto sobre a morte de minha mãe? Eu quero esquecer isso e ser feliz") é muitas vezes o primeiro sinal de um impasse e leva proveitosamente a uma discussão sobre como ambas as partes veem a utilidade da terapia para o cliente.

Esse período de avaliação com frequência leva mais de uma sessão e sugerimos (especialmente para clientes complicados ou desafiadores) que você se dê a opção de três ou quatro sessões se isso for necessário antes de estabelecer um contrato para trabalho contínuo ou decidir encaminhar o cliente para outra pessoa. Você poderia dizer:

> Obrigado por me dar toda essa informação. No entanto, realmente ainda preciso saber mais/esclarecer melhor alguns aspectos/discutir algumas implicações da terapia etc., antes de decidirmos como a terapia pode lhe ajudar. Portanto sugiro que marquemos um segundo encontro.

Explicando como a Gestalt-terapia funciona

Muitos clientes vêm para a terapia com expectativas e solicitações pouco realistas. Muitos esperarão que você irá curá-los ou pelo menos lhes dizer o que fazer; alguns irão querer que você seja o especialista e se colocarão em suas mãos, esperando adotar uma posição passiva. É ético dar aos clientes alguma indicação do que esperar, já que a pesquisa demonstrou que uma avaliação compartilhada das tarefas é uma parte importante na criação de uma aliança de trabalho. Com frequência os clientes também estão desejosos de saber o que a Gestalt-terapia realmente envolve. Isso pode ser algo bastante difícil de explicar sumariamente e talvez valha a pena preparar uma breve apresentação para você próprio, que sumariza aquilo que você considera ser os fundamentos específicos de sua abordagem.

> **Sugestão**
>
> Imagine que seu cliente acabou de lhe perguntar: "Então o que é aconselhamento Gestalt? Como funciona?" O que é que você responde e por quê?

Aqui estão alguns exemplos de afirmações que você pode fazer para um cliente novo:

- "Os terapeutas da Gestalt acreditam que as pessoas potencialmente têm todas as habilidades necessárias para solucionar seus problemas ou confrontar suas dificuldades. No entanto, às vezes elas ficam paralisadas e precisam de alguma ajuda. Acho que minha tarefa como terapeuta é ajudá-lo a ver mais claramente qual é a sua situação, descobrir que parte você desempenha nela e experimentar buscando novas soluções ou novas maneiras de confrontar a dificuldade."

- "Gestalt é uma terapia humanista/existencial que acredita que as pessoas nascem com os recursos e a capacidade de estar em um contato recompensador com outros seres humanos e levar uma vida criativa e satisfatória. No entanto, muitas vezes durante a infância, e às vezes mais tarde, algo interrompe esse processo e a pessoa fica presa a padrões e crenças fixas sobre ela própria que a atrapalham. O objetivo da Gestalt é investigar e revelar como esses padrões ainda estão ativos e afetando a vida atual da pessoa. Espero lhe dar apoio para que você encontre maneiras novas e mais criativas de resolver o problema ou a crise que está enfrentando."

- "Pratico aquilo que às vezes é chamado de 'Gestalt relacional'. Isso significa que acredito que os padrões que emergem em nossos relacionamentos – com nossos amigos, nossa família, nossos colegas e também com nós mesmos, são a chave para quem somos e como sentimos. Isso inclui nosso relacionamento aqui, talvez mais até do que nos outros casos, já que estamos discutindo questões e sentimentos muito profundos. Você irá perceber que eu muitas vezes presto atenção naquilo que ocorre entre nós e o convido a fazer o mesmo."

Alguns clientes se desiludiram ou desanimaram. Eles praticamente desistiram, perdendo a *awareness* de suas opções e possibilidades. Para muitos, a terapia é a primeira vez em que alguém os escutou verdadeiramente sem julgamentos ou pressões. Isso pode criar um período de lua de mel para eles que pode, no entanto, não durar muito. O cliente que não está preparado para os momentos de paralisação dolorosa pode se desencorajar quando a excitação inicial da autodescoberta se desgastar. Pode ser importante, portanto, que em sua explicação inicial do processo de terapia, você prediga que a viagem irá envolver trabalho da parte deles, compromisso e, pelo menos por algum tempo, um aumento do sofrimento.

Elaborando um contrato

Embora a Gestalt-terapia seja idealmente uma exploração "do que é" e sempre uma viagem para o desconhecido, os clientes normalmente buscam ajuda quando estão em um sofrimento psicológico e claramente querem um tipo específico de ajuda, ou que algo em suas vidas seja diferente. Além disso, os resultados da pesquisa em psicoterapia claramente identificam a importância para o sucesso da terapia de uma compreensão compartilhada do resultado que se deseja obter com ela. É, portanto, útil estabelecer um acordo sobre o que seria um resultado bem-sucedido na opinião do cliente, especialmente porque isso dará a você alguma referência para julgar sua efetividade. Alguns clientes sabem exatamente que mudanças eles querem fazer enquanto muitos estão simplesmente cientes de suas dificuldades e só podem articular suas necessidades de uma maneira muito geral. Um foco compartilhado pode ser parte de um acordo sobre aquilo que é conhecido como um contrato de terapia *soft*; em outras palavras, é sobre o aumento da compreensão, a mudança de atitudes ou perspectivas, em vez de um contrato *hard* sobre uma mudança ou resultado comportamental específicos. Por exemplo, Jim concordou no final da primeira sessão que ele desejaria compreender melhor por que seus relacionamentos com mulheres sempre terminavam com ele sendo rejeitado. Estava implícito que ele queria estabelecer conexões relacionais melhores, mas, naquela altura, ainda não era importante para ele saber exatamente como isso iria ocorrer (um contrato *soft*). Leela, no entanto, queria ter confiança para falar em público (um contrato *hard*).

É claro, a direção e o objetivo da terapia inevitavelmente mudam à medida que surge novo material. A contratação, portanto, é um processo contínuo (às vezes na mesma sessão) – "Como você quer usar a sessão de hoje?" Ou "O que é importante para você neste momento exato?" Portanto ela pode e deve ser revista regularmente, especialmente nos casos em que a terapia parece ter mudado seu foco ou solucionado uma questão. Também do ponto de vista da prática profissional competente, revisões regulares são importantes, por exemplo, a cada três meses, para garantir que o cliente tem uma sensação de progresso. "Hoje faz dez semanas de nosso primeiro encontro. Você disse que queria entender por que seus relacionamentos não eram bem-sucedidos. Você acha que isso está mais claro para você agora?" No cap. 15 há algumas sugestões sobre como realizar uma revisão.

O contrato administrativo

Você precisará também de um contrato administrativo. Isso se refere ao acordo entre o profissional e o cliente sobre detalhes "comerciais" tais como horário das sessões, local, frequência, honorários (se for o caso), política de cancelamento e limites para a confidencialidade. Se você está trabalhando em uma agência ou em um cargo em algum tipo de serviço de aconselhamento, o contrato administrativo inclui quaisquer regras ou exigências que a agência possa ter. Acordos entre você e o cliente e a agência devem estar claros para todas as partes. Muitos conselheiros e terapeutas decidem dar a seus clientes uma página escrita descrevendo o contrato administrativo para garantir a transparência entre eles e evitar a possibilidade de que um cliente novo e ansioso não absorva a informação que lhe foi dada. Algumas agências ou organizações de treinamento exigem que você tenha um contrato escrito que o cliente assina. Isso lhe dará permissão para registrar as sessões, discutir o cliente na supervisão e possivelmente usar o material como parte das exigências de credenciamento. Mostramos um exemplo de contrato administrativo na página seguinte.

Em alguns cenários (p. ex.: assistência primária) o número de sessões é claramente prescrito. Oferece-se ao cliente um contrato fixo de talvez seis ou doze sessões. No entanto, nos casos em que o compromisso está potencialmente em aberto, achamos proveitoso sugerir um contrato inicial de curto prazo, digamos, quatro sessões, para permitir que os clientes tenham uma sensação de como será a Gestalt-terapia com você e lhes dar um "gostinho" se ela lhe ajudará ou não. Dizemos também ao cliente que isso dará a ambos a oportunidade de ter uma melhor compreensão da situação dele e de ser capaz de fazer alguma previsão de quanto tempo ele poderá precisar estar na terapia. Normalmente a Gestalt-terapia ocorre semanalmente, na medida em que clientes e terapeutas acreditam que isso fornece um bom equilíbrio entre consistência relacional e a oportunidade de assimilar e integrar o trabalho. No entanto, às vezes há boas razões para variar esse padrão e é possível que alguns clientes precisem vir com maior frequência e outros trabalhar com intervalos mais longos ou até mesmo irregularmente. Se você está pensando em acordar uma variação no contrato, deve discutir isso com seu supervisor para garantir que não é um meio de evitar algo.

Em suma, o contrato pode ser proveitoso para concordar sobre uma direção e pode servir como um guia para garantir uma forte colaboração entre o cliente e o terapeuta. Ele lhe dá a base e o acordo para começar o trabalho. Ele também define suas próprias fronteiras e limites de tal forma que o cliente saberá quando você está disponível, o que você está oferecendo e o que você *não* está oferecendo. Finalmente ele fornece uma medida a qual você pode retornar para revisões.

Uma palavra sobre honorários

Se você está trabalhando em um consultório particular ou para uma agência que espera que o conselheiro negocie honorários, você estará em uma situação na qual deverá estabelecer um acordo claro sobre os honorários a serem pagos pelo cliente. Com frequência conselheiros acham que essa conversa é difícil. Eles acham que é complicado dar um valor monetário àquilo que estão oferecendo. Se você está em um consultório particular, pode ser útil verificar

Folha de informação

Nome do Conselheiro/Agência:

Endereço:

Número de telefone do contato: Data:

e-mail:

- Meus honorários são... por uma sessão de 50 minutos. Este valor será revisto anualmente.

- Preciso de ... dias de aviso prévio para o cancelamento de uma sessão. Se o aviso prévio for menor que esse, tentarei encontrar outro horário na mesma semana que seja conveniente para ambos; no entanto, se isso não for possível, meus honorários serão cobrados e/ou você perderá a sessão.

- Mantenho breves anotações escritas sobre as sessões. Elas não são identificadas pelo nome e são guardadas com segurança.

- Posso lhe pedir permissão para gravar as sessões para que eu possa refletir sobre aquilo que discutimos. Se você concordar, poderá mudar de ideia a qualquer momento e eu apagarei a gravação.

- Eu sigo o Código de Ética da (ex.: UKCP/Bacp) e uma cópia desse código está disponível se isso for solicitado.

- As sessões são totalmente confidenciais exceto sob três circunstâncias:

    a) De vez em quando discutirei meu trabalho com um supervisor clínico. Essa é uma prática padrão e me ajuda a fazer o melhor trabalho possível com você. Meu supervisor obedece ao mesmo código de ética e de confidencialidade que eu.

    b) Se eu acreditar que você corre o risco de causar danos a si próprio ou a outras pessoas, reservo-me o direito de romper a confidencialidade a fim de evitar danos. No entanto, eu só faria isso em circunstâncias extremas e sempre tentaria discutir o assunto com você antes de tomar qualquer iniciativa.

    c) Se for exigido por um tribunal que eu preste testemunho (p. ex.: em um processo penal).

- Com o objetivo de futuro credenciamento e um desenvolvimento profissional permanente, posso submeter material escrito ou gravado de algumas sessões para avaliação. Qualquer material escrito desse tipo será disfarçado para proteger sua identidade e só será revisto por clínicos que obedecem ao mesmo Código de Ética ou a outro código compatível.

- Nos casos em que nosso trabalho se prolongue por mais de oito semanas, recomendo que tenhamos pelo menos três semanas antes do término do trabalho para que possamos nos permitir uma conclusão adequada.

com colegas para descobrir qual é a estrutura média de honorários para seu nível de experiência. É também proveitoso lembrar que cobrar honorários é uma parte importante do relacionamento de aconselhamento. É a parte do cliente nesse negócio que lhe dá o direito a ter seu interesse, compromisso, tempo e habilidades. Sem isso, o cliente pode sentir necessidade de se adaptar a você ou de alguma maneira cuidar de suas necessidades (como em uma amizade comum). Na verdade, se você está trabalhando em uma agência na qual não se cobram honorários, acreditamos que é importante enfatizar para o cliente que ele estará "pagando" em termos de seu tempo e compromisso – ou até de seus impostos – pelo processo.

Na chamada telefônica ou entrevista inicial, determine seus honorários normais. Se você decidir que quer oferecer uma escala descendente ou um certo número de horários mais baratos, você pode dizer, por exemplo: "Se isso for difícil para você, estou preparado para negociar. Podemos discutir isso quando nos encontrarmos". Ou "Tenho uma escala de honorários entre R$... e R$..." Ou, "Normalmente cobro R$... mas tenho alguns horários mais baratos, pelos quais cobro R$..." Quando vocês se encontrarem para discutir o assunto, você precisa também deixar bem claro quais são seus critérios para oferecer um horário mais barato de tal forma que se você o fizer, não irá se sentir mal mais tarde.

Decidindo não trabalhar com um cliente

Durante a primeira sessão de avaliação é bem possível que você chegue à conclusão de que não quer assumir aquele cliente (cf. p. 86s. sobre como decidir se o cliente é apropriado). Essa é uma área complicada para a maioria dos conselheiros. Não se enquadra facilmente com nossa autoimagem admitir nossa falta de competência ou de recursos para ser capaz de ajudar a todos o tempo todo! No entanto, precisamos superar nossas ânsias de onipotência e considerar aquilo que é melhor para o cliente e para nós mesmos. Isso enfatiza a utilidade de ser hesitante no começo da sessão de avaliação (ou no telefonema inicial). Você pode afirmar que a sessão é uma oportunidade para ambos, cliente e terapeuta, decidirem que tipo de ajuda é necessária. Recomendamos algo como o seguinte:

> Sugiro que nos encontremos para uma consulta inicial. Isso nos dará a oportunidade de nos conhecermos e de vermos se podemos decidir

juntos o que você pode precisar da terapia e se eu sou a pessoa certa para ajudá-lo.

Depois desse encontro você pode decidir que, para aquele cliente, a terapia com você não é adequada. No entanto, não só é difícil para o terapeuta tomar essa decisão, é também difícil para o cliente ouvir que está sendo recusado, especialmente porque muitos clientes já temem ser opressivos, muito desestimulantes ou muito perturbados. Portanto, é importante encontrar as palavras certas para recusar um cliente. Geralmente começaríamos dizendo algo como:

> Creio que compreendi bem o problema que você está trazendo e posso perceber como ele é importante. Mas acho que não sou a pessoa adequada para lhe ajudar nesse caso.

Podemos então continuar dizendo que achamos que ele precisa de alguém que se especialize nessa questão específica ou, menos comumente, que temos uma questão pessoal ou limitação que significa que não somos o conselheiro adequado para ele. (Normalmente não cobraríamos essa sessão.)

Exemplos:

> O nível de sofrimento pelo qual você está passando é tal que acho que o aconselhamento em geral não seria proveitoso neste momento e recomendaria que você vá ver seu clínico geral primeiro e lhe pergunte o que acha sobre a possibilidade de enviá-lo para um especialista.

Ou:

> Uma das questões que você levantou é o tipo de questão que me toca muito pessoalmente. Eu também perdi um filho (pai ou mãe/companheiro/etc.) ano passado e meus sentimentos ainda estão, é claro, muito perto da superfície. Fico feliz de tê-lo conhecido, mas é importante que você tenha um conselheiro que esteja plenamente ali para você e não que esteja distraído com suas próprias questões. Acho que seria melhor se eu o enviasse para um colega e lhe darei o nome de alguém que, a meu ver, seria capaz de ajudá-lo.

Em nossos exemplos mencionamos a possibilidade de encontrar um terapeuta mais adequado para o cliente. É quase sempre melhor tentar oferecer um encaminhamento ao cliente do que simplesmente recusá-lo. Isso nos dá a responsabilidade de estar ciente de que outros recursos estão disponíveis em nossa área, inclusive colegas ou agências especializadas, serviços médicos e psiquiátricos, clínicas com preços módicos, e assim por diante.

> **Sugestão**
>
> Parte da ajuda ao cliente, para que ele se sinta confortável ao ser recomendado a outro terapeuta é que o próprio conselheiro se sinta confortável e confiante. Imagine ser recusado por seu último terapeuta porque ele não se sentiu competente para ajudá-lo. Que reações e respostas você imagina que teria tido? O que poderia tê-lo ajudado a aceitar a decisão?

Mantendo registros da sessão

Registros são ética e profissionalmente necessários, embora não existam regras sobre que tipo de anotação você deve fazer. O importante é que eles devem ser úteis para você, e não sejam apenas um exercício para seguir regras. Alguns terapeutas dependem de seus pensamentos escritos para lhes lembrar das questões principais a serem tratadas etc.; outros preferem trabalhar com o processo emergente. Em um extremo, portanto, as anotações poderiam ser simplesmente um registro das datas e horas de seus encontros terapêuticos, e no outro, uma discussão detalhada de conteúdo e processo. Lembre-se de que seu cliente pode lhe pedir para ver quaisquer anotações e normalmente ele tem o direito de fazer isso. Portanto é uma questão de consideração e tato, bem como de ética garantir que o compromisso respeitoso que você estabelece nas sessões de terapia esteja refletido em suas anotações. Você pode fazer uma anotação escrita do tema discutido, dos temas emergentes, das faltas por parte dos clientes, dos honorários pagos etc. Na verdade todos os detalhes dos quais o cliente está totalmente ciente e que poderia ler sem se surpreender. No caso pouco provável de você ter de produzir as anotações em um tribunal, essas podem ser apresentadas como um registro fiel da história da terapia.

Também é perfeitamente aceitável manter um diário de seus pensamentos e impressões privadas, das reações de contratransferência e assim por diante. Contanto que esse diário não identifique especificamente qualquer cliente individual, elas não são "anotações" em qualquer sentido profissional ou legal e são sua propriedade privada ou diário pessoal. Elas podem ser impressões fugidias, especulações sobre diagnósticos e questões sobre sua vida e profissão que são escritas puramente de acordo com sua própria experiência. Esse diário pode ser usado para levantar questões para você mesmo que você gostaria de levar para o supervisor. Lembre-se, no entanto, que um tribunal pode, se assim desejar, exigir a vista de qualquer material escrito relacionado com o cliente que esteja na posse do terapeuta, e se seu diário contiver nomes ou *qualquer coisa* que identifique o cliente, esse material poderia ser solicitado.

Suas anotações formais do cliente devem ser mantidas em um local seguro e confidencial e só devem ser identificadas por um código ou primeiro nome. O nome completo, o endereço e o número de telefone devem ser guardados em um local diferente. Eles também devem ser mantidos por um certo período de tempo dependendo de seu código de ética profissional específico (seis anos é uma exigência normal) depois de o cliente ter deixado de ser atendido por você, tanto por razões legais quanto pela possibilidade de o cliente retornar. Depois desse período, as anotações podem ser destruídas. Você também deve se organizar para que um colega seu seja seu "testamenteiro" no caso improvável de que a doença ou a morte interrompam sua atividade profissional. Você deve deixar com esse testamenteiro as informações sobre onde encontrar os detalhes sobre seus clientes para que ele possa destruir anotações antigas e organizar apoio e recomendações para os clientes atuais. É melhor escolher um colega distante para essa tarefa, já que seus amigos mais íntimos estarão ocupados lamentando sua morte. Você pode incluir uma provisão em seu testamento que garanta algum pagamento a esse testamenteiro clínico por seu tempo.

Leitura recomendada

BOR, R. & WATTS, M. (2010). *The Trainee Handbook:* A Guide for Counselling Psychotherapy Trainees. Londres: Sage.

FELTHAM, C. & HORTON, I. (2012). *The Sage Handbook of Counselling and Psychotherapy*. Londres: Sage.

JENKINS, P. (2007). *Counselling, Psychotherapy and the Law*. Londres: Sage.

SILLS, C. (2006). "Contracts and contract making". In: SILLS, C. (org.). *Contracts in Counselling and Psychotherapy*. 2. ed. Londres: Sage, p. 9-26.

Instruções gerais úteis à Gestalt-terapia

CLARKSON, P. & CAVICCHIA, P. (2013). *Gestalt Counselling in Action*. 4. ed. Londres: Sage.

HOUSTON, G. (2013). *Gestalt Counselling in a Nutshell*. Londres: Sage.

MACKEWN, J. (1997). *Developing Gestalt Counselling*. Londres: Sage [cf. cap. 1].

MANN, D. (2013). *Gestalt Therapy*: 100 Key Points. Londres: Routledge.

SILLS, C.; LAPWORTH, P. & DESMOND, B. (2013). *Introduction to Gestalt*. Londres: Sage.

WOLDT, A.L. & TOMAN, S.M. (orgs.) (2005). *Gestalt Therapy* – History, Theory and Practice. Thousand Oaks, CA: Sage.

YONTEF, G. & JACOBS, L. (2013). "Gestalt therapy". In: WEDDING, D. & CORSINI, R. (orgs.). *Current Psychotherapies*. 10. ed. Belmont, CA: Cengage Learning [Arquivo em pdf grátis em Pacific Gestalt Institute: www.gestalttherapy.org/faculty-publications.asp].

2
Fenomenologia e Teoria de Campo

Cenário: Em um restaurante. Os autores estão fazendo uma pausa no seu trabalho de escrever.

Charlotte: A fenomenologia é um conceito tão extraordinariamente estimulante. No entanto, quando o descrevemos parece um tanto pesado e chato. Como você lhe daria mais vida?

Phil: Bem – para você, o que está ocorrendo neste momento? O que é que você está vivenciando e percebendo?

Charlotte: [olha a sua volta] Percebo uma vela branca lá no canto que está iluminando o quadro atrás dela de tal forma que quase parece parte do quadro.

Phil: E como você se sente?

Charlotte: Curiosa e feliz.

Phil: Então você está olhando o mundo a seu redor e obtendo prazer ao ver as coisas em harmonia umas com as outras.

Charlotte: [ri] É essa sou eu – gosto de ver harmonia.

Phil: Quando olhei para aquela vela, percebi que estava pingando na mesa e me perguntei se deveria fazer alguma coisa sobre isso. Portanto sua fenomenologia neste momento é ver harmonia ao seu redor e a minha é perceber problemas que posso consertar. Aliás, tem umas migalhas na sua blusa.

O método fenomenológico de investigação

A abordagem fenomenológica significa tentar estar o mais perto possível da vivência do cliente, permanecer no momento aqui e, agora e em vez de *interpretar* o comportamento do cliente, ajudá-lo a explorar e ficar consciente de como ele está fazendo sentido do mundo. À medida que ele passa a abordar a si próprio com o mesmo espírito investigativo, o cliente vem a saber "quem ele é e como ele é". O método fenomenológico é, na verdade, tanto uma atitude quanto uma técnica. Ele envolve abordar o cliente com uma mente aberta e curiosidade genuína, onde nada importa a não ser a descoberta da experiência pessoal dele. Ao fazer isso, a *awareness* que o cliente tem de seu próprio processo e das escolhas que faz, fica mais focada e mais aguda.

O método fenomenológico foi proposto pela primeira vez por Husserl (1931) como um método para investigar a natureza da existência. Mais tarde, foi desenvolvido por filósofos existenciais como Heidegger e Merleau-Ponty. Uma perspectiva fenomenológica essencial é que as pessoas estão sempre ativamente fazendo sentido de seu mundo e, portanto, o cliente é sempre um participante ativo naquilo que está vivenciando e como o está vivenciando – inclusive a queixa que o levou a buscar terapia.

A investigação fenomenológica foi adaptada para o ambiente terapêutico para que passe a ser um método pelo qual tanto o terapeuta quanto o cliente investiguem o significado subjetivo do cliente e a experiência que ele tem de si próprio no mundo. Aqui, há três componentes principais: o primeiro é a *redução fenomenológica* (*bracketing* ou *epoché*) em que as crenças, premissas e julgamentos são suspensos temporariamente ou pelo menos não são tomados com tanta seriedade, para ver o cliente em sua situação "como se fosse a primeira vez". O segundo é a *descrição* em que o fenômeno do cliente no momento presente e a interação entre vocês é simplesmente descrita em termos daquilo que é imediatamente óbvio aos sentidos. O terceiro é o *horizontalismo* em que, potencialmente, dá-se a mesma importância a todos os aspectos do cliente (e também do terapeuta): seu comportamento, sua aparência, suas expressões e seu contexto.

Embora esteja implícito na própria noção da investigação fenomenológica, acreditamos que vale a pena explicitar um quarto elemento – *a curiosidade ativa* – já que ele é que dá vida aos outros três.

Para o terapeuta, o método fenomenológico é uma tentativa de se permitir uma experiência nova do cliente, evitando tomar os próprios juízos e preconceitos com muita seriedade e procurando ter uma atitude aberta. É como se fosse o primeiro dia de férias em um novo país com uma nova cultura, onde você aborda suas experiências com abertura para a novidade e a diferença, desejando apenas absorver plenamente o novo e permitir que o entendimento surja naturalmente.

É claro, não existe a possibilidade de se estar livre das lentes de sua própria subjetividade, sua própria maneira específica de fazer sentido do mundo e das pessoas nele. Além disso, sua investigação fenomenológica – as perguntas que você faz, o que você percebe, o que atrai seu interesse – inevitavelmente estarão orientados para seu papel como terapeuta. No entanto, todos nós sabemos a diferença entre aqueles momentos quando nossa atitude com relação a alguma coisa é rígida, estereotipada e limitada, e outras quando estamos abertos e disponíveis para novos significados, novas impressões e novos entendimentos.

Como também diremos durante todo o livro, acreditamos que em todas as interações há sempre uma coconstrução de significado e, sob essa luz, é impossível ser objetivo em qualquer sentido real; você não pode se extrair do relacionamento ou se isolar de seu próprio fazimento de sentido. O método só pode realmente ser uma tentativa de torná-lo consciente de seus juízos e reações ao cliente (e ao relacionamento) a fim de permitir uma perspectiva e uma compreensão mais claras.

Redução fenomenológica

Esta primeira técnica na investigação fenomenológica é uma tentativa de identificar e reconhecer as preconcepções, os julgamentos e atitudes que o conselheiro inevitavelmente leva para seu relacionamento terapêutico. No momento da redução fenomenológica o conselheiro tenta, na medida do possível, pôr todas essas coisas de lado e estar aberto e presente para *este* cliente único e *este* momento único.

Talvez você tenha tido a experiência de ver uma pessoa familiar de um ponto de vista diferente (talvez depois de uma longa ausência) e isso foi sentido como se você a tivesse vendo pela primeira vez. Muitas vezes essa experiência é acompanhada por uma sensação de frescor, apreço e espanto por aquela pessoa única que anteriormente você tinha considerado corriqueira. Na prática, é claro, é impossível fazer esse tipo de redução por mais do que alguns momentos de cada vez e realmente seria impossível funcionarmos sem nossas premissas e atitudes. Os seres humanos são naturalmente atraídos a fazer sentido e não poderíamos viver de forma significativa se não aprendêssemos com nossa experiência, extraíssemos conclusões, fizéssemos juízos de valor e formássemos atitudes.

> A percepção é considerada como um processo de construção e resolução de problemas e não uma gravação passiva de uma "realidade" externa (CLARKSON & CAVVICHIA, 2013: 207).

No entanto, os seres humanos também tendem a se tornarem rígidos e estereotipistas – eles veem o que esperam ver e então perdem o sentido do novo e da nova possibilidade. Não temos de ir muito longe para ver as consequências de atitudes estereotipadas com relação à cor, à raça, à nacionalidade ou à doença mental. A redução fenomenológica, no entanto, não é tentar ser *livre* de preconcepções, atitudes ou reações. É uma tentativa de nos manter próximos à novidade do momento do aqui e agora evitando o perigo de fazer juízos apressados ou prematuros sobre o significado da experiência única de cada cliente.

> **Sugestão**
>
> Considere o seguinte:
>
> 1) Jim lhe diz que a mãe dele acabou de morrer de câncer.
>
> 2) Kathryn diz que foi promovida a uma posição com mais responsabilidade.
>
> 3) Miles lhe diz que bateu em sua filha de sete anos.
>
> 4) Keiko anuncia que vai fazer um casamento arranjado com um homem que ela nunca viu.

Imagine-se ouvindo cada uma dessas afirmações de um cliente. Qual é sua reação, emoção ou juízo imediatos ao ouvir cada uma delas? Mesmo com uma informação tão limitada você pode perceber com que rapidez forma uma opinião. Com frequência nos surpreendemos ao ver a diferença entre a percepção que o terapeuta e o cliente têm do mesmo evento: uma morte que significou alívio ou raiva e não tristeza, um evento aparentemente desejado que significou ansiedade para o cliente, abuso que foi justificado como necessário ou um significado cultural surpreendentemente diferente para um evento universal.

É difícil descrever *como* praticar a redução fenomenológica, mas pode ser útil começar a partir de uma atitude deliberada de que suas opiniões ou juízos são potencialmente suspeitos ou prematuros e que você precisa esperar antes de chegar a quaisquer conclusões. No mínimo, você pode estar consciente de suas preconcepções, ou tratá-las de uma maneira leve estando preparado para mudá-las ou modificá-las à luz de nova evidência. Você verá que os exercícios de enraizamento (*grounding*) e simples *awareness* descritos em capítulos posteriores também irão ajudá-lo para que você possa ouvir com seu coração e com seu corpo e não com sua mente!

> **Exemplo**
>
> *James*: Acabo de saber que minha companheira está grávida e ela está muito feliz.
>
> *(Conselheiro, reação: Sente como se devesse ter uma reação positiva, mas hesita.)*
>
> *Cons., resposta:* O que é que você acha disso? (Reduz seus próprios valores e reação.)
>
> *James*: Não sei realmente. Estou contente, é claro.
>
> *Cons., resposta:* Você parece estar um pouco inseguro.
>
> *James:* É acho que estou. É uma nova vida. Trazer um bebê ao mundo.
>
> *(Cons., reação: Começa a perceber alguma emoção outra que não o prazer – preocupação ou inquietação talvez?)*
>
> *Cons., resposta:* Há algum outro sentimento ou inquietação sobre ter um bebê? *(Reduz o próprio julgamento que emerge e investiga aquilo que pode não ter sido falado.)*
>
> *James:* Tudo bem. Mas estou preocupado por trazer uma criança ao mundo em uma época tão difícil.
>
> *E assim por diante...*

A hesitação inicial do conselheiro permitiu o surgimento de um significado mais complexo que poderia ter sido perdido se a resposta tivesse sido mais positiva ("Parabéns").

A atitude de redução é semelhante em várias maneiras à investigação de um mistério. Você está tentando fazer sentido dessa situação específica, faz perguntas e descobre: "E o que você sente sobre isso?" ou "O que isso significa para você?" "Que sentido você faz disso?" "Como isso ocorreu?", *mas sem uma expectativa (pelo menos inicialmente) daquilo que você vai descobrir.* Você está tentando permitir que o significado da situação venha à tona e uma atitude de redução ou de abertura é muitas vezes a melhor maneira de começar.

> **Sugestão**
>
> Pense sobre um cliente (ou um amigo) com quem você está se relacionando há algum tempo. Descreva-o para si mesmo em termos de categorias, por exemplo, sua ocupação, gênero, grupo socioeconômico, estilo de personalidade, como ele vê você, o que ele realmente deveria fazer para organizar a vida dele (!) e assim por diante. (Faça isso durante mais ou menos um minuto.)

> Agora, esqueça tudo isso e se imagine sentado à frente dessa pessoa sem qualquer preconceito ou tentativa de fazer sentido. O que é que você percebe sobre ela? Como é que ela está sentada? Como é seu cabelo, o tom de sua pele, sua respiração? Qual é a expressão em seu rosto? Que imagens ou sentimentos lhe ocorrem?
>
> Você irá perceber que impressões diferentes emergem dessas duas maneiras de conhecer.

A técnica de redução também será essencial na prática de *indiferença criativa* e *inclusão*, que iremos abordar posteriormente neste livro, já que ambas exigem um tipo de redução.

Descrição

A segunda técnica envolvida na investigação fenomenológica é a descrição. Significa permanecer com a *awareness* daquilo que é imediatamente óbvio e descrever o que você vê. Enquanto o conselheiro está reduzindo fenomenologicamente suas premissas e valores, ela se limita a descrever o que percebe (vê, ouve, percebe etc.), o que ela percebe que o cliente está dizendo ou fazendo e aquilo que ela mesma está vivenciando naquele momento (sem interpretação).

Intervenções típicas podem ser:

- Estou percebendo... (ex.: "que sua respiração está mais rápida".)
- Parece que você está dizendo... (ex.: "que isso é muito importante para você".)
- Você parece... (ex.: "angustiado".)
- Percebi que... ("você chegou dez minutos atrasado".)

O conselheiro precisa estar próximo da informação que vem de suas funções de contato (suas maneiras de diretamente perceber, vivenciar e tocar o mundo) e suas reações corporais. À medida que ele faz isso, figuras de interesse irão surgir – a postura corporal do cliente, o tom de voz, o ritmo da respiração, ou um tema repetitivo. Ele perceberá também sua própria fenomenologia, talvez uma reação emocional, uma tensão corporal ou perda de interesse. Dessa forma ele descreve (às vezes em voz alta, às vezes não) as figuras e temas que emergem do cliente. Essa atividade do conselheiro é também chamada de rastreamento (*tracking*) isso é, acompanhar o movimento do processo fenomenológico que se desdobra com o passar do tempo.

> **Exemplo**
>
> Kess chega atrasada e se senta lentamente, com os olhos baixos, quase sem movimentar o corpo, e silenciosa. Quando o conselheiro comenta sobre como o corpo dela está imóvel e sobre a intensidade de seu silêncio, ela gradativamente começa a levantar os olhos e diz que está consciente de quanta tristeza está guardando dentro de si. O conselheiro lhe diz que ele está consciente de pequenos movimentos inquietos em suas mãos entrelaçadas. À medida que Kess presta atenção nas sensações em seus dedos, mãos e braços... ela se torna mais energizada e começa a expressar sua tristeza. Mais tarde, o conselheiro percebe que a voz de Kess está ficando mais baixa e que ela está ficando imóvel outra vez. Ele compartilha essa observação e Kess diz que tem medo de ficar muito triste e de que ele a julgue por ser frágil.

É surpreendente como essa técnica pode ser poderosa para ajudar o cliente a entrar em contato com sua experiência e também descobrir o que está atrapalhando. A descrição oferece atenção, apoio e interesse para as figuras emergentes que se não fosse por isso poderiam ser desviadas. O conselheiro também está ajudando o cliente a trazer à tona suas próprias interpretações, crenças e fazimento de sentido, assim como dando sua atenção total aos sentimentos e experiências do cliente.

Uma palavra de advertência. Com frequência, o que o terapeuta percebe são fenômenos ou reações que não foram percebidos pelo cliente. Alguns clientes podem se sentir muito expostos e até envergonhados pela experiência de alguém perceber seus movimentos corporais, tensões, tom de voz, escolha de palavras e assim por diante. É importante que os comentários do terapeuta sejam feitos com sensibilidade e de uma maneira que pareça relevante. O cliente não deve ser convidado a sentir que foi colocado sob um microscópio. Voltaremos a essa técnica mais tarde neste mesmo capítulo.

Horizontalismo

Tudo que acontece é potencialmente tão importante (horizontal) quanto qualquer outra coisa. Ou, em outras palavras, o pleno sentido de alguma coisa só pode ser captado se tudo é levado em conta. Esse princípio nos leva à terceira técnica da investigação fenomenológica. O conselheiro não presume qualquer hierarquia de importância naquilo que ele vê ou ao qual reage. Um movimento do corpo do cliente pode ser tão significativo quanto aquilo que ele está falando. Essa, é claro, é uma técnica sutil. Não seria nada apropriado que o conselheiro interrompesse o fluxo do cliente de uma forma atabalhoada para chamar a atenção dele para uma irrelevância. No entanto, devemos ter em mente tanto o lembrete bem conhecido de Perls de que a Gestalt é a "terapia do óbvio" e também os princípios da teoria de campo.

O horizontalismo é obtido mais naturalmente se estivermos sendo bem-sucedidos na redução e limitando nossas intervenções a descrições de "o que é". Dessa forma confiamos que nossa percepção mais aguçada irá perceber e nomear conexões ou anomalias possíveis. É claro, aquilo que está no pano de fundo, que está ausente ou faltando, pode também ser de igual importância, tal como no caso de um cliente que fala com pouca emoção sobre um divórcio iminente.

> **Exemplo**
>
> *Cons.*: Percebi que você olhou pela janela muitas vezes enquanto falava sobre sua esposa *(O conselheiro dá a mesma importância ao olhar pela janela que às palavras.)*
>
> *Cliente*: É mesmo? Suponho que sim. Posso ver o topo daquela enorme faia e ela me parece estar tão distante e isso de alguma maneira é reconfortante.
>
> *Cons.*: De que maneira é reconfortante?
>
> *Cliente*: Não quero falar sobre isso – meu casamento. Não quero contar isso para você e fazer com que isso seja real e que você fique olhando para mim com comiseração. Sinto – sei que é bobagem – uma espécie de raiva de você. Você está me fazendo falar sobre isso. Você está me fazendo ver o que realmente está acontecendo e não quero isso.
>
> *Cons.*: OK...
>
> *Cliente*: É como se você não pudesse me alcançar lá em cima, ninguém pode me fazer falar sobre qualquer coisa dolorosa.
>
> *Cons.*: Ir embora, para se manter seguro, lhe parece familiar?

Nesse exemplo, o conselheiro dá um peso igual ao fenômeno de olhar pela janela e ao conteúdo das palavras do cliente e, com isso, permite inesperadamente que uma comunicação relacional venha à tona.

Curiosidade ativa

> *Uma das exigências primordiais de fazer terapia é ser capaz de estar fascinado com o cliente.*
> Polster (1985: 9).

Embora sem ser formalmente uma parte do método fenomenológico, acreditamos que a curiosidade ativa seja uma parte essencial do papel do conselheiro em Gestalt que está tentando entender o mundo do cliente. É preciso que você esteja interessado em como a situação surge, que sentido ela tem para o cliente, como *isso* se encaixa *naquilo* e o que isso significa no campo mais amplo. Ao fazê-lo, você está ajudando o cliente a explorar e clarificar sua própria compreensão. Você precisa simplesmente estar curioso sobre tudo que o cliente vivencia.

Sua curiosidade muitas vezes o levará a fazer muitas perguntas. A regra de ouro com relação a perguntas é garantir que elas são parte de uma *investigação* fenomenológica e não de uma *interrogação*. É importante evitar fazer com que o cliente se sinta como se a Inquisição espanhola (inesperadamente) tivesse caído sobre ele. Ou, como se há uma resposta correta e você está tentando manobrá-lo na direção dela. Evite perguntas fechadas que colocam restrições e parâmetros na resposta. Por exemplo, compare essas questões fechadas:

- "Foi difícil?"
- "Você dormiu bem?"
- "Você ficou triste?"

com alternativas "abertas" tais como:

- "Como é que foi isso?"
- "Como foi seu sono?"
- "Como você se sentiu?"

Também tenha cuidado com as perguntas do tipo "Por que?", já que elas podem encerrar o tipo de curiosidade que estamos sugerindo. Normalmente uma pergunta com "Por que?" convida uma resposta pensante ou uma racionalização e com frequência implica alguma crítica, por exemplo, "Por que você chegou atrasado para a sessão...?" É mais proveitoso investigar com perguntas abertas tais como "O que ocorreu que fez você chegar tarde?" e "Qual é a sensação de chegar tarde?" Essas são perguntas dirigidas ao *processo* do cliente e não ao conteúdo.

Recomendamos também dois modos de investigação específicos. Um é aquele que chamamos de "exploração microprocessual". Convide o cliente a prestar uma atenção minuciosa a sua experiência durante alguns segundos, a fim de que fique consciente de sua reação complexa a alguma coisa. Por exemplo, se o cliente parece confuso ou reage de uma maneira incomum a algo que você disse, ignore o "por que?" ou até mesmo o "como" da experiência e pergunte: "O que foi que ocorreu *naquele exato momento*?" ou "O que está ocorrendo *neste exato momento*?"

Exemplo

Cons.: O que foi que aconteceu agorinha mesmo? Enquanto eu estava falando, a expressão em seu rosto mudou e você olhou na direção da janela. Então, quando parei de falar, você gentilmente me pediu que lhe explicasse o que eu quis dizer. Estou curioso para saber o que ocorreu nesses segundos entre uma coisa e a outra?

Reg.: Bem, você estava me fazendo muitas perguntas e eu não conseguia acompanhá-las. Então, primeiro me senti perdido.

Cons.: E depois, o que aconteceu?

Reg.: Comecei a me sentir burro.

Cons.: E depois?

Reg.: Aí comecei a ficar zangado com você. Senti como se você estivesse me criticando – dizendo que eu era incompetente.

Cons.: E depois?

Reg.: Eu disse a mim mesmo que você é um conselheiro profissional... que você deve saber o que está fazendo. Então tentei pensar sobre uma resposta para as perguntas, mas senti um nó no estômago. Então fiquei confuso e olhei para outro lado.

Essa investigação quadro por quadro pode ser muito proveitosa para desfazer momentos quando o cliente subitamente muda de rumo, mas diz "não sei" quando você pergunta o que ocorreu. A sugestão de "volte atrás e vá falando comigo, repassando aquele momento específico segundo por segundo" pode muitas vezes revelar processos importantes que ocorreram rápido demais para serem reconhecidos naquele momento.

A exploração de microprocessos também ocorre em "tempo real" na medida em que você convida o cliente a prestar uma atenção detalhada às mudanças em sensações, micromovimentos, emoções, pensamentos e imagens à medida que seu processo se desenrola.

Reg.: Não sei sobre o que falar hoje.
Cons.: O que é que você percebe dentro de você tendo me dito isso?
Reg.: Um... não sei exatamente... uma ansiedade em algum lugar aqui (indica o peito).

Cons.: Sim, continua – que tipo de sentimento de ansiedade: É um sentimento fixo? Ou se move?

Reg.: Não, ele se move, assim como se palpitasse, e eu posso senti-lo nas minhas entranhas. Sinto medo, acho que vou fazer as coisas erradas.

Cons.: Então, quando você entra em contato com uma sensação de palpitação em suas entranhas, você pensa: "Vou fazer as coisas erradas?" Isso é interessante. Como é que você se sente agora que me disse isso?

O segundo modo de investigação é aquele que chamamos "adotar uma posição de ingenuidade clínica". Começa com você fazendo uma pergunta para a qual você pode bem achar que sabe a resposta. Ele é particularmente útil quando a história que você está ouvindo não faz sentido para você ou você está confuso. Na avaliação, o conselheiro não pôde compreender por que Tom tinha vindo em busca de aconselhamento e por isso lhe perguntou diretamente.

Tom: Meu problema é que não consigo enfrentar as coisas. Meu médico diz que estou deprimido.

Cons.: Não sei muito bem o que você quer dizer com "deprimido".

Tom.: Bem, tenho vontade de chorar o tempo todo.

Cons.: Há quanto tempo isso vem ocorrendo?

Tom.: Bem, eu ainda não falei isso com ninguém, mas fui despedido mês passado.

A pergunta "ingênua" pode provocar aquilo que está sendo coberto por generalizações ou rótulos. Por exemplo, você pode dizer: "Você pode me dar um exemplo de quando você "não consegue enfrentar as coisas"? ou "Fico feliz de que a terapia o esteja ajudando, mas você pode me dizer de que maneira?" (Mesmo que você ache que pode imaginar.)

Outra advertência importante é que não podemos esperar que os clientes, a menos que estejam familiarizados com tais intervenções, entendam o que nós estamos fazendo sem que isso lhes seja explicado. Então, em vez de simplesmente dizer: "O que é que seu pé está lhe dizendo?" é proveitoso introduzir um cliente novo à *awareness* de seu corpo (p. ex.) com algo como: "Percebi que você está batendo com o pé no chão o tempo todo enquanto fala, e estou me perguntando se isso indica alguma inquietação ou tensão. Se você prestar atenção em seu pé, você se conscientiza de quê?" Isso não só explica como você trabalha e convida à *awareness*, mas também garante que você mantém um elo com o tema da fala do cliente, de tal forma que você não se arrisca nem a passar à frente dele ou a ficar para trás.

Sua experiência fenomenológica

Claramente, à medida que você pratica o método fenomenológico de investigação, você vai tendo suas próprias respostas e reações ao mesmo tempo em que se esforça para estar aberto para a experiência do cliente. À medida que você se familiariza com o método, passa a ser cada vez mais proveitoso praticá-lo com relação a sua própria experiência com o cliente, refletindo privadamente sobre seu próprio processo. "Percebo que estou me sentindo inquieto (ou chateado, ou ansioso) neste momento – o que pode ser isso?"

Pode ser uma maneira de prestar atenção ao fluxo de sua própria experiência, ser curioso, descritivo, horizontal e reflexivo sobre suas reações e juízos. Isso pode ser tanto uma ajuda para compreender o efeito que o cliente tem sobre você e também às vezes uma intervenção proveitosa. Por exemplo: "Enquanto ouço você falar sobre seu local de trabalho, tenho uma sensação de tristeza em meu peito que não compreendo" ou "Percebo que estou me sentindo confuso sobre que sentido você deu a esse evento..."

Aplicação clínica

O uso do método fenomenológico tem várias consequências. **Primeiro**, os clientes muitas vezes têm a sensação de que alguém os escuta sem qualquer julgamento, talvez pela primeira vez. Dada a natureza generalizada da autocrítica e da culpa na maioria dos clientes, isso pode ter uma influência profundamente saudável. **Segundo**, o método modela e promove o aumento de uma *awareness* atenta e compassiva no cliente. Ele o encoraja a permanecer no presente, curioso, próximo à sua experiência e aberto a novas possibilidades de relevância. **Terceiro**, ele ajuda a revelar para você e ainda mais importante para o cliente, as maneiras específicas que ele usa para construir o significado de sua existência e de suas questões. Isso permite ao cliente revelar e reavaliar sua responsabilidade pela maneira como ele cocria seus problemas. **Quarto**, o método deixa claro que o aconselhamento vai ser uma investigação compartilhada.

Cenário: Mais tarde no restaurante...
Charlotte: Então, como poderíamos descrever um movimento a partir da investigação fenomenológica para a percepção de padrões?

Phil: Vá mais adiante com sua investigação. O que é que você está experienciando agora?

Charlotte: OK – Estou percebendo o fogo, e os quadros – Realmente gosto dos quadros – há uma gravura antiga de Nelson a bordo de seu navio, aquele cachorro tão lindo... E estou gostando de conversar com você bebendo golinhos de vinho e a comida e estar aqui... e percebo que tenho uma pontada de culpa porque não convidamos Jo para vir com a gente. Espero que isso não cause ressentimentos.

Phil: Então você estava desfrutando aquilo que está vivenciando no aqui e agora, mas interrompeu isso com uma preocupação sobre o passado e o futuro.

Charlotte: É, suponho que sim. Mas minha atenção foi levada para lá por aquele sentimento irritante subjacente em meu estômago.

Phil: E suponhamos que você permaneça no presente mesmo com aquele sentimento?

Charlotte: Então imagino que o sentimento significaria que estou feliz neste momento, mas o que pode ocorrer depois? Não vai durar. Alguma coisa pode sair errada.

Phil: Então, em vez de permanecer com aquilo que você estava vivenciando, você o interrompeu com uma preocupação sobre algo que tinha feito no passado. Esse é um padrão que lhe parece familiar?

Charlotte: Ah... Tudo bem Sherlock, coma sua comida.

Alunos muitas vezes perguntam que aspecto da fenomenologia do cliente eles devem observar ou sobre qual devem ter curiosidade. O que exatamente eles devem estar acompanhando – movimentos corporais, temas emergentes, crenças ou emoções? É importante dar permissão a si mesmo para experimentar.

Em grande medida você segue aquilo que lhe interessa, embora isso se torne mais refinado à medida que, com o passar do tempo, sua experiência lhe dá um retorno sobre sua efetividade. Além disso, seria ingênuo sugerir que sua atenção não irá, até certo ponto, estar focada pelas lentes de seu papel como terapeuta e o contrato que você tem com o cliente. Você estará naturalmente interessado naquilo que lhe parece relevante para o problema que trouxe o cliente e para aquilo que está faltando. No entanto, se você está aplicando o método fenomenológico, irá preferir prestar atenção aos fenômenos "próximos à experiência" (o que é imediatamente óbvio ou vivenciado) em vez daqueles "longes da experiência" (sobre o que cliente está falando ou relatando). Você também estará verificando com o cliente se ele está percebendo o mesmo fenômeno, se está interessado nele e sua reação energética ao interesse do conselheiro.

Um conceito relevante aqui é o de **"figura e fundo"**. O fundo da atenção de uma pessoa, sua experiência fenomenológica é o pano de fundo atual ou histórico para sua experiência. É o quadro inteiro do qual um elemento surge como "figural". A qualquer momento nós (e nossos clientes) estaremos prestando atenção em uma figura específica na situação. Se praticamos descrição e horizontalismo, estaremos encorajando uma experiência de uma figura que é plena e vibrante e, no entanto, estaremos também conscientes do possível impacto e da implicação daquilo que é fundo, bem como da significância para nós daquilo que consideramos figural. Em nosso exemplo no início deste capítulo, Charlotte estava fazendo uma figura da harmonia entre a luz da vela e o quadro. O que era figural para Phil era o problema iminente da cera que pingava.

> **Sugestão**
>
> Você pode praticar observando o que você considera figural e depois prestando atenção nos outros elementos do fundo e monitorando sua própria *awareness*. Olhe o que está ao seu redor agora e observe como você considera uma coisa figural e depois outra. Você descobrirá que não pode dar sua atenção total a mais de uma coisa ao mesmo tempo. Se estiver percebendo várias coisas, haverá uma mudança sutil de foco entre elas. Em nenhum lugar isso é mais evidente do que nos quadros clássicos da Gestalt relacionados com o campo perceptual – por exemplo, a figura de dois contornos de vaso que é também duas faces. No momento em que você percebe uma das imagens, é impossível ver a outra sem abandonar sua maneira original de perceber.

A arte da investigação ou focalização fenomenológica não é apenas prestar atenção naquilo que está surgindo a cada momento e sim ver os padrões e interrupções da formação e resolução Gestalt única ao cliente e que subjaz as questões de sua terapia. Burley e Bloom sugerem que o método fenomenológico nos permite identificar esses padrões através de:

> as qualidades estéticas de contatar – o sentido, o percebido, o observado, qualidades conhecidas [que] são... o material para o *insight* terapêutico (2008: 261).

Mas quando devo fazer uma intervenção?

Em algum momento você e seu cliente terão acumulado dados ou informações suficientes para formar hipóteses sobre a natureza das figuras emergentes específicas do cliente, o fundo não percebido, as questões ou problemas e as possíveis intervenções que podem ser úteis. Sua compreensão agora será baseada em sua experiência imediata, verificada e investigada em parceria com o cliente e não em teorias ou especulação. De vez em quando é importante explicitar as especulações que surgem de suas observações e reações, como um resumo para o cliente ver quão precisas elas lhe parecem. "Percebi que todas as vezes que você começa a falar sobre sua adoção, você olha para baixo, fala em voz baixa e parece emocionado. Parece que para você é difícil falar sobre esse tema – estou certo?

Você pode então decidir sair do método fenomenológico para fazer uma sugestão ou intervenção direta a fim de facilitar o processo, especialmente se o cliente parece estar emperrado. "Bem, temos tempo o suficiente para fazer as coisas em seu próprio ritmo."

Essa é uma questão sutil e fundamental para o conselheiro e, em um certo sentido é uma das questões-chave para o aconselhamento Gestalt. Em que momento intervenho no processo em desdobramento do cliente? Em que momento paro de acompanhar o que emerge, paro de levantar hipóteses, de rastrear o processo, de encorajar a *awareness* aqui e agora a fim de fazer uma sugestão, uma confrontação ou oferecer um experimento? Essa é também uma questão-chave na pesquisa qualitativa orientada para o profissional, que iremos explorar em mais detalhes no cap. 23.

Com clientes que funcionam em um nível mais elevado, especialmente aqueles que chegam querendo crescimento e explorar novos caminhos, o método fenomenológico e o despertar da *awareness* de um modo geral são suficientes para facilitar o que eles desejam. Com clientes que vêm com a necessidade de uma mudança comportamental específica (ex. para superar os efeitos angustiantes de um trauma), que vêm para um contrato de curto prazo ou que estão empacados em padrões negativos repetitivos (ex. comportamentos autodestrutivos) a necessidade de uma direção ativa é muitas vezes maior, especialmente para questionar gestalts estabelecidos (ex.: "Não consigo me recuperar do que ocorreu"). Abordaremos esse assunto com mais detalhes na Parte II do livro e no cap. 22 sobre Terapia breve.

Não há uma simples resposta para a questão de como e quando se deslocar entre a investigação e a intervenção a não ser aprender com a experiência e experimentar. No entanto, se sua pauta está aberta e não estruturada ou concentrada fortemente em uma necessidade ou contrato específicos, é sempre útil voltar regularmente ao método fenomenológico básico a fim de explorar os efeitos e consequências de suas intervenções.

Teoria de Campo

Proximamente associada à noção de figura e fundo é a perspectiva teórica de campo que é central para a Gestalt. Nessa visão (influenciada pela obra de Lewin (1964) e outros), uma pessoa nunca é fundamentalmente independente ou isolada (embora ela possa pensar que seja), mas está sempre em contato e conectada com todas as outras coisas em um sentido muito real. No ambiente clínico, o cliente é sempre considerado como uma combinação holística de fatores psicológicos e físicos *em um contexto específico*. Todas as figuras de interesse que surgem são, portanto, completamente dependentes do contexto para seu significado. Por exemplo, considere os diferentes significados e a relevância do fenômeno de uma campainha que toca na sua porta quando você está (a) esperando um amigo, (b) esperando um cliente, (c) esperando uma pizza, (d) quando são três horas da manhã e você está dormindo profundamente. Esses exemplos mostram como o significado do som de uma campainha é completamente dependente do contexto em que ele ocorre.

Uma perspectiva teórica de campo serve de base para tudo que foi descrito acima e tudo que se segue neste livro. Daremos uma visão geral e breve dessa teoria na página seguinte, embora seus detalhes e sua complexidade não sejam abordados neste livro (para isso, veja a Leitura recomendada, no fim deste capítulo). Embora essencial como uma perspectiva fundamental da Gestalt, ela não se presta a uma descrição de técnicas necessárias e implica apenas um convite para estar consciente das influências contextuais sempre presentes em qualquer situação.

Ela é também, em grande medida, sinônimo de uma perspectiva relacional, que reconhece que somos concebidos e nascemos em relacionamentos e sempre nos desenvolvemos em uma relação mútua ou em conexão uns com os outros. Estamos constantemente em relacionamentos com outros, moldando e sendo moldados (mesmo na ausência deles) e estamos sempre sob a influência de nossas memórias relacionais históricas.

A teoria de campo é um pilar fundamental da prática e da teoria Gestalt, a base de uma visão holística de nossos clientes que considera como potencialmente relevantes todos os aspectos do corpo, da mente e da emoção, circunstâncias atuais e históricas, influências culturais, sociais, econômicas, espirituais e políticas. Na verdade, é um reconhecimento das redes de influência interconectadas que estão sempre presentes (mas que muitas vezes são negligenciadas ou minimizadas) e que são fundamentais para a compreensão de uma questão clínica específica.

Embora o termo "campo" tecnicamente signifique *tudo* – todos os objetos, situações e relacionamentos no universo (conhecido!), na prática clínica ele é usado de uma maneira mais limitada dependendo daquilo que você e o cliente acreditam ser influências do campo em cada circunstância, aquilo que Jacobs (2003) chama de "contexto incorporado".

Autores recentes, Robine (2001) e Wollants (2007a, 2007b) preferem usar o termo "situação" em vez de "campo" com a justificativa de que a palavra "situação" está mais próxima da experiência e do uso cotidiano do que o termo "campo" que é mais ambíguo (PARLETT, apud WOLLANTS, 2007b: xv). Embora tenhamos decidido não o adotar aqui, antevemos que esse termo terá um uso muito mais amplo no futuro.

Três tipos de foco são usados na prática clínica:

• O primeiro é o "campo experimental" ou "campo fenomenal". Consideramos que esse é o campo da *awareness* de uma pessoa. É uma metáfora para a maneira como elas organizam sua experiência, seu campo ou "realidade" fenomenológica, e é peculiar àquela pessoa.

• O segundo é o "campo relacional" entre cliente e conselheiro, a influência mútua que ocorre na sessão terapêutica (e muitas vezes entre sessões também).

• O terceiro é o "campo maior" o contexto mais amplo no qual as pessoas existem, incluindo as influências culturais, históricas, políticas e espirituais.

Dada a complexidade e quase infinitas possibilidades das várias influências que estarão afetando todas as pessoas, é impossível levar todas elas em consideração na tarefa da compreensão terapêutica. Algumas influências são claramente mais significativas para pessoas diferentes em momentos diferentes e muitas influências importantes não serão perceptíveis nem para o cliente nem para o conselheiro.

Tudo isso tem implicações desafiadoras para um conselheiro. Ele precisa desenvolver o hábito de manter um foco flexível na situação do cliente, regularmente alternando entre uma perspectiva de campo restrita e uma perspectiva de campo ampla, com sua atenção indo e voltando da figura imediata do cliente para o campo relacional, do campo experiencial do cliente para o campo mais amplo – constantemente permanecendo aberto para as conexões e influências possíveis.

De uma perspectiva teórica de campo, o cliente (e também o conselheiro) está sempre ativamente organizando o campo, tanto em termos de suas necessidades atuais quanto em termos de suas configurações de campo anteriores ou históricas, seus gestalts estabelecidos ou questões não resolvidas de seu passado. É preciso que o conselheiro compreenda como ele está fazendo isso, que sentido ele faz disso tudo, que padrões estabelecidos ou flexíveis ele usa para fazer contato, e o que está fora de sua *awareness* no campo mais amplo de influência ou de possibilidade.

Nos estágios iniciais da terapia, a tarefa muitas vezes é despertar a *awareness* do cliente para o fato de ele estar *sempre* organizando ou interpretando seu campo e, portanto, efetivamente cocriando sua experiência.

Leitura recomendada sobre fenomenologia

BLOOM, D. (2009). "The phenomenological method of Gestalt therapy". *Gestalt Review*, 13 (3), p. 277-295.

BURLEY, T. & BLOOM, D. (2008). "Phenomenological method". In: BROWNELL, P. (org.). *Handbook for Theory, Research and Practice in Gestalt Therapy*. Newcastle: Cambridge Scholars.

CLARKSON, P. & MacKEWN, J. (1993). *Key Figures in Counselling and Psychotherapy*: Fritz Perls. Londres: Sage [cf. p. 92-95].

CROCKER, S.F. (2005). "Phenomenology, existentialism and Eastern thought in Gestalt therapy". In: WOLDT, A.L. & TOMAN, S.M. (orgs.). *Gestalt Therapy* – History, Theory and Practice. Thousand Oaks, CA: Sage.

SPINELLI, E. (2005). *The Interpreted World:* An Introduction to Phenomenological Psychology. Londres: Sage [cf. cap. 6].

VAN DE REIT, V. (2001). "Gestalt therapy and the phenomenological method". *Gestalt Review*, 5 (3), p. 184-194.

YONTEF, G. (1993). *Awareness, Dialogue and Process:* Essays on Gestalt Therapy. Highland, NY: Gestalt Journal Press [cf. cap. 6].

Leitura recomendada sobre teoria de campo

KEPNER, J.I. (2003). "The embodied field". *British Gestalt Journal*, 12 (1), p. 6-14.

O'NEIL, B. & GAFFNEY, S. (2008) "Field theoretical strategy". In: BROWNELL, P. (org.) *Handbook for Theory, Research and Practice in Gestalt Therapy*. Newcastle: Cambridge Scholars.

O'SHEA, L. (2009). "Exploring the field of the therapist". *Relational Approaches in Gestalt Therapy*. Cambridge, MA: Gestalt.

PARLETT, M. (2005). "Contemporary Gestalt theory: Field theory". In: WOLDT, A.L. & TOMAN, S.M. (orgs.). *Gestalt Therapy* – History, Theory and Practice. Thousand Oaks, CA: Sage.

PHILIPPSON, P. (2006). "Field theory: Mirrors and reflections". *British Gestalt Journal*, 15 (2), p. 59-63.

ROBINE, J.-M. (2003). "I am me and my circumstance". *British Gestalt Journal*, 12 (1), p. 85-110 [Jean-Marie Robine entrevistado por Richard Wallstein].

STAEMMLER, F.-M. (2006). "A Babylonian confusion? – On the uses and meanings of the term, 'field'". *British Gestalt Journal*, 15 (2), p. 64-83.

STAWMAN, S. (2009). "Relational gestalt: Four waves". In: JACOBS, L. & HYCNER, R. (orgs.). *Relational Approaches in Gestalt Therapy*. Cambridge, MA: Gestalt.

3
Awareness

A promoção e o encorajamento de uma *awareness* plena e fluida são a pedra angular da prática Gestalt, como Perls et al. deixaram claro.

> A *awareness* é como o brilho de um carvão, que vem de sua própria combustão; o que é dado pela introspecção é como a luz refletida de um objeto quando focalizamos a luz de uma lanterna nele (1989 [1951]: 75).

No entanto, há muitos significados diferentes atribuídos à *awareness*. É às vezes associado negativamente com ser "autoconsciente" (no sentido de constrangido) ou excessivamente introspectivo (como em uma pessoa que se autoanalisa exageradamente). Esses significados erram o alvo: na Gestalt a *awareness* não é sobre pensar, refletir ou se automonitorar.

> A *awareness* é uma forma de experiência que pode ser livremente definida como estar em contato com nossa própria existência, com *aquilo* que é... a pessoa que está consciente sabe *o que* ela faz, *como* ela o faz, que ela tem alternativas e que ela *escolhe* ser como é (YONTEF, 1993: 144-145 – ênfase no original).

Em sua melhor forma, *awareness* é uma percepção ou conhecimento não verbal daquilo que está ocorrendo aqui e agora. É uma qualidade fundamentalmente positiva e essencial de toda vida saudável. É a energia para a assimilação e o crescimento no limite de contato, para o autoconhecimento, a escolha e a criatividade. Uma maneira de compreender a *awareness* é vê-la como um contínuo. Em uma extremidade está o sono: o seu corpo respira, regula suas funções vitais e está pronto para despertar para o perigo. Aqui a *awareness* é mínima e automática. Na outra extremidade desse contínuo está a autoconsciência plena (às vezes chamada de contato pleno ou experiência máxima). Você se sente totalmente vivo, perfeitamente consciente de estar no momento, com uma sensação de conexão, espontaneidade e liberdade. A passagem ao longo desse contínuo irá variar de um dia para outro, de um momento para outro –

sua experiência às vezes pode ser monótona e rotineira, em outros momentos inovadora e desafiante.

A criança pequena muitas vezes parece habitar um mundo de *awareness* e sinceridade sem limites com uma animação e espontaneidade que, com frequência, se perdem na maturidade. A maioria da perda da sensação de "novidade" é resultado de gestalts estabelecidos (ex.: crenças ou comportamentos rígidos ou habituais) que limitam a *awareness* àquilo que esperamos ver, e à interferência de pensamentos e memórias do passado ou expectativas do futuro. Se estou completamente absorvido em uma tarefa ou pensamento e não consciente de mim mesmo, estou fora de contato com o ambiente e comigo mesmo. No entanto, se eu me torno consciente, mesmo que continue minha linha de pensamento, a situação mudou sutilmente. Estou consciente *agora* que estou pensando sobre o *então*. Poderíamos dizer que a *awareness* é estar consciente de minha existência, aqui, agora, neste corpo. É um axioma da Gestalt que podemos recapturar essa imediação como adultos, e, de muitas maneiras, essa é a primeira tarefa no aconselhamento e na Gestalt-terapia.

A *awareness* é *ambos*, saber *e* estar. Se sugiro a um cliente que ele preste atenção na sua respiração, estou sugerindo que ele "saiba" que está respirando e que tenha a "experiência" de momento a momento de estar respirando. É essa experiência permanente de *awareness* que pode ter um profundo efeito de cura no aconselhamento. A tarefa do conselheiro é então enfatizar ou identificar a maneira como um cliente interrompe, restringe ou perde sua *awareness* dos aspectos vitais de seu próprio funcionamento. A restrição ou bloqueio da *awareness* muitas vezes se manifesta como falta de energia e vitalidade ou rigidez nas reações. A restauração de um *autoprocesso* saudável ocorre quando o comportamento ou atitude é trazido para a *awareness* e é experienciado nova e diretamente.

Uma das tarefas mais importantes, então, do terapeuta gestaltista é a de despertar a *awareness* do cliente – *awareness* daquilo que ele sente e pensa, de como ele se comporta, daquilo que está ocorrendo em seu corpo e a informação de seus sentidos; *awareness* de como ele estabelece contato – de seus relacionamentos com outras pessoas, do impacto que ele tem no ambiente e o ambiente nele.

Desde a primeira edição deste livro houve um uso amplamente pesquisado e aceito daquilo que é chamado de "plena atenção" (*mindfulness*) ou "meditação" como uma ferramenta terapêutica. Ela é reconhecida como uma ajuda em muitas questões que levam uma pessoa à terapia – ansiedade, depressão, transtorno de estresse pós-traumático (Tept), transtornos de estresse, abuso de substâncias e transtorno de personalidade limítrofe (TPL) (cf., p. ex.: WILLIAMS & KABAT-ZINN, 2013). Ficou demonstrado também que ela desenvolve o funcionamento do hemisfério direito do cérebro (McGILCHRIST, 2009), que está mais envolvido com tranquilidade, empatia, e conectividade do que o hemisfério esquerdo, mais estratégico. Em sua essência, a atenção plena enfatiza o valor de o cliente permanecer no momento presente e desenvolver a capacidade de aceitar o que "é" e o que está ocorrendo sem interferência e sem juízo, acompanhando a experiência que se desdobra no aqui e agora. É muito semelhante ao método fenomenológico de investigação. Estamos contentes em saber que aquilo que foi central para a Gestalt por mais de 50 anos hoje está sendo valorizado por outras abordagens. Há, é claro, uma sobreposição importante entre a prática da atenção plena e da *awareness* Gestalt tradicional, e há também uma diferença interessante. Sumariamente, enquanto a Gestalt normalmente tem como objetivo aumentar a *awareness* de qualquer "figura" específica (cf. p. 43 ou 58s.) tão plenamente quanto possível, a atenção plena enfatiza uma visão mais ampla, ou metavisão e encoraja a atenção direta para a emergência contínua de uma figura após a outra sem preferência. Há também uma diferença sutil na "propriedade" da experiência: na Gestalt há uma ênfase em apropriar-se de nossas reações e na atenção plena há um convite a des-identificar e vê-las simplesmente como "ocorrências". Consideramos ambas úteis em momentos diferentes e falaremos mais sobre isso no cap. 18. Neste capítulo, concentramo-nos no pilar central da Gestalt – a *awareness* vivida no momento presente.

Explorando a *awareness*

Por mais simples que isso pareça, talvez a maneira mais óbvia e natural de aumentar a *awareness* é o cliente contar sua história para alguém que a escute com plena *awareness*. Quando você se concentra conscientemente em sua *awareness*, você está "prestando atenção" e é essa *awareness* direcionada que é a atividade terapêutica central do conselheiro gestaltista. A atenção pode ser direcionada para focalizar de perto um aspecto específico do funcionamento (ex.: a respiração, ou uma parte tensa de seu corpo) ou ela pode ser direcionada de uma maneira mais ampla, para uma *awareness* holística maior (ex.:

awareness da maneira como o cliente e você estão se relacionando). Ao tomar os pensamentos e sentimentos de nosso cliente com seriedade, e com atenção plena, convidamo-lo a que faça o mesmo para si próprio. Ao refletir de volta para o cliente aquilo que estamos escutando, ao perguntar-lhe como ele está sentindo e percebendo em seu corpo, ao explorar seu sistema de crenças com ele, convidamo-lo a que escute a si mesmo e também a que aplique sua plena *awareness* à sua experiência e à maneira como ele faz sentido do mundo. Mantendo-nos "horizontais" e prestando atenção a todo o campo podemos ajudar nosso cliente a trazer todos os aspectos dele mesmo, inclusive aquilo que normalmente é ignorado ou está perdido.

Da maneira mais geral, o conselheiro está tentando encorajar o cliente a:

• permanecer no aqui e agora;

• aguçar e expandir a *awareness* da experiência que está ocorrendo;

• direcionar ou focalizar a *awareness* para aquilo que é minimizado ou evitado.

Considere as seguintes intervenções por parte do conselheiro:

• Concentre sua atenção em sua respiração por um momento...

• Você pode perceber o que está sentindo neste momento exato?

• Você está consciente do que está pensando?

• O que ocorre dentro de você quando você diz isso?

• De que parte do seu corpo você está consciente?

• Observo que seu corpo parece rígido e sua respiração ficou superficial. Você percebeu essa mudança?

O objetivo dessas intervenções é que o cliente se torne consciente daquilo que estava fora de sua *awareness*. O objetivo não é mudar a experiência do cliente, e sim restaurar ou fortalecer a *awareness* do aqui e agora, de viver no momento presente. É importante também compreender que sem um interesse *genuíno* por parte do conselheiro a intervenção pode se tornar fria e mecânica. O conselheiro também precisa manter uma autoconsciência incorporada. No fundo, como na prática da investigação fenomenológica, as intervenções precisam ser baseadas em uma curiosidade ativa e permanente.

> **Exemplo**
>
> *Ben*: Não sei bem do que falar esta semana. *(Parece desconfortável.)*
>
> *Terapeuta*: Reserve um momento para perceber aquilo de que você está consciente enquanto está sentado aqui comigo. *(Ela também traz sua atenção para suas próprias sensações quando diz isso.)*
>
> *Ben*: Não estou consciente de nada.
>
> *Terapeuta*: Como é que você está se sentindo neste momento?
>
> *Ben*: Vazio. *(Silêncio)*
>
> *Terapeuta*: Você pode descrever "vazio" para mim? Como é se sentir vazio?
>
> *Ben*: É como se eu estivesse tenso e não sei o que fazer.
>
> *Terapeuta*: Como é que você sabe que está tenso?
>
> *Ben*: Sinto uma pressão nos ombros e me sinto constrangido.
>
> *Terapeuta*: Constrangido?
>
> *Ben*: É. *(Silêncio)*
>
> *Terapeuta*: Estou interessada em saber como você sente esse seu constrangimento.
>
> *Ben*: Me sinto assim um pouco envergonhado.
>
> *Terapeuta*: E o que acontece depois?
>
> *Ben*: Estou com medo que você esteja me criticando pela maneira como eu estava em nossa última sessão.

Dessa forma, Ben começa a concentrar sua atenção em seu processo corporal, fica consciente de seu constrangimento no relacionamento com o terapeuta e percebe que sua falta de interesse aparente no começo da sessão era uma proteção de seu medo de críticas.

As zonas de *awareness*

Perls (1969) identificou o que ele chamou de três zonas de *awareness*. Elas são a Zona Interior, a Zona Exterior e a Zona Média. A desvantagem dessa conceituação é que ela se arrisca a criar a falsa impressão de uma divisão entre o experienciar interno e externo. A *awareness* é sempre holística e todas as zonas estão interconectadas e são dependentes uma das outras. Subjetivamente, no entanto, podemos nos concentrar deliberadamente em cada uma de cada vez, e como uma metáfora as zonas podem ser muito úteis, tanto como um instrumento de avaliação para o terapeuta e também para ajudar o cliente a incluir em sua *awareness* todos os aspectos de si mesmo. Examinaremos cada uma delas sucessivamente a fim de explorar sua significância.

A zona interior

A zona interior de *awareness* se refere ao mundo interior incorporado do cliente, muitas vezes imperceptível para o conselheiro. Ela inclui fenômenos subjetivos tais como sensações viscerais, tensão ou relaxamento muscular, batimento cardíaco e respiração, bem como aquela fusão de sensação e sentimento que é conhecida como estados corporais-afetivos. Também experienciamos emoções na zona interior (embora elas sejam normalmente parte da zona média e poderiam possivelmente ser consideradas como parte de todas as zonas). É também onde experienciamos memórias procedurais implícitas (p. ex., de como aprendemos a nos mexer e a nos comportar, memórias corporais de traumas, reações ao estresse).

As maneiras mais óbvias de aumentar a *awareness* da zona interior são chamar a atenção do cliente para seu corpo e suas sensações. Podemos fazer isso por meio de perguntas (ex.: Como você está se sentindo neste momento? Qual é a experiência que você está tendo agora?), comentando sobre aquilo que observamos (como "Estou observando seu queixo, você está percebendo alguma coisa nele?" "Observe a tensão nos músculos de sua perna") ou compartilhando uma experiência própria que possa refletir aquela do cliente (tal como: "Estou consciente de uma pressão no meu peito – me pergunto se essa é também sua experiência?).

Sugestão

Se um cliente parece não estar em contato com sua zona interior, você pode querer guiá-lo com o seguinte exercício:

Veja se você pode encher seu corpo todo com sua *awareness*, estando consciente de seu peso na cadeira e sua sensação de habitar você mesmo (*isso pode levar pelo menos um minuto*). Observe que outras sensações você está experienciando em seu corpo (*outro minuto... e assim por diante*). Que tom ou sentimento emocional você percebe? Onde ele está localizado? Se você não sentir nada ou muito pouco, permaneça com essa *awareness*, observe como é sentir esse "nada", deixe que ele se aprofunde e depois repita a exploração. Observe como suas sensações internas mudam e se modificam, perceba quaisquer pequenos movimentos que acompanham as sensações.

A zona externa

Essa é a *awareness* do contato com o mundo externo. Ela inclui todo nosso comportamento, nossa fala e ação. Inclui como usamos aquilo que são chamados de funções de contato (ver, ouvir, falar, provar, tocar, cheirar e se mover) que são as maneiras sensoriais principais pelas quais recebemos ou estabelecemos contato com o mundo. Se prestarmos atenção em nossas funções de contato, podemos nos tornar especialistas na *awareness* do momento presente, em perceber cores, formas, sons, texturas e assim por diante. Nossa percepção do mundo ao nosso redor pode se tornar mais rica e vibrante de uma maneira que vitaliza nossa experiência.

Há outra razão para nos concentrarmos em nossa zona externa, no entanto. Para que estejamos conscientes de nossas escolhas e para fazer mudanças na maneira como nos comportamos, talvez para obter reações diferentes por parte de outras pessoas, temos de nos tornar conscientes daquilo que estamos fazendo e seu efeito nos outros e em nós mesmos. Precisamos nos tornar especialistas em observar o que está ocorrendo ao nosso redor. Uma vez mais a maneira mais simples de aumentar a *awareness* que um cliente tem de sua zona externa é atrair sua atenção para suas ações, movimentos ou comportamento no seu ambiente e para os estímulos do mundo externo: "Esteja consciente do mundo ao seu redor, o que é que você está percebendo?" "O que é que você pode ouvir?" "Posso lhe dar algum retorno de como você é comigo?" e assim por diante.

A zona média

A zona média compreende nosso pensamento, emoções e reações, imagens, fantasias, memórias e expectativas. Ela inclui todas as maneiras pelas quais você faz sentido tanto de seus estímulos internos quanto dos externos. Em suma, ela age como um intermediário ou negociador entre as zonas interna e externa. Uma de suas funções principais é organizar nossas experiências a fim de chegar a algum tipo de entendimento cognitivo e emocional. Outra é predizer, planejar, imaginar, criar e fazer escolhas. É a zona média que inclui crenças e memórias narrativas. É, portanto, a causa principal de nossos problemas e sofrimento no sentido de que inevitavelmente ela também contém nossas crenças "básicas" autolimitantes, nossas maneiras estabelecidas de nos compreendermos e de compreendermos o mundo, e nossa tendência a encher o presente com pensamentos sobre o passado ou sobre o futuro. Em nossa zona média, também nomeamos ou rotulamos nossas experiências, algo que inevitavelmente determina como nos sentimos a respeito delas.

O aumento da *awareness* da zona média talvez seja o mais sutil. É importante não fazer pressuposições sobre o que uma pessoa pode estar pensando ou imaginando. Assim, poderíamos indagar "O que você está dizendo para você mesmo sobre o que ocorreu?" "Como você entendeu aquilo?" "E se aquilo fosse verdade, o que isso significaria para você? "Quando você fala isso, fica com lágrimas nos olhos", "À medida que você fala, começo a ficar zangado – isso encontra eco em sua experiência?" "O que é que você pensa sobre isso (ou imagina, ou fantasia, ou espera que ocorra)? "A que conclusão você chegou?" "Parece que você está dizendo que não é OK fazer isso".

> **Sugestão**
>
> Você poderia agora pedir ao cliente que refletisse sobre os exercícios de conscientização anteriores (ou sobre qualquer intervenção que você fez anteriormente): O que você acha disso? O que você entendeu quando eu lhe pedi que escutasse seu ambiente? Que outras reações ou associações você tem? (Agora comece deliberadamente a se deslocar para frente e para trás entre as zonas. Vá lentamente, para que o cliente realmente se permita estar consciente daquilo que ele está sentindo, pensando, vendo, imaginando e assim por diante. Convide-o a observar uma vez mais o que está ocorrendo em seu corpo.) "Como você explica isso? Como você se sente? O que você acha que isso pode significar? O que você percebe dentro de você, e ao seu redor? Como você reage a isso?"

Na prática, a pessoa saudável vai e volta entre as zonas durante sua vida diária. Quando a *awareness* fica sobrecarregada em uma zona específica, o efeito é desequilibrar seu funcionamento geral, às vezes com resultados bastante problemáticos.

> **Exemplo**
>
> Molly se concentrava excessivamente no mundo externo e nas opiniões alheias e dessensibilizava seus próprios sentimentos e juízos. Na terapia, disse que nunca soube o que fazer ou até o que queria e que dependia de alguma outra pessoa para tomar decisões por ela (*awareness* da zona externa dominante). Hari estava constantemente em um estado de preocupação e obsessão sobre a vida (zona média dominante) enquanto Sela estava de tal forma consciente de seus estados corporais-afetivos, quase à exclusão de todo o resto, que com frequência chegava a um estado de pânico sem palavras que era incapaz de administrar (zona interna dominante).

Awareness relacional

A maneira como um terapeuta e um cliente se relacionam também pode se tornar um veículo importante no qual todas as três zonas de *awareness* podem ser investigadas. A reação de momento a momento do cliente com o terapeuta demonstra *como* ele está consciente e de *que*, bem como as maneiras em que ele não está consciente. A ferramenta mais importante do terapeuta é ele próprio – suas reações ao cliente e sua própria *awareness* no aqui e agora. Sem tentar explicar ou interpretar, ele pode usar sua presença e técnicas de observação a serviço do cliente. Ele responde com suas próprias reações e *awareness*, comentando sobre como o cliente está na sala, seu processo, as áreas que ele parece ignorar ou minimizar, e as discrepâncias, por exemplo, entre aquilo que ele sente e aquilo que ele expressa em seu corpo. O terapeuta está aberto para explorar as reações do cliente com relação a ele, sempre com o objetivo de ajudá-lo a se tornar consciente de sua própria experiência.

O aumento da *awareness* tende a criar uma excitação física durante o processo de descoberta (e relaxamento depois). Ela leva à expansão dos movimentos corporais, mudanças na energia, flexibilidade de reações, vibração na atenção e na autoexpressão. O conselheiro tentará estar alerta para esses sinais de tal forma que possa, com sensibilidade, acompanhar o ir e vir do processo de conscientização do cliente. É claro, como conselheiros não podemos esperar ser oniscientes. A qualquer momento, é sempre uma boa ideia perguntar ao cliente o que ele está experienciando!

O profissional também precisa se especializar em monitorar e reconhecer o impacto de suas intervenções e presença. Não esqueça que você não pode excluir sua própria influência sobre o tipo de experiência que está percebendo no cliente. É preciso que você lembre a si mesmo frequentemente que seu relacionamento tem um efeito e fazer perguntas para verificar esse efeito, tais como:

    Como é que você se sente quando eu lhe peço que se concentre em...?

À medida que seu cliente vai se tornando cada vez mais acostumado e especializado em estar consciente de si próprio, você irá desenvolver aquilo que é às vezes chamado de "relacionamento atento" ou diálogo fenomenológico (HOUSTON, 2013: 33), quando você se envolve em um diálogo de comunicação aberta. Tanto o terapeuta quanto o cliente podem estar conscientes do "terceiro espaço" e concentrar nele, nessa zona cocriada em que seu encontro representa uma *awareness* compartilhada, um significado e uma linguagem compartilhados e possivelmente novos.

O ciclo de experiência

Uma maneira tradicional de compreender o fluxo da *awareness* é por meio de uma metáfora chamada o "ciclo de experiência" (também conhecida como o ciclo da *awareness* ou o ciclo de contato). É uma forma simples e eficiente de rastrear a formação, a interrupção ou a conclusão das figuras emergentes. Ela identifica estágios a partir do momento em que se vivencia uma sensação até reconhecê-la, nomeá-la, fazer sentido dela, decidir e atuar, entrar em pleno contato, alcançar a satisfação ou conclusão e então estar pronto para o próximo ciclo.

Os ciclos de experiência podem ser simples ou complexos. Por exemplo, um ciclo comum quase no final de uma sessão de terapia é quando o terapeuta fica consciente da passagem do tempo (sensação), percebe que a sessão está quase no fim (reconhecimento), prepara-se para interrompê-la e falar (mobilização da energia), chama a atenção do cliente para o término da sessão (ação) eles se despedem (contato) e o cliente vai embora; o terapeuta então reavalia a sessão (assimilação), desliga-se (retirada) e relaxa preparando-se para seu próximo cliente (o fundo indiferenciado). Em um ciclo de experiência mais complexo uma assistente social fica consciente de um interesse crescente no campo de aconselhamento. Ela explora as oportunidades de treinamento e escolhe um curso de Gestalt. Depois de vários anos, ela completa as muitas exigências do treinamento e eventualmente obtém um mestrado. Satisfeita, desliga-se do estudo e passa mais tempo com sua família ou amigos. (Ou talvez apenas dê uma festa muito animada!)

Embora o ciclo funcione bem em figuras mais simples tais como fome e sede, em circunstâncias normais, figuras múltiplas estão se formando potencialmente a qualquer momento e um processo de escolha precisa ocorrer. A decisão sobre que figura priorizar e à qual dar energia é complexa, e será parte de uma reação integrada e dependente das condições específicas do campo a qualquer momento.

Portanto, podemos decidir priorizar a necessidade de terminar um projeto difícil e ignorar o desejo de uma xícara de chá e um descanso. Podemos sentir a necessidade de concordar com uma solicitação de alguém, mas então lembrar que precisamos economizar nosso tempo e recusamos. Decidir que necessidade priorizar será uma combinação de intensidade, valor, relevância naquele momento, e os apoios disponíveis em nós mesmos e no ambiente. Também podemos precisar estar conscientes de que muitas figuras nunca alcançarão

Figura 3.1 O ciclo de experiência

uma resolução ou satisfação e que precisamos avaliar quando nos retirar, ainda que a satisfação não tenha sido obtida. Por exemplo, quando estendemos a mão para consolar o amigo de luto, sabemos que não podemos retirar sua dor, e haverá necessidade de aceitação em vez de resolução. Segue-se, é claro, que muitos ciclos são cocriados, o que aumenta a complexidade (NEVIS, 1987 descreve um "ciclo interativo" que pode ser cocriado por um par ou grupo).

Tudo isso significa que o ciclo pode ser difícil de ser usado como uma ferramenta terapêutica. Ele não permite facilmente complexidades tais como a necessidade de escolher entre figuras competitivas que exigem atenção. Muitas vezes torna-se difícil identificar o que constitui cada estágio, e os muitos desvios e cocriações que interrompem o movimento ao redor de qualquer ciclo. Por outro lado, é uma ferramenta excelente para rastrear e enfatizar experiências ou figuras simples, singulares que habitualmente são interrompidas com o passar do tempo (ex.: no estilo de personalidade que se vicia facilmente).

No Prefácio, descrevemos como tínhamos chegado a uma mudança de atitude a respeito do giro relacional na psicoterapia, que, embora permanecendo compromissada com uma filosofia de duas pessoas, envolve moderar nosso compromisso de considerar que tudo na sessão é cocriado. Nosso interesse crescente em trabalhar com o trauma nos levou a reconhecer que alguns padrões de estar no mundo estão tão rigidamente sedimentados ou estabelecidos e são uma parte tão fundamental de como os clientes se relacionam com o mundo que se envolver terapeuticamente por meio de uma lente cocriada no consultório do terapeuta seria, no melhor dos casos, irrelevante para a urgente necessidade do cliente. Com tais questões pode às vezes ser vital deixar de lado por enquanto a atenção sobre o aspecto cocriado do relacionamento a fim de priorizar a estabilização e a autorregulação para permitir um processo saudável. O ciclo de experiência se presta a isso particularmente.

Ele pode ser útil como um guia para descobrir onde um processo de vivenciar a *awareness*, a estimulação energética e o processo de desestímulo pode estar empacado ou desviado, particularmente para um cliente cuja tendência é habitualmente interromper ou adulterar seu processo no mesmo estágio do ciclo. Aqui estão alguns cenários possíveis:

• Um cliente que sofreu trauma ou abuso pode se desassociar de sua zona interna de *sensação* corporal-afetiva (uma interrupção antes da **sensação**).

• É bem possível que uma pessoa que tem um transtorno alimentar possa estar interrompendo seu processo natural no estágio de *reconhecimento* de suas emoções, rotulando erroneamente suas sensações como sendo fome em vez de carência emocional (uma interrupção entre **sensação** e **reconhecimento**).

• Uma cliente de luto sabe que seu marido morreu e que ela precisa sentir pesar, mas apenas se sente impotente e exaurida (uma interrupção entre **reconhecimento** e **mobilização**).

• Um cliente ansioso e agitado que *mobilizou* um excesso de energia, mas é incapaz de *atuar* de uma maneira efetiva (uma interrupção entre **mobilização** e **ação**).

• Um cliente impulsivo que *atua* constantemente começando novos casos amorosos, mas é incapaz de estabelecer um *contato* relacional real (uma interrupção entre **ação** e **contato**).

- Um cliente viciado no trabalho que competentemente estabelece *contato* e completa tarefas difíceis, mas é incapaz de conseguir *satisfação*, porque fica sempre imaginando que poderia ter feito aquilo melhor ou sempre se criticando por algum erro insignificante (uma interrupção entre **contato** e **satisfação**).

- Um cliente muito dependente que se sentiu alimentado pela sessão de terapia e que tenta evitar ir embora no final. Ele é incapaz de se **retirar** e de se entregar à separação (uma interrupção entre **satisfação** e **retirada**).

- Uma mulher de negócios orientada para metas que termina um projeto bem-sucedido e gratificante e fica imediatamente inquieta, pensando sobre o próximo projeto ou oportunidade, incapaz de descansar tranquilamente, temendo a incerteza de deixar aquilo que vai acontecer vir naturalmente (uma interrupção entre **retirada** e **disponibilidade** para uma nova emergência).

Todos os nossos exemplos acima são casos em que acreditamos que seria saudável para o cliente encontrar uma maneira de se tornar consciente da energia interrompida e completar o ciclo de experiência.

É claro, isso nem sempre é verdade. Saber o que virá a seguir em qualquer estágio do ciclo é uma combinação da *awareness* que o cliente tem de suas necessidades (e opções) e de seus próprios pressentimentos, mas o *cliente* é o único que realmente pode saber o que a finalização significa para ele e quanto tempo ela precisa levar. Alguns ciclos se completarão em uma sessão, alguns podem levar anos. Alguns podem ser abandonados ou modificados pelo cliente a favor de outras direções.

Antes de deixar o ciclo aqui gostaríamos de chamar sua atenção uma vez mais para o passo final – um passo que é muitas vezes negligenciado na literatura – o estágio que ocorre entre a retirada e a sensação, depois de completarmos um ciclo e antes de estarmos energizados para a próxima figura emergente. Esse estágio é muitas vezes conhecido como "vazio fértil", mas viemos a preferir o termo que Gaffney (2009) usa: o "fundo" assim chamado a fim de sublinhar o valor de simplesmente "estar lá" "continuando e continuando" em plena *awareness* do eu no mundo, permitindo a emergência daquilo que será. Para o conselheiro, é também o local de "imparcialidade criativa" (cf. a seguir) com um cliente, estar alerta e disponível sem uma pauta, pronto para reagir à figura emergente (cf. a seguir). É um momento para estar não direcionado e reconhecer o desconhecido. Pode ser tanto uma entrega à primazia da autorregulação organísmica e também uma entrega à emergência de algum pensamento, sentimento ou desejo completamente novo e inesperado – ou até a dimensão espiritual.

A paradoxal Teoria da Mudança

Voltamo-nos agora para outro conceito central na Gestalt-terapia, que é, de muitas maneiras, uma extensão natural de tudo aquilo que foi dito acima. Embora descrita como uma teoria, a paradoxal teoria da mudança proposta por Beisser (1970: 77) poderia ser chamada, mais precisamente, de um princípio. Ela afirma que "A mudança ocorre quando uma pessoa se torna o que ela é e não quando ela tenta ser o que ela não é". O princípio propõe simplesmente que uma pessoa aceite e incorpore plenamente o que ela *é*. Tentar mudar de acordo com alguma imagem estabelecida é aquilo que atrapalha o processo natural de mudança. Nos últimos dez anos muitas outras abordagens terapêuticas também começaram a se orientar com base nesse princípio, por exemplo a terapia de aceitação e compromisso (ACT), treinamento da atenção plena, terapia cognitiva baseada na atenção plena (MBCT), terapia emocionalmente focalizada (EFT) e a terapia de comportamento dialético (DBT).

Os clientes muitas vezes vêm para a terapia acreditando que podem mudar de acordo com um plano predeterminado, ou querendo simplesmente se livrar de específicos sentimentos, pensamentos ou atitudes desagradáveis. Esperam alcançar uma imagem ou ideia idealizada de como querem ser diferentes (p. ex. "estar livre da ansiedade" ou "ser querido por todos"). O princípio paradoxal da mudança mantém que, em vez de tentar mudar a si próprio o cliente precisa entrar tão plenamente quanto possível em todos os aspectos de sua própria experiência, trazendo-os para sua *awareness* total. Quando isso for feito, confiando em sua auto-organização organísmica, a mudança se seguirá naturalmente.

O princípio pode também ser compreendido quando percebemos que se o cliente pode chegar a essa atitude profunda de autoaceitação, então ele, na verdade, está fazendo uma mudança radicalmente diferente (e transformativa) em sua atitude normal para consigo mesmo. O argumento foi proposto por Perls (1969) quando ele distinguiu entre autoatualização e "atualização da autoimagem". Esse princípio tem implicações significativas para a prática terapêutica.

Como um terapeuta que tem esse princípio em mente, você irá abertamente encorajar seu cliente a explorar e abraçar o *is-ness* dele próprio*.

Esse conceito fundamental é paradoxal porque implica que, a fim de mudar, o cliente precisa desistir de *tentar* mudar. Ele afirma em vez disso que há um processo natural de crescimento e mudança por meio da *awareness*, do contato e da assimilação que estão ocorrendo.

Indiferença criativa

A atitude mais proveitosa que o conselheiro pode adotar para facilitar esse processo é a indiferença criativa. Esse conceito, que tem suas raízes na espiritualidade oriental é semelhante à prática de equanimidade ou atenção plena no budismo. Ele não significa, ao contrário do que seu título pode sugerir, uma atitude de falta de cuidado (seria, talvez, mais preciso chamá-lo de "imparcialidade criativa" ou de "neutralidade criativa"). Ele tem como base a ideia de que o conselheiro não tem um interesse velado em qualquer resultado específico. É uma outra maneira de enfrentar a incerteza existencial do desconhecido – uma tarefa nada simples. Ele envolve o conselheiro verdadeiramente abraçando a prática do interesse genuíno combinado com uma igualmente genuína *falta de investimento* em qualquer resultado particular. O conselheiro está disposto a aceitar seja lá o que "é e que se torna".

Esse modelo de crescimento é fácil de ver no mundo físico em que um jardineiro fornece as condições corretas de luz, calor e água, retira as ervas daninhas e protege contra doenças ou ataques de insetos. As flores então irão crescer a amadurecer naturalmente em sua "floridade" plena. O jardineiro não está tentando impor sua vontade ou "fazer" a flor diferente daquilo que ela é naturalmente. O aconselhamento e a terapia também envolvem "confiar no processo" do cliente e não estar ligado a qualquer resultado específico. Significa que o conselheiro está livre para se envolver completamente em qualquer trilha que o cliente escolha. Ele está também, é claro, no âmago da teoria de campo, do método fenomenológico e na aceitação da escolha existencial do cliente. É a confiança na saúde da autorregulação organísmica e na mais pro-

---

* Algo assim como o que ele realmente é [N.T.].

funda sabedoria que existe dentro de todos nós. Principalmente, é a confiança de que se nós como conselheiros fornecermos as condições apropriadas no processo da terapia, o cliente irá escolher sua própria direção correta.

Está claro, portanto, que não podem haver quaisquer habilidades ou técnicas específicas associadas com a indiferença criativa. Ela tem a ver com o cultivo de uma atitude que está no âmago de todas as técnicas da Gestalt. Estar plenamente aqui e agora, encontrar com outra pessoa sem precondições, é uma experiência potencialmente assustadora, bem como emocionante. Estamos enfrentando o desconhecido e isso pode nos fazer sentir inseguros. Podemos então sentir um forte desejo de assumir o controle por meio do planejamento e da predição. Com clientes em risco ou com autoprocessos frágeis isso é muitas vezes necessário. No entanto, com essa restrição, como conselheiros gestaltistas devemos tentar resistir a essa ansiedade e, em vez disso, arriscar permanecer com a incerteza.

Essa visão paradoxal da mudança contrasta diretamente com outros modelos terapêuticos que se concentram em resultados comportamentais, tentam remover sintomas e veem a resistência como algo a ser vencido. No aconselhamento gestaltista, os sintomas e a resistência são expressões dos ajustes criativos que o cliente está fazendo a uma situação, normalmente onde não há apoio suficiente. Tentar remover ou vencer a resistência é como tentar perder ou submeter uma parte essencial da pessoa.

Quando o problema ou dilema é aceito e a *awareness* é restaurada, todos os aspectos e partes diferentes do cliente estão disponíveis como recursos para o crescimento e a mudança natural.

Exemplo de caso

Jean-Luc tinha vindo para aconselhamento após uma série de relacionamentos fracassados que o tinham deixado se sentindo profundamente infeliz e temeroso de novas situações sociais. Disse que queria se sentir feliz outra vez, mas não queria "olhar para o passado", já que tinha achado isso uma perda de tempo em uma experiência de aconselhamento anterior. Na sessão de avaliação queria que eu lhe dissesse como se sentir melhor e esperava que eu lhe desse algumas respostas. Achava que sua inadequação social (como ele a descreveu) era resultado de algo que ele fazia errado em reuniões sociais. À medida que começamos a fazer um contrato para as seis sessões iniciais, expliquei minha relutância em concordar

> com sua imagem de como eu poderia ajudá-lo e ofereci uma perspectiva alternativa sobre como poderíamos primeiramente entender sua história antes de chegar a quaisquer conclusões sobre o que era necessário. Jean-Luc não pareceu convencido, mas concordou em tentar já que estava desesperado e tinha sentido algum alívio ao me falar de seu sofrimento. Durante as semanas seguintes, ele me contou sua história com muitos detalhes e cada vez menos me pedia minha opinião ou sugestões. Durante essa época, eu trabalhei principalmente com o método fenomenológico, aumentando sua autoconsciência e oferecendo uma relação dialógica. Não lhe dei qualquer conselho ou instrução sobre como estar em situações sociais.
>
> Na nossa avaliação de seis meses, Jean-Luc se mostrou surpreso pelo fato de parecer estar desfrutando mais da vida e sentindo-se mais esperançoso sobre sua situação. Tinha também começado um novo relacionamento que até então não estava seguindo aquela trilha rochosa de sempre. Não conseguia entender como as coisas tinham melhorado sem que ele ou eu "tentássemos" fazer mudanças deliberadas.
>
> Extraído das anotações do trabalho de um dos autores.

É uma experiência comum nossa ver que o efeito de um conselheiro que segue o princípio paradoxal de mudança é sutil, e que os clientes muitas vezes sabem que o aconselhamento ajudou, mas não podem facilmente articular qualquer razão particular para que isso tenha ocorrido.

Tendo dito isso, desejamos enfatizar que a situação humana é com frequência muito complexa e acreditamos que há também um lugar para uma mudança deliberada, planejada ou desejada que necessita determinação e coragem. Um exemplo pode ser uma decisão de parar um comportamento de vícios autodestrutivo; outro pode ser uma decisão de seguir uma carreira como terapeuta e persistir, atravessando os obstáculos dos cursos de treinamento até atingir o resultado desejado. Há uma distinção sutil a ser feita entre as pressões culturais ou sociais introjetadas para ser diferente e um desejo ou aspiração verdadeira, livremente escolhida pela pessoa total em plena *awareness*. Esperamos demonstrar mais tarde neste livro como uma viagem terapêutica pode ser feita respeitando a teoria paradoxal de mudança e também permitindo metas e desejos escolhidos deliberadamente.

Leitura recomendada

FODOR, I. (1998). "Awareness and meaning-making: the dance of experience". *Gestalt Review*, 2 (1), p. 50-71.

GAFFNEY, S. (2009). "The cycle of experience re-cycled: then, now... next?" *Gestalt Review*, 13 (1), p. 7-23.

KABAT-ZINN, J. (2003). "Mindfulness-based interventions: past, present and future". *Clinical Psychology:* Science and Practice, 10 (2), p. 144-156.

NEVIS, E.C. (1992). *Gestalt Therapy*: Perspectives and Applications. Nova York: G.I.C. [cf. cap. 1].

PHILIPPSON, P. (2005). "The Paradoxical theory of change". *International Gestalt Journal*, 28 (2), p. 9-19.

RIBEIRO, W. (2005). "The non-paradoxical theory of change". *International Gestalt Journal*, 28 (2), p. 19-23.

STAEMMLER, F.-M. (1997). "Cultivating uncertainty: An attitude for Gestalt therapists". *British Gestalt Journal*, 6 (1), p. 40-48.

YONTEF, G. (1993) *Awareness, Dialogue and Process*: Essays on Gestalt Therapy. Highland, NY: Gestalt Journal [cf. cap. 8].

4
O relacionamento terapêutico

Nos últimos vinte anos, a "Terapia Relacional Gestalt" passou a ser um lugar-comum na literatura e na formação gestálticas.

Na prática clínica essa tendência levou a um foco mais central no consultório no relacionamento entre o cliente e o terapeuta, na influência mútua e na cocriação de significados. Ela enfatiza a importância do relacionamento terapêutico como um veículo de mudança essencial, e do processo dialógico em que tanto o cliente quanto o terapeuta se emocionam e são mudados no encontro.

Um relacionamento terapêutico na prática gestáltica depende de três elementos que se constroem mutuamente:

- o fornecimento de um recipiente seguro (descrito no cap. 1);
- o estabelecimento de uma aliança de trabalho;
- o oferecimento de uma relação dialógica em que há disposição para se envolver em uma investigação relacional colaborativa.

A aliança de trabalho

A aliança de trabalho começa com um oferecimento de ajuda, apoio e compromisso por parte do terapeuta. Essa oferta de aconselhamento é recebida pelo acordo do cliente sobre as condições iniciais (p. ex., assiduidade, honorários etc.) e uma disposição para participar no processo de mudança. Tão logo que você e seu cliente tenham estabelecido o compromisso de trabalhar juntos, estão começando a desenvolver uma aliança de trabalho (às vezes chamada de aliança terapêutica ou relacionamento funcional). Essa aliança envolve o desenvolvimento de uma parceria ativa, um laço de confiança entre você e seu cliente no qual vocês compartilham uma compreensão mútua de seu trabalho em conjunto e de suas metas.

Significa também que vocês concordam em cooperar um com o outro acreditando na boa intenção do outro. O cliente acredita que seu desejo fundamental é trabalhar no melhor interesse dele mesmo quando ele ache que você é difícil ou desafiador. O terapeuta crê que o cliente está fazendo o melhor possível para voluntariamente se envolver e ser honesto em suas comunicações com você nessa aventura conjunta.

É a aliança de trabalho que irá manter o trabalho apesar daqueles momentos em que o cliente decide temporariamente que você é um terapeuta horrível ou você decide que o cliente não está sequer *tentando* ajudar a si próprio. Por parte do terapeuta essa confiança pode ser ganha por sua disposição de levar a sério tudo que o cliente traz, respeitá-lo e permanecer com ele mesmo quando a terapia fica difícil ou empaca.

A aliança de trabalho muitas vezes leva tempo para se estabelecer e de vez em quando pode flutuar, especialmente quando o cliente se sente "evitado" ou criticado pelo terapeuta. É possível que você necessite fortalecer a aliança nesses momentos explorando aquilo que você fez (ou não fez) que levou a um enfraquecimento da confiança e estar preparado para se responsabilizar por sua parte naquilo (p. ex., uma intervenção pouco útil ou a necessidade inesperada de cancelar uma sessão).

Isso não significa que os terapeutas devem apressar-se em pedir desculpas sem dar espaço para o cliente ter suas reações. Isso evitaria uma confrontação relacional importante. O que é importante é sua disposição como terapeuta de estar lá para seu cliente, lutando abertamente com seus erros pois isso convence o cliente de que você tem um compromisso total com ele. Isso também mostra uma disponibilidade para explorar dificuldades em um espírito de abertura e investigação e não de autocrítica ou evitação. Realmente, muitos psicoterapeutas acreditam que a ruptura inevitável da aliança, seguida por sua restauração por meio da investigação aberta e do entendimento empático (cf. a seguir em "Relação dialógica") constitui a cura mais importante na terapia.

Uma das maneiras mais importantes de encorajar e fortalecer a aliança de trabalho é fazer uma revisão conjunta em intervalos regulares, sobre a relevância, a utilidade e a efetividade do relacionamento. Isso envolverá um monitoramento do progresso das metas acordadas, perguntando-se o que foi útil ou inútil em suas intervenções e reajustando seu relacionamento ou pensamento estratégico. Realmente, a pesquisa de resultados (MILLER et al., 2008) sugere que buscar um retorno deste tipo dos clientes aumenta significativamente a efetividade. O cliente precisa sentir que ele é um parceiro ativo e influente naquilo que se passa nas sessões. O conselheiro, por sua parte, precisa adaptar seu grau de apoio ou de confrontação para encorajar essa parceria (cf. cap. 15 para sugestões sobre como conduzir a revisão). Além disso, o terapeuta irá sempre perceber o efeito de suas intervenções de tal forma que possa dizer, pelas reações do cliente, se está em harmonia com ele ou se o evitou ou foi rápido demais.

A força e a velocidade da formação de uma aliança de trabalho sólida dependerão de vários fatores – o estilo da personalidade do cliente, sua história de confiança relacional, sua autorresponsabilidade, e sua capacidade de demonstrar compreensão e apoio consistentes. Em contratos de curto prazo, a aliança de trabalho precisa ser estabelecida rapidamente. No trabalho de longo prazo, especialmente com questões de abuso ou abandono, a construção de uma aliança de trabalho pode ser um processo lento e pode, na verdade, ser o foco principal do aconselhamento durante muito tempo.

Para verificar se vocês têm uma aliança de trabalho, faça essas três perguntas:

- Os dois estão cientes daquilo que estão tentando fazer juntos?
- O cliente está comprometido com o processo?
- Os dois estão tentando permanecer envolvidos e comunicar-se, mesmo quando as coisas ficam difíceis ou dolorosas?

> **Sugestão**
>
> Pause um momento para pensar sobre essas três perguntas com relação a sua própria terapia. Quando foi que a aliança de trabalho esteve mais forte e quando esteve mais frágil? O que fez a diferença? Você alguma vez duvidou da boa vontade de seu terapeuta ou do compromisso dele com você? Agora pense sobre um cliente com quem você teve problemas e se faça as mesmas perguntas. Como você imagina que seu cliente responderia?

A aliança de trabalho é uma base fundamentalmente importante para a viagem terapêutica que se segue.

Relação dialógica

> O coração humano anseia por contato – mais que tudo, ele anseia por um diálogo genuíno... Cada um de nós secreta e desesperadamente anseia para ser "encontrado" – para ser reconhecido em nossa

singularidade, nossa plenitude e nossa vulnerabilidade (HYCNER & JACOBS, 1995: 9).

A Teoria da Gestalt propõe uma forma específica de relacionamento terapêutico chamada de *relação dialógica*. O conceito foi desenvolvido a partir das ideias do filósofo Martin Buber (1958/1984) e pode ser descrito como:

> Uma atitude de sentir/perceber/experienciar genuinamente a outra pessoa *como uma pessoa* (e não como um objeto ou parte-objeto) e uma disposição para "ouvir" profundamente a experiência da outra pessoa sem prejulgamento. Além disso, é a disposição para "ouvir" o que não está sendo falado e "ver" o que não é visível (HYCNER & JACOBS, 1995: xi – ênfase no original).

Um terapeuta que oferece uma relação dialógica precisa estar completamente presente, compreendendo, validando e sendo autêntico com seu cliente. Isso é, certamente, uma prática muito exigente e difícil, à qual aspiramos e não constantemente alcançamos. No entanto, é a *intenção* que é mais importante. É também aquilo que distingue a Gestalt de muitas outras terapias, que enfatizam as interpretações, intervenções habilidosas ou treinamento para uma mudança comportamental como as chaves principais para o sucesso. Muitas dessas terapias dão menos valor à "concretude" ou centralidade-presente do terapeuta e ao relacionamento com o cliente que é uma parte tão essencial do diálogo gestáltico.

Uma relação dialógica começa com o terapeuta aceitando um "compromisso com o diálogo" com aquele *espaço* do relacionamento em que tanto o terapeuta quanto o cliente são afetados e modificados pelo encontro. Ela pode então ser descrita por várias qualidades, que foram enfatizadas de maneira diferente por autores diferentes, mas que fundamentalmente incluem quatro elementos: presença, confirmação, inclusão e disposição para uma comunicação aberta.

Presença

Na sua forma mais simples, presença significa que o conselheiro está totalmente presente para o cliente. Ele tenta tanto quanto possível estar no aqui e agora. Traz tudo de si mesmo e está disposto a encontrar o cliente de uma maneira honesta e autêntica. Ao fazê-lo, ele se permite ser comovido e emocionado pelo impacto do cliente, ser *atingido*. Às vezes isso significará ser capaz de revelar sua reação a serviço do relacionamento, demonstrando o impacto que foi experienciado. Isso é um aspecto tão importante de ser um profissional da

Gestalt que voltaremos a falar sobre o assunto repetidamente. Por enquanto, veja se você consegue vir para o presente neste momento exato. Há muitas maneiras de abordar isso e oferecemos aqui um exercício gestáltico tradicional.

> **Sugestão**
>
> Faça o exercício na p. 69. Termine indo e voltando entre as três zonas de *awareness*, vendo onde sua energia ou atenção está mais concentrada. Observe onde você se sente fluido e onde você se sente rígido ou paralisado. Você agora está em uma posição melhor para escolher estar no momento presente. Escolha um objeto no local em que você está sentado, e veja se você pode "estar presente" para aquele objeto.

O conselheiro, é claro, tem a tarefa sutil de estar presente para si mesmo, para o cliente e para o relacionamento. Para praticar presença o terapeuta aplica todos seus sentidos e sua consciência e se dá plenamente ao encontro. De certa maneira, presença é uma qualidade que emerge quando você abandona (ou reduz fenomenologicamente) todas suas preocupações e aspirações e se permite "estar lá". É a antítese de desempenhar um papel ou tentar causar uma certa impressão.

Terapeutas iniciantes às vezes perguntam: "Como é que um terapeuta da Gestalt deve agir?" Como se houvesse um comportamento ou papel específico que eles devessem desempenhar. A melhor forma de abordar a presença é criar um espaço para que ela apareça. Ela também implica *ser verdadeiro* o que significa não fingir que você está interessado se você está distraído, não fingir que você está dando apoio se você está se sentindo irritado. Significa permitir que o cliente o veja como você é, não como você gostaria de ser visto, talvez abandonando a necessidade de ser o "terapeuta compassivo e sábio".

Confirmação

> Nossas comoções mais profundas de autoapreciação, autoamor e autoconhecimento vêm à superfície na presença da pessoa que experienciamos como sendo totalmente tolerante (ZINGER, 1975: 60).

Estar com um conselheiro ou com um terapeuta será, para muitas pessoas, sua primeira experiência de ser realmente escutado, cuidado e compreendido por alguém que leva seus pensamentos, seus sentimentos e suas necessidades a sério. Isso por si só pode ser uma força de grande eficácia para a cura.

Podemos descrever isso como "ser totalmente recebido" por outro ser humano. Algumas crianças de sorte têm essa experiência vindo de sua mãe, pai ou cuidador principal. Outros entre nós tivemos um gostinho disso por parte de avós ou parentes carinhosos. Muitos teóricos do desenvolvimento, apoiados pela evidência da pesquisa neurobiológica, veem esse tipo de relacionamento/experiência como a base mais importante para um sentido seguro e sólido do *self*. Isso não é dizer que um pai ou mãe perfeitos devam ser infinitamente permissivos e que aprovem tudo a que criança faz. Simplesmente há uma sensação de ser incondicionalmente aceito; por pior que tenha sido seu comportamento, ou por mais difícil que você seja, você ainda é amado e valorizado.

> **Sugestão**
>
> Pense sobre uma pessoa (ou até mesmo um animal doméstico) em seu passado ou presente por quem você se sentiu totalmente aceito. Que diferença isso fez na sua vida? Que diferença ainda faz? Como a ausência disso lhe afeta?

A confirmação não significa que você concorda com tudo que o cliente lhe diz ou é totalmente tolerante. Há obviamente momentos em que você irá discordar dos valores dele ou não gostar de alguns dos comportamentos sobre os quais você ouve. Os terapeutas podem ter, por exemplo, opiniões fortes sobre questões tais como o racismo, a violência e o abuso e às vezes sentem a necessidade de admitir sua posição para o cliente. Discutiremos autorrevelação mais tarde neste capítulo.

O conselheiro da Gestalt tenta aceitar ou manter não só aquilo que é figural para o cliente, mas também aquilo que é alienado, distorcido, ou não consciente. Isso inclui o potencial do cliente – a pessoa que ele pode se tornar. Nesse sentido, a confirmação é mais inclusiva que a "aceitação". Por exemplo, um cliente que só está em contato com seu lado autocrítico, muitas vezes também não está em contato com sua capacidade para autoelogios e o conselheiro pode ter de confirmar ambas essas qualidades. Como muitas qualidades desejáveis, a confirmação é algo a que aspiramos e não que conseguimos. Há alguns clientes, em determinados momentos, que são difíceis de confirmar, especialmente quando estão nas garras de uma contratransferência negativa (cf. cap. 12). No entanto, percebemos que pode ser útil se nos mantemos próximos a uma imagem do cliente como um ser humano vulnerável exatamente como nós, lutando para fazer o melhor que pode em circunstâncias difíceis.

Inclusão

Isso é a tentativa de o conselheiro incluir a experiência do cliente em sua área de compreensão. É a prática de ser receptivo para uma "sensação sentida", incorporada, do cliente no momento, sem perder o sentido de sua própria experiência subjetiva. (Tradicionalmente a inclusão era vista como diferente do conceito de empatia, mais comumente usado, mas concordamos com Stawman (2011) que eles fundamentalmente descrevem o mesmo processo intersubjetivo. Cf. também Staemmler (2012b) para uma discussão mais profunda sobre isso.)

A inclusão é uma ressonância cognitiva, emocional e somática implícita, que permite ao conselheiro experienciar plenamente o campo intersubjetivo no momento do aqui e agora.

A inclusão também compreende a *awareness* que o conselheiro tem de seus próprios sentimentos, reações e experiências. Ela também não submerge tão completamente na história do cliente ou sente que ele próprio se perde. Pelo contrário, está sempre consciente de sua própria experiência e presença, mas escolhe também se sintonizar com o outro e se permitir ser influenciado por isso. A inclusão envolve uma mistura dos fenômenos percebidos do cliente – expressões corporais, emoções, conteúdo – e também uma imaginação criativa por parte do conselheiro. No entanto, muitas vezes é verdade que grande parte da comunicação interpessoal ocorre fora da *awareness* em uma variedade de maneiras sutis e o encorajamos a escutar as imagens, sensações ou sentimentos que você experiência, o que pode também lhe dar informação sobre o mundo de seu cliente.

Sugestão

Lembre-se de uma recente sessão de terapia em que um cliente estava lhe falando sobre um problema. Mentalize o cliente e se faça as seguintes perguntas:

- O que é que ele está lhe comunicando por meio de suas palavras, postura corporal, emoções, nível de energia etc.?

- Quais são suas próprias reações, pensamentos e sentimentos enquanto você escuta o cliente?

- Que significância específica você acha que esse problema terá à luz da história anterior de seu cliente, por exemplo, sua infância ou autoconceito?

- Se você se imaginasse sendo esse cliente, como é que você imaginaria que ele estaria experienciando esse problema?

> Agora dê um passo atrás e se pergunte:
>
> • Se você tivesse esse problema, como estaria se sentindo e pensando?
>
> • Que tipo de reação você iria querer de um terapeuta nesse momento?
>
> Agora identifique:
>
> • A qualidade ou sensação que você tem do relacionamento cocriado.
>
> Tendo passado pelos passos anteriores, qual seria a melhor maneira de transmitir seu entendimento da questão para o cliente?

Comunicando a inclusão

A inclusão pode muitas vezes ser transmitida expressando-a diretamente ao cliente. Ela é comunicada por meio da atitude, da postura, do tom de voz, enfim por todo o contato não verbal que você faz com seu cliente. Ser inclusivo pode ter um efeito profundo para a cura; pode aprofundar a aliança de trabalho, promover a confiança e validar a experiência do cliente. No entanto, a comunicação de seu entendimento verbalmente pode acrescentar uma dimensão mais potente e mais profunda à compreensão e aceitação que o cliente tem de si mesmo.

A prática mais abrangente de inclusão abarca todas as áreas da experiência (pensamento, emoção, imagens, percepção da sensação e processo corporal). Se você está investigando profundamente a experiência de seu cliente, é provável que sua energia esteja sendo compatível com a energia do cliente e você estará também naturalmente expressando sua reação.

Você inevitavelmente cometerá erros, mas isso é um processo natural e proveitoso. Parte do benefício de tentar sintonizar é que o cliente percebe que você está se esforçando para entender e está disposto a admitir que você não o entendeu. Você irá inevitavelmente sair de sintonia, fazer correções e receber algum retorno. É crucial, portanto, oferecer suas intervenções de uma maneira leve ("Me pergunto se..." "Estou imaginando que..." "Você parece estar..." "Enquanto escuto, meu próprio corpo está...") e verificar sua validade com o cliente que precisa se sentir livre para lhe dizer que você não o compreendeu. A fim de praticar a inclusão e a presença você irá precisar ter uma firme sensação de enraizamento e flexibilidade, de poder se deslocar de seu próprio mundo para aquele do cliente. Você não deve se sentir desencorajado se só puder manter isso por um período curto. É o desejo e a intenção de fazê-lo que é importante.

Disposição para a comunicação aberta

A comunicação aberta é o quarto princípio da relação dialógica. Seu cliente deve se sentir livre para lhe comunicar qualquer coisa que ele experiencia. É importante também que você esteja disposto a lhe comunicar abertamente suas reações no espírito de um encontro autêntico. Já descrevemos que uma parte importante da inclusão é comunicar aquela empatia ao cliente de tal forma que a experiência dele seja validada. Mas o que dizer de todas suas outras reações? Você as comunica também ou as guarda para si próprio? Essa é uma pergunta para a qual não há uma resposta fácil. Um princípio orientador é compartilhar ou comunicar honestamente aquilo que você acredita que será útil para o cliente ou que leve a novas formas de se relacionar e também de compartilhar (às vezes) com ele aquilo que a seu ver está atrapalhando seu relacionamento ou aquilo que pode lançar luz na dinâmica atual.

É claramente não terapêutico expressar *todas* as reações ou respostas quando elas ocorrem. Isso poderia desviar o fluxo do cliente, colocar palavras em sua boca ou interromper seu processo de autodescoberta. Muita informação importante pode ser perdida por uma tentativa de interpretar ou entender muito cedo – sem esperar que os significados complexos venham à tona. Realmente, clientes envergonhados ou com questões narcisistas, podem facilmente se calar se houver uma autorrevelação prematura. Além disso, as reações e sentimentos do conselheiro podem surgir em virtude de suas próprias questões não resolvidas e serem impostas ao cliente. Achamos que uma regra básica é que o terapeuta seja capaz de dar um bom motivo (se lhe pedimos que reflita depois) pelo qual ele está escolhendo falar ao cliente sobre sua própria experiência. A técnica é saber *o que*, *quando*, *como* e *quanto* revelar.

É importante também lembrar que não podemos evitar a autorrevelação. Nossa presença, como nos vestimos e nossos gestos irão nos revelar de uma miríade de maneiras para nossos clientes.

Algumas diretrizes para a autorrevelação

Quando você decide comunicar o que está vivenciando, tenha certeza de que sua intervenção simplesmente descreve seu sentimento, pensamento ou imagem e que não está carregada de interpretações ou julgamentos. Você pode expressar sua intervenção no aqui e agora, por exemplo:

- "Estou consciente de estar me sentindo triste/zangado/feliz enquanto escuto você".
- "Fico perturbado ao ouvir como abusaram de você".

Essas frases terão um impacto muito mais limpo do que:

- "Isso que aconteceu foi uma coisa ruim".
- "Ele não deveria tê-lo tratado dessa forma".

Alternativamente, convide a uma exploração: "Acho que algo está ocorrendo entre nós. Você tem uma sensação do que está ocorrendo?" Lembre-se também de que o silêncio pode ser uma comunicação poderosa – tanto positiva quanto negativa.

Após ter compartilhado sua reação, preste muita atenção na reação do cliente a ela. Você está buscando interesse e envolvimento, reação ou a falta dela, e precisa estar pronto para ajudá-lo a expressar o que ele sentiu sobre o que você disse.

Quando você não estiver certo sobre a autorrevelação, considere os seguintes pontos:

- Será que não expressar seus comentários irá diminuir sua capacidade de estar com o cliente? Descobrimos que simplesmente dizer que nos distraímos temporariamente pode liberar alguma coisa e permitir que estejamos mais presentes. Igualmente a perda de envolvimento naquele momento pode ser um sinal de alguma dinâmica mais profunda no relacionamento.
- Se um sentimento, pensamento ou imagem persiste por algum tempo, especialmente se eles persistem no decorrer de várias sessões (e é o tipo de coisa que só ocorreu durante o encontro com esse cliente) você pode presumir que tem algo a ver com o material que o cliente trouxe e pode ser apropriado compartilhar isso. É muitas vezes por meio do diálogo que novos significados podem surgir.
- Considere se o cliente está trazendo uma questão ou tópico sobre os quais você tem reações ou opiniões fortes. Se a resposta é sim, então provavelmente guarde a reação para refletir sobre ela mais tarde ou leve-a a seu supervisor.
- Verifique se seu desejo de autorrevelação é uma declaração de contratransferência que precisa ser compreendida melhor ou temporariamente colocada entre parênteses (cf. cap. 12).

De um modo geral, acreditamos que é ter a atitude de disposição para praticar uma comunicação aberta com seu cliente que é mais importante. Se você o faz ou não escolhe se comunicar é uma questão para cada encontro específico.

A questão de autorrevelação torna-se particularmente relevante quando o cliente faz perguntas pessoais ao terapeuta sobre sua vida ou história. É útil se preparar pensando sobre os tipos de revelações que você está pronto para fazer e por quê. Parte de sua resposta irá se relacionar com seu estilo pessoal de Gestalt-terapia. Seja qual for sua decisão, é importante lembrar que o momento das perguntas é sempre relevante. Mesmo se você responder a uma pergunta particular é proveitoso investigar o significado para o cliente tanto da pergunta quanto de sua resposta. Um cliente que lhe pergunta se você já vivenciou alguma vez uma situação como essa, pode estar expressando medo de ser malcompreendido. Além disso, ele pode ser encorajado ou desencorajado por sua resposta – seja ela afirmativa ou não. De um modo geral, é bastante importante não revelar o conteúdo de sua vida a menos que você tenha pensado cuidadosamente sobre a significância dela e sua utilidade para a terapia. Se você não estiver seguro no momento, normalmente não há qualquer problema em dizer: "Essa é uma pergunta interessante. Gostaria de ter alguns momentos para pensar sobre ela antes de respondê-la" ou "Gostaria de retornar a essa pergunta mais tarde".

Trabalhando no relacionamento dialógico

Quando um terapeuta pratica as quatro qualidades acima – presença, confirmação, inclusão e comunicação aberta – diz-se que ele está oferecendo uma atitude eu-você ou dialógica com relação ao cliente. Você está se esforçando para encontrar o cliente como um ser humano pleno sem analisar ou tentar manipular, mas sendo franco e disponível para quem ele é. Quando você tenta oferecer essa atitude, inevitavelmente irá perceber como é difícil ser consistente. Muitos terapeutas só conseguem estar totalmente presentes ou inclusivos por períodos curtos durante a sessão.

Se o cliente (ou qualquer ser humano) também responder de uma posição eu-você, isso seria, de algumas maneiras, o pináculo da interação relacional humana. Para Martin Buber esse era o ponto final e a maior realização do diálogo: dois seres humanos totalmente presentes um para o outro naquilo que foi chamado de um "Momento eu-você".

Talvez você tenha a sorte suficiente de ter tido alguns desses momentos especiais na terapia (ou na vida!), normalmente breves, em que uma conexão profunda é alcançada, com frequência sem palavras, fora do tempo, que parece transcender os limites comuns do relacionamento. No entanto, em sua forma mais simples é uma experiência de conexão altruísta, de estar plenamente ligado e satisfeito com a plenitude e a vibração do momento.

Como terapeuta, no entanto, você também tem a responsabilidade de avaliar, planejar e "pensar sobre" como a terapia está caminhando. Quando você opera a partir dessa posição, diz-se ter um relacionamento eu-isso com o cliente. O relacionamento eu-isso é aquele baseado nas experiências prévias da vida. Vemos pessoas e coisas em termos daquilo que já sabemos sobre elas e sobre o mundo. É como passamos nossas vidas uma grande parte do tempo, relacionando-nos com nosso ambiente de acordo com como podemos utilizá-lo ou administrá-lo.

Uma relação eu-isso efetiva é uma atividade essencial para negociar um contrato, fazer avaliações, estruturar o tempo e lidar com questões clínicas tais como uma solicitação súbita de uma sessão mais longa, ou uma negociação sobre quando terminar a terapia. Ela também envolve refletir sobre o que ocorreu entre vocês, pensando e sentindo sobre a reação de seu cliente a você e a sua a ele.

Oferecer uma atitude dialógica é também de algumas formas um experimento matizado, em que o terapeuta precisa estar continuamente monitorando e potencialmente modificando a intensidade de sua presença e de sua comunicação dependendo daquilo que será melhor para o cliente. Isso é especialmente verdadeiro com clientes que estão muito transtornados ou têm um autoprocesso frágil. Aqui, uma atitude eu-isso responsável é essencial para manter a estrutura e a contenção necessárias. Um relacionamento eu-isso provavelmente estará muito mais em evidência também nos estágios iniciais da terapia, quando você está revisando o progresso e quando está empacado. Aceitando isso, você irá tentar manter a relação eu-isso no mínimo possível, voltando com tanta frequência quanto possível para uma atitude eu-você.

Jacobs (1989) descreveu o relacionamento dialógico na Gestalt-terapia como uma contínua interação ou um movimento para frente e para trás entre os modos eu-você e eu-isso.

Antes de terminarmos, queremos acrescentar um pensamento sobre a priorização do relacionamento. Em virtude de sua influência sempre presente, viemos enfatizando a natureza essencial e constante do contato terapêutico. No entanto, há momentos quando nossos clientes precisam se retirar e afastar-se de um relacionamento ativo conosco. Então a mais alta prioridade é permitir que o cliente regule a distância relacional e estar pacientemente disponível para o que for necessário a seguir.

Conclusão

Este capítulo descreveu a formação de um relacionamento terapêutico como uma sequência de passos: o estabelecimento de um recipiente seguro, o acordo sobre a tarefa da terapia e o desenvolvimento de um laço de confiança entre o conselheiro e o cliente. O terapeuta gestáltico pode então ir na direção do relacionamento dialógico – no qual ele oferece presença, confrontação, inclusão e disposição para uma comunicação aberta. A sequência pode ou não, é claro, ocorrer nessa ordem: por exemplo, um relacionamento dialógico pode ser oferecido por algum tempo antes que a confiança se desenvolva ou antes que possamos acordar sobre qual direção você vai tomar. No entanto, o aspecto mais importante da prática Gestalt é que o cliente se sinta compreendido e aceito; que ele não esteja sendo julgado e que o terapeuta o leve a sério. Nesse sentido, a fenomenologia e o diálogo são o fundamento de todo o aconselhamento Gestalt.

Leitura recomendada

CHIDIAC, M-A. & DENHAM-VAUGHAN, S. (2007). "The Process of presence: energetic availability and fluid responsiveness". *British Gestalt Journal*, 16 (1), p. 9-19.

FAIRFIELD, M. & O'SHEA, L. (2008). "Getting beyond individualism". *British Gestalt Journal*, 17 (2), p. 24-37.

GREMMLER-FUHN, M. (2004). "The dialogic relationship in Gestalt therapy. *British Gestalt Journal*, 13 (1), p. 5-17.

HYCNER, R.A. & JACOBS, L. (1995). *The Healing Relationship in Gestalt Therapy*. Highland, NY: Gestalt Journal Press.

MacKEWN, J. (1997). *Developing Gestalt Counselling*. Londres: Sage [cf. cap. 8].

MAYER, K. (2001). "A relational perspective on Gestalt therapy and the phenomenological method". *Gestalt Review*, 5 (3), p. 205-210.

SPINELLI, E. (2005). "To disclose or to not disclose". *International Gestalt Journal*, 28 (1), p. 25-41.

STAEMMLER, F.-M. (2004). "Dialogue and interpretation". *International Gestalt Journal*, 27 (2), p. 33-58.

STAWMAN, S. (2011). "Empathy and understanding". *British Gestalt Journal*, 20 (1), p. 5-13.

YONTEF, G. (2002). "The relational attitude in gestalt therapy". *International Gestalt Journal*, 25 (1), p. 15-35.

ZAHM, S. (1998). "Therapist self-disclosure". *Gestalt Journal*, 23 (2), p. 21-52.

5
Avaliação e diagnóstico

O próprio conceito de avaliação cria um dilema para muitos gestaltistas. A ideia de deliberadamente tentar adotar uma posição objetiva ou de "especialista" para avaliar ou diagnosticar um cliente parece ir na direção contrária a muitos dos princípios fundamentais da prática Gestalt.

Primeiro, dar um rótulo diagnóstico ao cliente parece implicar que ele é de alguma forma fixo e estático e pode ser reduzido a um simples conjunto de palavras. **Segundo**, histórica e politicamente, o diagnóstico foi muitas vezes usado como um meio de despersonalizar, objetificar ou oprimir. **Terceiro**, ele pode ser usado para negar a singularidade de um cliente e potencialmente apoiar uma posição especialista que afirma ter uma compreensão melhor do cliente que ele tem dele próprio. **Quarto**, o diagnóstico solapa o princípio gestáltico fundamental de que aumentar a *awareness*, o contato relacional e viver no momento são por eles mesmos muitas vezes suficientes para uma psicoterapia efetiva e que pode curar. E se isso não fosse o bastante, **quinto**, os sistemas diagnósticos reconhecidos são muitas vezes profundamente falhos, inutilmente reducionistas e, possivelmente manipulados por políticos e pela indústria farmacêutica (VERHAEGHE, 2004, 2007; LEADER, 2008).

No entanto, apesar de todos esses argumentos justificáveis, acreditamos que há muitas vantagens irrefutáveis para fazer uma avaliação inicial e contínua. Além disso, acreditamos que profissional e eticamente é necessário fazê-lo.

Quando escrevíamos isso, tivemos uma discussão sobre a diferença entre diagnóstico e avaliação. Parece-nos que o diagnóstico tem a ver com a "identificação" de uma situação existente ou duradoura – nomeá-la, distingui-la de outras. A avaliação é uma descrição mais avaliatória das questões ou situação e pode ser mais fluida para permitir uma mudança de um momento para outro. Em nossa opinião, um diagnóstico formal no mundo psicoterapêutico tem um par de benefícios limitados ainda que importantes, que discutiremos a seguir.

A não ser por isso, estaremos usando uma definição mais livre de diagnóstico, que o faz mais semelhante à avaliação e é compatível com a filosofia e os princípios da Gestalt.

A avaliação é uma parte do relacionar-se

Não é possível *não* avaliar. Como descrevemos no cap. 2, os seres humanos são criaturas que buscam fazer sentido. Poderíamos dizer que nossa maneira de fazer sentido do mundo é uma forma permanente de avaliação ou diagnóstico. Observamos, encontramos e tentamos entender o tempo todo: por exemplo, na maneira como reconhecemos as pessoas, reagimos a elas e formamos impressões sobre elas. É quase impossível encontrar uma pessoa pela primeira vez e não formar alguma opinião, não gostar ou desgostar. Muitas vezes esses processos quase não são conscientes, mas, apesar disso, são parte de uma avaliação relacional em andamento. Sem essa ocorrência você não seria capaz de encontrar um velho amigo e dizer: "Reconheço você, sinto uma forte emoção e percebo um desejo de proximidade".

O mesmo processo ocorre no consultório. Desde o momento em que encontra o cliente, o conselheiro está prestando atenção, entrando e saindo do campo da *awareness*, a uma miríade de detalhes e impressões: a idade da pessoa, como ela caminha, a expressão em seu rosto, que roupa ela está usando, seu tom emocional e seu estilo de relacionamento, bem como a própria sensação que o conselheiro tem de suas reações e respostas e como o relacionamento está sendo configurado. Trazer à tona essas impressões é o começo de reunir informações importantes e é uma parte inevitável da avaliação natural do conselheiro.

Sugestão

Lembre-se da última vez que você fez uma primeira avaliação de um cliente (ou o primeiro encontro de um novo relacionamento social). Qual foi sua primeira impressão, que opiniões, juízos e emoções você teve antes de conhecer aquela pessoa melhor? Você pode ter descrito isso como "Tive uma intuição..." "De alguma forma eu sabia que podia confiar nele/não confiar nele..." "Simplesmente tive um sentimento sobre ele" sem qualquer evidência óbvia. Quão precisa foi essa impressão no longo prazo?

É surpreendente como as primeiras impressões podem ser corretas (e também às vezes incorretas). Para uma expansão interessante do tema cf. Gladwell, 2006.

É claro, aceitar a realidade dessa "avaliação não consciente" apresenta uma tensão ou paradoxo que surge em muitas áreas da prática Gestalt. Por um lado, buscamos honrar e respeitar a singularidade de cada cliente, em sua situação única, em seus relacionamentos únicos. Também buscamos honrar seu processo dinâmico de viver no relacionamento que se desdobra. Por outro lado, automaticamente formamos impressões e fazemos juízos, queiramos ou não. Também é verdade, em nossa experiência, que muitos fenômenos e comportamentos clínicos realmente se enquadram em padrões reconhecíveis que se repetem e que têm consequências previsíveis e implicações para o tratamento.

A fim de ajudar nossos clientes de uma forma efetiva, precisamos estar abertos para ver e nomear os padrões que se repetem, os gestalts estabelecidos e os estilos habituais de contato a fim de compreender como sua maneira de fazer contato com o mundo está contribuindo para suas dificuldades.

Por exemplo, clientes com um transtorno de personalidade limítrofe muitas vezes precisam de limites terapêuticos mais fortes. Clientes narcisistas precisam mais direção. Clientes deprimidos têm um risco maior de suicídio, e clientes que foram abusados sexualmente normalmente têm grande sensibilidade ou fragilidade ao redor de seus limites corporais. Generalizações como essas – se tomadas apenas como possíveis orientações – podem às vezes ajudar o conselheiro a ser mais efetivo e mais seguro em seu trabalho.

> **Sugestão**
>
> Pause um momento para ver se há quaisquer padrões de comportamento fixos ou que se repetem na sua própria vida. Por exemplo, você se descreveria como tímido ou extrovertido? Você é um "tipo que pensa" ou um "tipo que sente"? Você acha que os relacionamentos são fáceis ou problemáticos; você tem quaisquer autocríticas ou crenças que o limitam? Escreva uma frase curta com suas respostas – "Eu sou..." Observe o que é que você sente ao ter de rotular a si próprio. Você acha que essa descrição de si mesmo é degradante ou é apenas uma "descrição". Que rótulo você não gostaria de ver aplicado a si próprio e por quê?

A avaliação inicial é vital para uma reação profissional competente

Em uma situação terapêutica "ideal", nosso cliente seria uma pessoa que conhece e abraça princípios Gestalt. Ele viria para o aconselhamento com tempo e recursos ilimitados e com o único desejo de vir a se conhecer, envolver-se com plena atenção em um relacionamento terapêutico, conscientizar-se e mudar alguns padrões pouco úteis, realizar seu potencial e ver onde sua criatividade o levará! Em um caso assim um diagnóstico inicial não seria importante e o profissional estaria livre para tomar cada momento e cada sessão à medida que eles fossem ocorrendo. De vez em quando ele faria uma revisão do trabalho com o cliente para garantir que estava conseguindo o que queria. A não ser por isso, seus momentos juntos seriam uma viagem genuína de exploração mútua.

No entanto, é raro que clientes busquem terapeutas com uma pauta assim tão em aberto. Normalmente eles querem ajuda para alguma forma de sofrimento psicológico. A vida não está funcionando bem para eles. Ou estão sofrendo de depressão, ansiedade ou algum outro distúrbio interno, ou estão tendo problemas em seu funcionamento cotidiano – dificuldades em seus relacionamentos, no emprego ou em algum outro aspecto do desafio existencial de viver. Eles vêm com uma expectativa razoável de que o terapeuta tem a capacidade de ajudá-lo com o problema em um período tão curto quanto possível (e muitas vezes só tem recursos para contratos de curto prazo). Acreditamos, portanto, que não seria profissional se o terapeuta e o cliente não abordassem algumas questões importantes.

Juntos eles precisam:

• identificar a queixa que o trouxe, sua atual significância e implicações e descobrir que diferença o cliente quer que a terapia faça;

• formar uma compreensão do significado e implicações do problema;

• identificar quaisquer riscos ao eu ou a outro que necessitem de atenção imediata;

• identificar quaisquer riscos ou desvantagens que a terapia poderia provocar;

• decidir tanto quanto possível se o terapeuta é adequado e competente para ajudar o cliente com esse problema;

• acordar um resultado ou pelo menos uma direção para o aconselhamento que seja passível de obter;

• ter alguma maneira de avaliar se a viagem de aconselhamento que está em andamento está sendo efetiva.

Esse processo irá, é claro, ser temporário e atualizado frequentemente à medida que o cliente muda e progride.

Um diagnóstico formal permite uma comunicação proveitosa com outros profissionais

Acreditamos que, para que a Gestalt obtenha respeito e credibilidade no campo terapêutico mais amplo, os conselheiros gestaltistas precisam ser capazes de descrever seus clientes em termos diagnósticos que permitam um diálogo com outras abordagens psicoterapêuticas. Isso é crucial se recomendações para outro terapeuta, clínico, assistente social ou psiquiatra forem necessárias.

> **Sugestão**
>
> Selecione um cliente que você tem há algum tempo e imagine que o clínico dele lhe pediu um relatório para permitir que ele seja recomendado para um tratamento especializado para seu problema (tanto você quanto o cliente concordam que isso é uma boa ideia). Como você descreveria seu problema, o diagnóstico e o foco de seu trabalho sem usar terminologia especializada da Gestalt?

Você verá que isso é muito mais fácil se você se familiarizar com um método formal de diagnósticos tal como a Classificação Internacional de Doenças (ICD) ou O DSM (Manual de Diagnósticos e Estatísticas de Doenças Mentais) (embora a validade e a precisão do DSM-5, recentemente produzido, mesmo na profissão psiquiátrica estão sendo cada vez mais questionadas). Esses manuais também podem ser úteis para dar acesso à literatura e a recursos, por exemplo os tipos diferentes de depressão, possíveis resultados, riscos de suicídio, índices de recaída, condições associadas etc.

No nível mais simples, o uso de um rótulo como um descritor às vezes simplifica o processo de encaminhamento. Você pode telefonar para um colega e perguntar: "Você tem lugar no seu consultório para uma pessoa que está sofrendo de Tept (transtorno de estresse pós-traumático) após um acidente de carro? E o colega pode imediatamente ter alguma ideia da natureza do encaminhamento e a provável natureza, duração e intensidade do trabalho exigido.

Um diagnóstico flexível e cocriado ajuda a construir uma aliança de trabalho

Bastante diferente do diagnóstico psiquiátrico formal é o diagnóstico "focalizado no processo" da Gestalt que é muito útil se nós o mantivermos *descritivo, fenomenológico e flexível* em vez de simplesmente definir e nomear. O diagnóstico Gestalt é uma tentativa de ver padrões, temas e repetições que são específicas daquele cliente (um exemplo simples disso pode ser encontrado no começo do cap. 2). É primordialmente uma descrição de um processo, do *como* o cliente está se comportando no momento presente (no relacionamento com você e em suas condições de campo atuais). É, portanto, uma descrição de atividade ou do "gestaltar". Por exemplo, você descreveria um "processo narcisista" em vez de uma pessoa ou um transtorno narcisista. Ou você diria que o cliente está "retrofletindo" e não retrofletido.

Uma definição do diagnóstico Gestalt é dizer que é uma descrição dinâmica de uma gestalt fixa (ou várias gestalts fixas) na vida do cliente – um processo que se tornou estático. A gestalt fixa é uma descrição de uma adaptação criativa feita, em algum momento, a circunstâncias prévias da vida, que se tornou habitual e inapropriada para o momento presente. A terapia tem a ver com afrouxar essa gestalt fixa e ajudar o cliente a se deslocar desse padrão histórico estático para uma reação flexível mais apropriada ao presente. Uma pessoa perfeitamente saudável vive cada momento de novo e, portanto, não teria qualquer "diagnóstico".

Recomendamos codiagnosticar com o cliente sempre que possível. Isso certamente deveria acontecer no final da sessão de avaliação e também em momentos quando você tem uma forte hipótese sobre o que está ocorrendo. Você pode compartilhar com um cliente, por exemplo, que você acha que seu sofrimento atual pode estar conectado com um luto não resolvido, ou que sua tensão corporal pode estar relacionada com conter a raiva. Isso também exige que o conselheiro traduza o jargão da Gestalt em uma linguagem acessível ao cliente. Por exemplo: "Você tem tido muitos sentimentos guardados" (retroflexão), "Você acredita fortemente que está errado chorar" (uma crença introjetada ou convicção), "Parece que você nunca superou a morte de seu pai" (situações não resolvidas). Ele pode então concordar, discordar ou esclarecer e ajudar a cocriar uma compreensão diagnóstica mais precisa. Ele irá também estar ativamente envolvido na compreensão de seu próprio problema. Isso também o empodera a fazer do aconselhamento um esforço compartilhado.

A avaliação ajuda você a tomar decisões sobre a compatibilidade

A base de um trabalho clínico profissional e efetivo é decidir se o aconselhamento gestalt é compatível com o cliente potencial e se você é o conselheiro mais adequado (cf. tb. o cap. 1). A avaliação lhe permitirá tomar uma decisão mais inteligente nas seguintes áreas:

A característica de um terapeuta competente é saber os limites de sua capacidade. É importante ter uma ideia clara de quem está fora do seu alcance em termos de capacidade, experiência e formação. Isso pode incluir pessoas com uma doença psicótica (atual ou em recidiva), clientes que são suicidas, autodestrutivos ou com problemas especializados tais como transtornos alimentares ou toxicodependência. (Essa é uma razão para obter alguns detalhes biográficos no começo da primeira sessão.)

Você pode também preferir não tratar das pessoas que têm questões muito próximas das suas. Por exemplo, se você está de luto recente, ou atualmente trabalhando com seu próprio abuso na infância, pode não desejar tratar de clientes que têm essas questões até que você as tenha trabalhado você mesmo.

Existirão quaisquer conflitos limítrofes que poderão fazer com que seja difícil para você ser capaz de trabalhar? Você nunca deve tratar de um parente, amigo, ou provavelmente até do amigo de um amigo, para que evite um conflito de papel ou de interesses (isso também inclui um parente, amigo ou colega de um cliente atual).

• Você está relutando em aceitar um cliente por razões pessoais? O cliente pode lhe causar medo, reativar um trauma do passado não resolvido, ou ter uma questão com relação à qual você tem uma forte atitude negativa, por exemplo, violência doméstica. Provavelmente não é necessário "gostar" de um cliente prospectivo, mas você deve pelo menos sentir alguma empatia, interesse e solidariedade. Os clientes merecem nossos melhores esforços, energia e compromisso e é muito melhor recomendá-lo a outra pessoa se você não está seguro dessas coisas.

• Vocês têm uma "teoria do problema" compartilhada? Fazemos uma distinção entre uma circunstância da vida ("Não tenho amigos" "Odeio meu emprego" "Não consigo encontrar um companheiro" etc.) e uma questão que o cliente deseja entender melhor, mudar alguma coisa a respeito dela nele próprio ou aceitar alguma responsabilidade por ela (p. ex.: "Estou muito infeliz, mas acho que tem algo a ver como minha crença de que sou desagradável").

• Vocês têm uma "teoria de mudança" compatível? Você pode perguntar: "Como é que você acha que a terapia irá ajudá-lo com seu problema?" Alguns clientes querem apenas perder seus sintomas, que um especialista lhes diga o que fazer, ou obter apoio, ou ter um amigo porque se sentem sozinhos. Não estão interessados em explorar a parte que eles desempenham naquilo (às vezes chamada de "tendência psicológica"). Eles esperam que *você* transforme as coisas ou simplesmente querem que você os escute e seja receptivo. Com esses clientes você precisa passar mais tempo falando sobre um contrato em que está claro qual será o objetivo de seu encontro (e às vezes decidir que o que eles querem, ou do que precisam é uma modalidade de tratamento ou de intervenção que não a Gestalt).

• Será que o cliente está suficientemente motivado para aquilo que às vezes é uma viagem dolorosa e árdua?

• O risco é aceitável no contexto das circunstâncias de vida do cliente e no cenário da terapia? É possível que a terapia desestabilize uma parte importante do apoio do cliente, por exemplo, um relacionamento codependente? (Cf. o cap. 17 para mais detalhes da avaliação de risco.)

Métodos de avaliação e diagnóstico na gestalt

Muitos dos conceitos teóricos da Gestalt são eles próprios sistemas de avaliação, por exemplo, as zonas de *awareness*, as modificações ao contato, o grau de apoio, o estilo de contato ou relacionamento com o terapeuta e assim por diante. É importante para você desenvolver uma maneira de avaliar que seja compatível com *seu próprio* estilo e abordagem específicos.

A arte de diagnosticar está em descrever o que você vê e vivencia, fazendo sentido disso e entendendo como isso causa dificuldades para o cliente. Você está procurando perceber como o cliente funciona, que crenças ele tem sobre si próprio (e sobre o mundo) e que processos estão ausentes, são mínimos, apropriados ou exagerados. À medida que você realiza uma revisão do diagnóstico, várias figuras irão surgir que parecerão penetrantes ou interessantes. Elas podem ou não ser relevantes. Parte da sua técnica é estar alerta também para aquilo que está no fundo, que ainda não é figural para o cliente, mas possivelmente seja mais importante. Yontef e Jacobs (2013: 299-338) falam de "resistência [...] à formação de uma figura (de um pensamento, sentimento ou necessidade) que ameaça surgir em um contexto considerado perigoso".

Alguns aspectos do cliente, portanto, são "deliberada e regularmente relegados ao pano de fundo" e apesar disso podem estar silenciosamente influenciando as figuras que surgem. O conselheiro precisará, então, estar alerta (e alerta para pressentimentos ou intuições) sobre aquilo que está faltando na apresentação do cliente, que polaridades estão ausentes, o que é implicado, mas não falado.

Onde for possível e apropriado, sua avaliação deve ser (com sensibilidade) compartilhada com o cliente que então lhe dirá se as características, processos ou questões que você identificou também são importantes ou relevantes para ele. Ela pode então se tornar um codiagnóstico respeitoso.

Advertência: Antes de identificarmos a lista tradicional de critérios diagnósticos da Gestalt enfatizaríamos que eles são às vezes considerados como se pudéssemos ter uma perspectiva objetiva "o cliente está retrofletindo seus sentimentos" com a implicação de que isso é geralmente verdadeiro para o cliente. Arguiríamos que, de muitas maneiras, é impossível separar o processo do cliente do campo relacional que é formado no primeiro ponto de encontro entre o conselheiro e o cliente. Tudo que você vê na sala de avaliação é potencialmente uma reação a você, o terapeuta.

As muitas maneiras pelas quais o cliente estabelece contato com o mundo são todas reações a condições de campo diferentes. Só quando ouve a história do cliente, e o ouve descrever suas maneiras históricas de fazer contato, é que você pode começar a identificar o que é único para você e ele e o que é geralmente verdadeiro sobre suas adaptações criativas em uma variedade de condições de campo relacionais diferentes. Isso faz com que seja ainda mais importante verificar com o cliente: "Isso é verdadeiro de um modo geral?"

Desenhamos um modelo de avaliação que identifica três áreas de possíveis focos:

- o cliente em processo;
- os padrões relacionais do cliente;
- as condições de campo dinâmicas.

Cada sessão contém perguntas sugeridas (há muitas mais) para estimular seu pensamento.

O cliente em processo

Processo incorporado

Essa é uma descrição da atividade do cliente no consultório, suas sensações corporais e seus movimentos, sua energia e suas funções de contato.

- *Movimento*. Por exemplo, como é que seu cliente se movimenta – rigidamente ou de uma maneira relaxada? Ele se movimenta muito ou fica parado?

- *Voz*. A voz do cliente é forte ou suave, fluida ou hesitante, emocionada ou monótona? Que tipo de linguagem ele usa? É uma linguagem casual e concreta ou poética? Ela contém imagens? De que tipo? Há pausas na fala? Quando? Parece que a pessoa é "dona" de sua experiência, como em "Eu bati o carro" e não "houve uma batida".

- *Visão*. Ele olha nos seus olhos? Seu olhar é firme ou se move constantemente? Quando é que ele desvia o olhar e quando o faz, olha para quê?

- *Audição*. O cliente ouve o que você diz facilmente? Ele ouve corretamente ou parece ouvir mal ou não entender bem?

- *Sentimentos*. Como é que o cliente experiencia seu mundo interior de sentimentos – e com que facilidade ele os expressa? Que emoções sente e com quanta intensidade? Ele acha difícil acessar quaisquer sentimentos?

- *Processo corporal*. Até que ponto ele parece "incorporado" ou desconectado de seu próprio corpo? Ele está em contato com suas sensações corporais e se está, com quais delas? Ele usa linguagem corporal, por exemplo: "Sinto meu estômago revirar quando lembro o que ocorreu"?

Sistemas de apoio

Quando ele descreve sua vida para você, você tem a sensação de uma pessoa com suficientes recursos pessoais e ambientais ou ele parece estar vivendo sempre na escassez ou na necessidade de algo que não tem?

- *Apoio para o autoprocesso*. O cliente parece estar sentando bem-apoiado na cadeira? Ele está respirando de uma maneira relaxada e regular? Parece estar confiante e seguro de si mesmo ou parece nervoso, inquieto, com uma respiração irregular?

- Qual é o relacionamento dele com seu ambiente social? Ele tem bons amigos, fortes conexões familiares? Sente-se apoiado por essas pessoas ou está isolado e solitário?

- Como é que ele lida com o estresse? Usa álcool ou drogas para se dessensibilizar ou formas mais saudáveis de relaxamento tais como exercícios, esportes, ioga ou meditação para se acalmar e relaxar?

Sistemas de crenças

Que sentido ou significado o cliente faz das circunstâncias relevantes para a queixa que ele traz e da situação de sua vida? Ele acha que a vida/o mundo estão sendo injustos com ele, que se apenas as circunstâncias mudassem tudo ficaria bem ou acha que "tudo é culpa dele" ou tudo é devido à má sorte?

• Que crenças básicas o cliente tem sobre si mesmo, os outros e o mundo? Que outras posições estabelecidas ele adota? Crenças básicas são centrais e fundamentais para o sentido que o cliente tem de quem ele é. Elas muitas vezes tendem a ser formadas na infância em resposta a experiências relacionais repetidas e continuam na maturidade, sem ser questionadas, e às vezes quase não percebidas. Exemplos de crenças básicas são: sou impossível de ser amado; não podemos confiar nas outras pessoas; o mundo é um lugar perigoso. (Pessoas mais saudáveis podem ter crenças mais positivas!) No entanto, elas podem também ser escolhidas livremente pelo cliente (p. ex., uma convicção religiosa ou política). Muitas vezes crenças subjazem suas adaptações criativas e modificações quando em contato e as justificam.

• Que introjetos são influentes? Um introjeto é uma opinião, uma atitude ou uma instrução que é absorvida do ambiente sem questionamento como se fosse verdade. Exemplos de introjetos são: "Nunca dependa dos outros", ou "Você nunca terá sucesso", ou "Faça a eles antes que eles façam a você". A pessoa que está sob a influência de um introjeto sente uma forte pressão para concordar com o introjeto e se sente desconfortável se tenta ir contra ele.

• Ele vê o "copo" como estando meio cheio ou meio vazio?

Formação de figura e resolução

O cliente forma e completa figuras apropriadamente? Isso pode ser difícil de avaliar imediatamente, mas você pode perceber onde no ciclo de experiência há padrões de interrupção que se repetem (cf. tb. cap. 3).

• Ele começa e termina as frases completamente? Ou ele parece parar e começar, interromper seu fluxo, perder sua energia e assim por diante?

• Sua narrativa tem coerência e ele acompanha o fluir de seu pensamento e de expressão?

• Ele expressa emoção apropriadamente ou para e evita?

- Ele fica muito excitado quando mobilizado e se agita? Ou parece geralmente fechado, pouco mobilizado, durante todo o ciclo? (Se a resposta é sim, veja a Sessão II, para uma avaliação de risco relacionado com ansiedade e depressão.)
- Ele se repete e parece ter dificuldade em abandonar um tema?

Você estará também conectando suas observações com seus padrões ou modificações ao contato que são discutidas na próxima seção sobre padrões relacionais e no cap. 10.

Situações inacabadas

O que é que ainda está inacabado do passado e pressiona para que seja acabado? O cliente fala sobre um incidente específico como se não estivesse resolvido e fosse o ponto de partida de seus problemas? (Cf. tb. cap. 11).

- Ele descreve um relacionamento, trauma ou evento perturbante que ainda o incomoda ou que ele fica revolvendo em sua mente? (Cf. tb. os cap. 20 e 21).
- Ele descreve uma reação a um evento atual que vocês dois acham que está desproporcional à realidade? (Se a resposta é sim, considere que ele pode estar reativando um trauma passado.)

Os padrões relacionais do cliente

Como é que o cliente descreve suas experiências relacionais com outras pessoas e como ele estabelece contato relacional com você é uma parte crucial do processo de avaliação. Você pode começar a formar uma imagem de como ele constrói seus relacionamentos de um modo geral, suas ansiedades, suas fugas, suas atitudes, sua flexibilidade e seu estilo de contato. Você pode também identificar como ele estabelece ou rompe o contato relacional com você no processo de avaliação (ex. suas modificações ao contato; cf. cap. 10).

O cliente pode estar presente e estabelecer um bom contato ou ele pode parecer não escutar ou interromper o que você diz. Sua maneira de se relacionar pode mudar subitamente dependendo da questão ou do relacionamento que está descrevendo. Tudo isso lhe dá informações importantes sobre ele, e você pode formar uma impressão de um estilo específico de se relacionar que você acha que é significativo ou problemático. É importante, como dissemos anteriormente, ter feito algum tipo de avaliação de seu cliente, e gentilmente explorar com ele se isso é um padrão comum em sua vida *e se é um problema para ele*:

- Ele está consciente de como está se relacionando ou como está sendo? (p. ex.: Ele mantém outras pessoas a distância porque teme se tornar dependente?)
- Se isso é verdade, ele é sempre assim?
- Se só às vezes, em que circunstâncias; é só com você?
- Ele acha que isso é um problema?

Essa é uma outra maneira de incluir o cliente no processo de sua própria avaliação. Não é um rótulo que lhe é imposto de fora, e sim um retrato de um indivíduo em uma situação e ele próprio ajudou a cocriar esse retrato.

Exemplo

O conselheiro estava consciente de se sentir cada vez mais satisfeito consigo mesmo quando entrevistou Beverley pela primeira vez – ela reagiu como se todas suas sugestões fossem inspiradas. Após algum tempo, ele decidiu verificar uma hipótese. De uma maneira amigável e lúdica, disse: "Você está me dando a impressão de que tudo que digo parece estar absolutamente correto. Isso é muito agradável para mim, é claro, mas me pergunto se você normalmente tem uma tendência a apoiar e concordar com aquilo que outras pessoas dizem?" Inevitavelmente, Beverley disse: "É, faço isso sim, é muito inteligente de sua parte perceber isso". Houve uma pausa à medida que ambos perceberam que ela tinha feito a mesma coisa outra vez. Então ambos riram e ela repetiu em um tom de voz muito menos adaptado: "Não, realmente, eu sei que faço isso e acho que isso pode ser parte do problema".

A intervenção do conselheiro teve vários objetivos. Verificou a validade de sua observação e hipótese, investigou a capacidade de autorreflexão de Beverley, testou se ela podia aguentar uma confrontação delicada e explorou como ela reagia ao humor.

Sugestão

Imagine que você está sentado ao lado de um estranho em uma viagem de longa distância para a Austrália. Você descobre (para sua surpresa) que ele parece muito semelhante em todos os aspectos com um de seus clientes atuais específicos. Como você acha que vocês se dariam? Que tipo de relacionamento começaria a se formar? O que ocorreria depois? Tente isso como um exercício de supervisão para você mesmo sobre a dinâmica relacional manifesta e subjacente.

O relacionamento que você tem com um cliente específico será diferente de qualquer outro relacionamento que você constrói. A maneira como vocês se criam, criam um ao outro e o campo relacional será único para ambos.

Transferência e contratransferência

Todas as reações que você tem a seu cliente e as dele a você são importantes. Elas podem também revelar transferência ou contratransferência (cf. cap. 12). Ele está lhe tratando de uma maneira congruente, você está surpreso ou confuso com suas expectativas relacionais de você ou você está reagindo a ele de uma maneira pouco comum? Como você descreveria a maneira como o cliente está se relacionando com você? Ele escuta e responde apropriadamente ou parece não lhe ouvir, discute tudo o que você diz ou alternativamente concorda muito prontamente como se quisesse lhe agradar? A maneira como ele está modificando ao contato pode ser um indicador de como ele está percebendo você no relacionamento.

E o que dizer de suas reações a ele? Elas podem estar baseadas em seus gostos e desgostos naturais ou elas podem ser uma indicação do impacto que ele também faz em outras pessoas na vida dele.

- Que sentimentos e imagens você tem em reação ao cliente?
- Que metáfora você usaria para descrevê-lo? (P. ex.: como um trem expresso, como um animal assustado.)
- Que reações você tem à aparência de seu cliente? (P. ex.: suas roupas, cabelo, rosto, cor da pele.)
- O que é que lhe causa mais impacto quando você o escuta? (P. ex.: o tom da voz, o ritmo de sua fala.)
- Qual é sua ressonância corporal? (P. ex.: você se sente tenso ou relaxado, com energia ou passivo quando está sentado ao lado do cliente.)
- Como você imagina que o cliente o vê?
- A quem ele lhe lembra?

Condições do campo

As condições do campo são o contexto, a situação e as influências, tanto locais quanto globais que determinam o significado de tudo que você está avaliando sobre o cliente ou, mais precisamente, "o cliente na sua situação". Toda situação é parte de um contexto e uma figura não pode ter significado sem o fundo.

Quais são as influências do campo dinâmicas?

- Que circunstâncias da vida em geral estão influenciando o cliente no momento? (Doença, dificuldades financeiras.)
- Qual é a fase ou preocupação da vida do cliente? (Jovem, solteiro, carreira, construindo uma família, meia-idade, aposentadoria etc.)

Fatores culturais

Uma *awareness* da importância da raça e da cultura no consultório é, é claro, relevante durante todo o processo de aconselhamento, mas em nenhum momento ela é mais importante do que na fase de avaliação. Tanto o conselheiro quanto o cliente trazem, como parte das estruturas de seus fundos, uma rica variedade de valores e premissas – a maioria delas não conscientes – que vão desde a maneira correta de se comportar em situações diferentes até a definição de uma vida saudável.

Essas considerações são verdadeiras em um certo sentido para qualquer relacionamento. Mesmo se o cliente e o conselheiro vêm, aparentemente, do mesmo grupo cultural, haverá muitas premissas e crenças diferentes. Ambos serão influenciados por aquilo que poderia ser chamado de fundo multicultural de sua vida – sua família, sua escola, amigos, associações, viagens, empregos etc., bem como a minicultura de, digamos o nordeste da Inglaterra em oposição ao sul. Além disso, há outro nível para o elemento intercultural. O relacionamento terapêutico é o tipo de relacionamento onde, por mais respeitoso e receptivo que o conselheiro seja, há um desequilíbrio de poder. Como poderia não haver esse desequilíbrio quando uma das duas pessoas veio para o relacionamento sentindo-se infeliz e tendo a experiência de não conseguir administrar bem sua vida? Ela se coloca em uma posição vulnerável e expõe suas ansiedades e temores mais privados para outra pessoa que, pelo menos naquele cenário, não está compartilhando suas próprias vulnerabilidades. Imagine a dinâmica adicional quando as duas são de gêneros ou idades diferentes (observe se você teve uma reação quando no exemplo nas frases anteriores escolhemos descrever o cliente como mulher e o conselheiro como homem).

Isso pode ser particularmente evidente nos casos em que o conselheiro e o cliente têm identidades raciais diferentes. O conselheiro que está envolvido em qualquer tipo de aconselhamento intercultural ou inter-racial pode se familiarizar tanto quanto possível com as diferenças mais óbvias em normas. Ele deve se lembrar, no entanto, de que haverá inúmeras premissas sutis que serão feitas – principalmente se uma das duas pessoas é parte da cultura dominante. Ele deve estar pronto para explorar fenomenologicamente e com sensibilidade e deve ir mais lentamente quando tiver que definir ou rotular (cf. tb. o cap. 24).

Lista de verificação

Quais são as diferenças óbvias entre você e seu cliente nas seguintes áreas:

Cultura   Raça   Nacionalidade   Idade   Capacidade física

Classe   Gênero   Orientação sexual   Poder   Estilo de personalidade

Que implicações isso poderia ter para o cliente, para você, para seu relacionamento? Que dificuldades você poderia antever e o que poderia fazer para lidar com elas?

O campo histórico

• Que eventos estressantes ou significativos ocorreram no último ano? Em anos recentes?

A queixa que trouxe o cliente para a terapia é muitas vezes consequência de uma adaptação criativa que foi feita muito tempo antes e que agora se tornou uma gestalt estabelecida. Grande parte disso estará fora da *awareness* do cliente e só será compreensível com o conhecimento de condições ou reações de campo anteriores. Algumas delas irão surgir naturalmente no curso da terapia, mas outras não. A fim de compreender totalmente o que o cliente está trazendo, é possível que o conselheiro precise investigar não só o campo atual, mas também o campo histórico. A tomada de história está subordinada à situação do aqui e agora, mas tem muitas vantagens.

Exemplo

Nerys tinha vindo para aconselhamento por causa de dificuldades em relacionamentos. O conselheiro trabalhou dialogicamente "no presente" durante muitas semanas com algum sucesso, mas ficou intrigado porque o relacionamento não parecia se tornar mais profundo, apesar da necessidade óbvia que Nery tinha desse tipo de apoio. Foi somente quando o conselheiro investigou ativamente sua história que a seguinte informação veio à tona: Nerys tinha sido adotada várias vezes quando criança, após ter sido abandonada por seus pais e não tinha qualquer experiência ou expectativas de relacionamentos de apoio ou consistentes. Ela não tinha achado que seria relevante mencionar isso para o conselheiro e só gradativamente começou a perceber como não estava disponível para formar uma aliança de trabalho mais forte com ele.

Sugestão

Dê ao cliente uma folha de papel grande e peça-lhe para desenhar nela uma linha horizontal no meio da folha de um lado a outro (uma "linha de vida"). Peça-lhe agora que escreva seus eventos principais sobre essa linha, tais como sua primeira experiência escolar, primeiro (a) namorado (a), primeiro emprego e outros eventos importantes em sua vida. Isso pode levar algum tempo, e é possível que ele tenha de redesenhar a linha à medida que vai se lembrando de mais coisas; ele pode começar a desenhar a linha com picos e vales naturais. Depois peça que ele dê um passo atrás e olhe para a página inteira para ver que padrões começam a surgir. Há um tema de desaponto ou de perda, por exemplo? Há períodos de envolvimento e períodos de isolamento? Qual é a parte mais importante de sua linha da vida para ele? Essa representação diagramática da vida do cliente pode ser muito reveladora. Você pode também lhe pedir que represente suas reações emocionais a esses eventos da vida no mesmo pedaço de papel, usando uma caneta de cor diferente.

Organizando o material da avaliação

Na próxima página temos uma Folha de Avaliação do Cliente, para lhe ajudar a organizar a informação e temas que você obteve em suas primeiras reuniões com o cliente. Você pode desejar usá-la após a sessão inicial como uma forma de pensar sobre seu cliente, e depois ir acrescentando coisas de tempo em tempo à medida que outras informações importantes surjam. Fique consciente daquilo que você observa, mas não tente fazer sentido de tudo em uma sessão – você precisa estar também no momento presente! Na verdade, é raro que um conselheiro muito ocupado tenha tempo para considerar em detalhe todos os elementos incluídos na folha e, na prática, certos aspectos serão mais figurais e iram formar seu diagnóstico inicial provisório.

A avaliação de risco

Há muitas situações em que o terapeuta precisa prever a possibilidade de risco ou perigo potenciais para o cliente ou até mesmo para ele próprio. Entre essas, pode haver risco de suicídio, automutilação, violência ou doença mental, ou quando os problemas envolvem comportamentos que causam dependência, transtornos alimentares ou da personalidade. Outras situações de risco podem ser aquelas que envolvem crianças ou comportamento criminoso. Os elementos de risco podem ser óbvios na avaliação inicial, mas também podem surgir durante o curso da terapia. Nos dois casos, antes de você aceitar ou continuar a trabalhar com tais clientes, precisaria verificar se tem suficiente conhecimento especializado e organizar uma supervisão apropriada. Sugerimos que você leia o cap. 17 para uma discussão ampla do tema.

Folha de Avaliação do Cliente

O cliente em processo

Processo incorporado

Sistemas de apoio

Sistemas de crença e introjetos

Polaridades

Interrupções no ciclo de experiência

Modificações influentes pelo contato

Situações inacabadas/gestalts fixas

Padrões relacionais do cliente

Natureza do contato relacional com você

Suas reações e respostas

Condições do campo

Circunstâncias atuais significativas

Eventos históricos significativos

Relacionamentos históricos significativos

Fatores culturais e questões de diferença

Conclusão

Um diagnóstico Gestalt é uma compreensão ou avaliação de todas as maneiras pelas quais o cliente faz sentido do seu mundo e entra em contato com ele. Acreditamos que ele é mais eficiente e mais respeitoso quando é cocriado com o cliente (e na verdade o resultado da pesquisa sobre terapias descritos por Duncan e Miller (2000) enfatiza a importância de uma visão compartilhada sobre a natureza do problema, suas causas e seu tratamento). A avaliação que você faz de seu cliente, é claro, será uma parte da relação eu-isso e não da relação eu-você. No entanto, se ela for realizada de uma maneira sensível e respeitosa, ela pode ser algo em que o cliente pode estar plenamente envolvido. Sua finalização provavelmente dará uma sensação de inclusão, compreensão e estrutura tanto para o conselheiro quanto para o cliente. À medida que a terapia avança, o conselheiro decidirá se vai modificar ou atualizar a avaliação ou fazer uma redução fenomenológica de tudo isso para permitir um envolvimento pleno e uma abertura para a possibilidade de uma relação eu-você.

Leitura recomendada

FUHR, R.; SREKOVIC, M. & GREMMLER-FUHR, M. (2000). "Diagnostics in Gestalt therapy". *Gestalt Review*, 4 (3), p. 237-252.

GLADWELL, M. (2006). *Blink*: The Power of Thinking Without Thinking. Londres: Penguin.

MELNICK, J. & NEVIS, S. (2005). "Gestalt Therapy methodology". In: WOLDT, A.L. & TOMAN, S.M. (orgs.). *Gestalt Therapy* – History, Theory and Practice. Thousand Oaks, CA: Sage.

NEVIS, E.C. (1992). *Gestalt Therapy*: Perspectives and Applications. Nova York: G.I.C. [cf. cap. 2 e 3].

YONTEF, G. (1993). *Awareness, Dialogue and Process*: Essays on Gestalt Therapy. Highland, NY: Gestalt Journal Press [cf. cap. 9 e 13].

6
Considerações sobre o tratamento

"Tratamento" será um conceito útil?

Como no caso da avaliação e do diagnóstico, estamos conscientes de que estamos assumindo uma posição um tanto controversa ao devotar um capítulo àquilo que estamos chamando de considerações sobre o tratamento, planejamento do tratamento ou pensamento estratégico (usamos os termos alternadamente). Embora muitos autores gestaltistas usem o conceito de planejamento do tratamento (p. ex., SHUB, 1992; KEPNER, 1995; YONTEF & FUHR, 2005; DELISLE, 2011), há ainda uma relutância compreensível em considerar o conceito como sendo útil para um terapeuta gestáltico. Em alguns modelos terapêuticos, o planejamento do tratamento, como o diagnóstico, pode parecer um processo alheio, alienador, em que um "perito" categoriza e rotula a pessoa a fim de aplicar um tratamento padrão. Em seu caso mais extremo, essa abordagem pode ser considerada no tratamento de doenças mentais com drogas psicotrópicas em alguns hospitais. A totalidade da pessoa em suas condições de campo únicas pode se perder e o próprio paciente quase nunca é consultado mais do que superficialmente sobre seu tratamento.

Além dessas reservas, alguns gestaltistas veem o planejamento de tratamento como sendo incompatível com a formação de um relacionamento dialógico e com a emergência natural e espontânea de novos significados que fluem do contato relacional saudável. Percebemos a validade dessas objeções e as levamos a sério. No entanto, acreditamos que elas precisam ser secundárias no caso de questões tais como a antecipação de um possível risco e as necessidades específicas associadas com queixas diferentes.

Um bom plano de tratamento, portanto, irá levar em conta as circunstâncias singulares do cliente e ser sensível aos perigos e objeções identificados acima. Sempre que possível, ele será discutido e acordado com o cliente e será receptivo às mudanças das condições do campo à medida que a terapia avança.

Um plano de tratamento típico iria inicialmente incluir as seguintes considerações:

- Quaisquer riscos ou perigos (cf. cap. 17).
- Conhecimento relevante de experiência clínica anterior ou da literatura clínica sobre os tipos de questões apresentadas pelo cliente.
- A cultura do cliente e as implicações para a terapia. Isso incluiria o impacto de quaisquer diferenças (ou semelhanças) entre a cultura do conselheiro e a do cliente.
- A idade, gênero, capacidade física, sexualidade, crenças religiosas ou espirituais e o impacto dessas coisas na vida do cliente e para o relacionamento terapêutico.
- As implicações do diagnóstico.
- O tipo mais proveitoso de adaptação relacional delicada para oferecer a esse cliente (p. ex., o grau de presença e autorrevelação, o equilíbrio de apoio ou questionamento).
- Alguns critérios para avaliar a efetividade da terapia.

Por planejamento do tratamento queremos dizer um sentido permanente de direção que seja flexível e atualizado frequentemente, tanto no nível "macro" quanto na própria sessão. Queremos dizer um itinerário que ocupa um segundo lugar com relação à energia em que o cliente está em um determinado momento e, no entanto, mantém uma sinalização ou lembretes das necessidades e riscos especiais que se aplicam a esse cliente específico. Nesse sentido, então, as considerações sobre o tratamento são priorizações e precauções proveitosas para evitar perigos e não prescrições para um "melhor" curso de ação.

A implicação do diagnóstico

Em muitos casos o próprio diagnóstico irá sugerir o curso de ação que você irá seguir. É possível que, na primeira sessão, você se depare com um cliente que está temeroso e sente-se sem apoio. Ou você pode perceber como um cliente assume a responsabilidade por suas ações ou conta a história de um trauma recente que nunca foi totalmente expresso. Essas são todas queixas que provocam uma reação ou intenção terapêutica específica. Para outro cliente que, por exemplo, queira construir um relacionamento melhor com outras pessoas, a direção mais óbvia a explorar será a maneira como ele constrói e modifica seu relacionamento com você. No decorrer dessa exploração você inevitavelmente irá enfrentar dificuldades, como por exemplo introjetos ou crenças básicas sobre estar com outras pessoas, com as quais você irá trabalhar à medida que elas se tornem figurais. Com esse exemplo, é fácil ver como a direção da terapia irá simplesmente evolver, com novas questões sendo abordadas à medida que elas surjam naturalmente.

De algumas maneiras essa pode ser a forma ideal do trabalho gestáltico, em que o terapeuta não tem quaisquer ideias preconcebidas sobre o resultado ou a direção. Sugeriríamos que isso realmente ocorrerá grande parte do tempo em uma boa terapia gestáltica. No entanto, situações mais complexas (mencionadas neste capítulo) precisarão de uma sensibilidade deliberada e uma abordagem ou direção específicas. Nesses casos, sugerimos que o conselheiro mantenha as considerações sobre o tratamento como pano de fundo, consultando-as de vez em quando, ao mesmo tempo em que permanece a maior parte do tempo naquela – sempre mutante – novidade do momento. À medida que a situação ou as prioridades do diagnóstico mudam, o plano do tratamento precisará ser revisado ou adaptado de acordo. De muitas maneiras, isso é semelhante ao ir e vir rítmico de um relacionamento dialógico eu-você e eu-isso.

Envolvendo o cliente

No capítulo anterior, descrevemos algumas das várias lentes diagnósticas que podem ser usadas para tentar entender as questões do cliente. Quais delas toma precedência em qualquer momento específico irá depender de muitos fatores, o mais importante dos quais é a própria visão do cliente. O cliente trará (às vezes) a necessidade ou figura mais urgente já na sessão inicial de avaliação. O conselheiro irá então resumir seu entendimento do problema, possivelmente oferecendo perspectivas adicionais sobre aquilo que parece não ter sido percebido pelo cliente (ou é o fundo inconsciente para a figura). Ele irá então discutir com o cliente o melhor plano para as sessões seguintes. Esse acordo pode ser tão simples quanto uma decisão de tentar fazer sentido do problema, ver que opções o cliente tem ou ajudar o cliente a encontrar apoio durante uma crise. Mesmo em situações complexas tais como um trauma infantil relembrado, ou fracassos repetidos nos relacionamentos, é importante e útil encontrar uma maneira de antever uma direção compartilhada.

Isso poderia envolver uma sequência combinada (embora não necessariamente linear) de desenvolvimento da confiança, de contarem sua história com detalhes, lembrando episódios específicos, descobrindo o que está inacabado em seu passado e assim por diante. Esses tipos de discussões são normalmente muito proveitosos nos momentos de revisão, quando o cliente tem uma sensação maior do progresso e das possibilidades da terapia e pode ter uma opinião mais versada daquilo que seria proveitoso no futuro.

Há ocasiões, é claro, quando não é uma boa ideia compartilhar suas ideias para o futuro. O cliente pode não ter apoio suficiente para ouvir suas desconfianças (e ideias consequentes) sobre abuso no passado, outros idealizados ou estilo de personalidade. O conselheiro precisa alcançar um equilíbrio delicado entre franqueza e aquilo que é útil terapeuticamente.

Exemplo

Kathryn, uma mulher de mais ou menos cinquenta anos elegantemente vestida, chegou a sua primeira sessão em um estado de ansiedade. Chorou a maior parte do tempo e explicou ao conselheiro que tinha se assustado recentemente quando foi a uma consulta dentária, foi obrigada a esperar e, irritada, gritou com a recepcionista. Ezri, o terapeuta, perguntou se ela sabia o que é que a estava angustiando tanto. Kathryn disse que era porque NUNCA ficava zangada. Não sabia de onde aquilo tinha vindo. Desde aquele dia, tinha se sentido chorosa e infeliz. O conselheiro sentiu-se envolvido e interessado. Perguntou-se em voz alta o que esse episódio específico poderia ter significado para Kathryn para que ela tivesse ficado tão zangada e depois também se sentido tão angustiada. Kathryn disse que era algo a ver com estar em um lugar onde não queria estar e então sendo maltratada, mas ela sabia que isso não fazia sentido. Achou que tudo isso deveria estar conectado com o passado de alguma forma; estava consciente de ter dificuldade de se impor de uma maneira apropriada. Ezri comentou que Kathryn parecia mais forte quando ela falava sobre isso e Kathryn concordou. Sentiu como se estivesse fazendo alguma coisa para ajudar a si mesma.

Os dois decidiram fazer um contrato para trabalhar em conjunto por seis semanas e depois fazer uma revisão (um plano de tratamento inicial). Concordaram em usar as sessões para explorar a situação e se concentrar sobre como Kathryn poderia aumentar seu nível de autoapoio. Na revisão da sexta sessão, Kathryn estava curiosa porque começou a perceber um padrão na maneira como se relacionava com as pessoas em sua vida, contendo sua raiva e depois se afastando. Tinha também feito algumas conexões entre o consultório do dentista e alguns eventos na escola em sua infância. Sentia-se muito mais estável e estava interessada em continuar a exploração de si mesma. Eles concordaram, então, em continuar as sessões de uma maneira mais aberta (com o objetivo de uma revisão em seis meses). O foco agora seria a contínua exploração de si mesma que Kathryn faria e sua descoberta de novas maneiras de administrar os relacionamentos em sua vida (um plano de tratamento revisado).

Realizando revisões

Embora, em um certo sentido, você esteja continuamente revisando, avaliando, reajustando e recontratando com um cliente (às vezes tudo isso em uma sessão), é útil também ter sessões formais de revisão. Você pode sugerir que o cliente pense sobre isso na semana que precede à revisão. Nessas sessões você pode:

• Revisitar o contrato original (ou a última revisão) e a queixa que o cliente trouxe quando veio pela primeira vez.

• Verificar se o cliente (e você) acham que o contrato ainda é relevante e como está progredindo.

• Conversar sobre que novas questões surgiram ou o que mudou para o cliente.

• Perguntar ao cliente como lhe pareceu estar em terapia com você até então, que aspectos da terapia ele achou particularmente úteis, que aspectos pouco úteis, se há algo que ele gostaria que você tivesse feito de maneira diferente (ou que ele mesmo gostaria de ter feito de maneira diferente).

• Conversar sobre quaisquer mudanças que precisam ser feitas no contrato ou no relacionamento terapêutico.

• Acordar um outro contrato de curto prazo ou a continuação de um contrato de longo prazo (ou uma data para seu término).

Sugeriríamos uma revisão desse tipo aproximadamente a cada três – ou seis – meses para clientes de longo prazo e mais ou menos na metade do contrato para contratos de curto prazo. Depois do fim da terapia, pode também ser útil oferecer uma revisão de acompanhamento depois de seis meses ou um ano para que o cliente volte a manter contato, ou para avaliar sua situação desde que deixou a terapia. Alguns conselheiros oferecem essa sessão de acompanhamento sem ônus para lhes permitir pesquisar se a efetividade da terapia se susteve após o término.

Considerações especiais para diagnósticos específicos

Na prática, muitos clientes se apresentam com baixo autoapoio, um autoprocesso frágil ou com dificuldades complexas que exigem um conhecimento especializado. A incapacidade de levar em conta as implicações do perfil de um cliente específico pode nos levar, apesar das melhores das intenções, a cometer erros prejudiciais. Por exemplo, um novo cliente com uma lesão narcísica profunda pode lhe pedir uma opinião honesta sobre ele; um cliente cujas características são congruentes com os critérios de personalidade limítrofe pode insistir com você para que a sessão seja prolongada; um cliente que sofreu abuso sexual pode lhe pedir que o abrace enquanto ele relembra o trauma. Em todos esses casos, a solicitação do cliente precisa ser considerada à luz da experiência clínica aceitável sobre os prováveis efeitos de satisfazer esses desejos. Ao planejar o aconselhamento, portanto, a primeira pergunta que o profissional deve responder é: Será que esse cliente tem quaisquer circunstâncias, condições ou dificuldades especiais que exijam conhecimento especializado ou uma abordagem de tratamento específica? Se isso for verdade, é proveitoso consultar a literatura e um supervisor ou colega que tenha conhecimento especializado naquela área.

No cap. 17 cobriremos em mais detalhes as considerações de risco para clientes com transtornos mais sérios.

Compreendendo o relacionamento dinâmico entre as características diagnósticas

Muitas características diagnósticas serão parte de um sistema interconectado que precisa ser levado em consideração. Por exemplo, como é que uma adaptação criativa específica se encaixa na Gestalt mais ampla da auto-organização e estilo de vida do cliente? Um cliente pode estar dessensibilizado ou retrofletido como um estilo geral de funcionamento. O que ocorreria se essa modificação ao contato fosse modificada ou transformada? Ela estará protegendo o cliente de algum distúrbio mais sério? Muitas adaptações criativas são meios de administrar uma ameaça difícil e até perigosa para a estabilidade ou sobrevivência da pessoa. Uma retroflexão pode estar protegendo o cliente de uma raiva assassina; a dessensibilização pode estar resguardando o cliente de uma dor insuportável. O momento exato de quando trabalhar sobre a energia interrompida ou a gestalt fixa pode ser muito significativo. O conselheiro precisa desenvolver uma compreensão geral das conexões e dinâmicas subjacentes às características diagnósticas antes de decidir sobre a estratégia. Uma investigação fenomenológica profunda antes de agir pode então ser parte de uma nova consideração do tratamento.

Decidindo prioridades

Ao abordar essas questões, é possível que você comece a ver como algumas sequências do tratamento são necessárias ou desejáveis e arguiríamos que é útil e às vezes até crucial pensar cuidadosamente sobre as prioridades de seu trabalho. Há vários exemplos excelentes sobre esse tipo de priorização na literatura gestáltica. Shub (1992) oferece um útil "modelo longitudinal" da Gestalt-terapia, que consiste de fases inicial, média e mais tardia. Melnick e Nevis (1997) oferecem um sistema de diagnóstico e tratamento que usa o ciclo de experiência; Clemmens (2005) propõe estágios de desenvolvimento e tarefas envolvidas na recuperação de longo prazo da toxicodependência; Kepner (1995) esboça um "Healing Tasks Hologram" (Holograma de Tarefas que Curam) que pode ser utilizado para orientar o conselheiro no trabalho com abuso na infância; Brownell (2005) descreve as sequências do planejamento do tratamento nas questões de saúde mental.

Tendo elaborado uma lista de características diagnósticas (talvez acompanhando a lista de verificação no cap. 5) você precisará decidir que aspectos irão exigir sua atenção imediata e quais podem esperar ou serão um resultado natural do progresso do trabalho.

Exemplo

Jennifer veio para o aconselhamento querendo ajuda para sair de um relacionamento abusivo com seu companheiro. Tanto ela quanto o conselheiro concordaram que ela estava retrofletindo muita raiva, tinha uma baixa autoestima e falta de apoio em seu ambiente social. No entanto, também estava claro para o conselheiro que Jennifer não tinha muita confiança no processo de aconselhamento, tinha pouca *awareness* da parte que ela desempenhava no relacionamento marital e culpava todos os seus amigos por não lhe darem apoio. O conselheiro disse: "Quando você está se sentido muito ferida, é difícil ver como você mesma pode estar influenciando o que está ocorrendo, mas se decidirmos trabalhar juntos, só podemos trabalhar com a sua parte daquilo que está acontecendo – não posso lhe ajudar a mudar as outras pessoas em sua vida". Jennifer relutantemente concordou e se dispôs a ver aquilo que poderia fazer qualquer tipo de diferença.

O conselheiro de Jennifer decidiu que ele precisaria trabalhar para construir uma aliança de trabalho que apoiasse sua cliente, envolvê-la em uma compreensão da dinâmica de seu relacionamento com o companheiro e examinar os motivos para a falta de apoio em sua rede social. Disse ele, portanto: "Em primeiro lugar, precisamos nos conhecer melhor e tentar entender como esses problemas ficam acontecendo repetidamente". Jennifer aceitou seguir esse plano. Durante as

> primeiras semanas ela foi tendo cada vez mais confiança no conselheiro – começando a falar sobre como ela às vezes provocava seu companheiro e como exigia que seus amigos ficassem do lado dela contra ele incondicionalmente. Ela se interessou pela sua necessidade de estar "certa" e eles concordaram em explorar isso mais profundamente. Foi só muito mais tarde que o conselheiro (com a aceitação de Jennifer) decidiu que ela estava pronta para se conectar com sua raiva retrofletida e efetivamente confrontar seu companheiro e seus próprios amigos de uma maneira que não iria apenas piorar a situação.

Fases do tratamento

A natureza singular de cada pessoa, sua jornada terapêutica e o relacionamento construído com o terapeuta impossibilitam a existência de um plano de tratamento *geral* que possa ser seguido por *todos* os clientes. No entanto, descobrimos que as jornadas terapêuticas da maioria dos clientes parecem ter áreas comuns de foco e algumas necessidades ou tarefas universais em termos de desenvolvimento. A orientação que se segue tem a intenção de lhe ajudar a organizar seu pensamento e não de ser um compromisso com uma progressão linear. Ela pode também ser usada como orientação para verificar quaisquer áreas que você possa ter desconsiderado. (Iremos discutir maneiras de trabalhar nessas áreas durante todo o livro.) A ordem em que essas fases ou áreas de foco aparecem e são abordadas pode variar muito, embora, em um sentido mais amplo, as tarefas mais complexas das fases mais tardias tenham como base as anteriores, mais fundamentais. Muitas das tarefas, é claro, são abordadas, retrabalhadas ou integradas em todas as fases. Decidimos dividir as tarefas em três fases.

O início – fase um

De muitas maneiras, esta fase contém as condições essenciais para a Gestalt-terapia. Um terapeuta gestáltico usa o método fenomenológico para despertar a *awareness*, oferece um relacionamento dialógico, promove o funcionamento saudável e encoraja o desenvolvimento do autoapoio e do apoio do ambiente. Com alguns clientes isso será suficiente. Pode muitas vezes ser suficiente para uma intervenção de curto prazo. Para contratos de termos mais longos, essas condições e as habilidades e técnicas relevantes ainda serão necessárias de alguma forma ou de outra durante todo a jornada terapêutica.

Fase um

- Criar um contêiner seguro para o trabalho terapêutico.
- Desenvolver a aliança de trabalho.
- Usar a investigação fenomenológica.
- Despertar a *awareness* e a autorresponsabilidade.
- Oferecer um relacionamento dialógico.
- Aumentar o autoapoio, especialmente com clientes que têm um autoprocesso frágil.
- Identificar e clarificar as necessidades e temas emergentes.
- Priorizar os aspectos mais importantes do diagnóstico.
- Considerar as questões culturais e outras questões de diferença potencial.
- Planejar para condições especiais (p. ex., automutilação, abuso sexual, transtornos da personalidade).
- Cocriar o plano de tratamento com o cliente.

Trabalhando mais detalhadamente – fase dois

Nesta fase passamos para uma estratégia mais específica e intervenções mais diretivas. Presume-se um relacionamento bom o suficiente com bastante apoio para permitir o questionamento e a experimentação com novas perspectivas e comportamentos. É mais relevante para clientes com problemas complexos ou de longa duração para quem as condições básicas acima mostraram não ser suficientes. Listamos a seguir alguns desafios importantes que podem talvez precisar ser considerados para o cliente nesta fase.

Fase dois

- Aprofundando o envolvimento com o relacionamento terapêutico.
- Tornando-se consciente dos padrões relacionais.
- Tratando as situações inacabadas.
- Reassumindo partes perdidas ou alienadas.
- Trabalho sistemático e persistente ao redor da desestruturação das crenças básicas autolimitantes, dos temas de vida negativos e das crenças de roteiro de vida.
- Experimentando com um comportamento novo e com opções ampliadas.
- Confrontando o impasse ou aquilo que vem sendo evitado.

Esta é a fase em que o cliente irá trabalhar muitas de suas questões e fazer modificações importantes em atitude e comportamento.

No entanto, ele pode também alcançar um ponto em que fica profundamente empacado ou em um impasse. De muitas maneiras essa pode ser a parte mais difícil; porém, mais recompensadora da jornada. É aqui que você precisará depender de uma forte aliança de trabalho, já que às vezes o cliente pode se sentir desencorajado, rejeitado e inseguro se está disposto a confrontar a ansiedade intensa do impasse. O cliente pode entrar em contato com questões poderosas, perturbadoras e você precisará estar muito bem-apoiado em sua própria supervisão e terapia. O cliente pode também potencialmente se deparar com aquilo que ele sente ser uma situação impossível ou pelo menos uma situação que parece sem esperança ou cheia de desespero. Este é o momento em que alguns clientes precisam tomar uma decisão profunda se devem continuar trabalhando ou se ficam satisfeitos com aquilo que já foi conseguido.

Integração e finalização – fase três

A essa altura é possível que o cliente tenha negociado com sucesso as crises acima e esteja no território da integração. Gostaríamos de lembrar ao leitor que neste momento é importante recordar aquilo que foi dito no começo sobre os limites deste tipo de estrutura linear. Idealmente os clientes irão se integrar e assimilar naturalmente à medida que o trabalho progride em todas as fases. No entanto, em outros momentos, eles precisarão fazer isso consciente e deliberadamente. A assimilação pode então revelar outras questões ou problemas que precisarão ser trabalhados cuidadosamente.

Fase três

- Assimilando novos *insights* e entendimentos.
- Readaptando-se e fazendo mudanças.
- Trabalhando cuidadosamente quaisquer questões de transferência.
- Antecipando a perda do relacionamento terapêutico.
- Planejando para crises futuras.
- Deixando partir e seguir adiante. (Esta fase, extremamente importante, será tratada com profundidade no cap. 16.)

Conclusão

A fase um e, em menor grau, a fase dois, normalmente são suficientes para clientes com bom autoapoio em uma crise temporária, clientes que buscam autoconhecimento e desenvolvimento pessoal ou aconselhamento para crises específicas da vida. A fase dois é mais relevante para problemas profundos de relacionamento, perdas difíceis, situações inacabadas, traumas ou crise de sentido. A fase três é o estágio de integração, aquele que idealmente irá acompanhar todas as mudanças importantes.

Sugerimos anteriormente que, como ocorre com o diagnóstico, o planejamento do tratamento não deve ser mantido rigidamente, e deve ser adaptado com frequência em um diálogo e cooperação com o cliente. Essa disposição para conter as polaridades da estrutura e a flexibilidade está no âmago de uma estratégia ética para a prática.

Leitura recomendada

DESLILE, G. (2011). *Personality Pathology:* Developmental Perspectives. Londres: Karnac.

GREENBERG, E. (1998). *Love, admiration, or safety: a system of Gestalt diagnosis of borderline, narcissistic and schizoid adaptations* [Texto apresentado na 6ª Conferência Europeia de Gestalt-terapia. Palermo, Itália (tb. disponível online)].

KEPNER, J.I. (1995). *Healing Tasks in Psychotherapy*. São Francisco, CA: Jossey-Bass.

MELNICK, J. & NEVIS, S. (1997). "Gestalt diagnosis and DSM-IV". *British Gestalt Journal*, 6 (2), p. 97-106.

NEVIS, E.C. (1992). *Gestalt Therapy:* Perspectives and Applications. Nova York: G.I.C. [cf. os cap. 2 e 3].

WOLDT, A.L. & TOMAN, S.M. (orgs.) (2005). *Gestalt Therapy – History, Theory and Practice*. Thousand Oaks, CA: Sage [cf. Parte II – Gestalt Applications with Specific Populations].

7
Fortalecendo o apoio

> *Não há nenhum problema tão grande ou tão grave que não possa ser muito reduzido com uma gostosa xícara de chá.*
> HEROUX, B.-P. (1900).

Este capítulo examina o conceito de "apoio" tanto para o cliente e, de maneira igualmente importante, para o profissional. O apoio é o conceito-chave na Gestalt e a base necessária de todo o funcionamento saudável. Parte da função do terapeuta é ajudar a identificar os vários aspectos de apoio na vida do cliente a fim de descobrir o que está faltando, é pouco usado ou usado exageradamente.

O ato de caminhar só é possível se existirem músculos e ossos suficientemente fortes, uma provisão de energia, a capacidade de se equilibrar, a capacidade de monitorar e ajustar o passo para acomodar-se a um terreno variado, e assim por diante. Poderíamos dizer que todas essas funções são o "apoio" necessário para caminhar. Uma disfunção em qualquer uma delas (tais como uma tonteira ou um tornozelo torcido) leva à incapacidade de caminhar de maneira eficiente ou confortável. Um processo semelhante é verdadeiro no caso da área psicológica. Um autoprocesso saudável, figuras energéticas claras e um contato satisfatório só são possíveis com autoapoio e um campo que também forneça apoio. A força do apoio em qualquer situação depende do uso e do relacionamento entre esses recursos. O apoio saudável é uma posição de *interdependência* em que a pessoa é *apoiada em sua situação*. A questão não é se a pessoa apoia a si mesma *ou* tem o apoio de seu ambiente, mas sim, como é que ela pode cooperar com seu ambiente ou sua comunidade para um apoio mútuo, equilibrando suas próprias necessidades com a consideração das necessidades dos demais.

> **Sugestão**
>
> Pense sobre que estratégias e recursos o ajudaram durante momentos de dificuldade? O que faltou? Que apoio você recebeu dos outros ou idealmente teria gostado de ter recebido dos outros? Pensando sobre esses momentos, como você poderia ter apoiado a si mesmo mais efetivamente?

Ao desenvolver o apoio de um cliente há muitas áreas possíveis em que podemos nos concentrar. O processo corporal, as atitudes ou crenças, os padrões relacionais, o emprego, as atividades de autoapoio, a prática espiritual, os recursos da comunidade e as condições do campo em geral. No entanto, aqui iremos nos concentrar em duas categorias principais.

Autoprocesso

Trabalhando com o processo físico

Talvez a área de apoio mais fundamental seja as maneiras como o cliente se relaciona com seu processo corporal no aqui e agora. Por exemplo, ele pode ser convidado a prestar atenção na sua respiração e observar quais formas de respirar (velocidade e profundidade) lhe dão mais apoio e quais lhe ajudam a se sentir calmo e estável (cf. sugestões no cap. 13, e nas p. 289s. e 320s.). Você pode encorajá-lo a observar sua postura – a maneira como fica em pé, se senta e se movimenta – e vivenciar a diferença que ocorre em seus sentimentos internos quando, por exemplo, está sentado com as costas retas e não arqueadas ou curvadas.

> **Exemplo**
>
> A Alex faltava apoio em muitas áreas, de uma forma significativa. Sua respiração era superficial; sua postura era rígida e tensa. Seu apoio relacional também era baixo e ele não tinha amigos verdadeiros. Após alguma negociação o conselheiro decidiu que a prioridade era se concentrar em aumentar o apoio do processo corporal. Sugeriu que ele experimentasse com tipos diferentes de respiração e de posição corporal enquanto eles conversavam. Alex logo percebeu que quando se permitia respirar livremente e se sentar de forma relaxada apoiado pela cadeira, sentia-se muito mais livre para se expressar e mais confiante com o conselheiro. O conselheiro, por sua vez, percebeu que a voz de Alex ficava mais baixa quando ele perdia energia e pôde usar isso como uma orientação para alertá-lo quando o cliente estava perdendo contato com seu apoio energético.

Usando a linguagem de autorresponsabilidade

Ao discutir a autorresponsabilidade estamos conscientes da contradição aparente com a noção de cocriação – aquele constante ato de moldar e de ser moldado que é a inevitável consequência de estar no mundo com outras pessoas. Há uma maneira muito real pela qual nós somos realmente "forçados" a sentir-nos ou a sermos da maneira que somos, quando não seja por outra coisa, pelo menos pelos neurônios espelhos (cf. p. 124). No entanto, em nossa opinião, essa verdade relacional não deve interferir com a visão igualmente importante de que o indivíduo pode ser o autor de sua vida. Ele pode empurrar para trás as fronteiras que autolimitam seu potencial, pode se tornar mais consciente das influências sobre ele e ser dono de sua experiência com autenticidade e integridade.

Uma medida valiosa de nossa experiência subjetiva é a maneira como usamos a linguagem. Em uma grande parte do tempo a linguagem que usamos reflete uma atitude passiva para com a vida, uma crença de que não temos qualquer poder sobre aquilo que nos acontece, que não somos responsáveis por nossas vidas. Quando somos muito jovens ou, por alguma outra razão, estamos sob o poder de outra pessoa, ou quando estamos fisicamente feridos ou sendo coagidos, podemos dizer que nossas reações são causadas pelo "mundo externo".

No entanto, às vezes agimos como se fôssemos permanentemente impotentes com relação a nosso mundo interno. Dizemos coisas como "Você fez com que eu me irritasse..." em vez de ser dono de nossa própria experiência e reconhecer que temos responsabilidade por nossas reações dizendo: "Fiquei furioso quando você fez aquilo". Também usamos expressões que negam nossa escolha ou nosso poder sobre nosso ambiente. Dizemos: "Me perdi" ou "Não posso" em vez de "Não encontrei o caminho" ou "Decidi não fazer isso" ou "Não farei isso". Encorajamos a impotência por meio de palavras exageradas (ou atenuadas) tais como: "Foi um desastre total", "Eu fiquei completamente imobilizado", e assim por diante.

Um conselheiro pode convidar o cliente, em primeiro lugar, a se conscientizar de seu uso da linguagem ou de sua escolha de palavras e depois pode sugerir experimentos que usem a linguagem de autorresponsabilidade, observando a diferença que isso faz para como ele se sente sobre si mesmo e sua atitude para com o mundo. Isso não é uma brincadeira trivial com palavras. Pode ser extremamente significativo tanto na definição quanto na resolução de um problema. Quando o cliente usa uma frase como: "Quero que a vida valha a pena de se ser vivida", ele coloca toda a responsabilidade por isso fora de si mesmo. O conselheiro pode convidá-lo a pensar sobre os momentos quando a vida *realmente* vale a pena e de que maneira ele está contribuindo para a situação. Alternativamente, alguns clientes, de forma inapropriada, assumem muita responsabilidade por uma situação: "Eu não poderia de forma alguma dizer não a minha amiga, ela ficaria arrasada" ou "Eu me sentiria tão culpado pedindo ajuda a ela, ela já tem tanto o que fazer". Então a tarefa do conselheiro pode ser convidar o cliente a refletir sobre se ele é realmente responsável pela fragilidade dos sentimentos de uma outra pessoa, ou se ele está assumindo muita responsabilidade. Perguntas como "Alguém realmente ficou 'arrasado' por você lhe ter dito não?" Ou "O que é que 'arrasado' realmente significa? O que realmente aconteceria?" podem ser confrontações surpreendentemente poderosas.

Sugestões sobre usar formas diferentes de linguagem são *experimentos* que convidam o cliente a se conscientizar de como sua linguagem ao mesmo tempo influencia e contribui para sua atitude com relação a ele próprio e para seus relacionamentos no mundo. Elas não são instruções sobre uma maneira superior de falar. Realmente, é muitas vezes desalentador ver clientes ou estagiários da Gestalt que foram ensinados a falar "corretamente", mas que não modificaram suas atitudes subjacentes.

> **Sugestão**
>
> Pense sobre um evento que lhe deixou perturbado de alguma maneira. Experimente contar a história do evento primeiramente com uma linguagem passiva (p. ex.: "Minha amiga chegou tarde outra vez. Subitamente me ocorreu que ela está fazendo eu me sentir impotente com sua imprevisibilidade e que isso está me deprimindo"). Depois conte a história outra vez, desta vez prestando atenção em sua linguagem e assumindo a responsabilidade por suas experiências (p. ex.: "Minha amiga chegou tarde outra vez. Subitamente percebi que eu estava me sentindo impotente diante da imprevisibilidade dela e não gostei disso".) Perceba qualquer diferença em sua sensação de autoagência e autoestima quando você fizer isso, bem assim como quaisquer maneiras pelas quais você estava reduzindo sua capacidade de poder se sentir de uma forma diferente.

Identificando-se com sua própria experiência

Resnick (1990) sugeriu que identificar-se com sua própria experiência é o melhor apoio para viver de uma forma congruente. Isso significa aceitar quem você é, com a experiência que você está tendo naquele momento. Ele estava enfatizando quão desestabilizador é termos de colocar nossa energia para negar ou evitar nossa experiência ou escondê-la de outros. Se acreditarmos, por exemplo, que "não deveríamos" nos sentir zangados, magoados, invejosos, competitivos, então muitas vezes evitaremos nossa *awareness* daqueles sentimentos e ao fazer isso perdemos também a *awareness* de outros recursos.

Quando o conselheiro usa o método fenomenológico e oferece um relacionamento dialógico, ele estará também apresentando um modelo de como se concentrar e aceitar a experiência presente e estará encorajando tal identificação. No entanto, uma abordagem proativa é praticar *assumir a responsabilidade* com aceitação – até sugerindo que o cliente diga a si mesmo: "Estou ansioso/invejoso/magoado etc. *e essa é minha experiência neste momento exato*". É surpreendente quantas vezes os clientes (e nós mesmos) introduzem sentimentos ou experiências com qualificadores negativos, críticas, minimizadores e desvios. Dizemos: "Estou ótimo... (tendo caído e se machucado), "Realmente eu não deveria estar com medo/preocupado por isso", "Ah que fazer? Espero que eu vá superar isso logo", "Sei que é tolice, mas..."

Autodiálogo de apoio

Outra maneira de aumentar o apoio essencial é ajudar um cliente a identificar algumas das mensagens negativas que ele diz para si mesmo e construir algumas frases positivas e encorajadoras para substituí-las. Isso pode ser ilustrado mais facilmente com um exemplo.

> **Exemplo**
>
> Alyssa verificou que sempre que cometia algum erro, por menor que fosse, dizia para si mesma: "Sou tão idiota. Nunca consigo fazer as coisas certas". Ela compreendeu que esse pensamento acompanhava um sentimento de ansiedade e a tensão dos músculos em seu plexo solar. O conselheiro pediu-lhe que pensasse sobre a verdade da questão. Ela era realmente idiota? Certamente não. Na verdade, Alyssa tinha dois diplomas universitários e trabalhava com sucesso como uma consultora de uma organização. Às vezes fazia as coisas certas? É claro que sim. Com muita frequência – aliás, normalmente – conseguia fazer aquilo que resolvia fazer. Portanto, juntos, Alyssa e seu conselheiro elaboraram uma frase que era verdadeira e tranquilizante e que iria ajudar a restaurar o autoprocesso de apoio de Alyssa. Não teria sido eficiente apenas escolher um pensamento oposto tal como: "Sou tão inteligente que posso fazer qualquer coisa". Alyssa teria sabido que isso não era verdade. Era preciso que fosse uma frase que a trouxesse de volta para a realidade do aqui e agora. Alyssa escolheu: "Sou muito inteligente. Com frequência faço as coisas bem, e às vezes cometo erros". Essa simples afirmação da verdade significou abandonar a familiaridade fácil de uma posição autocrítica extrema, mas também a libertou daquilo que parecia ser uma vida inteira de pressão.

> **Sugestão**
>
> Lembre-se de uma interação com alguém na qual você terminou se sentindo mal. Permita-se reviver a cena – onde você estava, o que ocorreu, quem disse o que, o que estava se passando? (Leve alguns minutos lembrando...) No final, quando você estava se sentindo mal, o que foi que disse a si mesma, sobre você mesma, sobre a outra pessoa, ou pessoas, ou sobre a vida? Esse é um pensamento familiar?
>
> Se é, saia da cena e pense sobre aquela crença realisticamente. É bastante provável que esse seja um pensamento que autolimita e que não é verdadeiro – ou pelo menos não totalmente verdadeiro. Elabore um pensamento mais afirmativo que questione o pensamento autolimitante. Esteja certa de que sua afirmação positiva é realista. Por exemplo, se você disse para si mesma: "Eu não poderia de forma alguma confrontar aquela colega" você pode escolher a afirmação: "Não gosto de confrontar colegas, mas tenho a capacidade e a força para fazê-lo se realmente precisar". Prepare uma frase que é correta para você. Em sua imaginação, entre novamente na cena e diga a nova frase para si mesma. Qual foi a sensação?

Evocando um companheiro

Pedimos emprestado a excelente frase de Stern (1985) para descrever a estratégia de imaginar uma pessoa que lhe dê apoio em um momento de estresse. Esse companheiro imaginado seria um amigo, um parceiro, um terapeuta, um parente, ou poderia ser alguém que você lembra da infância. A pessoa é escolhida pelas qualidades necessárias – carinho, solidariedade ou talvez um espírito de defesa ou de luta – e ela é convocada para oferecer apoio interno quando o cliente sente a necessidade. Essa ideia pode ser oferecida e praticada inicialmente como um experimento na sessão para encontrar a imagem que apoia. A própria terapia pode fornecer esse tipo de apoio e muitos clientes levam consigo um "conselheiro internalizado" com quem podem falar mentalmente ou de quem podem se lembrar como sendo uma pessoa carinhosa e encorajadora. Às vezes sugerimos que, durante férias ou períodos de grande dificuldade, os clientes separem alguns momentos de silêncio para estar sozinhos e imaginar que estão em uma sessão, escrever uma carta para nós (talvez que possa ser levada na próxima vez que nos encontrarmos) ou lembrar-se de uma frase ou afirmação encorajadora que foi discutida no consultório do terapeuta. Isso pode ser uma ajuda valiosa em momentos de crise ou separação.

> **Sugestão**
>
> Quem na sua vida você experienciou como sendo uma pessoa carinhosa e solidária, como um modelo ou até mesmo uma inspiração? Pense sobre ele ou ela e as qualidades de que você precisou ou admirou nele/nela. Agora volte àquela cena difícil que você estava recordando no último exercício. Imagine que aquela pessoa solidária está com você naquele momento. O que é que ele ou ela lhe diriam?

Desenvolvendo o apoio relacional

No nível mais simples, o conselheiro pode encorajar o cliente a considerar como ele usa os apoios disponíveis tais como um companheiro, a família ou amigos. Se sua jornada terapêutica desperta emoções difíceis existem pessoas que ele pode convocar? Ele sabe quais outros recursos existem em sua comunidade? Essa será uma fonte importante de informação e trará à tona muitas das crenças subjacentes sobre o mundo e seu relacionamento com ele. Pode ser que ele esteja totalmente desacostumado a pedir apoio e toda essa questão precisará ser explorada nas sessões. Ele pode também ter muitos introjetos ou crenças sobre não merecer ou não permitir apoio (atitude com frequência encontrada em culturas machistas).

Às vezes o terapeuta pode estar tão envolvido na rica dinâmica do consultório que pode esquecer de prestar atenção na influência das condições de campo. É importante lembrar que segundo todos os metaestudos sobre resultado da psicoterapia (ex.: NORCROSS, 2011) uma proporção substancial de resultados terapêuticos positivos é devida a fatores fora do consultório, tais como uma família, amigos, grupos espirituais, atividades comunitárias, passatempos criativos, autoajuda e assim por diante.

> **Sugestão**
>
> Em uma folha de papel faça um mapa de suas redes de apoio (você pode também sugerir esse exercício ao cliente). Coloque-se no meio e depois escreva ou desenhe as pessoas ou coisas em sua vida que o alimentam. Use *post-its* ou objetos para cada pessoa, grupo ou atividade e os coloque mais próximos ou mais longe de você de acordo com a intensidade de seu apoio. Depois faça um gráfico que marque a quantidade de tempo por semana que você passa sozinho ou trabalhando e quanto tempo você passa com esses amigos, famílias ou atividades. As proporções lhe parecem adequadas? Que mudanças poderia fazer para aumentar o uso que você faz desses recursos?

Um dos apoios relacionais mais óbvios é, é claro, o conselheiro! De certa maneira, quase tudo que discutimos neste livro está direta ou indiretamente envolvido com aumentar o apoio ao cliente. Isso é especialmente verdadeiro com relação aos cap. 1 e 4, em que discutimos o apoio fornecido pelos limites terapêuticos, a aliança de trabalho e a atitude dialógica do terapeuta; e o cap. 18, quando descrevemos maneiras de construir recursos para um cliente traumatizado ou ansioso.

O papel do desafio

No entanto, o apoio nem sempre é reconfortante. Há momentos quando o terapeuta precisa apoiar confrontando ou questionando gestalts estabelecidos. Não é incomum que novos clientes usem o ambiente terapêutico de uma maneira que, na visão do terapeuta, é prejudicial – por exemplo, tornando-se muito dependente ou pedindo conselhos excessivamente. Nessas situações, o terapeuta pode decidir recusar aquilo que ele vê como uma exigência inapropriada que, na verdade, irá evitar que o cliente encontre apoio para si próprio. O sutil dilema terapêutico de quando oferecer apoio ou ajuda e quando confrontar ou questionar passa por todo o trabalho terapêutico gestalt.

Exemplo

O terapeuta tinha observado como Beverley concordava prontamente com tudo que ele dizia ou sugeria. Ela começava a tremer e a manusear nervosamente quando eles falavam sobre a ideia de explorar a queixa de abuso sexual que a trouxera para a terapia. O terapeuta sabia que era vital que a terapia não parecesse uma repetição do abuso e parou a exploração. Gentilmente ele a convidou a dizer o que lhe estava ocorrendo naquele momento e Beverley conseguiu dizer que não tinha querido falar sobre o incidente, mas que não queria dizer isso. À medida que conversavam ela reconheceu seu antigo padrão de adaptação para satisfazer. O terapeuta preparou um experimento leve. Primeiro ele apontou para um quadro na parede e disse que gostava do quadro. Beverley concordou. Depois pediu a Beverley que mencionasse alguma coisa na sala de que ela não gostasse. Beverley escolheu uma cadeira volumosa. O terapeuta disse que ele gostava da cadeira – e Beverley imediatamente pareceu desconfortável. O terapeuta pediu a Beverley que experimentasse discordar e dizer que ela não gostava de todas as coisas que o terapeuta indicasse. Eles passearam pela sala, o terapeuta indicando um quadro, um ornamento ou um móvel e expressando níveis crescentes de entusiasmo por eles. Beverley – a princípio hesitante – logo começou a se divertir com o jogo e começou a articular uma variedade de maneiras de discordar e de expressar aversão: "Discordo totalmente... Sinto exatamente o oposto... Não, eu não gosto

> disso... Não eu não gostaria de me sentar ali". Ela começou a rir, sentou-se ereta na cadeira e sua voz assumiu uma força que era totalmente nova. Finalmente ela disse: "Entendi. No futuro defenderei meu ponto de vista". Houve uma pausa e, espantada, ela acrescentou: "Você sabe, acho que é a primeira vez que eu disse algumas dessas coisas".

Mantendo o apoio ao conselheiro

Para que você seja um conselheiro eficiente e competente, é preciso que preste atenção a suas próprias condições de trabalho, níveis de satisfação e atividades de apoio. Sugerimos o seguinte.

- Tenha supervisão regularmente.
- Saiba quando procurar terapia pessoal.
- Mantenha um contato regular com colegas profissionais por meio de grupos de apoio etc.
- Mantenha um desenvolvimento profissional contínuo, por exemplo, assistindo conferências, frequentando oficinas e grupos de discussão (e lendo livros excelentes sobre as técnicas Gestalt!).
- Desenvolva um ritual que caracterize o fim de uma sessão ou de um dia de trabalho (isso pode incluir meditação, ventilando a sala, ouvindo música e assim por diante).
- Mantenha um diário onde você expresse seus sentimentos que sobraram, ou pelo menos os identifique.
- Mantenha um equilíbrio de casos, incluindo clientes difíceis o bastante para mantê-lo frequentemente alerta, mas sem risco de esgotamento nervoso.
- Mantenha anotações sobre os casos e realize revisões de cada caso regularmente para monitorar sua própria efetividade e satisfação.
- Participe de atividades e interesses de apoio fora do mundo da terapia, tais como esportes, ioga, canto etc.

Além dos itens acima, é possível que você precise considerar como se apoiar após uma sessão particularmente difícil ou penosa, especialmente se ela ocorre na metade de um dia muito ocupado. Para um terapeuta esse apoio pode ser telefonar para um colega ou supervisor, dar uma pequena caminhada, praticar um exercício de "enraizamento" ou de meditação ou recordar o bom trabalho feito no passado. Para outro terapeuta pode ser acender um incenso ou uma vela, abrir a janela para mudar o clima ou realizar um ritual de purificação. De qualquer forma sua responsabilidade por seu próprio apoio é, ao mesmo tempo, cumprir sua responsabilidade de estar pronto e disponível para o próximo cliente que irá ver. Sugerimos também que você dê uma olhada no proveitoso artigo de Smethurst (2008) sobre a autoajuda do terapeuta que lida com traumas incluído na Leitura recomendada.

Leitura recomendada sobre apoio

JACOBS, L. (2006). "That which enables – support as complex and contextually emergent". *British Gestalt Journal*, 15 (2), p. 10-19.

KORB, M.P.; GORRELL, J. & VAN DE RIET, V. (1995). *Gestalt Therapy*: Practice and Theory. 2. ed. Nova York: Pergamon [cf. cap. 3].

MacKEWN, J. (1997). *Developing Gestalt Counselling*. Londres: Sage [cf. cap. 25 e 27].

PERLS, L.P. (1992). *Living at the Boundary*. Highland, NY: Gestalt Journal.

Leitura recomendada sobre autoajuda

MEICHENBAUM, D. (2007). "Stress inoculation training: a preventative and treatment approach". In: LEHRER, P.M.; WOOLFOLK, R.L. & SIME, W.S. (orgs.). *Principles and Practice of Stress Management*. 3. ed. Nova York: Guilford [cf. www.melissainstitute.org].

ROTHSCHILD, B. (2006). *Help for the Helper: The Psychophysiology of Compassion* – Fatigue and Vicarious Trauma. Nova York: W.W. Norton & Company.

SMETHURST, P. (2008). "The impact of trauma: primary and secondary – How do we look after ourselves?" *British Journal of Psychotherapy Integration*, 5 (1), p. 39-47.

8
Vergonha

Seguimos o capítulo sobre apoio com um capítulo sobre vergonha. O motivo para essa escolha é que houve uma revisão teórica significativa do entendimento da vergonha na Gestalt que historicamente priorizava a autonomia pessoal e localizava a vergonha como um problema ou fraqueza do indivíduo. Wheeler e outros (ex.: LEE & WHEELER, 1996) lideraram uma reorientação para considerar a vergonha e o apoio como aspectos inter-relacionados no campo relacional; ambos são maneiras de regulamentar o contato, deslocando-se na direção daquilo que é necessitado ou evitando ser rejeitado.

Assim, a dinâmica da vergonha tem a ver com recepção e aceitabilidade, nossa conectividade básica em qualquer situação específica. É um processo relacional em que a vergonha é uma cocriação (e não uma deficiência ou falta de adaptabilidade do indivíduo).

Embora o apoio normalmente seja considerado como algo bom e a vergonha como algo ruim, em certas condições de campo um apoio exagerado pode ser incapacitante e a vergonha de menos pode ser prejudicial. O apoio no campo, por exemplo, permite que as pessoas aceitem e sejam aceitas, vivam autenticamente e arrisquem a mudança. A vergonha permite que as pessoas evitem ou se protejam contra situações que fornecem um apoio insuficiente e poderiam ser perigosas. Portanto, ela é um regulador ou uma modificação ao contato e é sempre relativa a condições de campo específicas.

É importante distinguir a diferença entre vergonha e reações de culpa: a culpa é sobre *aquilo que você fez*, é condicional (e a restituição é possível), enquanto a vergonha em seus piores casos é sobre *quem você é*, é incondicional (e parece imutável). A vergonha é vivenciada pelo indivíduo como um sentimento de ser fundamentalmente inaceitável, não merecedor ou imperfeito, que leva a uma ansiedade desesperada de esconder-se ou desaparecer. Com o passar do tempo a sensação de vergonha pode se tornar tão enraizada que sai da *awareness* e só se mostra como uma reação extrema à crítica ou juízo (e também às vezes ao elogio ou à admiração). Quando ela é provocada na sessão, o terapeuta muitas vezes tem a sensação de que a pessoa está evitando o contato ou tendo uma reação desproporcionalmente negativa a uma intervenção.

Em vez de começar imediatamente uma discussão sobre como trabalhar com a vergonha, começaremos com uma discussão sobre o que é a vergonha, como compreendê-la e como ela se desenvolve. Fazemos isso porque acreditamos que a vergonha é um sentimento/emoção única, que todos nós vivenciamos às vezes e que é categorizada por uma falta de capacidade para pensar e permanecer enraizado. Ela é extremamente contagiosa e, se emerge no consultório, pode tornar tanto o cliente quanto o terapeuta impotentes. Ter uma maneira de pensar sobre ela pode ajudar a manter o conselheiro presente e apoiado de uma maneira que pode ser útil para o cliente.

As origens da vergonha

A criança em desenvolvimento existe em um mundo social onde é necessário aprender e estar de acordo com as regras da interação social a fim de ser aceita como parte da comunidade (pelo menos até que ela tenha a idade suficiente para se rebelar realisticamente).

O primeiro processo dessa socialização é parcialmente por meio da educação dada pelos pais. Eles nos ensinam as regras do envolvimento social – e também sentimos o impacto das reações que desaprovam nossas ações. Quando temos um desejo, buscamos satisfazê-lo energicamente e então somos ignorados, rejeitados, criticados ou nos dizem que somos maus por estar fazendo ou querendo seja lá o que for; nosso impulso fez com que o pai ou a mãe queridos reagissem de uma maneira negativa e se retirassem ou nos abandonassem. Essa rejeição, se consistente o bastante, é vivenciada como um sentimento profundamente doloroso de vergonha.

Portanto, uma apreciação de quando uma ação ou necessidade será inapropriada, ou desaprovada, é uma necessidade crucial nas relações sociais. Nesse caso, o sentimento de vergonha é um sinal de um limite. Schore (2012) também verificou que a vergonha surge nas crianças entre 12 e 18 meses e se desenvolve como um regulador neurobiológico (potencialmente útil) da interação social. A característica crucial dessa "vergonha saudável" é que ela é de curta duração, associada com uma "desaprovação" *apropriada* e seguida de perdão e reconexão.

Esse processo de socialização também é realizado no nível da comunidade e da sociedade. A quantidade de desaprovação e a punição social pela transgressão é diferente em sociedades diferentes (chamada de vergonha cultural). Por exemplo em "sociedades educadas" (tradicionalmente tais como a Inglaterra e o Japão, embora isso esteja mudando) há uma desaprovação muito forte pela ruptura de normas sociais e às vezes punições severas (no Japão, p. ex., a desmoralização pode ainda ser tão humilhante que o suicídio é uma opção). O primeiro processo de aprendizado sobre a aceitabilidade social leva ao fenômeno de timidez, constrangimento ou vergonha como um regulador necessário das relações sociais (e, portanto, uma modificação ao contato).

No entanto, o processo de socialização pode se tornar tão rígido e tóxico que se torna também uma Gestalt fixa que é incapacitante. Muitas criações de crianças, sistemas educacionais e religiosos encorajam a vergonha ativamente e a rotulam como uma avaliação realista do indivíduo. "Você deveria ter vergonha do que fez" (em vez de "Você se comportou de maneira inapropriada"). Isso implica que a criança deve acreditar que ela é de alguma maneira ruim ou fundamentalmente imperfeita.

Restrições vergonhosas

Para alguns clientes, a vergonha parece estar tão fundamentalmente enraizada que ela surge regularmente no relacionamento terapêutico. Isso é causado por aquilo que Lee e Wheeler (1996) chamam de "restrições vergonhosas" (*shame-binds*) que foram criadas nos primeiros relacionamentos de uma pessoa. Quando a criança pequena expressou energicamente uma necessidade ou tentou entrar em contato excitadamente com o ambiente, seus cuidadores reagiram sem interesse, com desprezo ou até agressivamente, e subsequentemente não ofereceram qualquer reconexão relacional, compreensão ou perdão. Reações como essas, se repetidas, levaram a criança a crer que "meu choro deixa as pessoas zangadas" ou "minha excitação é exagerada" "ou minha raiva faz com que eu seja abandonada" ou simplesmente "Eu sou demasiada". Esses aspectos de sua autoexpressão ou necessidade formaram uma crença básica de que elas são inaceitáveis em todas as circunstâncias. O sentimento de vergonha então passa a estar inextricavelmente ligado à necessidade sentida originalmente. Como diz Mackewn:

> Uma conexão permanente é feita entre vergonha e a necessidade inaceitável, com a consequente perda do acesso à necessidade. A ne-

cessidade perde sua voz. A necessidade conectada à vergonha não desaparece. A qualquer momento, quando ela emerge inconscientemente, a pessoa sente vergonha, tanto a fim de continuar a vivenciar a necessidade como sendo "não eu" e a fim de continuar a viver em harmonia com um ambiente que foi percebido como contrário àquela necessidade (1997: 247).

Em famílias ou culturas tóxicas, esses mecanismos regulatórios passam a ser tão envolventes que a pessoa tem uma sensação quase permanente de vergonha de seus impulsos. Isso é o que Kaufman (1989) originalmente chamou de "vergonha internalizada" e o que Lee chama de "vergonha de fundo" – o fundo relacional a todas as figuras relacionais que emergem.

Então o que essencialmente é um processo necessário e útil para regulamentar a interação social e a obediência às regras do contato social, quando muito assume a forma de hesitação, constrangimento ou vergonha transitória. Mas quando ela se transforma em uma Gestalt tóxica estabelecida ela leva à vergonha como uma expectativa doentia e incondicional de não aceitação e desaprovação. A pessoa agora pode ter uma reação de vergonha automática a qualquer manifestação mínima de seus próprios desejos ou necessidades relacionais.

A vergonha como uma experiência incorporada

A observação recente de crianças pequenas claramente mostra (ex.: SCHORE, 2003) que a vergonha se origina no campo interacional da infância em grande medida por meio de intercâmbios interpessoais não verbais. Sabemos também, graças à pesquisa sobre neurônios espelhos, que pode haver uma ressonância neurológica direta que ecoa o sentimento de outra pessoa (cf. STAEMMLER, 2007). O bebê pode e realmente vivencia indiretamente, por exemplo, o desaponto ou a desaprovação da mãe e a criança que sofre abuso (normalmente não admitido) a vergonha de seu abusador.

Na vida da criança pequena, a maioria das interações relacionais são não verbais e somáticas. Se o cuidador principal a rejeitar ou for suficientemente hostil ou depreciativo, a criança muitas vezes forma uma sensação não verbal de que ela não é merecedora de cuidado, é deficiente ou até repugnante. A vergonha então pode ser provocada por um olhar ou gesto ou um movimento corporal por parte do terapeuta que era típico daquele cuidador que a rejeitava. Alguns gatilhos somáticos podem então não ser percebidos (e causam confusão para o terapeuta) especialmente em interações terapêuticas que parecem ser principalmente verbais ou cognitivas.

> **Sugestão**
>
> Lembre-se de um momento em que você sentiu vergonha, descreva para si mesmo as circunstâncias, os relacionamentos e o que a provocou. Veja se pode identificar sua reação corporal, os padrões de tensão e que forma seu corpo está tentando assumir. Agora veja se você pode ouvir as mensagens que está dizendo a si próprio ("Eu deveria desaparecer"). Capte o sentimento de sua reação às outras pessoas e sua projeção daquilo que elas estão pensando ou sentindo. Seu desejo é desaparecer ou atacar? Pergunte-se o que está em jogo aqui para você? Quando tiver completado essa exploração, retorne ao presente e se certifique de que está se dando apoio de alguma maneira.

Trabalhando com a vergonha no relacionamento terapêutico

Há perigos específicos associados à vergonha no campo relacional do conselheiro e seu cliente. O relacionamento desigual de poder, as possibilidades transferenciais, a relativa vulnerabilidade do cliente e as defesas inconscientes do terapeuta contra sua própria vergonha, tudo isso conspira para fazer com que a vergonha seja uma forte possibilidade. A experiência de vergonha é normalmente acompanhada por uma sensação de isolamento e abandono por parte do cliente – até mesmo abandono por ele próprio. É também uma estratégia defensiva de encobrimento, apaziguamento ou submissão na presença de uma ameaça interpessoal devastadora. A tarefa geral é restabelecer a segurança relacional tanto interna quanto ambiental e dar o apoio que foi perdido. A seguir sugerimos algumas diretrizes.

Identifique o gatilho relacional

A vergonha é sempre cocriada e quando ela se evidencia na terapia pode ser considerada como um sinal de uma interrupção do relacionamento terapêutico e um sinal de que você pode ter provocado a vergonha ou não ter fornecido apoio relacional suficiente. A primeira intervenção é investigar sua própria contribuição para o processo de vergonha. Isso pode ser simplesmente uma pergunta:

- "O que acabou de ocorrer entre nós?"
- "Eu fiz ou falei alguma coisa que o perturbou?"
- "Posso imaginar que você pode sentir vergonha nesta/naquela situação".

Ou uma autorrevelação:

- "Acho que posso ter cometido um erro (ou perdido alguma coisa) há pouco".
- "Lembro uma experiência por que passei uma vez quando cometi um erro e senti como se quisesse que a terra se abrisse e me engolisse". (Você está também dando um exemplo de como não ter vergonha de sua própria vergonha.)

Após isso você restabelece a conexão relacional. Pode ser útil olhar para as primeiras experiências de vergonha na vida do cliente e identificar as crenças e atitudes que se formaram naquele momento.

Descubra uma maneira de ficar ao lado do cliente

Todo ser humano reconhece o sentimento de vergonha. No entanto a experiência desse sentimento pode levar a uma sensação de extremo isolamento. Pode ser como estar sob um refletor querendo se encolher até não ser mais visto. Nessa situação, as intervenções gestálticas que enfatizam a separação do conselheiro – despertar a *awareness*, comentar sobre a postura corporal, fazer uma observação sobre o desconforto do cliente – tudo isso aumentará a sensação de estar sob a mira de um outro que (segundo sua percepção) provoca sua vergonha. Esse é o momento para se concentrar em inclusão e imaginar como você se sentiria, e de que você gostaria se estivesse no lugar do cliente. É o momento para descobrir a compreensão ou a harmonia para ficar ao lado do cliente como um companheiro sensível e não como um observador. Sua própria reação corporal ou ressonância à vergonha do cliente pode muitas vezes lhe dar a base para uma intervenção compassiva (um dos antídotos para a vergonha):

- "Este é um lugar difícil para estar neste momento" ou
- "Sinto muito que isso seja tão penoso" ou
- "Realmente sinto isso".

Um comentário empático que compartilha a experiência em vez de se afastar dela pode ser de grande eficácia.

> **Exemplo**
>
> Wesley reviveu seus sentimentos quando lembrou do comportamento rejeitador e punitivo de seu pai e começou a se encolher de vergonha. A voz do conselheiro foi profundamente compassiva quando disse: "É tão difícil lembrar-se disso, não é?"

Igualmente, se a vergonha parece tão devastadora que o cliente não pode nem suportar seu contato empático, às vezes pode ser eficaz e apropriado invocar a capacidade do cliente de adotar uma "visão-meta". Você pode comentar, por exemplo, que "Parece que você está se sentindo péssimo agora. A vergonha era uma presença muito forte no campo em sua família e coube a você carregá-la para todos eles".

Preste atenção às pistas não verbais

É importante desenvolver uma sensibilidade para os sinais do início da vergonha. Muitas reações de vergonha se originaram em um período quando o cliente era muito pequeno para articular ou compreender o processo de provocar vergonha e só será capaz de expressá-lo não verbalmente. O cliente pode mostrar sinais de constrangimento, uma reação corporal de encolhimento, uma mudança no tom da pele ou um silêncio gélido, e você percebe que ele desapareceu. Isso lhe permitirá reagir com mais rapidez e diminuir as chances de piorar as coisas.

> **Exemplo**
>
> Depois de o conselheiro ter feito um comentário sobre a maneira como ela ficava puxando a manga, Molly perdeu a energia. Abaixou a cabeça e parecia desconfortável. O conselheiro disse: "Acho que você não gostou daquilo que eu acabei de dizer. Você sentiu como se eu estivesse lhe provocando?" Molly respondeu: "Estou só me sentindo burra", mas levantou os olhos como se estivesse ligeiramente surpresa de o conselheiro estar aparentemente "se culpando" e não a culpando. O conselheiro a convidou a dizer como ela tinha compreendido o comentário dele e ficou claro pela resposta de Molly que ela se sentiu criticada e humilhada. A seguir, o conselheiro disse: "Realmente posso ver como isso lhe pareceu. Acho que fui desajeitado. E fico triste de ver quanto você sofre quando acha que alguém está pensando que você cometeu um erro".

> Observação: Dessa maneira ele teve a esperança de conseguir quatro coisas. Primeiro ele assumiu a responsabilidade por sua própria contribuição para o desconforto de Molly, assim validando-a no relacionamento cocriado. Segundo, ele esclareceu o sentimento dela e mostrou empatia com ele. Terceiro, ele despertou a *awareness* de Molly para quão gravemente o erro cometido por ele podia afetar o autoapoio dela. Quarto, ele deu um exemplo de como aceitar seu próprio erro e continuar a se dar apoio.

Identifique o sentimento por aquilo que ele é

A natureza da vergonha é tal que o processo frequentemente não é percebido. O que é muitas vezes simplesmente uma ruptura em uma situação específica em um relacionamento é vista e experienciada como uma invalidação completa da pessoa inteira – *de quem ela é*. Uma confirmação de sua total inutilidade ou ruindade. Parte da tarefa terapêutica pode ser ajudar o cliente a identificar que ele está vivenciando um sentimento específico, às vezes chamado de vergonha, e que é apenas uma parte de quem ele é. Isso também explica que é um sentimento que pode ser tolerado, aceitado e compartilhado com outro ser humano. Como diz Kepner, esses sentimentos:

> Devem pelo menos ser percebidos e articulados para que eles passem a ser parte do contexto falado em vez de permanecerem no fundo inexprimível (1995: 42).

A cura então se encontra na conexão relacional.

Quando a vergonha ocorre em uma idade prematura, as crianças muitas vezes implicitamente acreditam que a palavra que lhes fez ficar envergonhados ditas por seus pais ("você é burro", "você é um peso para mim") e essas palavras passam a ser gestalts fixos que se transformam nas lentes pelas quais elas passam a ver as rupturas relacionais subsequentes.

Pode ser útil pedir ao cliente para identificar as palavras que ele diz a si próprio nessas situações e tentar suas sugestões de respostas mais compassivas ("você fez o melhor que podia") ou pedir-lhe que identifique o que teria dito a seu melhor amigo em uma situação semelhante.

Aceite a autopercepção do cliente como ponto de partida

Quando um cliente é extremamente crítico de si mesmo, uma tentação comum para o conselheiro é ir para a polaridade oposta e tentar convencer o cliente a sair de suas reações baseadas na vergonha – especialmente quando parece tão óbvio que eles estão errados. Tentar convencer um cliente de que ele não "é totalmente culpado", que certamente não "era a pessoa mais burra de sua família" ou não poderia ter sido "totalmente impossível de ser amado" pode por si só, renovar a vergonha, já que, na verdade, o conselheiro passa a ser mais uma pessoa que lhe está dizendo que ele está errado ou enganado.

> Culpar-se a si próprio tem o objetivo de frear o comportamento que será punido por outros (FISHER, 2013: 10).

Pode ser útil apoiar uma posição terapêutica de indiferença criativa, lembrar que a autocrítica ou culpar-se a si próprio servem uma função protetora e muitas vezes eram a melhor maneira de sobreviver em uma situação familiar perigosa.

Exemplo

Há muito tempo Ro sofria de um problema alimentar que ela mantinha em segredo. À medida que começou a confiar mais no terapeuta ela gradativamente revelou sua autoimagem aterradora, que ela era feia, gorda e burra. O terapeuta pode se manter criativamente indiferente e curioso, pedindo para ouvir mais sobre o detalhe e o grau dos atributos dela. Ro pareceu relaxar consideravelmente à medida que falava mais sobre como via a si mesma. Eventualmente ela fez uma pausa e disse que era a primeira vez que alguém simplesmente a ouvia sem tentar persuadi-la de que ela não era burra, gorda e feia. Sentiu-se aceita e aliviada de ser compreendida. Nas sessões subsequentes Ro relatou que ainda sentia algum alívio e que tinha começado a pensar que, embora ainda acreditasse em todos aquelas autoavaliações, elas já não a incomodavam tanto.

Reconheça a vergonha por trás de outras emoções

Parte da reação à vergonha, em vez de ser retraimento, pode ser raiva ou fúria com relação ao conselheiro. Embora isso seja mais difícil de suportar para alguns conselheiros, de algumas maneiras é uma reação mais saudável a uma ameaça percebida, pois naquele momento o cliente está se sentindo como se estivesse sob uma rejeição ou ataque hostis. Defesas comuns contra a vergonha podem ser:

- Zanga ou raiva do terapeuta pelo comentário ou intervenção que provocou a reação de vergonha.
- Desprezo: uma tentativa de realocar a vergonha no terapeuta.

• Inveja: a atenção se concentra não na "fraqueza" vergonhosa do cliente e sim na inveja do poder ou competência que, a seu ver, o terapeuta tem (e, algum meio de denegrir ou minar aquele poder).

O perigo para o conselheiro é provocar sua própria vergonha em reação à crítica ou raiva do cliente. Você precisa se apoiar e simplesmente se manter firme a fim de receber e suportar o ataque. Mantenha suas intervenções curtas e, sempre que possível, empáticas, demonstrando que você está sobrevivendo e não retaliando. Você então estará em uma situação melhor para falar com o cliente a fim de tentar fazer sentido daquilo que ocorreu e de sua própria parte na experiência cocriada. Tão importante como isso, ou talvez até mais importante, é que você terá dado um exemplo de vivenciar vergonha e ainda assim sobreviveu a essa experiência sem se retrair ou precisar retaliar.

Evite o desejo compreensível de reagir de forma defensiva ou de pedir desculpas, já que isso evita que o cliente tenha sua experiência e ganhe compreensão ou encontre uma resposta mais adaptativa. Em termos de um cliente que reage com raiva ou fúria, pode ser útil permitir que eles expressem seus sentimentos na direção de um outro que é resistente e está disponível: "Continue" em resposta a um ataque verbal, ou "Entendo isso, que outra coisa pode ser feita agora?" ou "O que é que você precisa de mim neste momento?" (CLEMMENS, 2008 [comunicação pessoal]).

Se o ataque é muito perigoso, é apropriado estabelecer um limite, tal como: "Acho muito difícil lhe ouvir quando você está gritando dessa maneira". Ou até "Vou sair da sala se você continuar a me ameaçar".

Encoraje a expressão de repulsa

Philippson (2004) sugere que a vergonha pode ser compreendida como uma repulsa retrofletida, uma reação a algo que lhe foi dado que não pode ser ejetado (por medo de abandono ou dano ao outro). A tarefa terapêutica é criar um ambiente em que o cliente possa reassumir sua capacidade de sentir repulsa e rejeição. Sugerimos que você leia o texto de Philippson para um relato detalhado de como trabalhar dessa maneira.

Trabalhe com o corpo

A vergonha muitas vezes pode levar a uma dessensibilização à *awareness* do corpo ou, no outro extremo, a uma enxurrada de sensações. A energia corporal se fecha ou protetoramente desmorona e o autoapoio somático se perde. Como dissemos no cap. 13, o apoio inicial mais útil é encorajar uma respiração regular, trazer a atenção de volta para a sensação corporal e encontrar uma maneira de estar atento, deixando que o contato com seu corpo seja um apoio fundamental para aquilo que está sendo vivenciado. É claro, é essencial para o conselheiro retornar para a sua própria *awareness* corporal nesses momentos. Um conselheiro bem-enraizado, incorporado, respirando regularmente, irá dar um exemplo e encorajar o autoapoio.

Com clientes mais resistentes, você pode trabalhar para modificar posturas corporais, adotando uma posição diferente na sala, expressando uma reação energética mais assertiva – ou experimentando com um exagero das reações físicas de se encolher e se expandir na situação que é percebida como vergonhosa.

Experimente estabelecer contato

Um forte desejo de se esconder acompanha muitas experiências de vergonha. Apoiar o cliente a resistir a isso e a se arriscar a estabelecer contato com outros, identificando seus medos e fantasias, pode contribuir muito para a cura. Isso pode ser especialmente útil quando o cliente experiencia você como causador da vergonha e você o encoraja ativamente a investigar a sua parte naquilo que estava ocorrendo (p. ex., pedindo que ele observe a expressão em seu rosto ou que identifique o que você está experienciando). O resultado é que o campo pode ser subitamente experienciado como sendo muito mais solidário do que o cliente imaginava. No entanto, é importante encontrar o nível correto de apoio. Essa é uma ocasião em que demasiado apoio pode ser tão prejudicial quanto apoio de menos. Tratar o cliente como se ele fosse feito de vidro pode voltar a fazer com que ele sinta vergonha implicando que ele é muito vulnerável. Idealmente, vocês irão normalizar a experiência juntos e ser capazes de ver a vergonha como apenas outro sentimento que pode ser confrontado e trabalhado.

Leitura recomendada

BRACH, T. (2003). *Radical Self-Acceptance*. Londres: Random House.

BROWN, B. (2010). *TED Talk on shame and vulnerability* [Disponível em www.brenebrown.com/about].

CARLSON, C. & KOLODNY, K. (2009). "Have we been missing something?" In: ULLMAN, D. & WHEELER, G. (orgs.). *Co-creating the field – Intention and Practice in the Age of Complexity*. Nova York: Routledge.

CAVICCHIA, C. (2012). "Shame in the coaching relationship". In: HAAN, E. & SILLS, C. (orgs.). *Coaching Relationships*. Londres: Libri.

GILLIE, M. (2000). "Shame and bulimia". *British Gestalt Journal*, 9 (2), p. 98-104.

GREENBERG, E. (2010). "Undoing the shame spiral". *British Gestalt Journal*, 19 (2), p. 46-51.

HEIBERG, T. (2005). "Shame and creative adjustment in a multi-cultural society". *British Gestalt Journal*, 14 (2), p. 118-127.

KEARNS, A. & DAINTRY, P. (2000). "Shame in the supervisory relationship". *British Gestalt Journal*, 9 (1), p. 28-38.

LEE, R.G. & WHEELER, G. (orgs.) (1996). *The Voice of Shame*. São Francisco, CA: Jossey-Bass/Gestalt Institute of Cleveland.

NEMIRINSKIY, O. (2006). "Dialogue and shame". *International Gestalt Journal*, 29 (2), p. 83-89.

PHILIPPSON, P. (2004). "The experience of shame". *International Gestalt Journal*, 27 (2), p. 85-96.

WHEELER, G. (2002). "Shame and belonging". *International Gestalt Journal*, 25 (2), p. 95-120.

_____. (1996). "Self and shame: A new paradigm for psychotherapy". In: LEE, R.G. & WHEELER, G. (orgs.). *The Voice of Shame*. São Francisco: Jossey Bass.

YONTEF, G. (1993). *Awareness, Dialogue and Process*: Essays on Gestalt Therapy. Highland, NY: Gestalt Journal [cf. cap. 15].

9
Experimentação

> *Convidam-na a atuar ou a fazer algo em vez de simplesmente falar sobre aquilo. Naquele processo de atuação, a "história" sobre o problema torna-se um evento presente.*
> KIM & DANIELS (2008: 198).

Um bom experimento surge naturalmente a partir do trabalho. Um tema inexplorado emerge, um impasse persistente se revela ou o cliente parece ser incapaz de ver opções diferentes para um problema. O terapeuta então oferece sua criatividade, imaginação e intuição para encontrar uma nova possibilidade para exploração.

A sequência do experimento

Experimentos podem ser subdivididos em uma série de estágios sobrepostos que podem ocorrer em qualquer ordem, mas normalmente seguem a mesma sequência:
- identificar a figura emergente;
- sugerir um experimento;
- classificar o experimento em termos de "risco" e desafio;
- desenvolver o experimento;
- completar o trabalho;
- assimilar e integrar o que foi aprendido.

Identificando a figura ou tema emergente

À medida que o cliente fala, você pode começar a ver um tema ou figura que emerge, especialmente um tema ou figura que parecem inacabados, problemáticos, repetitivos ou emperrados. O tema pode ser algo pequeno como a maneira como o cliente tensa seu corpo todas as vezes que fala sobre um tópico específico, ou uma certa queda de energia sempre que ele lembra uma pessoa específica. Ou pode ser uma história que sempre termina da mesma maneira.

> **Exemplo**
>
> Beverley estava falando sobre como nada nunca parece dar certo em sua vida. Sentia-se desanimada e impotente, como se não tivesse qualquer poder. Enquanto contava essa história ela se referia frequentemente a situações em que seu marido a criticava por algo que ela tinha feito e se encarregava de fazer aquilo ele próprio. Ela intercalava essas histórias com "Não há nada que eu possa fazer".
>
> Nesse estágio você pode perceber um tema surgindo – neste caso, o relacionamento insatisfatório de Beverley com seu marido no qual um exemplo ou camafeu específico exemplifica o problema geral. "Parece que seu marido está sempre lhe humilhando". Alternativamente, você pode ter uma reação, imagem ou fantasia forte. Por exemplo, pode haver uma imagem que você poderia compartilhar com ela: "Tenho essa imagem de você sendo empurrada para o lado como se você fosse impotente". Nesse caso você articulou para a cliente uma figura emergente. A reação dela em termos de uma energia ou interesse maior irá lhe mostrar o grau de precisão que você teve ao enfatizar ou revelar algo que tem importância e significado para ela.

Sugerindo o experimento

É difícil estabelecer diretrizes sobre quando é apropriado sugerir um experimento. Por um lado, um experimento pode libertar um processo interrompido ou introduzir o cliente a novas opções. Por outro, ele pode ser usado como um desvio do desconforto de "o que é" ao ir diretamente à ação, ou como uma maneira de ignorar uma questão no relacionamento entre o terapeuta e o cliente. A maioria dos gestaltistas parecem confiar sua intuição nesse ponto, sua sensação de que alguma outra coisa é necessária, algum tipo de novo insumo de sua energia. Com frequência um simples experimento para expandir a *awareness* (tais como o tipo de intervenção que descrevemos nos cap. 2 e 3) é bastante para mudar a energia do cliente de tal forma que ele naturalmente se desloca para novas formas de estar com ele mesmo ou no mundo. No entanto, as vezes o cliente continua empacado. Apesar de saber que há algo que ele quer para ser diferente, ele não consegue ver uma nova possibilidade ou está muito nervoso para tentar.

A fim de fazer essa mudança, o cliente precisa enfrentar a possível ansiedade de explorações novas e incertas. Na opinião de Perls et al. (1989 [1951]) a terapia é uma "emergência segura" em que o cliente tem apoio e segurança suficientes para enfrentar o risco de mudar. O primeiro passo é negociar se o cliente está preparado para tentar algo novo. Quando você está oferecendo um experimento pela primeira vez, é uma boa ideia fazer um contrato verbal explícito. Por exemplo:

> Seu relacionamento com seu marido parece muito importante e difícil para você. Tenho uma sugestão a fazer sobre como você poderia compreender isso de uma maneira nova. Isso pode envolver que eu lhe peça para tentar imaginar ou atuar algo que você não experimentou antes. Você está interessada em explorar isso?

É vital que o cliente saiba que ele pode recusar sua sugestão. Um experimento conduzido por um cliente que está se adaptando a seu conselheiro não só está destinado ao fracasso, ele se arrisca a repetir e reforçar antigos gestalts estabelecidos e padrões autolimitantes. O poder do cliente de recusar deve ser declarado explicitamente, como na seguinte frase: "Não há problema se você disser não". Isso deve ser combinado com uma atenção cuidadosa aos sinais corporais e outros sinais de adaptação, tais como uma concordância muito rápida. Isso não é o mesmo que dizer que o cliente precisa estar se sentindo *totalmente* envolvido: no entanto sua ansiedade deve ser claramente equilibrada por sua energia e interesse (cf. "Estabelecendo níveis" a seguir).

Com clientes que já têm mais experiência e já estão familiarizados com experimentos, provavelmente faríamos apenas um contrato implícito, dizendo, "Tenho uma sugestão – você está interessado?" ou "Você quer fazer um experimento com isso?" Apesar dessa abordagem mais casual, ainda é importante que o cliente realmente compreenda que ele tem uma escolha e pode recusar (mesmo quando nós estamos muito entusiasmados com nossa ideia brilhante para o experimento!).

Estabelecendo níveis

O próximo passo é descobrir a quantidade de desafio que será mais produtiva. O que é difícil para um cliente pode ser fácil para outro. A tarefa é encontrar o nível de risco que irá criar a emergência segura, aquela em que o cliente se sente em seu limite máximo, mas ainda assim com competência suficiente. Muito risco e o cliente se sentirá devastado ou inadequado, pouco risco e o cliente não aprenderá nada. Cada cliente terá uma sensibilidade diferente ou um limiar para riscos. Também atividades diferentes serão desafiadoras para pessoas diferentes. Alguns clientes acharão que é muito difícil se deslocar fisicamente, por exemplo, sair da cadeira, enquanto outros acharão que é mais difícil expressar emoções ou falar em uma voz mais alta. É muito fácil induzir a vergonha em alguns clientes e o terapeuta precisa estar muito consciente nesses momentos. Até mesmo a sugestão inicial "Eu gostaria de sugerir um experimento para explorar essa dificuldade", pode produzir um mal-estar pouco produtivo ou até vergonha. A reação do cliente, tanto verbal quanto corporal, a sua sugestão inicial, lhe dará alguma indicação daquilo que, segundo a percepção dele, pode ser arriscado.

> Você estaria preparada para praticar como você poderia conversar com seu marido sobre suas críticas? Você poderia imaginá-lo nesta sala conosco agora sentado naquela cadeira ali do outro lado? Beverley pareceu nervosa com essa sugestão, mas disse: "Acho que posso fazer isso. Estou com medo, mas estou preparada para fazer uma tentativa".

Se Beverley tivesse achado que essa sugestão era muito difícil, poderíamos ter negociado um experimento alternativo com um processo semelhante. Por exemplo, poderíamos ter pedido que ela se lembrasse de um episódio real em que ele a tinha criticado e depois se imaginasse falando com ele naquela lembrança. À medida que o experimento avança, você precisa monitorar quão estressada ou questionada a cliente se sente e estar preparado para reduzir ou aumentar o nível do risco, com maior ou menor intensidade dependendo da mudança do autoapoio da cliente. (Para aumentar o apoio cf. tb. cap. 18.)

Há várias maneiras pelas quais você pode ajustar o nível de risco quando faz a sugestão – a partir do menor desafio possível que seria, digamos, pensar ou falar sobre uma nova maneira de se comportar, até pôr em prática aquele desafio fora do consultório. Por exemplo, os seguintes experimentos estão relacionados em uma ordem de desafio crescente para Beverley:

- Falar sobre como ela poderia agir de uma maneira diferente na situação.
- Visualizar o experimento ocorrendo em sua imaginação.
- Descrever para o terapeuta em voz alta como ela imagina atuar de uma maneira diferente.
- Experimentalmente praticar o comportamento no consultório.
- Incorporar completamente aquilo que emerge no experimento.

- Praticar o novo comportamento com seu marido entre as sessões.

À medida que o experimento avança, há várias maneiras pelas quais você pode ajustar o nível do risco:

- Pedir a ela que pare por um momento e respire.
- Sugerir que ela pause e faça uma avaliação do que está experienciando.
- Lembrar a ela que você está lá como um apoio para ajudá-la.
- Sugerir que ela se levante para se sentir que seu corpo está mais "enraizado" e com mais recursos.
- Mudar a situação. Por exemplo, você poderia dizer "Quero que você imagine que seu marido não pode falar por enquanto e apenas tem de ouvir aquilo que você tem a dizer" (ou "que há uma forte parede de vidro que lhe protege").
- Sugira que ela imagine alguém que lhe dê apoio – "Você pode imaginar que alguém que você conhece e é emocionalmente forte está a seu lado?"

Desenvolvendo o experimento

Um experimento se inicia com uma simples figura, imagem ou tema. À medida que ele for se desenvolvendo irá tomando mais forma e mais estrutura. É nessa fase que você pode usar toda sua criatividade. Quando você está com um cliente que tem muito poucos recursos ou é impotente, inicialmente é possível que seja preciso ter uma ideia daquilo que seria uma direção que levaria ao crescimento, por exemplo, usar uma voz mais forte, sentar-se de uma maneira diferente, assumir o poder apropriado e depois fazer sugestões naquela direção. Idealmente, no entanto, você reage empática e intuitivamente a seu cliente à medida que o experimento se desenrola, mas está pronto para oferecer sugestões onde seja apropriado estando disposto a abandonar uma direção e adotar outra segundo o movimento do cliente que você observa. Use técnicas de observação, imaginação e sua própria contratransferência (além do retorno dado pelo cliente) ao avaliar a direção do trabalho e aferir o nível de seu próprio envolvimento.

A regra básica de um modo geral é que você deve transmitir uma atitude não crítica com relação ao experimento e evitar estar investido em qualquer direção específica. Esteja preparado para parar, mudar de direção ou dar marcha à ré; não há nenhum resultado *certo*. Isso é exatamente aquilo que diz ser – um *experimento* para ver o que surgirá. Você está oferecendo ao cliente a oportunidade de *brincar com* uma maneira de ser diferente ou de *tentar* essa nova maneira e não de tentar atingir algum resultado específico.

Idealmente, como já dissemos, o experimento será cocriado pelo conselheiro e pelo cliente. Ele não assumirá uma forma predeterminada. No entanto, incluímos aqui uma lista de ideias que podem estimular sua própria imaginação. Todas elas são veículos para um experimento. Alguns clientes acharão que é mais fácil experimentar com a visualização, outros com a consciência cinestésica ou auditiva, outros com ações. Leve em consideração (e pergunte) quais modalidades estão disponíveis ao cliente. "Você consegue visualizar as pessoas facilmente? Você pode perceber a energia ou as emoções em seu corpo?" E assim por diante.

Entre uma enorme variedade de possibilidades, há algumas categorias gerais de experimentos.

Permanecendo no impasse

Sugerir que o cliente não faça nada também pode ser um experimento frutífero. Normalmente os clientes tentarão evitar enfrentar o local da dificuldade por vários meios (p. ex., desviando ou mudando de assunto). Sugerir que o cliente permaneça com sua experiência de se sentir empacado ou impotente pode ser bastante profundo (cf. cap. 3, em que discutimos o princípio paradoxal de mudança). Lembre-se do axioma: "Não faça apenas alguma coisa, fique aí sentado!"

Amplificação e moderação

Uma técnica eficiente para expandir a *awareness* é convidar o cliente a exagerar a maneira *como* estão se comportando. O raciocínio por trás disso é que nossa experiência interior muitas vezes se mostra em nossa linguagem corporal e em nosso comportamento. Assim um gesto ocasional tal como um franzimento das sobrancelhas ou um sorriso, um levantar de ombros ou um dedo apontado, se for observado, exagerado ou atuado pode ser um indicador poderoso daquilo que está à margem da experiência do cliente. Igualmente o uso casual de uma expressão verbal ou de um tom de voz específico pode revelar sentimentos que a pessoa pode estar rejeitando ou ignorando.

Como descrevemos mais detalhadamente no cap. 13, pode ser útil pedir ao cliente que pause e realmente preste atenção ao que ele sentiu sobre aquele pequeno movimento de sua mão, permitindo tempo e interesse para observar onde a energia ou a intenção do movimento pode levar.

> Se você ficar um pouco mais de tempo com aquele pequeno gesto, você tem alguma sensação daquilo que você quer que ocorra depois?

Alternativamente, você pode descobrir que, longe de necessitar amplificar a energia em sua comunicação seu cliente evita sua experiência com o uso de exagero ou velocidade. Ir muito rápido quando transmite alguma coisa e usar uma linguagem extrema podem ser meios de parecermos ser bastante expressivos ao mesmo tempo em que permanecemos fora de sintonia com nossos verdadeiros sentimentos e pensamentos. Um cliente disse que ele se sentiu tão confuso que "minha cabeça estava literalmente rodando. Eu simplesmente não podia suportar aquilo. Pensei que fosse explodir". Um experimento lhe foi oferecido para que respirasse de forma regular e se concentrasse na tensão em seu corpo. À medida que ele se acalmou, começou a chorar. "Eu realmente estava com medo", disse ele "e estava zangado".

Direcionando ou expandindo a *awareness*

Peça ao cliente para se concentrar na experiência interna, nas várias posições corporais, observando sensações no corpo ou sentimentos, prestando atenção naquilo que está pensando, aumentando a *awareness* da tensão ou do relaxamento. Todas essas coisas aumentam a *awareness* do processo físico e convidam o cliente a perceber como seus pensamentos e sentimentos são manifestados em seu corpo. Encorajá-lo a examinar suas experiências internas e a mencioná-las em voz alta também expande a *awareness*.

Visualizações guiadas

Peça ao cliente que feche os olhos e explore (com a orientação do conselheiro) alguma cena do passado que ele possa modificar em sua imaginação ou algum futuro potencial para ele próprio. O cliente deve imaginar isso com o maior número possível de detalhes, usando todos seus os sentidos.

Usando materiais artísticos

Peça ao cliente para representar seu mundo interno ou externo usando lápis de cor, tinta, plasticina etc. Normalmente isso é realizado em uma única folha de papel grande que fornece o recipiente e os limites para o experimento.

Usando outras formas de expressão

Use música, a voz, a dança, o som de tambores, fotos, escrever cartas – envolva todos os canais de autoexpressão de seu cliente.

Invertendo a reação habitual (ou inventando uma nova reação)

Quando o cliente apresenta uma situação em que ele está empacado, veja se você pode identificar uma qualidade ou atitude central tal como a teimosia, a culpa ou o perfeccionismo. Depois imagine sobre que contínuo essa qualidade poderia estar localizada. Por exemplo, qual seria o oposto dessa qualidade – o outro extremo dessa polaridade? Ou essa qualidade está no meio de dois extremos possíveis? O cliente está se restringindo a apenas uma posição nesse contínuo? Isso pode lhe levar a sugestões para ampliar seu repertório de reações. Com efeito, as opções são: faça o oposto, faça mais, faça menos.

A essa altura, iremos expandir um dos métodos mais amplamente usados nos experimentos gestálticos: a "cadeira vazia" (ou "o trabalho com duas cadeiras").

A cadeira vazia

Essa é uma forma de amplificar aquilo que está à margem da *awareness*, de explorar polaridades, projeções e introjetos. Ela oferece uma voz para a experiência do cliente e é uma maneira de reconhecer e reassumir a responsabilidade por qualidades alienadas. A cadeira vazia também é excelente para explorar a dinâmica interpessoal e "experimentar" um novo comportamento. Como essa é uma técnica muito usada, vamos explorá-la em detalhe.

O experimento com "a cadeira vazia" envolve, como o nome sugere, o uso de uma ou mais cadeiras no consultório – aquelas que não são normalmente usadas nem pelo terapeuta nem pelo cliente. Uma forma muito simples da cadeira vazia é convidar o cliente a imaginar alguém em sua vida atual ou histórica sentado naquela cadeira. Ele então fala com ele ou com ela, sem censurar suas palavras. Esse é um experimento particularmente proveitoso porque dá um acesso direto, no consultório, a situações cocriadas fora dele.

É uma boa maneira de trazer à tona todos os aspectos de uma situação e trazê-los para a *awareness*. Ele também tem o efeito de tornar a experiência mais imediata. A cadeira vazia pode ser usada para dar uma voz a todas as partes diferentes.

A cadeira vazia também é a maneira tradicional de explorar e amplificar o impasse em um conflito do tipo "dominador-dominado" (uma metáfora para a luta interna entre um aspecto controlador e um aspecto subjugado de uma pessoa). Os "deves" e "tem de" do dominador são expressos a partir de uma cadeira e os desejos e necessidades do dominado são falados a partir da outra. Com o apoio do terapeuta o "tímido" dominado é encorajado a assumir seu poder e a reagir à intimidação do dominador introjetado. Um resultado proveitoso é uma suavização mútua das duas posições – cada uma delas reconhecendo a utilidade da outra. Elas são, na verdade, dois aspectos da mesma pessoa e ambas têm um objetivo e um significado. Dessa maneira, o cliente pode descobrir, assumir e reconciliar partes conflitantes de sua experiência.

Com esse tipo de experimento, o cliente é capaz de ter um diálogo com qualidades ou partes diferentes dele próprio. É usado com frequência para explorar polaridades. Por exemplo, podemos pedir a um cliente que é habitualmente bondoso com todo o mundo e se sente exausto, que imagine uma parte cruel de si mesmo, imagine-a na cadeira oposta a ele, e a envolva em um diálogo. O cliente pode também explorar seu diálogo interno, ouvir e dar voz às "partes" diferentes de si mesmo, talvez argumentos ou conflitos – muitas vezes mudando de cadeira a fim de fazê-lo. Em suma, essas atuações são úteis para completar gestalts (expressar sentimentos e pensamentos velados), clarificar crenças básicas ou introjetos, assumir aspectos não assumidos do *self* e praticar novos comportamentos.

Preparando o cenário para a atuação

No começo da terapia, quando o cliente não está familiarizado com esse tipo de trabalho imaginativo, é especialmente importante passar algum tempo preparando o cenário e envolvendo a energia do cliente e seu interesse no experimento. De qualquer forma, quando organizamos um experimento, por exemplo, um desempenho de papel que envolve falar com outra pessoa, permita ao cliente que escolha o maior número possível das imagens a serem usadas. Pode-se imaginar que a outra pessoa ou parte está sentada em algum lugar ou apenas de pé em um espaço vazio no consultório.

Uma indução típica pode ser a seguinte:

> Se você fosse imaginar seu marido nesta sala, onde ele estaria? Ele estaria de pé ou sentado? A que distância de você ele estaria? (Observação: isso ajuda a criar um cenário que é "realista" – o marido distante e pouco carinhoso, por exemplo, nunca estaria sentado em um íntimo grupo de três com sua esposa e o terapeuta. No melhor dos casos, ele estaria sentado em um canto distante da sala, com o rosto meio virado, lendo um jornal. Isso também permite a cliente perceber imediatamente o nível de risco com uma pessoa a quem ela pode considerar ameaçadora.)
>
> "Agora feche os olhos e imagine que roupa ele está usando, a expressão em seu rosto, a maneira como ele está sentado ou de pé." (Observação: isso pode acessar o aspecto mais importante para a cliente com relação a essa pessoa.) "Lentamente abra os olhos e olhe para ele. O que é que a sensação corporal que você sente está lhe dizendo? Que emoções você está sentindo? Há alguma coisa que você queira lhe dizer? (Observação: nesse momento você muitas vezes perceberá a dificuldade que a cliente tem nessa situação. Por exemplo, "Ele está me criticando" ou "Não consigo olhar para o rosto dele".

É possível que agora você precise recontratar e reclassificar o experimento. "Você está interessada em descobrir uma maneira de encarar seu marido sem desmoronar?... Que risco você correria se lhe dissesse que parasse?" A técnica da cadeira vazia é fácil de graduar a partir de uma exploração muito simples do aqui e agora até uma exploração complexa e ativa das partes do eu. Por exemplo, com nossa cliente Beverley, o terapeuta poderia dizer:

Terapeuta: Se ele estivesse aqui agora, o que é que você gostaria de lhe dizer, se você não tivesse de ter cuidado com o que dissesse?
Beverley: Eu lhe diria que estou totalmente cheia de suas críticas constantes. (Isso pode ser o bastante e terapeuta e cliente poderiam continuar a falar sobre a dificuldade da cliente com o marido, explorando seus sentimentos no aqui e agora.) Um grau de risco um pouco mais alto poderia ser:
T.: Então imagine que ele está aqui agora – Você estaria disposta a dizer isso diretamente para ele?
B. Er... Estaria. Você quer dizer...?
T.: Às vezes pode ser útil trazer os conflitos bem para esta sala aqui.

B.: Ok. Entendo.

T.: Se ele estivesse na sala conosco agora, onde você imagina que ele estaria?

B.: Oh, isso é fácil – atrás daquela mesa –, só que a mesa seria muito maior e a cadeira dele estaria mais alta do que a minha.

T.: Continue imaginando ele sentado ali naquela mesa. – Qual é a aparência dele? [E assim por diante]... O que é que você quer dizer?

B.: Você não é meu dono [ela grita]. Quem você pensa que é? Quem você pensa que eu sou?

T.: Diga a ele quem você é Beverley.

B.: Eu sou... Eu sou Beverley... Eu sou Beverley... Não sou... [Beverley interrompe e se volta para o terapeuta]. Eu estava a ponto de dizer "Não sou sua garotinha favorita". Acabo de perceber algo. Você sabe quem ele me lembra?

T.: (de uma maneira insincera) Quem?

Neste exemplo a cadeira vazia foi usada para expandir a *awareness* de Beverley e fazê-la perceber como ela colocava o rosto de seu padrasto em seu companheiro, que era um tanto controlador e sufocante. (Ela então percebeu também como isso dificultava qualquer reação a seu marido.)

Poderíamos também ter simplesmente sugerido que ela olhasse para seu marido e percebesse se ela própria estava tensa ou contraída. Poderíamos tê-la encorajado a se sentar de uma maneira diferente, examinar o que estava sentindo, ver que mensagens estava dizendo a si própria ou ver se podia entrar em contato com sua energia corajosa. Ainda outra maneira seria trocar as cadeiras de posição e falar a partir da outra posição ou adotar a polaridade oposta, exagerando sua posição submissa e impotente.

Não esqueça de incluir em seu repertório toda a área do relacionamento terapeuta-cliente. Convide seu cliente a explorar o relacionamento com você. Por exemplo: "Há alguma coisa que você evitou me dizer?" "Talvez haja algo que não lhe agradou naquilo que acabei de dizer ou fazer?" ou "Você poderia imaginar estar zangada comigo?"

Advertências

Quando surge a oportunidade para o trabalho com a cadeira vazia (ou na verdade qualquer experimento dessa natureza) o terapeuta tem uma escolha significativa a fazer. Será que o cliente irá se beneficiar mais envolvendo-se em um diálogo com partes dele mesmo ou será que o contato do aqui e agora com o conselheiro no consultório será mais terapêutico? Clientes que estabelecem contato facilmente com outras pessoas muitas vezes se beneficiam de explorar o contato com aspectos de seus eus na presença empática do terapeuta.

À medida que o cliente fala sobre um dilema ou sobre uma pessoa com quem ele está tendo dificuldades, pode ficar claro que a energia para aquela figura está crescendo e se aprofundando de tal forma que é possível sentir subitamente como se houvesse uma terceira pessoa na sala. A mudança para dialogar com aquela terceira pessoa ou parte do *self* é uma mudança natural. Há clientes, no entanto, para quem estabelecer um contato verdadeiro com outro ser humano é essencial (p. ex. aqueles que estão isolados socialmente ou que são muito retraídos). Na verdade, pode ser o ponto crucial da cura. Para esses indivíduos, um diálogo com eles próprios pode ser mais uma forma de evitar o contato com o "outro verdadeiro". O experimento pode então rapidamente começar a parecer vazio e desinteressante. O terapeuta pode sentir como se sua presença seja necessária apenas como público ou ele pode até se sentir irrelevante. Em situações como essas, é possível ajudar o cliente a estar em contato consigo mesmo de uma maneira mais verdadeira, ficando em contato com o terapeuta, contando-lhe sua história, tentando lhe transmitir sua experiência, percebendo e sentindo sua reação, respondendo àquela reação... e assim por diante.

Há outra advertência que gostaríamos de mencionar antes de ir explorar as muitas opções de experimentos. Se o autoprocesso de seu cliente é muito frágil (p. ex., ele tem uma tendência para processos fragmentadores, limítrofes ou dissociativos) é uma boa regra prática evitar o diálogo das duas cadeiras com partes diferentes do *self*. Esses clientes precisam que a estabilidade do relacionamento terapêutico atue como um limite ou um recipiente para o trabalho. Se eles se afundarem em um conflito interno, as polaridades provavelmente serão muito extremas e a possibilidade de integração diminui em vez de aumentar. Diálogos com cadeiras vazias com esses clientes devem inicialmente ser limitadas à exploração no aqui e agora de uma interação com a pessoa real em suas vidas, em que o objetivo é praticar novas formas de se comunicar ou melhores estratégias de autogerenciamento.

A experimentação é o território na Gestalt-terapia em que o profissional mais experiente pode decidir se arriscar a ultrapassar os limites normalmente seguros da terapia. Há muitos exemplos na literatura de terapeutas que oferecem experimentos incomuns tais como fazer caminhadas, visitar os clientes em sua casa, cozinhar com eles, encontrar-se em cafeterias, conhecer sua mãe, jogar jogos com eles – a lista é infinita. Embora, como uma posição básica, possamos errar no lado dos limites seguros, também gostamos de apoiar o espírito anárquico "que ultrapassa limites" da prática Gestalt. No entanto, se você souber que um experimento potencial pode ser considerado muito "arriscado" por seus colegas, é melhor discuti-lo primeiramente com seu supervisor.

Lembre-se de que experimentos podem ir desde a simples direção da *awareness* – por exemplo "preste atenção em sua respiração" – até um desempenho de papéis complexo, que envolve várias figuras históricas. Nos primeiros estágios, o terapeuta será mais ativo, encorajando, sugerindo e colocando sua própria energia na atividade. Em um sentido muito real, qualquer intervenção que o terapeuta faça na terapia é um experimento de algum tipo. Pode ser útil perguntar-se: "O que está faltando nessa situação? E se eu mudasse um elemento? O que faria uma diferença significativa? Há alguma qualidade que o cliente nunca expressa que faria uma grande diferença aqui?"

No entanto, se o experimento for bem-elaborado, o cliente irá gradativamente assumi-lo e começar a fazer seus próprios ajustes à direção do experimento. "Não, há algo mais que eu preciso dizer para ele" ou "Acabo de perceber algo que eu nunca soube antes." O terapeuta então percebe um aumento na energia sustentada, quando o experimento parece adquirir vida própria. Embora o terapeuta tenha uma ideia daquilo que pode ser um resultado benéfico, ele se esforça para ter apenas metas *processuais*, por exemplo, que o cliente venha a expressar uma emoção apropriada, sinta-se mais apoiado, complete alguma situação inacabada, sinta-se satisfeito, assuma a responsabilidade por partes alienadas. O terapeuta não tem um final ou resultado específico em mente, não tem quaisquer metas de *conteúdo*. Isso deve estar inteiramente nas mãos do cliente. Para enfatizar o que dissemos antes, o terapeuta precisa nutrir a atitude de indiferença criativa em que qualquer coisa é possível e não existem resultados certos ou errados.

Completando o trabalho

Haverá momentos (p. ex., no desempenho de papéis) em que o cliente subitamente sai do papel que está desempenhando e parece ter cessado o experimento. É possível que você precise verbalizar o que ocorreu nesse momento: "Você parece ter saído do papel/interrompido o processo", e verificar se ele quer uma pausa, terminar ou ir em uma direção diferente. No entanto, normalmente haverá um ponto em que o cliente mostra sinais de fechamento. Pode ser quando ele sai do papel, volta-se para você para refletir sobre o que ocorreu, obtém um *insight* súbito, ou quando a mudança de sua energia mostra que ele se deslocou para um lugar diferente.

Para o terapeuta, é muito fácil a essa altura do experimento, ser seduzido por sua própria visão de uma conclusão apropriada e encorajar o cliente a continuar o experimento. Às vezes é preciso muita disciplina para manter o princípio de indiferença criativa e permitir que o cliente chegue a seja lá qual for o fim que ele escolha.

À luz disso, é impossível dizer: "Aqui é o momento certo para parar"; só é possível dizer que um novo local interessante foi alcançado. No entanto, é sempre prudente terminar o experimento pelo menos dez minutos antes do fim da sessão, para dar um tempo para restabelecer a conexão com o cliente, fazer um *debriefing* e se preparar para deixar a sessão. Isso pode ser simplesmente um lembrete ao cliente de que ele deve parar logo, porque a sessão está quase terminando, ou pode precisar de uma solicitação mais ativa, dizendo, por exemplo, que o experimento está suspenso temporariamente até a próxima vez. O conselheiro precisará ser sensível e criativo para encontrar maneiras de ajudar o cliente a pôr um ponto-final no experimento e retornar para o relacionamento presente.

Exemplo

Beverley estava atuando um argumento esquentado com seu marido imaginário e estava tremendo de emoção. O conselheiro percebeu que só faltavam quinze minutos para o término da sessão e decidiu interrompê-la. Ele disse a Beverley que a sessão estava chegando ao fim e que ela precisava encontrar uma maneira de terminar esse confronto por enquanto. Sugeriu, então, que ela dissesse ao marido que estava dando uma pausa por agora, mas que não tinha terminado com ele e voltaria. Ela imaginou enviando-o para um lugar seguro em que ele iria esperar até que ela o chamasse novamente. O conselheiro então pediu a Beverley para se concentrar em sua respiração, prestar atenção a suas funções de contato, reorientar-se para a sala e para a presença do conselheiro e verificar se precisava fazer algo mais para deixar o experimento. Como ela ainda estava tremendo, ele a fez passar por uma rotina tranquilizante antes de ir embora (cf. o cap. 18 sobre recorrer a exemplos).

Assimilando e integrando o que foi aprendido

Após o experimento ter chegado a seu final, é importante reservar algum tempo para um período de assimilação e integração no qual muitas vezes o aprendizado mais importante ocorre. Aqui o cliente pode discutir e fazer sentido do significado daquilo que ocorreu tanto cognitivamente quanto em termos das implicações daquilo para sua vida como um todo. Esse momento pode também ser um momento profundo em que ele percebe como grande parte de seu sistema de crenças limitou suas escolhas e possibilidades. Pode ser necessário planejar com o cliente como introduzir esse novo aprendizado em sua vida. Aqui é que a interdependência entre recursos individuais e ambientais passa a ser crucial. Os novos *insights*, a consciência e as escolhas ampliadas irão provavelmente precisar de algum tempo antes de se integrarem plenamente. Às vezes o cliente conseguirá uma experiência óbvia do tipo "aha!", em que ele subitamente percebe a possibilidade de uma maneira diferente de se comportar. Em outras, o experimento será o primeiro passo em uma exploração ou uma finalização de um gestalt ou de uma dificuldade maior.

Exemplo

Depois de Beverley ter expressado sua raiva, encontrado um autoapoio melhor e sido capaz de enfrentar a imagem de seu marido, ela percebeu que sempre tinha evitado conflito com seu padrasto. Isso levou a uma nova fase em sua terapia em que ela começou a explorar as raízes históricas de suas dificuldades atuais. Beverley tomou uma decisão de se comportar de uma maneira diferente fora do consultório e de confrontar seu padrasto sobre o tratamento condescendente com o qual ele a tratava no passado.

Se o cliente interromper o experimento na metade, subitamente voltando ao momento presente, ainda assim é importante fazer uma avaliação. O conselheiro deve verbalizar que o experimento cessou por enquanto e convidar o cliente a estar consciente daquilo que precipitou a interrupção, que significância aquilo pode ter e o que precisaria acontecer a essa altura para que ele se sentisse suficientemente pronto.

Às vezes, após um experimento potente, é apropriado permitir que o trabalho se acomode durante a semana e discutir o que foi aprendido na sessão seguinte. Tenha cuidado para não esquecer esse trabalho vital de assimilação já que ele faz toda a diferença entre um simples desabafo emocional e um reaprendizado profundo.

Leitura recomendada

BROWNELL, P. (org.). *Handbook for Theory, Research and Practice in Gestalt Therapy*. Newcastle: Cambridge Scholars [cf. cap. 10].

PERLS, F.S. (1975). *Legacy from Fritz*. Palo Alto, CA: Science and Behaviour Books [cf. cap. 2].

POLSTER, E. & POLSTER, M. (1973). *Gestalt Therapy Integrated*. Nova York: Vintage [cf. cap. 9].

ROUBAL, J. (2009). "Experiment: A creative phenomenon of the field". *Gestalt Review*, 13 (3), p. 263-276.

SILLS, C.; LAPWORTH, P. & DESMOND, D. (2012). *An Introduction to Gestalt*. Londres: Sage [cf. cap. 12].

SPAGNUOLO LOBB, M. & AMENDT-LYON, N. (2003). *Creative Licence – the Art of Gestalt Therapy*. Viena: Springer-Verlag.

ZINKER, J. (1977). *The Creative Process in Gestalt Therapy*. Nova York: Random House.

10
Estilos de contato: moderações ao contato e polaridades

Uma vida saudável envolve o uso de uma variedade de reações – escolhidas e apropriadas para se adequarem às necessidades do momento. Às vezes, no entanto, os clientes reagem de maneiras rígidas e estabelecidas ou parecem estar empacados em uma situação específica. Estão usando e reusando padrões ou hábitos relacionais antigos que em um determinado momento foram as únicas formas de conseguir que suas necessidades fossem satisfeitas e que foram também a melhor estratégia para administrar uma situação difícil.

O terapeuta gestáltico acredita que parte da saúde psicológica é ter relacionamentos que sejam criativos, flexíveis, satisfatórios e contribuam para o crescimento. Isso significa adaptar-se a cada situação nova e encontrar a melhor maneira de se relacionar naquele momento. É claro que esse processo é sempre *cocriado*, pois estamos sempre reagindo e sendo influenciados por cada situação única em uma dança cocriada de influência mútua.

Idealmente, esse processo de interação mútua é permanente e continuamente revisto ou alterado à medida que as condições do campo mudam. É fácil compreender esse processo de ajuste contínuo se considerarmos a criança em crescimento. Quando bebê, a expressão natural de dor é chorar e depois esperar (e ansiar) por atenção (aumentando o nível de choro exigente à medida que o tempo vai passando). Em uma fase posterior, a adaptação criativa pode ser buscar um amigo e pedir consolo, expressando a dor em palavras.

Quando necessidades específicas são permanentes e repetitivas, a criança inevitavelmente aprende formas de satisfazer e administrar essas necessidades, maneiras que são "suficientemente bem-sucedidas" e que normalmente passam a ser padrões familiares de reação. Isso é necessário e normal. No entanto, os problemas surgem quando a reação habitual não é atualizada para condições de campo novas ou modificadas. Isso pode ser específico a uma situação ou pode se tornar um estilo geral de contato para uma variedade de situações (normalmente de forma não percebida), que pode permear todos os aspectos da maneira que a pessoa tem de se relacionar no mundo. A pessoa então não está livre para fazer novas escolhas ou ajustes e repete a mesma reação relacional que em um determinado momento lhe foi útil (ou que pelo menos lhe pareceu útil naquele momento). Ela transfere uma maneira antiga de ser para o presente (semelhante ao processo de transferência que descrevemos no cap. 12). Isso pode ser observado em uma criança que sofreu abuso que então, como adulto, evita relacionamentos íntimos; ou em clientes que sempre reagem ao estresse comendo ou bebendo em excesso.

Nos primeiros dias da terapia gestáltica, os profissionais começaram a perceber que havia certos padrões comumente recorrentes de interrupção energética na maneira como seus clientes reagiam ou estabeleciam contato. A esses padrões eles deram os nomes de retroflexão, confluência, dessensibilização, introjetos, projeção, egotismo (PERLS, 1947; PERLS et al., 1989 [1951]) e deflexão (POLSTER & POLSTER, 1973). Conhecidos coletivamente como "interrupções ao contato" eles descrevem adaptações criativas aos desafios de estar no mundo: a administração de impulsos emocionais; a satisfação de necessidades; a regulamentação de ligação e separação; as danças de poder e intimidade que surgem quando estamos em relacionamento com outros. Eles descrevem como cada pessoa formou padrões regulatórios ou relacionais úteis, ou não tão úteis, em todas essas áreas. Uma pessoa saudável foi considerada aquela que é capaz de variar sua reação de acordo com a necessidade de cada situação nova.

Essas sete "interrupções" mais tarde foram chamadas de "modificações" para deixar claro que embora "interromper" implica que o contato relacional foi terminado unilateralmente, é claro, um tipo de relacionamento ainda continua – pois na verdade, não podemos *não* nos relacionar. O novo nome, "modificações" reconhece que mesmo estar silencioso e retraído tem uma implicação relacional. O conceito foi retrabalhado muitas vezes com o passar dos anos por muitos autores gestálticos (ex.: SWANSON, 1988; WHEELER, 1991; MacKEWN, 1997; JOYCE & SILLS, 2001, 2010; GAFFNEY, 2009; CLARKSON & CAVICCHIA, 2013).

Em 2011, nós oferecemos nossa própria perspectiva das modificações que reproduzimos no Quadro 10.1. Descrevemos as sete modificações normalmente identificadas que ocupam um extremo do contínuo potencial, cada uma com seu polo oposto e uma enorme variedade de "tons" entre elas como as cores em um catálogo de tintas. Às vezes, qualquer posição no contínuo seria apropriada (p. ex., a confluência entre uma mãe e um bebê recém-nascido); e, em outras, a mesma posição seria desnecessariamente rígida e inapropriada (ex.: confluência em relacionamentos de dependência mútua). É preciso enfatizar, é claro, que o cliente é o juiz final daquilo que é apropriado para ele em sua situação específica.

Quadro 10.1

Modificações de energia e estímulo

Retroflexão	Impulsividade
Deflexão	Aceitação
Dessensibilização	Sensibilização exagerada

Modificações de contato interpessoal

Confluência	Diferenciação
Introjeção	Rejeição

Modificações do autoprocesso

Automonitoramento	Espontaneidade
Projeção	Assumir a responsabilidade

No entanto, mudamos um tanto de ideia desde a última edição. Ainda acreditamos que pode ser muito útil manter a ideia de polaridades. Igualmente, é importante reconhecer o impacto do relacionamento em nossos estilos de contato, como com pessoas diferentes iremos adotar posições diferentes do contínuo. Encontramo-nos voltando para a noção original de "interrupção" da autoexpressão relacional saudável de uma pessoa. Descobrimos, repetidamente, que há poucos estilos de contato que parecem ocorrer muito regularmente e podem ser considerados como maneiras estabelecidas de se relacionar. Embora, é claro, eles formem um aspecto de um contínuo decidimos que há mais mérito em considerar alguns deles separadamente.

Consequentemente, concentramo-nos em oito estilos (cf. Quadro 10.2) e oferecemos sugestões sobre como reconhecê-los e trabalhar com eles. Eles foram ligeiramente retrabalhados, desde nossa última edição. Como no caso anterior, removemos o termo "egotismo" pois acreditamos que ele induz a erro e o substituímos com "automonitoramento". Também nos esforçamos para usar palavras (verbos, sempre que possível) que refletem as modificações/interrupções (usamos as palavras de forma intercambiável dependendo do contexto) como processos ativos para regulamentar o contato, não posições estáticas. Como consequência, escolhemos diferenciar "introjetos" como crenças estabelecidas (que localizamos no cap. 11) do processo do aqui e agora de introjetar ativamente, em que o cliente de forma não crítica adota suas sugestões ou palavras (sábias!). Isso nós consideramos um processo dinâmico (diferente de introjetos ou regras) e como um tipo de confluência.

Quadro 10.2
Confluência
Introjeção
Projeção
Deflexão
Retroflexão
Dessensibilização
Automonitoramento
Impulsividade

Padrões de contato como gestalts fixos

Para reiterar, às vezes uma modificação ao contato é uma Gestalt fixa, um ajuste criativo que foi necessário para administrar uma situação no passado do indivíduo, que agora se tornou habitual. Com frequência, as modificações mais rígidas e persistentes foram originalmente uma adaptação, por exemplo, a uma mãe exigente (confluência), uma supressão de espontaneidade em uma família que causava vergonha (retroflexão), uma tentativa de ser uma criança perfeita (automonitoramento), uma defesa contra a dor (dessensibilização) e assim por diante.

Ao observar um padrão de relacionamento repetitivo por parte de seu cliente, você precisa primeiramente estabelecer se essa é uma forma de estabelecer contato que só ocorre dentro do relacionamento terapêutico – em outras palavras se é algo que você e seu cliente estão cocriando. Se esse é o caso, o foco será o "meio-termo" do relacionamento. Se, no entanto, o relato que o cliente faz de seus relacionamentos fora do consultório parece sugerir que esse é o estilo de se relacionar que ele usa na maioria das circunstâncias (as exceções sendo sempre um tema interessante a ser investigado), estaria na categoria de "relacionamento rígido" que descrevemos na p. 199s. e que é normalmente um aspecto importante da queixa que trouxe o cliente para a terapia.

O ponto de partida terapêutico, no entanto, está sempre no relacionamento do aqui e agora. Por exemplo, seu cliente descreve um padrão de retraimento social e falta de confiança. Você observa, em uma sessão, que a voz dele fica mais baixa e hesitante e que ele então olha para o chão. A primeira pergunta é:

O que foi que acabou de acontecer? O que é que ele está vendo em você que pode ter provocado essa reação familiar? Convide seu cliente a compartilhar com você sua experiência daquilo que estava ocorrendo entre vocês dois. É possível que isso lhe dê uma informação valiosa sobre sua própria maneira de se relacionar que não estava consciente, por exemplo, você pode ter estado franzindo a testa enquanto ouvia. De maneira importante, vocês dois podem chegar a entender de uma maneira mais imediata o que é exatamente que provoca esse estilo de estabelecer contato. O que foi que ele sentiu quando viu você franzir as sobrancelhas? (P. ex., presumindo uma crítica, ele deflete e se retrai.)

É importante ser sensível em sua maneira de investigar, porque, é claro, há espaço para uma ruptura relacional nesse momento. O cliente já foi provocado a entrar em algum padrão seu, o que significa que ele já está se sentindo ameaçado. Se o terapeuta simplesmente fizer uma afirmação confiante "de observação", há um risco de o cliente experienciar isso como nova crítica ou acusação de vergonha. Isso é uma possibilidade principalmente se o terapeuta começou a se sentir ansioso (como muitos terapeutas o fazem) sobre a perda aparente de contato relacional.

O terapeuta precisa abordar uma exploração do "meio-termo" com empatia e curiosidade, estando pronto para compreender como ele pode ter sido vivenciado (como sendo intrusivo, distante ou argumentativo, p. ex.) e estar interessado em que reações foram evocadas e que sentidos foram feitos.

Com uma aliança de trabalho suficientemente sólida, essa exploração pode levar a uma compreensão mais profunda da estrutura do fundo histórico do cliente e à questão: "O que é que essa modificação está tentando administrar ou solucionar?" Ela pode também levar ao término de algum negócio inacabado (cf. cap. 11) ou a uma nova direção para o tratamento.

Agora examinaremos todas as modificações em detalhe, começando com a confluência.

Confluência

Uma pessoa saudável pode se deslocar fluente e apropriadamente ao longo de um contínuo entre confluência ou fusão (digamos, em um momento de sexualidade amorosa) e a diferenciação (p. ex., a fim de discordar de um introjeto familiar tradicional).

Uma posição estabelecida habitual em cada um dos extremos desse contínuo sugere alguma dificuldade com ligação ou com separação. Uma pessoa que teme que aquela proximidade à outra pessoa é, de alguma maneira, ameaçadora (tendo a ver com perda, rejeição, dano ou abandono), resolve o problema ou se fundindo com o outro ou se retraindo psicologicamente. Mais adiante neste capítulo abordamos o cliente cujo estilo de contato habitual é o retraimento como uma forma extrema de deflexão.

O cliente que modifica o contato por meio da confluência age como se estivesse irrevogavelmente unido com a outra pessoa, ou que a outra pessoa estivesse irrevogavelmente unida a ele, em um relacionamento. Existe uma incapacidade de distinguir o limite interpessoal. Os sentimentos e desejos do outro facilmente devastam o cliente confluente que reage como se eles fossem seus próprios, ou alternativamente torna-se ansioso ou zangado por essa evidência de uma mente separada. É possível perceber um cliente que está se ajustando muito a você, ou concordando excessivamente com você, ou esperando que você irá entendê-lo sem ele ter de se explicar. Se você reconhecer que há confluência entre você e seu cliente é provável que você também tenha uma tendência a se fundir (afinal, um terapeuta que oferece uma compreensão empática deve ter essa capacidade). É possível, então, que, com um cliente específico, você tenha uma percepção gradativa de que não está pensando claramente ou se sinta afogado nas experiências do cliente.

Alternativamente, você pode começar a se sentir irritado ou ansioso quando ele parece estar esperando que você pense por ele; ou pode se sentir "pisando em ovos" e evitar ter seus próprios pensamentos e opiniões separadas das dele.

Sugestões de intervenção:

- Encoraje a pessoa a fazer afirmações começando por "Eu" e não por "nós" ou "isso, aquilo". Você também pode dar um exemplo do processo sendo claro quando você próprio diz: "Eu". Por exemplo, é possível dizer: "Fico triste quando ouço você; como é que você está se sentindo? Ou "Estou sentado nesta cadeira, você está sentado na minha frente, você tem alguma sensação daquilo que *você* quer de *mim* neste exato momento?"
- Busque e enfatize semelhanças e diferenças: "Parece que você concordou com... (ou sentiu a mesma coisa que...) mas que você também discordou com (ou não sentiu a mesma coisa que)..."
- Explore e ofereça empatia por temores de separações, términos e perdas. Muitas vezes isso pode significar voltar-se para situações inacabadas importantes (cf. cap. 11 e 21) que podem a princípio não terem sido percebidas.
- Quando há um "ponto de escolha clínico" no processo terapêutico, compartilhe seu pensamento com o cliente e ofereça opções sobre como ir adiante. Qual é a opção que lhe atrai, ou ele tem outras sugestões? Isso sublinha o fato de serem duas pessoas e não apenas uma enfrentando esse problema!

Introjeção

Uma manobra na direção da confluência pode também ser atuada por meio da introjeção, um processo pelo qual uma opinião, uma atitude ou uma instrução é inquestionavelmente copiada do outro (ou do ambiente social) como se fosse verdade. A introjeção é evitar considerar ou discutir a validade da opinião oferecida. O processo de introjeção leva à manutenção de crenças que não são aceitas por escolha – chamadas de introjetos.

É provável que um cliente que usa a introjeção como uma forma principal de regulamentar o contato, irá ativamente introjetar o que você diz. Ele irá parecer como se o estivesse convidando a interpretar o comportamento dele por ele sem nunca pausar para refletir sobre suas sugestões. É fácil para o conselheiro não perceber isso, já que raramente é desagradável que alguém concorde tão inteiramente com nossas opiniões. No entanto, é importante monitorar o processo e convidar o cliente a reconhecer com que prontidão ele engole suas sugestões.

Sugestões de intervenção:

• Encoraje-o a parar e refletir antes de concordar. Convide-o sobretudo a levar algum tempo, examinar seu interior e sentir seus sentimentos sobre aquilo que você disse. Se ele começar a se sentir intensamente ansioso com isso, encoraje-o simplesmente a ficar com esse sentimento e a explorar se podem haver outros sentimentos também (tais como a raiva) presentes.

• Advertência: um cliente frágil pode realmente precisar introjetar ou estar confluente no começo do relacionamento a fim de se sentir seguro o bastante para fazer o trabalho. É importante que o terapeuta esteja sensível a essa possibilidade.

Projeção

Quando um cliente nega um aspecto de sua personalidade que é incompatível com seu autoconceito, ele pode efetivamente projetá-lo (sem que isso seja percebido) em outra pessoa. Ele então nega a qualidade em si mesmo e só a vê nos outros: "Eu não sou hostil, *você* é que está zangado". Esse é o sentido que damos à projeção aqui.

Há, é claro, algumas questões sérias sobre a validade relacional de usar o termo "projeção". Primeiro, ele implica que o conselheiro é uma tela em branco na qual o cliente projeta e ignora o envolvimento inevitável do conselheiro em tudo aquilo que o cliente experiencia. Além disso, será que podemos realmente "projetar" aspectos nossos? Esse conceito tem uma história infeliz no sentido de que foi muitas vezes usado para negar qualquer reatividade emocional por parte do terapeuta (quando o cliente comentou sobre ele) dizendo: "Isso é apenas uma projeção", implicando imaginação e uma atribuição errônea. Em muitos casos acreditamos que o cliente possa não estar, na verdade, renegando uma qualidade e sim que o terapeuta possa estar negando seu próprio material inconsciente.

Um terapeuta relacional irá reconhecer o elemento cocriado de qualquer projeção, no mínimo como uma metáfora para um processo em que o cliente seletivamente percebe ou prioriza exageradamente algum elemento do comportamento ou da aparência do conselheiro – um "gancho" ao qual se prende a projeção. Ela também é menos problemática quando o terapeuta tem, ele próprio, uma terapia pessoal boa o suficiente para identificar suas partes rejeitadas e reconhecer quando é provável que ele esteja contribuindo para a cocriação.

Encorajamo-lo, portanto, a ver a projeção primordialmente como um processo de negar um aspecto do *self*, que é então cocriado como uma experiência relacional. Pode ser uma fonte muito rica de informação tanto para o cliente quanto para o conselheiro sobre seu mundo interno passado e presente.

> **Exemplo**
>
> Um cliente nosso, muito trabalhador, nos contou sobre uma vez em que chegou em casa depois de um dia muito exaustivo. Ele encontrou sua esposa à porta e lhe disse: "Você está parecendo realmente muito cansada" e a esposa, muito perspicazmente, respondeu: "Você precisa se deitar por umas duas horas". Quando ele acordou, ela lhe disse: "Pareço mais descansada agora?"

Sugestões de intervenção:

- Quando um cliente o vê como crítico ou opiniático (quando você tem certeza de que não é) primeiro explore o significado e efeito que isso tem nele: "Como é que lhe parece estar com alguém que, em sua opinião é sempre crítico de você?" Comece a explorar a possibilidade de os dois terem o mesmo atributo. "Você já se sentiu crítico de *mim*?" Inicialmente o cliente com frequência irá negar que ele jamais poderia ter essa qualidade: "Não, nunca me sinto crítico de você, você está sempre tentando fazer o melhor..."

- É possível que você precise começar muito gradativamente, por exemplo: "Se você alguma vez se sentisse crítico de mim, qual seria a razão?" Às vezes sugerimos que o cliente olhe a sua volta no consultório para descobrir objetos, cores ou formas de que ele não goste, para praticar ser crítico dos pertences do terapeuta. Isso pode gradativamente ser aumentado em intensidade até que ele se sinta encorajado a dizer coisas das quais ele não gostou sobre como o terapeuta falou ou atuou com relação a ele (certamente um campo de possibilidades muito rico!).

- Outra abordagem é investigar como o cliente chegou a acreditar em sua projeção. O que foi que você fez ou disse que o levou a crer que você era crítico? Como já dissemos, a projeção é normalmente cocriada. Procure o "grão da verdade" na opinião de seu cliente. É muito provável que você tenha contribuído de alguma maneira para sua experiência, e estar disposto a assumir a responsabilidade, por isso pode normalizar tanto a experiência do cliente quanto sua atitude rejeitada.

Deflexão

Deflexão significa ignorar ou se afastar de um estímulo interno (tais como um pensamento indesejado) ou de um estímulo do ambiente (tais como uma solicitação indesejada de informação pessoal). Ela é caracterizada ou por um bloqueio do próprio estímulo ou por se afastar dele e sair pela tangente.

Clientes muitas vezes defletem de seus sentimentos e impulsos falando sem parar, rindo em vez de se levarem a sério, ou sempre se concentrando nas necessidades do outro. A deflexão do impacto de outros pode ser observada em clientes que mudam o tema repetidamente quando uma questão específica é mencionada, que parecem não ouvir ou ver algo e que compreendem erroneamente o que foi dito ou feito. A deflexão é um processo ativo de evitar contato e, em particular, a *awareness*, o que significa que o cliente tenderá também a afastar suas intervenções quando elas tocarem aquele material evitado. O processo pode ser extraordinariamente sutil, e com frequência a única dica é quando o conselheiro descobre que ele está tendo uma conversa sobre algo e não tem a menor ideia de como chegou lá!

Sugestões de intervenção:

• Dê exemplos de persistência em como manter-se em um tema e oferecer hipóteses sobre aquilo que pode ser difícil. "Suponho que você ache difícil falar sobre ter sido adotado – seria mais fácil tentar evitar até pensar sobre isso." Algumas vezes você precisará, com gentileza, mas firmemente, interromper o processo de deflexão, como por exemplo: "Preciso que você pare por um momento..." antes de compartilhar sua observação sobre aquilo que ele vem fazendo ou sobre sua própria reação à deflexão. "Estou consciente de que todas as vezes que abordo esse assunto, você muda de assunto. Você percebeu?" Ou você poderia dizer:

• "Percebo que você não respondeu minha pergunta e estou me perguntando se isso é porque você não está pronto para falar sobre isso?" Em um certo sentido, isso, dá permissão quando reconhece o direito do cliente de decidir não falar sobre algo, ao mesmo tempo em que desperta sua *awareness* e reafirma à "parte silenciosa" dele que ela também é importante.

O retraimento psicológico é uma forma extrema de deflexão do contato. Uma pessoa cujo estilo habitual é se retrair, muitas vezes reluta em procurar terapia. No entanto, às vezes ela virá, em crise, dizendo que se sente como se não pertencesse no mundo, que parece não se dar bem com as pessoas como os outros se dão, e acha que "lhe falta algo". Ela pode usar uma metáfora sobre si mesma, tais como estar se sentindo como um extraterrestre, ou estar presa em uma bolha ou por trás de uma parede invisível.

Sugestões de intervenção:

• Ao trabalhar com esse estilo habitual de contato, você pode facilmente sentir como se fosse muito difícil se conectar com o cliente e como se nada estivesse ocorrendo na terapia por meses a fim. Pode achar que suas tentativas de inclusão parecem não fazer diferença. Contente-se em passar um bom tempo construindo uma aliança de trabalho e oferecendo uma abordagem dialógica cuidadosamente nivelada.

• Se o cliente se retrair na sessão, não lhe force a dizer "o que está acontecendo". Isso provavelmente aumentará o retraimento. Adote uma posição de indiferença criativa e espere com ele em silêncio, com cuidado para não cair, você mesmo, em uma situação de retraimento e falta de contato. Pratique a inclusão (em silêncio). Permaneça alerta e interessado. Você pode decidir oferecer um convite ocasionalmente, como: "Parece que você precisa se retrair neste momento e não tenho problema de esperar, apenas estando com você. Só gostaria de lhe dizer que se você quiser falar sobre o que está ocorrendo, estarei muito interessado em ouvir".

Retroflexão

Diz-se que uma pessoa retroflete quando ela retém seu impulso para agir (ex.: para falar, para expressar emoções, para atuar). O fluxo energético é interrompido e isso pode ter vários resultados. O impulso retido pode desaparecer naturalmente. No entanto, se o processo se repete com frequência ou se o impulso contém uma energia forte, suprimi-lo pode levar a que a energia se volte para dentro na direção do *self*. Isso pode levar a uma tensão corporal crônica, doenças psicossomáticas, depressão ou até automutilação.

Sugestões de intervenção:

• Explore que crenças associadas, introjetos e decisões anteriores acompanham a retroflexão. É especialmente importante descobrir quais, na visão do cliente, serão as consequências de deixar sua energia se movimentar para a ação. Uma retroflexão só deve ser "desfeita" quando o cliente e o conselheiro estão ambos seguros de que há bastante apoio e compreensão para administrar apropriadamente aquilo que for libertado.

• Como a retroflexão é normalmente mantida no corpo, é útil concentrar-se no processo corporal quando trabalhando para libertá-la. Convide o cliente a se conscientizar de onde em seu corpo ele sente a energia retida. Você pode também convidá-lo a falar a partir daquela parte dele, dar-lhe uma voz. Em algumas circunstâncias, você pode sugerir que o cliente respire dentro daquela parte ou simplesmente observe o que parece querer ocorrer em seu corpo.

• Atue a retroflexão no consultório. Isso é particularmente útil quando o cliente já identificou o introjeto que está no âmago de uma retroflexão ("Não fique zangado", p. ex.). Peça ao cliente que se concentre em seu corpo exagerando a tensão e repetindo o introjeto em voz alta. Se e quando ele se sentir pronto a fazer isso, ele pode libertar a tensão e dirigir sua energia para fora na segurança do consultório (cf. cap. 9 sobre Experimentar).

• Lembrando-se de que todo contato é cocriado, você pode também convidá-lo a lhe dizer como sua presença afeta o processo de retroflexão naquele momento.

É claro, a retroflexão (como todas as modificações) tem seu lugar em relacionamentos bem-sucedidos. Retrofletir um impulso é muitas vezes um ajuste apropriado e efetivo a um contexto específico. Dar uma bofetada em um colega ou em um fiscal do imposto de renda que está sendo difícil, por exemplo, (normalmente) não é uma coisa produtiva.

Dessensibilização

A dessensibilização é um processo semelhante ao de deflexão. É outra maneira de evitar contato com sensações. No entanto, enquanto a deflexão está principalmente interessada em evitar completamente a recepção de estímulo (e normalmente a pessoa está em *awareness*), a dessensibilização está preocupada com uma forma mais profunda de fechamento – perder toda a *awareness* com relação a qualquer reação à questão. Em casos de traumas crônicos é o mesmo território que a dissociação (cf. cap. 20). Uma sugestão para o terapeuta pode muitas vezes ser encontrada em sua própria fenomenologia. Terapeutas com frequência descobrem que estão com muito sono e se sentindo pesados na presença de um cliente dessensibilizado, enquanto a reação a um cliente defletido é mais energizada (p. ex., irritação, frustração ou a agitação ansiosa que é provavelmente o sentimento não reconhecido do cliente).

Exemplo

Keiko nunca percebe quando está com fome, ou fica sentada, durante toda a sessão da terapia, na ponta da cadeira, esquecida de seus membros enrijecidos; o irmão de Jean-Luc morreu e ele disse que não sentiu nada; Jennifer foi vítima de um abuso terrível, mas relatou a história com uma voz despida de qualquer emoção.

Sugestões de intervenção:

• Tente mostrar como você entende que isso foi provavelmente sua melhor (ou única) reação àquilo que ocorreu.

• Encoraje atenção à respiração, às sensações corporais, concentrando-se em aumentar a *awareness* do corpo, sobre aquela parte da qual o cliente *está* consciente e onde sua energia está mantida.

• Peça ao cliente para imaginar como ele *poderia* se sentir sobre a situação ou como alguma outra pessoa poderia reagir. Pergunte-lhe como um amigo poderia estar sentindo se ele reagisse assim.

• Compartilhe suas próprias reações à situação sobre a qual eles se dessensibilizaram e ofereça possíveis reações. Verifique quanta empatia o cliente tem com sua reação.

À medida que o cliente se ressensibiliza você pode bem descobrir que você está entrando em um território no qual o cliente tem pouco ou nenhum apoio. Isso é especialmente verdadeiro quando o material dessensibilizado é particularmente traumático. Tendo trazido o material que estava fora da *awareness* à tona, é preciso que você preste muita atenção à capacidade do cliente de apoiar seu autoprocesso, porque sem isso ele pode se lançar diretamente no material traumático sem recursos suficientes (cf. cap. 19 e 20).

Automonitoramento

O automonitoramento saudável é a capacidade de autorreflexão e reflexividade. Poderia ser chamado de "autoconsciência" em seu melhor sentido. O automonitoramento como um estilo relacional habitual e limitante é normalmente caracterizado por uma autocrítica excessiva que solapa o funcionamento espontâneo e o pleno contato (às vezes chamado de "superego"). O objetivo aqui é encorajar o cliente a se afastar de sua autocrítica e ir para um contato imediato com você e o ambiente à volta dele. É também encorajá-lo a ter uma atitude de autocompaixão para consigo mesmo.

> **Exemplo**
>
> Kess frequentemente interrompia a história de sua semana infeliz para olhar intensamente pela janela. Quando o conselheiro lhe perguntou o que estava ocorrendo ela disse que estava pensando como era burra, como devia parecer boba, como ele deveria estar se perguntando por que ela não tinha organizado sua vida.

Sugestões de intervenção:

• No consultório, perceba como o cliente rompe o contato com você a favor de seu diálogo interno e convide-o a que volte ao aqui e agora *com você*. Tenha empatia com sua experiência atual de estar se preocupando consigo mesmo, com a impressão que está causando ou com a necessidade de ser perfeitamente "certo". Com o passar do tempo, o desenvolvimento de um relacionamento empático confiável irá lhe fornecer uma nova experiência relacional para se opor à tendência de ficar se automonitorando.

• Encoraje técnicas de enraizamento com um foco no processo corporal e uma atenção deliberada ao ambiente externo (seguindo a tradicional máxima gestáltica "perca sua mente e venha para seus sentidos").

• Explore de onde vêm as críticas. Por exemplo, elas são introjetos que vieram de cuidadores significantes prévios ou são uma maneira de se proteger "chegando lá primeiro" (uma defesa usada por uma criança muito criticada tentando se proteger de ser ferida). Desistir da crítica interna pode algumas vezes levar a sentimentos de luto e perda para o cliente; seu crítico interno, embora desagradável, pode em algum nível ter-lhe parecido um companheiro de toda a vida (ter "amigos" críticos às vezes é melhor do que não ter nenhum amigo).

• Encoraje-o a praticar os recursos de autocompaixão, no cap. 18: "Fornecendo recursos ao cliente".

Impulsividade

Potencialmente o polo oposto da retroflexão ou do automonitoramento, a impulsividade é uma forma de ação sem consideração suficiente pelo contexto ou pelas consequências. É comum no vício do jogo, no abuso do álcool e em processos limítrofes. Em termos do ciclo de experiência, esse cliente vai direto para a ação antes de reconhecer e avaliar totalmente as sensações emergentes.

Sugestões de intervenção:

• Se o cliente quiser aprender a controlar sua impulsividade, pode ser muito proveitoso ajudá-lo a adquirir o hábito de conscientemente se tornar consciente dos estágios do ciclo da experiência (cf. cap. 3). Peça-lhe que preste atenção a suas sensações e sentimentos, interesse-se por eles, admita-os e reconheça-os. Ele pode considerar que opções tem para a ação, e depois escolher uma. Quando ele tiver se levado por todos esses passos, terá diminuído sua velocidade e estabelecido contato com uma ação mais apropriada. É possível que o cliente ache que esse processo é muito difícil e será necessário vivenciá-lo repetidamente no consultório. Você pode encorajá-lo convidando-o frequentemente a estar consciente de suas sensações, a dar nome a seus sentimentos e a permitir o reconhecimento total deles enquanto eles estão surgindo (e ele age).

• Os exercícios e técnicas de enraizamento descritas nos capítulos anteriores também podem ser úteis. Clientes impulsivos muitas vezes sentem que estão sendo dominados por seus sentimentos. Relatam coisas como "eu era pura raiva naquele momento. Senti como se fosse explodir". Enraizando-se e aumentando a *awareness* dos limites corporais pode servir como um refreio e acalmá-lo. A plena atenção (cf. cap. 18) é especialmente útil tanto para tornar o processo mais lento quanto para ajudar a desenvolver uma "*awareness* dupla" pela qual o cliente simplesmente percebe suas reações, mas não se identifica com elas.

Considerações terapêuticas gerais

Seja qual for o estilo de contato que é o foco no consultório, há certas tarefas terapêuticas que são comuns.

Expandir a awareness: Em muitas situações clientes podem não estar muito conscientes de que estão modificando seu contato de uma maneira específica ou que têm qualquer outra escolha. Aqui a tarefa do terapeuta e expandir a *awareness* e a compreensão do cliente sobre como ele está estabelecendo um contato relacional. Por exemplo, o cliente pode não perceber que deflete de qualquer emoção difícil mudando de assunto, ou que seu corpo fica tenso todas as vezes que fala de seu pai. Pode também não ter percebido as outras opções para autoexpressão. Você pode oferecer uma hipótese para ser considerada pelo cliente ou como algo que você percebeu e sobre o qual está curioso. "Percebo que você fecha os punhos todas as vezes que fala sobre seu pai – você está consciente de fazer isso? Ou "Você já considerou a possibilidade de expressar parte de sua raiva a ele?"

Identificar as origens do padrão: Isso pode ajudar a normalizar a modificação como uma maneira de evitar dor ou sentimentos difíceis. É possível que tenha havido um momento em que essa modificação manteve a pessoa segura e a ajudou a sobreviver. Portanto, você pode precisar às vezes imaginar ou ter empatia com a dor ou a dificuldade da situação original a fim de fazer sentido do estilo de autorregulação do cliente. A identificação da causa original da modificação pode levar a focalizar na situação inacabada (cf. cap. 11).

Microinvestigação do processo: Peça ao cliente que desacelere seu processo e descubra como a modificação está sendo mantida de um momento para outro.

Cocriação de experimentos: Junto com o cliente, discuta as possibilidades de novo comportamento e elabore pequenos experimentos que possam ser uma maneira mais criativa de lidar com a situação que anteriormente foi administrada por meio dessa Gestalt fixa ou por esse estilo relacional. Por exemplo, experimentos para criar limites onde eles são excessivamente confluentes. Isso pode às vezes ser um foco importante da terapia quando a pessoa luta para reajustar toda sua maneira de se relacionar.

Exploração do relacionamento do aqui e agora: A partir de uma perspectiva relacional, a compreensão do processo de uma modificação deve sempre levar em conta o fato de ele ocorrer no contexto de uma influência mútua, e ser, portanto, em maior ou menor grau, uma reação ao relacionamento do aqui e agora. Como descrevemos anteriormente, a exploração da "dinâmica do limite do contato" (GAFFNEY, 2009) ajudará o cliente a compreender o que provoca seu estilo relacional automático.

Observação de suas próprias reações e respostas: A própria maneira pela qual você mesmo está modificando seu contato com o cliente o ajuda a ficar consciente de como o padrão está sendo cocriado no aqui e agora. Por exemplo, após uma sessão ou um intercâmbio com o cliente em que uma modificação habitual é aparente, pergunte a si próprio:

- Qual foi minha parte nisso?
- O que é que eu estava sentindo, percebendo em meu corpo, quais eram meus pensamentos?
- O que foi que eu fiz ou disse?
- O que é que eu queria fazer ou dizer, mas não fiz nem disse?

Em conclusão, você saberá que está avançando na direção de um processo saudável quando você fica muitas vezes surpreso com as maneiras diferentes pelas quais o cliente (e você) se ajustam criativamente a cada nova situação.

Polaridades

> Sempre que um indivíduo reconhece um aspecto de si mesmo, a presença da antítese ou qualidade polar daquele aspecto está implícita. Ali ela fica como pano de fundo, dando dimensão à experiência presente e no entanto forte o suficiente para surgir como figura por sua própria conta se conseguir reunir força suficiente. Quando essa força recebe apoio, a integração pode se desenvolver (POLSTER & POLSTER, 1973: 61).

Outra maneira de pensar sobre a rigidez na reação é que ela pode ser resultado de uma polaridade fixa. Todos os aspectos de uma pessoa são, potencialmente, um extremo de uma polaridade; o outro extremo está fora da *awareness* e forma o contraponto para aquela figura. Alguns são tão claros quanto "masculino e feminino", "fraco e forte", "alegre e triste". Outros são mais sutis e são específicos ao estilo relacional daquele indivíduo tais como "controlar e submeter-se" "juntar e separar". Eles podem também estar conectados às crenças ou aos introjetos sobre "como devo ser". Perls gostava de identificar uma polaridade ou divisão que ele chamava de *topdog* (dominador) ("Eu deveria fazer mais exercícios, comer uma comida saudável e ler manuais de Gestalt") contra seu polo oposto chamado de *underdog* (dominado) ("Estou muito estressado hoje, não posso enfrentar isso, vou tentar amanhã"). Esses dois "cães" puxam em direções opostas e criam um impasse preocupante.

No entanto, os tipos específicos de polaridades são peculiares a cada pessoa. Um funcionamento saudável é a capacidade de enfrentar cada situação nova com a melhor reação, a melhor posição no contínuo, em vez de uma reação automática habitual.

Por exemplo, Malcolm é sempre quieto e reservado, generoso e solidário. Ele tem uma imagem de si mesmo como uma pessoa bondosa e ponderadamente reservada e é extremamente resistente à ideia de se colocar em primeiro lugar, ou de falar espontaneamente. Jim foi criado para acreditar que há uma polaridade de apenas duas posições, poderoso e impotente e que é sempre necessário manter o lado "poderoso" da polaridade. Isso irá significar que ele não se permite facilmente ser "impotente" como uma questão de princípio. Isso pode prejudicá-lo seriamente em relacionamentos que exigem uma conciliação ou um encontro de iguais em um trabalho de equipe.

Adotamos a posição de que todas as pessoas são capazes de uma variedade de sentimentos e que é mais saudável conhecer todas as nossas partes e escolher não as usar do que negar sua existência (e potencialmente ser influenciado por elas sem estar consciente, como nos crimes em que o malfeitor diz: "Não sei o que me deu").

Todas as polaridades são potencialmente necessárias e devemos adverti-los contra a tendência fácil de considerar um extremo de uma polaridade como mau, frágil ou indesejável (a violência é inapropriada em um ambiente doméstico, mas pode ser necessária para lutar contra um assaltante). Atribuir juízos de valor a polaridades também nos faz perder o potencial de aceitação ou transformação de uma qualidade paralela.

> **Sugestão**
>
> Identifique um aspecto ou qualidade que você nunca expressa ou que acredita ser desagradável, algo que você sabe que possui, mas tenta manter escondido. Pode ser crueldade, criticidade, ciúme ou competitividade. Permita a si mesmo estabelecer um contato direto com aquela qualidade, aceite-a como uma parte verdadeira sua, se você gosta ou não dela. Veja se pode encontrar uma situação em que essa qualidade seria necessária ou útil. Como você a descreveria de uma maneira positiva?

Uma crença fundamental na teoria gestáltica é que é um processo pouco saudável tentar renegar ou separar partes suas que parecem muito difíceis de administrar ou integrar. Muitas vezes a parte que foi separada é empurrada para fora da *awareness* (cf. a seguir) ou é "projetada" em outra pessoa. Mantê-la fora da *awareness* exige energia e, portanto, isso reduz a disponibilidade de nova energia para reagir em uma situação emergente.

Uma das maneiras principais em que isso ocorre é por meio do processo de identificação: o cliente nega um extremo da polaridade a fim de se identificar com o outro. "Eu nunca poderia dizer uma mentira", "Não suportaria ficar sozinho" ou "Nunca me permito ficar zangado", "Eu nunca magoaria meus filhos". Embora esse processo ocorra com mais frequência de uma maneira cognitiva ou emocional, ele pode também se manifestar por meio da energia corporal restrita ou expressa exageradamente. A tarefa do terapeuta é ajudar o cliente a voltar para a flexibilidade e escolha da reação.

- Comece tentando identificar o oposto da qualidade que o cliente está mantendo rigidamente. Isso será peculiar àquele cliente e não necessariamente a coisa mais óbvia; por exemplo, a polaridade de amor pode ser ódio ou pode ser rejeição. O cliente pode ser encorajado a imaginar o oposto da qualidade (é possível que você tenha de ajudá-lo fazendo sugestões).

- O próximo passo é encorajar o cliente a imaginar a possibilidade daquela polaridade ausente.

- Perguntas como "Você poderia imaginar-se sentindo...?" normalmente evocam a reação: "Eu não poderia de forma alguma sentir ou imaginar isso" ou "Isso me parece impossível". A força da resistência à possibilidade da outra polaridade pode lhe dar uma ideia da energia necessária para mantê-la fora da *awareness*. Presuma que essas crenças ou atitudes são ajustes criativos, feitos anos atrás e trazidos para o presente. Aqui é o local em que você pode oferecer pequenos experimentos.

- O trabalho com duas cadeiras e o desempenho de papéis (cf. cap. 9) são muito úteis, já que é importante fornecer alguma experiência de identificação com a outra polaridade. A princípio pode ser "como se". Depois, se sua intervenção for precisa, o cliente começará a habitar a qualidade rejeitada e a investir energia nela. Você pode pedir ao cliente que comece um diálogo entre duas atitudes opostas a um problema. Por exemplo: "Eu nunca perdoarei essa pessoa porque..." e "Eu perdoarei aquela pessoa porque..." Encoraje o cliente a investir totalmente com igual nível de entusiasmo e energia em cada polaridade por sua vez, alternando-se para responder ao outro lado, mantendo-se alerta às reações corporais, sentimentos e outras reações. É surpreendente como esse exercício pode levar a uma nova integração.

• Tenha o cuidado de se manter criativamente indiferente. É fácil se descobrir apoiando um lado ou o outro (especialmente o dominado), mas acautele-se já que às vezes é a parte aparentemente perseguidora que tem a energia necessária e está tentando expressar algo vital e importante.

• Explore reformular o nome da polaridade. Forte ou fraco pode ser reformulado como forte ou flexível (ou sensível, ou vulnerável, ou honesto, ou generoso). Veja o que traz energia ou *insights* a seu cliente. Foi transformador para Hoshi ouvir sua terapeuta reformular a "preguiça" que ela renegava, como "força" para resistir à pressão da cultura corporativa para trabalhar excessivamente.

• É importante lembrar que assumir a responsabilidade pela capacidade de uma polaridade específica não significa a mesma coisa que atuar sobre ela. Reconhecer aquela nossa parte que pode se sentir, por exemplo, homicida ou invejosa significa que reconhecemos simplesmente a plenitude de nossas possibilidades humanas. Os clientes às vezes precisam ter a certeza de que compreendemos a diferença entre querer fazer algo hostil e concretizar esse desejo.

Leitura recomendada

MacKEWN, J. (1997). *Developing Gestalt Counselling*. Londres: Sage [cf. cap. 12].

PERLS, F.S. (1976 [1973]). *The Gestalt Therapy Approach, and Eyewitness to Therapy*. Nova York: Bantam.

POLSTER, E. & POLSTER, M. (1973). *Gestalt Therapy Integrated*. Nova York: Vintage Books [cf. cap. 4].

SILLS, C.; LAPWORTH, P. & DESMOND, D. (2012). *An Introduction to Gestalt*. Londres: Sage [cf. p. 56-66].

SIMON, L. (1996). "The nature of the introject". *Gestalt Journal*, 19 (2), p. 101-130.

11
Situações inacabadas

Uma das expressões mais conhecidas no mundo da Gestalt é "situação inacabada". É uma expressão que usamos várias vezes neste livro. Ela se refere a situações no passado, especialmente situações traumáticas ou difíceis, para as quais o cliente não obteve uma resolução satisfatória.

De um lado da balança, há simplesmente uma sensação de desconforto ou frustração. Clientes às vezes relatam uma situação do passado na qual ficam pensando ou sobre a qual fantasiam, por exemplo sobre alguém que morreu ou que os feriu, ou situações em que eles se sentiram ignorados ou maltratados. Do outro lado, como no transtorno de estresse pós-traumático, os sintomas que se repetem a partir de um trauma prévio inacabado podem ser sérios e debilitantes, às vezes levando a um colapso do funcionamento cotidiano (cf. cap. 20 e 21).

Normalmente, as questões no âmago da situação inacabada são uma incapacidade de aceitar plenamente o que ocorreu, uma falta de expressão emocional, uma ação que não foi concretizada, ou um conflito não resolvido de reações diferentes àquilo que ocorreu.

A tarefa na terapia é criar apoio para a expressão emocional, ação ou fechamento que irá permitir à pessoa seguir adiante.

Às vezes o cliente só precisa trazer a situação para um nível mais alto da *awareness* para que seja capaz de seguir adiante. Outras vezes, ele simplesmente parece estar empacado. Aquilo que está inacabado ou não resolvido não está claro e pode apenas aparecer como uma tensão crônica ou depressão sem uma causa óbvia. Nesse caso há uma situação de forças conflitantes, não percebidas, equilibradas em um empate. Esse é um exemplo daquilo que às vezes é chamado de impasse. Um lado do impasse é um anseio por recuperação, crescimento e mudança. O outro lado, igualmente forte, resiste à mudança, normalmente na forma de um padrão de reação antigo e habitual que se formou naquele momento anterior (tal como culpar a si mesmo).

Frequentemente há crenças e temores sobre as consequências da mudança, que estão profundamente enraizadas e das quais o cliente está só vagamente consciente. Engastado no impasse pode haver uma crença básica ou um introjeto poderoso. Além disso, padrões antigos são seguros e familiares; podem ser dolorosos ou desconfortáveis, mas são maneiras experimentadas e testadas de conseguir que nossas necessidades sejam *suficientemente* satisfeitas, em um momento no qual não parecia haver nenhuma outra forma de administrar aquela dificuldade. É difícil para um cliente abandonar uma reação praticada que pode em um determinado momento ter parecido protetora ou salvadora.

Também é verdade que começar a enfrentar ou examinar a situação original irá inevitavelmente reativar a ansiedade ou medo que está associada ao impasse. O cliente está enfrentando uma verdadeira emergência. A técnica do terapeuta é apoiar a pessoa enquanto ela se reajusta e encontra uma nova forma de caminhar na direção de um resultado ou resolução diferente.

A fim de descrever maneiras de trabalhar com situações inacabadas, fechamentos prematuros e impasses, dividimos o trabalho em cinco categorias. Algumas terapias irão precisar de apenas uma categoria, outras irão exigir todas elas. O trabalho a ser feito com elas pode ocorrer em uma sessão ou durante vários meses, dependendo das condições do campo e da centralidade daquela questão específica. (Nos casos em que o cliente é um sobrevivente de traumas prematuros ou devastadores sugerimos que você consulte também a Parte II do livro.)

Explorando o fundo

Isso envolve explorar como surgiu a situação inacabada, a história, crenças e introjetos que a sustentam, "o fundo para a figura". A melhor maneira de fazer isso é por meio do método fenomenológico de investigação e compreensão. As seguintes sugestões podem ser úteis:

- Identifique a situação inacabada. (É possível que isso só surja depois de muita exploração e uma acentuação do problema ou dos sintomas atuais.)

Exemplo

Christine tinha vivido a maior parte de sua vida com uma série de "padrastos" temporários que a consideravam um transtorno. Ela tinha se ajustado criativamente a isso retraindo-se e dizendo a si mesma que não precisava de um pai ou na verdade de nenhum homem, e era bastante autossuficiente sem um deles. Na vida adulta, no entanto, a jovem buscou um aconselhamento dizendo que tinha problemas com intimidade. Sempre que ela e seu namorado vivenciavam desafios ou dificuldades no relacionamento, ela perdia o interesse e o achava chato. O relacionamento então passava a ser rotineiro e terminava quando o namorado a deixava. Isso tinha ocorrido várias vezes agora e ela estava começando a suspeitar que tinha um papel a desempenhar nessa rejeição. O ajuste criativo original tinha se tornado parte de seu fundo inconsciente e foram precisos vários meses até que ela fosse capaz de perceber a conexão. Só então ela pode perceber como suas dificuldades atuais estavam relacionadas com algo inacabado de sua experiência na infância.

- Resgate, com a pessoa, sua memória mais clara da situação original que lhe parece inacabada (ou um exemplo representativo).

Exemplo

Com o encorajamento do conselheiro, Christine começou a lembrar detalhes do ir e vir dos "padrastos" no começo de sua vida. Ela pôde entrar em contato novamente com a tristeza e a dor que sentia quando era sempre ignorada e negligenciada. Lembrou-se de seus sentimentos iniciais de frustração e impotência que terminavam com ela soluçando sozinha em seu quarto.

- Para ajudar clientes que têm dificuldade de lembrar, descobrimos uma técnica de EMDR chamada de *floatback* (fluir para trás) (SHAPIRO, 2001). Pede-se ao cliente que identifique o elemento mais figural de seu sofrimento atual (ex.: uma sensação corporal, um sentimento, ou uma crença sobre ele mesmo). Então pedimos-lhe que feche os olhos e deixe sua memória fluir para trás até a primeira vez que ele pode se lembrar de sentir ou de pensar dessa maneira. Isso pode muitas vezes produzir resultados surpreendentes, especialmente se a pergunta é repetida para encontrar a primeira memória que lhe causou sofrimento.

- Encoraje o cliente a trazer os sentimentos, pensamentos, sensações corporais e crenças para a plena *awareness*.

> **Exemplo**
>
> No decorrer de várias semanas, Christine voltou aos detalhes de suas memórias da infância, obtendo mais sutilezas e foco, especialmente com relação a suas reações corporais e emoções à medida que ela expressava sua experiência. Ela teve consciência de como ficou tensa e depois se sentiu letárgica quando seu namorado quis que eles fossem morar juntos e como isso também era sua lembrança como menina com novos padrastos. Ela também se lembrou de que tinha pensado originalmente que devia haver algo de errado com ela para que fosse tão ignorada e pouco querida.

- Identifique quaisquer interrupções ou modificações ao contato.

> **Exemplo**
>
> Christine e o conselheiro foram capazes de identificar vários padrões de contato estabelecidos. Ela tinha a tendência de retrofletir suas emoções, dessensibilizando-se quando a intimidade era iminente e depois projetava a falta de interesse em seu namorado.

- Assegure-se de que você se lembra dos princípios da teoria do campo e que tanto você quanto o cliente têm uma boa compreensão do objetivo, função, e interconexão do comportamento específico com o qual estão trabalhando. Discuta o efeito na vida do cliente, as consequências tanto historicamente quanto na situação atual. Como sua vida teria sido diferente se ela não tivesse sempre se comportado assim? Como ela seria diferente agora? Tais considerações envolvem um exame cuidadoso das implicações do local empacado – tanto as implicações limitantes quanto aquelas que são ganhos secundários.

> **Exemplo**
>
> Ficou bem claro que o tédio aparente de Christine e sua falta de interesse em ir morar junto com seu namorado estavam intimamente conectados com suas experiências passadas e a estavam efetivamente protegendo (sem que ela percebesse) de ser ferida outra vez. Christine ficou chocada e surpresa ao fazer essas conexões já que acreditava ter superado todas as suas experiências infantis.

Nessa fase de exploração, a oportunidade de contar a história a um conselheiro receptivo às vezes traz o fechamento naturalmente. Aumentar a consciência em um clima terapêutico de apoio pode ser suficiente. Isso ficará evidente por uma sensação de alívio ou de satisfação como se uma carga tivesse sido removida e o cliente pode seguir adiante.

Enfrentando o impasse

No entanto, quando isso não ocorre, é necessário mais trabalho. Às vezes o cliente permanece no impasse, um lugar onde ele se sente profundamente imobilizado ou paralisado. Ele está bloqueado pelo medo, pela confusão ou pela sensação de perigo como se sua própria vida estivesse ameaçada. Ir mais fundo parece inseguro ou impossível. Esse é muitas vezes o local de maior potencial de mudança e crescimento. Perls et al. (1989 [1951]) descrevem a tarefa terapêutica nesse momento como "a criação de uma saída de emergência segura" para o cliente. O terapeuta faz uma avaliação clínica sobre o grau de apoio disponível e quanto desafio (ou emergência) o cliente pode enfrentar proveitosamente (cf. p. 320 sobre a janela de tolerância).

De uma posição de indiferença criativa, o terapeuta encoraja o cliente a permanecer com o desconforto e a imobilidade, deixando que a energia se acumule e confiando no processo. O terapeuta muitas vezes precisa de muita determinação para permitir que a confusão dolorosa continue sem buscar uma fuga fácil.

Exemplo

Natasha veio para a terapia com a expectativa de entender seu medo permanente e "irracional" de lugares fechados. À medida que o trabalho avançou, falou "sobre" muitos problemas relacionados com estar em uma armadilha, mas não progrediu muito. O terapeuta frequentemente notava como ela evitava a sensação corporal em suas histórias sobre a infância. Com o passar do tempo ela experimentou permitir maiores sensações, mas começou a alcançar um lugar de terror inominável onde imediatamente se encolhia e congelava. Com grande coragem (e forte apoio por parte do terapeuta) ela determinou que iria enfrentar esse lugar escuro gradativamente e no decorrer de vários meses foi chegando mais perto daquela escuridão, muitas vezes ficando desorientada e apavorada. O terapeuta também precisou de todo seu próprio apoio para permanecer com o sofrimento da cliente, mas decidiu (depois de muita supervisão) confiar no processo da cliente que emergia. Eventualmente Natasha se lembrou de uma cena de abuso em sua infância, ocorrida em um quarto pequeno, uma memória que ela tinha suprimido, e foi capaz de continuar o trabalho com sua nova consciência do impasse.

O que agora se segue são sugestões para maneiras diferentes de explorar situações inacabadas quando as figuras surgem.

Trabalhando com crenças básicas e emoções

Pode ocorrer que exista um comportamento, emoção ou expressão específicos que parecem ser mais figurais. Nessa situação você tem uma variedade de opções, mas a meta básica é encontrar uma maneira de trazer à tona aquilo que não foi expresso e assegurar-se de que há apoio suficiente para a resolução ou fechamento.

Tendo identificado a questão, o conselheiro pode concentrar o trabalho diretamente sobre como ela é mantida no aqui e agora. Um método é trabalhar cognitivamente, identificando qualquer crença básica, articulando-a, examinando sua validade e, junto com o cliente, explorando opções alternativas. À medida que o cliente trabalha, ele irá sentir as emoções associadas e então poderá descobrir aquelas emoções não expressas que as subjazem.

Exemplo

Christine identificou que ela acreditava que "nenhum homem irá jamais me querer porque sou detestável". Concentrou-se em como agia no consultório de uma maneira que iria reforçar suas crenças, perdendo o interesse no terapeuta (um homem) quando ele se aproximava emocionalmente dela e rejeitando sua atenção de tal forma que ele se sentiu totalmente afastado. Uma vez mais, o conselheiro achou que o trabalho era difícil naqueles momentos e estava consciente de ocasionalmente se sentir defensivo ou irritado. Na supervisão ele discutiu sua própria vulnerabilidade a ser rejeitado, e isso permitiu que ele continuasse a ter empatia com a necessidade de se retrair de Christine. Gradativamente Christine começou a considerar a possibilidade de que "Alguns homens podem genuinamente gostar de mim" e "Eu também estou merecendo ser amada". Ela se permitiu saber e expressar o quanto ela queria e valorizava o interesse e a atenção do terapeuta. Mais tarde na terapia ela começou a acreditar que "eu posso ser amada".

Trabalhando com a imaginação

Ofereça experimentos para tentar formas diferentes de expressão. Isso pode ser feito na imaginação ou em desempenho de papéis com você no consultório (cf. cap. 9). No entanto, alguns clientes não são capazes de gerar ou imaginar uma reação apropriada. Nesse caso é possível que você tenha de lhes oferecer sugestões. Esses experimentos podem ser pequenos, como, por exemplo, dizer "sinto saudades de você" diante da imagem de uma pessoa falecida, ou grandes, como elaborar um ritual que inclua o cortejo fúnebre, o enterro e o velório para uma morte em que eles não estavam presentes.

> **Exemplo**
>
> Christine ainda sentia alguma energia não resolvida e depois de recontar a história uma vez mais ficou consciente de como tinha se sentido impotente diante da crítica e da rejeição por parte dos vários homens que tinham vivido em sua casa. O conselheiro elaborou uma variedade de experimentos destinados a permitir um diálogo com o padrasto mais figural, e com muito apoio inicial Christine ficou zangada e indignada, dizendo a ele quanto ela odiava sua intrusão. Depois disso, seu nível de energia aumentou muito e, muito excitada, ela sentiu que tinha encontrado o poder e a assertividade que sempre percebeu que lhe faltavam.

Às vezes o cliente parece alcançar um lugar em que ele não está muito seguro de quanto deseja mudar (p. ex., no caso de problemas com vícios). Pode então ser útil discutir os prós e contras das várias opções e as prováveis consequências de cada uma delas. Sugira que ele se permita estar consciente de como ele irá terminar se mudar ou se não mudar. Isso significa que se escolher mudar, ele o faz consciente daquilo que está deixando para trás (uma vez mais, o bom e o mau) e aquilo que pode estar ganhando. Será sempre necessário que ele enfrente a verdade existencial de que se ele não está fazendo com que a vida seja previsível por meio de gestalts estabelecidos e padrões antigos, então terá de enfrentar a experiência desconhecida e imprevisível do aqui e agora, com todas suas possibilidades para uma vida criativa. Assegure-se de que você mantém uma atitude de indiferença criativa de tal forma que o cliente tenha de manter ambos os lados da polaridade e não deixe você mantendo a energia que leva à mudança.

Fantasias catastróficas que subjazem a relutância de mudar podem ser exploradas por meio de um questionamento detalhado: "Se você continuar a viver sua vida da maneira que está vivendo agora, o que vai acontecer? Mantenha esse tipo de pergunta até que o tema esteja completamente explorado. Não contradiga o cliente de forma alguma e, uma vez mais, permaneça criativamente indiferente. Ocasionalmente faça uma pergunta como: "E qual seria a consequência disso?" ou "E isso seria muito ruim?" A técnica não deve ser usada com um cliente muito frágil, mas pode ser muito potente com uma pessoa que tem apoio adequado para seu autoprocesso. Por exemplo:

Terapeuta: Então o que é que você tem medo que aconteça se você se afirmar e exigir mais de seu namorado?

Ezri: Ele definitivamente não gostaria nada disso.

T: E então o que aconteceria?

E: Ele pode me deixar.

T: E o que é que isso significaria?

E: Então eu ficaria sozinha.

T: E então?

E: [*pausa*] Bem, eu mais ou menos gostaria de dizer que não poderia suportar isso. Não poderia viver. Mas suponho que isso não é verdade. Eu ficaria terrivelmente só. E terrivelmente triste. Talvez enlouquecesse.

T: E como é que isso seria?

E: [*pausa*]Oh, suponho que provavelmente não enlouqueceria. Eu veria meus amigos mais... [*ri*]... Na verdade, é estranho... percebo que a pior coisa que poderia acontecer é que eu sofreria. É um alívio e tanto.

Trabalhando com introjetos

Uma forma específica de situação inacabada pode ser observada quando um cliente está imobilizado em virtude de um introjeto. Introjetos são internalizações de crenças alheias, muitas vezes de regras significativas da sociedade que permitem que nos encaixemos em nossas comunidades. Exemplos claros podem ser vistos nas instruções rigorosas dadas às crianças, que são absorvidas muitas vezes sem a devida compreensão tais como: "Não brinque perto da rua principal" ou "Venha para casa antes de escurecer", "Não roube". Embora muitos introjetos sejam necessários e úteis, outros podem ser cruciais para a rigidez de uma situação inacabada. Elas são premissas negativas excessivamente generalizadas sobre o mundo ou impostas às crianças sobre elas mesmas, tais como: "Nunca dependa dos outros" ou "Você nunca vai ter sucesso" ou "Faça a eles antes que façam a você". Quando a criança cresce, ela pode ainda sentir uma forte pressão para obedecer ao introjeto e se sente desconfortável se tenta ir contra ele. Às vezes, se ele presta atenção a sua zona média, o cliente pode ouvir a instrução real e, se lhe perguntarmos, pode realmente até dizer quem lhe "deu" essa instrução.

> **Sugestão**
>
> Lembre-se de sua infância, que mensagens ou instruções eram parte de sua vida em família? Havia regras específicas sobre comer? "Não ponha os cotovelos na mesa", "Não coma com a boca aberta". Que mensagens você recebeu sobre seu corpo, honestidade, moralidade, cultura? Agora reflita sobre quantas dessas instruções você ainda segue. Você escolheu todas elas livremente como um adulto ou há algumas que você apenas obedece sem questionar?

Muitos dos problemas que mantêm o passado inacabado dependem de uma crença ou opinião que foi absorvida sem ser percebida e nunca foi questionada. É tarefa do terapeuta ajudar o cliente a trazer tais introjetos para a *awareness* de tal forma que ele possa escolher se as vai seguir ou não. O terapeuta não deve normalmente tentar ter qualquer influência sobre quais crenças são úteis ou não. É prerrogativa do cliente decidir se ele quer mantê-las ou rejeitá-las. Algumas sugestões:

- Identifique as implicações totais do introjeto. Você pode cuidadosamente explorar as premissas subjacentes, isso traz o introjeto ou a crença para a *awareness*: "Percebo que você tem uma forte crença de que nunca vai fazer nada direito", "Como é que você veio a acreditar nisso?" "É verdade que você *nunca* faz *nada* direito?" "Você acha que é *sempre* errado expressar emoções?"

- Clientes com apoio suficiente podem ser convidados a exagerar o introjeto a fim de compreender a extensão de seus limites no presente. Por exemplo: "Diga-me com toda sua energia e convicção que você nunca se deixará ficar zangado". Você pode então pedir ao cliente que diga a crença em voz alta, ou até que a grite. "Nunca mostrarei minha raiva em quaisquer circunstâncias." Isso por si só às vezes traz o introjeto claramente para a *awareness*. Isso pode também mostrar ao cliente com quanta rigidez ele vem mantendo essa crença e como ele a aplica em todas as situações sem questioná-la. O cliente pode começar a ficar curioso a essa altura e até mesmo genuinamente confuso sobre o motivo pelo qual ele acredita nisso tão firmemente.

- Às vezes um desempenho de papéis ou atuação é necessário no qual o terapeuta ajuda o cliente a voltar atrás para enfrentar a pessoa ou a situação em que ele absorveu o introjeto. Ele então pode tomar uma nova decisão, rejeitar a mensagem, modificá-la ou discutir com o doador do introjeto com todos seus recursos e compreensão do aqui e agora.

A desestruturação de tais mensagens rígidas muitas vezes permite ao cliente que siga adiante por sua própria escolha e afaste-se da influência do passado que está mantendo o impasse.

Integrando o trabalho

O fechamento de algumas situações inacabadas pode nunca ser totalmente alcançado. Acreditamos que a expectativa de se recuperar totalmente de todos os efeitos de uma perda profunda, da privação ou do abuso, é pouco realista. Melnick e Roos (2007) falam sobre a necessidade de evitar o "mito do fechamento" e aceitar a inevitabilidade de muitos eventos vitais inacabados.

O cliente pode sempre ter vulnerabilidades em uma área específica e você pode ter de retornar àquele território muitas vezes quando novas situações provocam uma crise semelhante. No entanto, o estágio final é assimilar o que foi aprendido, talvez para procurar o melhor ajuste criativo ao aqui e agora e depois seguir adiante.

Exemplo

Christine decidiu compartilhar sua história com seu namorado atual e ambos concordaram em discutir seus medos e ansiedade à medida que eles surgissem. Dali em diante, o relacionamento passou a ser tanto um espaço para a descoberta e o crescimento como o consultório tinha sido. Libertada das amarras de sua situação inacabada, ela percebeu as várias maneiras pelas quais vinha limitando suas reações a seu namorado. Ficou, então, muito excitada com os desafios à medida que ia encontrando novas situações que exigiam novas maneiras de ser.

De muitas formas as situações inacabadas podem ser consideradas como o obstáculo principal para uma vida saudável no aqui e agora e seu fechamento irá permitir ao cliente seguir adiante com uma abertura total para novas experiências.

Leitura recomendada

CLARCKSON, P. & MacKEWN, J. (1993). *Key Figures in Couselling and Psychotherapy*: Fritz Perls. Londres: Sage [cf. p. 68-72 e 115-120].

HARRIS, E. (2007). "Working with forgiveness in Gestalt therapy". *Gestalt Review*, 11 (1), p. 108-119.

KORB, M.P.; GORRELL, J. & VAN DE RIET, V. (2001). *Gestalt Therapy*: Practice and Theory. 2. ed. Nova York: Pergamon Press [cf. p. 63-64 e 127-129].

MELNICK, J. & ROOS, S. (2007). "The myth of closure". *Gestalt Review*, 11 (1), p. 90-107.

POLSTER, E. & POLSTER, M. (1973). *Gestalt Therapy Integrated*. Nova York: Vintage Books [cf. cap. 2].

12
Transferência e contratransferência

> *Não é possível fazer uma boa terapia sem lidar competentemente com os fenômenos de transferência. E tampouco podemos fazer uma boa terapia ignorando as questões de desenvolvimento. No entanto, na Gestalt-terapia lidamos com essas duas coisas usando as perspectivas dialógicas e fenomenológicas.*
> YONTEF (1991: 18).

O que queremos dizer com transferência e contratransferência?

A transferência é um fenômeno que foi descrito pela primeira vez por Freud no começo dos anos de 1900, no qual se diz que o cliente transfere aspectos de relacionamentos passados para o relacionamento atual com seu analista. Atuariam com o analista *como se* ele fosse a mãe ou o pai do cliente ou alguma figura significativa do seu passado. A princípio Freud considerou-a como uma interferência à análise, mas posteriormente a interpretação da transferência passou a ser um foco terapêutico importante. Perls (1947) estava muito interessado em afastar a terapia Gestalt dessa ênfase; ele não negou a realidade da transferência, mas questionou sua importância. Perls afirmou que a necessidade terapêutica prioritária é estabelecer um relacionamento real e autêntico. Em suas tentativas para se distanciar da terapia psicanalítica, os primeiros gestaltistas muitas vezes afirmavam que "não trabalhavam com transferência". Na verdade, o que eles queriam dizer era que não trabalhavam com ela da mesma maneira que os psicanalistas. Mas ela é ainda uma parte vital da terapia como Yontef afirma em nossa citação no princípio do capítulo. Psicanalistas tradicionais tendem a explorar e interpretar a transferência, enquanto terapeutas gestaltistas tentam entender e trabalhar com o efeito que ela tem no aqui e agora. Ela ainda é parte do relacionamento "real" e é parte também de uma influência mútua ou cocriação. Essa é uma distinção importante do entendimento freudiano da transferência como sendo gerada unicamente pelo cliente e recebida por um analista neutro. Na visão gestáltica, a influência e o efeito do terapeuta são crucialmente relevantes para entender o fenômeno da transferência e acreditamos que é mais preciso considerá-lo como sendo formado mutuamente ou cocriado. O que se segue mostra como um relacionamento de transferência cocriado pode se desenvolver.

> **Exemplo**
>
> Edith se sente só e isolada e fala com uma voz monótona e desanimada sobre seus problemas. O terapeuta não se sente envolvido. Sem perceber, ele começa a minimizar a significância daquilo que ela está dizendo. Ele ouve a história de Edith sem prestar muita atenção e volta e meia olha para o relógio de pulso. Também sem perceber Edith registra aqueles sinais familiares de desinteresse. Ela se apressa na sua descrição de um casamento sem vida e termina se desculpando afirmando que talvez esteja exagerando suas dificuldades. Felizmente, o terapeuta tem uma sessão de supervisão antes do próximo encontro com Edith. Nele ele confessa que aceitou uma cliente "um tanto chata" e faz um relato monótono e desinteressado da sessão. A supervisora se sente propulsionada para um processo paralelo, e se descobre quase acreditando que Edith é realmente chata. Mas ela percebe a tempo o que está ocorrendo e começa a fazer perguntas sobre a história de Edith e o relacionamento que ela e o terapeuta estão desenvolvendo. Ela faz perguntas: Mas o que ocorreu então? Como é que a Edith reagiu a isso? Onde estava a energia dela? Qual foi sua linguagem corporal? O terapeuta percebe, para seu desconforto, que ele não tinha tido curiosidade sobre nenhuma dessas coisas.
>
> Gradativamente, ele começa a perceber que ele e Edith tinham cocriado um relacionamento de distância e falta de envolvimento. Reconhece uma possível transferência entre eles em que ela representava, para ele, sua mãe deprimida e ele, para ela, seu pai desinteressado. Começa, então, a imaginar a possibilidade de um diálogo diferente entre eles. Em sua próxima sessão, ele diz: "Estive pensando sobre você, Edith, e percebo que não sei muita coisa sobre como você está se sentindo quando me fala sobre sua vida. Você pode me falar um pouco mais? Dessa vez ele permanece envolvido, presente e inclusivo. Quando Edith não se aprofunda muito sobre seus próprios sentimentos e reações ele a interrompe e lhe pede que se concentre em suas sensações corporais. A princípio isso gera uma sensação de desorientação por parte de Edith, mas gradativamente ela fica mais animada e o campo cocriado fica mais vibrante e interessante à medida que um verdadeiro encontro começa a ocorrer.

O grau de transferência que é cocriado será diferente em cada situação, dependente da força das expectativas relacionais do cliente e quanto dessa transferência está fora da *awareness* tanto do cliente quanto do terapeuta. Não há dúvida de que quanto mais o terapeuta e o cliente podem se envolver em um diálogo eu-você, menos transferência irá ocorrer. Tendo dito isso, há momentos em que pode ser útil para objetivos de compreensão separar a cotransferência e identificar as contribuições do cliente e do terapeuta a fim de ajudar o cliente a compreender suas experiências mais profundamente e também a forma como ele construiu seu mundo.

O processo pelo qual o cliente (ou qualquer outra pessoa, aliás) usa sua história para entender o presente, ou cria expectativas relacionais é, é claro, necessário para a vida comum. É a maneira pela qual eu tento reconhecer a intenção de um velho amigo que se aproxima para me cumprimentar. Meu reconhecimento e minha reação (estendendo os braços para abraçá-lo, p. ex.) têm como base minha antecipação ou a transferência de memórias e experiências passadas de nossa amizade ou de experiências relacionais semelhantes com outras pessoas. Esse tipo de transferência é uma função essencial e necessária que nos permite fazer sentido do mundo baseando-nos em nossa experiência prévia.

O aspecto mais significativo de um processo *saudável* é que ele está sendo atualizado constantemente, permitindo que a realidade do presente modifique expectativas e antecipações. No entanto, às vezes, efetivamente tomamos uma decisão de que aquilo que *foi* verdade *sempre será* verdade e não tentamos atualizar nosso quadro de referência – ou, para ser mais preciso, não *podemos* atualizá-lo: os padrões relacionais nos quais ele está baseado não são acessíveis para um reajuste porque formam parte de nosso processamento fora da *awareness* – nossas estruturas de fundo.

Quando uma criança pequena luta para fazer sentido do mundo no qual ela nasceu, ela o faz procurando padrões e encontrando eventos previsíveis, estabelecendo uma sensação de quais ações produzem quais resultados. Para fazer isso, ela precisa estabelecer modelos ou gestalts fixos sobre como o mundo é, para que isso lhe permita compreender como interagir para obter a satisfação de suas necessidades. Esses modelos são usados para entender seus relacionamentos com as pessoas importantes ao seu redor, o mundo físico e seu lugar nele. Os primeiros modelos são aqueles que se originam do campo relacional com seus cuidadores primordiais – normalmente sua mãe ou seu pai (mas muitas vezes os avós ou irmãs e irmãos mais velhos) – e são esses primeiros relacionamentos, e mais tarde os relacionamentos na escola, que normalmente formam a base para sua compreensão de todos os relacionamentos subsequentes, especialmente os mais íntimos. A insistência aparente dos fenômenos de transferência é muitas vezes resultado da presença de situações inacabadas de relacionamentos passados que estão procurando fechamento.

Por exemplo, se eu, na infância, tive um pai crítico e dominador, posso habitualmente reagir com ansiedade e com a expectativa de que vou fazer as coisas erradas. Eu desenvolveria então um modelo relacional ou padrão de reações de me sentir ansioso perto de homens em posições de autoridade. Se eu esperar essa reação de cada homem ligeiramente arrogante que eu conhecer – mesmo depois de ter crescido e saído de casa – então essa seria parte de uma transferência cocriada e uma maneira limitada de se relacionar.

> **Sugestão**
>
> Rapidamente complete as seis frases seguintes usando um adjetivo ou uma breve descrição; por exemplo, mães são bondosas, elas gostam dos filhos e cuidam deles.
> Mães são...
> Professores são...
> Homens são...
> Doutores são...
> Cachorrinhos são...
> Veja se as respostas trazem à tona algumas de suas expectativas transferenciais.

O terapeuta presume que as transferências e os estilos de estabelecer contato que ocorrem no consultório serão reflexos dos relacionamentos do cliente (e dos seus próprios) no mundo mais amplo. Dessa forma, o consultório pode ser um esboço da vida relacional do cliente.

Reconhecendo a transferência

A transferência é um processo *ativo* e com maior precisão deveria ser chamado de "transferindo" (embora, para efeitos de clareza, decidimos continuar com o uso mais comum). Nas formas mais fortes de transferência, é possível ter uma sensação de que o cliente o está tratando de uma maneira tão estranha ou inapropriada que você sente como se ele nem sequer o estivesse vendo. Você achará difícil fazer sentido da reação que ele tem a você, como se você estivesse fazendo ou dizendo coisas que só ele percebe. Por exemplo, alguns clientes parecem idealizá-lo após umas poucas sessões, dizendo que você é o terapeuta perfeito, que tudo que você diz é profundo e perspicaz ou que só você o entende completamente. Para (a maioria dos) terapeutas isso é difícil de acreditar, especialmente quando você esteve pensando que era difícil estabelecer um bom contato com aquele cliente.

Para outros clientes, suas férias (acordadas muito tempo antes) são vistas por eles como um desejo deliberado de abandoná-los e revelam que você não se importa com eles. Sob investigação, a evidência que eles têm para acreditar nisso não é compatível com nada com que você possa se identificar, pelo menos em *awareness*, mas eles parecem se agarrar rigidamente àquela percepção que têm de você.

Com frequência, no entanto, a transferência é muito mais sutil e muito mais cocriada. Às vezes você só a reconhecerá por uma reação incongruente (contratransferência) que você está tendo ao cliente, tal como se sentindo incomumente cansado, irritadiço, crítico; ou, ao contrário, protetor e carinhoso. Outras vezes, a dança da transferência e da contratransferência irão combinar tanto com as preferências relacionais do cliente e do terapeuta – por exemplo um cliente temeroso e um terapeuta zeloso – que um tempo considerável decorre até que a "atuação" do Gestalt relacional estabelecido seja percebido.

Identificando sua contratransferência

Na tradição analítica original, *todas* as reações ao cliente são rotuladas como contratransferência, mas, como gestaltistas, acreditamos que isso é uma generalização exagerada e pouco proveitosa e oferecemos a seguir três categorias diferentes de reação do terapeuta.

- Em primeiro lugar, essa é uma reação realista à situação do aqui e agora? Você pode se sentir positivo com relação ao cliente – isso é porque o cliente é simpático e carinhoso com relação a você? Ou você pode se sentir precavido e temeroso – isso é porque o cliente é difícil e agressivo? Isso pode ser uma reação normal do aqui e agora.

- Segundo, pode ser uma contratransferência *reativa*. Esse é o sentido mais tradicional da palavra, em que você está reagindo às expectativas ou esperanças transferenciais do cliente (em outras palavras o relacionamento repetido ou necessitado).

- Terceiro, quanto disso é sua própria transferência – isso é sua própria situação inacabada sobre aquele tipo de pessoa? (Chamada de contratransferência proativa por Clarkson (1992).) Por exemplo, você pode ter uma reação de ansiedade se o cliente o faz lembrar-se de sua mãe carente. Uma boa pergunta a se fazer é: "Esse é um sentimento/pensamento que me é familiar?" Se a resposta for "sim" então é melhor presumir que a contratransferência é, pelo menos em grande parte, sua própria transferência. Você deve, portanto, mantê-la para uma investigação mais profunda posteriormente, idealmente na supervisão ou na terapia, e ao mesmo tempo lembrar-se de que ela continuará a ter influência no relacionamento cocriado.

Quando você reconheceu sua própria contribuição, será útil refletir sobre aquilo que você aprendeu sobre o cliente graças a suas reações: Por que *esse* cliente específico evocou *essa* transferência em você *naquele momento*? O que é que ele está lhe transmitindo? Por que é importante que você se sinta assim?

> **Sugestão**
>
> Examine a história de sua própria vida, particularmente seus relacionamentos. Existem quaisquer padrões estabelecidos ou que se repetem que parecem ter sido verdadeiros durante toda sua vida? Por exemplo, escolhendo parceiros que o tratavam mal, ou que sempre gostam de cuidar de você, encontrando amigos que são ou dominadores ou dominados, tendo relacionamentos difíceis com seu chefe. Tendo identificado seus padrões relacionais, reflita sobre que implicações isso pode ter para seu relacionamento com seus clientes.

De qualquer forma, identificar a transferência de uma maneira precisa implica uma autoconsciência e clareza por parte do terapeuta que é difícil de conseguir, especialmente porque o terapeuta normalmente está desempenhando um papel no fenômeno cocriado. É também por essa razão que é crucial para psicoterapeutas em treinamento terem sua própria terapia.

A Figura 12.1 tenta ilustrar o movimento entre padrões de relacionamento rígido para os momentos de encontro do tipo eu-você. O eixo vertical representa a influência decrescente de padrões passados – aquilo que Jacobs (2000) chama de "padrões duradouros". O eixo horizontal descreve o movimento decrescente correspondente na pressão sobre o outro para que assuma um papel complementar no intercâmbio, conectado com um tipo de relacionamento de eu-isso até eu-você.

A figura elabora três áreas de relacionamento.

Na parte inferior à esquerda está o relacionamento eu-isso, completamente rígido, em que o indivíduo é impulsionado em grande medida por suas versões internas de outras pessoas e suas expectativas relacionais. Esse tipo de padrão repetitivo exige meramente a presença cotidiana de algo ou de alguém para provocar um antigo padrão comportamental (às vezes tão geral quanto seu gênero ou sua maneira de se vestir, às vezes um gesto momentâneo com a mão, um perfume ou um olhar pela janela). Isso é frequentemente encontrado em transtornos de personalidade, apresentações de traumas ou, no ponto extremo, em processos psicóticos.

A área superior à direita descreve um relacionamento eu-você em que os padrões relacionais históricos são adaptáveis e apropriados no presente e o cliente está totalmente aberto para reagir àquilo que surge no encontro do aqui e agora. Esse é o território do cliente saudável que pode ter vindo para trabalhar sobre crescimento e expansão.

A área no meio descreve o território mais comum do relacionamento terapêutico, que, em maior ou menor grau, é moldado por experiências relacionais passadas. Algumas dessas repetições relacionais podem ser positivas e levarem ao crescimento, por exemplo, uma experiência guardada profundamente de um relacionamento seguro e carinhoso. No entanto, com frequência elas não são assim. Elas são o legado de situações inacabadas e *replays* de relacionamentos passados – aqueles que ocorreram ou aqueles que foram imaginados e ansiados (aquilo que STERN, 1994 chama de "relacionamentos repetidos e necessitados").

Embora o terapeuta gestáltico e seu cliente venham a ter muitos momentos na área superior à direita de emergência reativa (especialmente à medida que uma terapia bem-sucedida vai chegando ao fim) é provável que a maior parte de seu trabalho esteja na área intermediária. Aqui, espera-se que o terapeuta esteja consciente o bastante de seus próprios padrões relacionais para saber que parte ele pode estar desempenhando em qualquer atuação de cotransferência.

Agora vamos explorar essa área intermediária mais detalhadamente, com seu rico potencial para repetição ou diferença. Como dissemos antes, alguns padrões relacionais são funcionais e substanciais. Neste capítulo nos concentramos apenas naqueles aspectos que são problemáticos para a pessoa, que podem ser vivenciados ou como negativos ou aparentemente positivos.

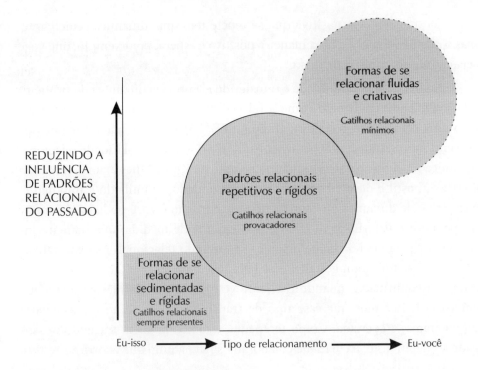

Figura 12.1 Tipos de relacionamento

O relacionamento repetitivo

Uma transferência *negativa* repetitiva é aquela em que o cliente pode (normalmente inconscientemente) perceber ou esperar que você tenha as mesmas qualidades ou atributos negativos que uma pessoa de seu passado relacional, por exemplo uma figura parental, crítica, hostil ou que o abandonou e ele rapidamente percebe sinais dela em você. Ele então o trata como se você fosse aquela figura, ignorando reações ou qualidades que não confirmam aquela imagem.

Exemplo

Quando Kira, a terapeuta, sugeriu que poderia ser útil revisar o trabalho deles na sessão seguinte, Miles imediatamente se zangou e disse: "Eu sabia que você estava tentando se livrar de mim".

Uma transferência positiva que se repete tem uma dinâmica semelhante, mas o cliente vê você de uma maneira positiva e espera, por exemplo, que você seja carinhoso, sábio e afetuoso.

Com frequência, aquilo que é transferido é a própria dinâmica do primeiro relacionamento, conhecido como a relação objeto (para uma expansão disso com uma perspectiva gestáltica, cf. DELISLE, 2013). Aqui, não é uma pessoa específica que é transferida para o consultório e sim uma polaridade relacional dinâmica na qual – para continuar o exemplo de Kira e Miles acima – um lado é crítico, hostil e desdenhoso e o outro intimidado, humilhado e impotente. Nesse tipo de dinâmica o cliente ocupa um extremo e você pode se encontrar ocupando o outro. Essas dinâmicas são em grande medida uma maneira inconsciente pela qual o cliente organiza seu mundo relacional. As expectativas relacionais se tornaram gestalts fixos habituais e podem ser facilmente provocadas ou confirmadas quando o cliente vê um aspecto da mesma qualidade em você. Reiteramos que esse tipo de transferência, da seção intermediária do diagrama, é cocriada. Como terapeuta, estamos também trazendo nossos padrões habituais e, na verdade colaboramos para aquilo que ocorre entre nós.

O relacionamento necessitado

Essa transferência envolve o cliente "pressionando" por um relacionamento com você que foi necessitado para seu desenvolvimento, mas indisponível em seu passado.

Nesse caso, é a transferência da necessidade relacional por "outro" – um outro que vê, valida, recebe, direciona, tranquiliza ou apoia e, ao fazê-lo, fornece o tipo de conexão ressonante que é a base necessária para relacionamentos adultos saudáveis. (Isso é semelhante às transferências idealizadoras e de espelhamento descritas por Kohut (1971, 1977).) A necessidade de ser satisfeito dessa maneira continua por todas nossas vidas, mas é especialmente vital na primeira infância para o desenvolvimento saudável do *self*. Clientes cujas primeiras experiências foram especialmente desprovidas desse tipo de relacionamento, provavelmente irão manifestar esse tipo de transferência, em que o cliente tenta, em um certo sentido, introjetar, internalizar e assimilar a experiência de um outro que o apoia.

Embora reconhecendo a transferência necessitada como uma parte valiosa da terapia, queremos chamar a sua atenção para o conceito de Philippson

(2009) de transferências defensivas e expressivas. Às vezes um relacionamento muito positivo, aparentemente necessitado, pode ser uma posição defensiva que evita conflito.

A dinâmica da transferência/contratransferência

Quando o cliente está experienciando sentimentos transferenciais, é provável que ele se comporte de uma maneira que convida ou provoca uma reação complementar por parte do outro. Se o cliente (ou qualquer pessoa) continuamente vê você e o trata como se você fosse ineficaz (ex.: como o pai dele) é fácil sentir a pressão para corresponder a isso e assumir o papel (especialmente se você tem algumas crenças não resolvidas de que você não é bom o suficiente). É possível que você logo comece a reagir "contratransferencialmente", como se fosse realmente a pessoa ineficaz e impotente que o cliente vê. É possível então que você se descubra sentindo que é um fracasso como terapeuta e que foi preso naquilo que é chamado de "atuação" da transferência em que você se torna, na verdade, um participante ativo na dinâmica da transferência histórica.

> **Sugestão**
>
> Aumente sua consciência da sua contratransferência potencial visualizando um cliente específico; preste atenção em suas sensações corporais e sentimentos. Agora imagine que você tem permissão para dizer ou fazer qualquer coisa sem medo de dano ou repercussões. O que você diria? O que você tem mantido em segredo ou relutado em admitir para si próprio. (Talvez alguns aspectos paralelos?) Quantas dessas reações ou impulsos lhe são familiares em geral, quantas delas são específicas desse cliente?

Investigando as vibrações de seu próprio corpo enquanto você está sentado com o cliente, suas sensações e reações corporais algumas vezes irão permitir que você capte comunicações transferenciais mais sutis antes de elas se tornarem figurais.

Você pode usar sua contratransferência como informação sobre os sentimentos do cliente ou o que poderia ter acontecido com ele que está sendo rebobinado no presente. Isso pode ser o sinal de que o cliente precisa encontrar e expressar aqueles sentimentos. Especialmente com sentimentos fortes (p. ex., aqueles evocados pela transferência necessitada) você pode precisar considerar cuidadosamente, talvez na supervisão, qual é a melhor maneira de incorporá-los no relacionamento do aqui e agora.

Sentimos a necessidade de enfatizar que todos os terapeutas (um tanto como todos os seres humanos!) cometem erros. Às vezes, você se descobrirá atuando alguma reação contratransferencial ou após uma sessão ou várias sessões, quando repensa o que ocorreu, percebe que suas atitudes estavam firmemente baseadas em uma dinâmica transferencial cocriada. É essencial aceitar a si próprio nesses momentos. Raramente você terá causado algum dano duradouro. Em nossa experiência, a maior parte dos clientes têm apoio suficiente em seu processo para conseguir ignorar o que não é útil. Pelo contrário a atuação irá fornecer um terreno fértil para descobrir sentimentos profundos em seu relacionamento que não são acessíveis por meio do pensamento e da linguagem. Volte para a próxima sessão com uma abertura para chamar a atenção e explorar o que ocorreu entre vocês e que significados isso pode ter. Receba a reação de seu cliente para com você, tenha empatia com ele, reconheça seus erros e até se desculpe por eles. Tudo isso pode fornecer um campo de investigação e de encontro enormemente fértil. Sua disposição de explorar e compartilhar a tarefa de criar um encontro verdadeiro pode ser enriquecedora para ambos.

Trabalhando com a transferência

É claro que o terapeuta tem uma decisão importante a tomar com relação à transferência (não esquecendo que, na verdade, ela é uma cotransferência). A compreensão da natureza da dinâmica contribuirá para que você decida qual é a melhor reação que pode ter.

Oferecemos sugestões a seguir sobre um trabalho ativo com a transferência. No entanto, como uma orientação geral, sugerimos que quando você tem uma reação relacional confusa, deve começar encontrando algum espaço reflexivo para se perguntar:

- Por que estou tendo esses sentimentos *neste exato momento* no relacionamento?
- Existe um cenário anterior na vida do cliente que faz sentido dos sentimentos que estou tendo? Por exemplo, quando é possível que o cliente ou alguma outra pessoa na vida do cliente tenha sentido o que estou sentindo agora?

- Como posso usar meu entendimento para fazer uma intervenção proveitosa?

Aqui estão algumas das muitas maneiras que você pode escolher como resposta:

Aceite

- Um cliente muito frágil ou traumatizado pode precisar de uma transferência positiva durante o estágio em que a aliança de trabalho está se formando para lhe dar a coragem de se envolver.
- Ao permitir que a transferência se desenvolva sem comentário pode lhe dar a oportunidade de compreender totalmente e avaliar sua natureza ou objetivo (e também lhe dar tempo para considerar qual é sua melhor estratégia!).

Explore

- Atraia a *awareness*, descrevendo o que vê:
  - "Você parece desconfiado quando faço uma sugestão."
  - "Você parece relutante em falar comigo sobre isso."
- Explore a natureza da transferência no relacionamento:
  - "Você tem uma fantasia sobre o que estou pensando agora?" ou
  - "Você parece estar sentindo como se eu estivesse lhe criticando agora."
- Imagine o que ele possa estar sentindo e lhe proponha isso, por exemplo:
  - "Estou me perguntando se você está se sentindo irritado comigo?"

Dê um nome à transferência ou a confronte

Essa, é claro, é a opção óbvia para um gestaltista tradicional e ela envolve mencionar (e questionar) a expectativa transferencial.

Você pode dizer:

- "Você parece estar me tratando como se eu estivesse interessado em descobrir seus erros ou julgá-lo. Não me reconheço em sua reação a mim. Por que motivo você está me vendo dessa maneira?"

ou

- "Você fica me pedindo para que eu lhe diga o que fazer sobre esse problema, como se eu tivesse todas as respostas certas. Pergunto-me por que é que você me vê no papel de um perito?"

Você pode aceitar a reação do cliente como sendo válida (embora ela seja possivelmente transferencial) e confronte-a de uma maneira autêntica, revelando para si próprio suas próprias reações ou fenomenologia.

"Você está me vendo como crítico, mas na verdade sinto carinho por você neste momento" ou, como Perls et al. diz:

- Ele (o terapeuta) enfrenta a raiva com a explicação do mal-entendido, ou às vezes uma desculpa, ou até mesmo com raiva segundo a (sua própria) verdade da situação (1989 [1951]: 249).

Com alguns clientes é fácil que um confronto pareça ser uma crítica, culpando-o ou fazendo com que eles sintam vergonha, portanto a intervenção pode ser feita como uma suposição ou hipótese oferecida com um espírito de investigação mútua.

- "Você parece estar..."

Ou

- "Me pergunto se você está me percebendo como se eu o estivesse julgando?"

Compreenda o gatilho relacional

Como dissemos antes, a reação transferencial do cliente é quase sempre em reação a algum aspecto do conselheiro, seja ele parte de seus padrões, a maneira como a intervenção foi feita, um gesto, uma expressão ou um tom de voz (normalmente não percebido por parte do conselheiro). Pergunte sobre essa possibilidade:

- "Parece que você subitamente ficou zangado há um momento atrás. O que ocorreu?"
- "O que foi que eu fiz ou disse que fez você se calar?"
- "O que ocorreu há pouco? Sua expressão facial mudou e você olhou para o lado."

O conselheiro pode também oferecer sua própria experiência daquele momento lembrado e, se for apropriado, escolher assumir a responsabilidade por sua parte na comunicação ou na má sintonia. Se o pior temor do cliente é que você fique zangado com ele, às vezes é possível que ouvir a verdade – ou seja, que você estava realmente se sentindo irritadiço e que isso é algo normal e não significa que você está abandonando seu compromisso com ele – possa contribuir muito para a cura. Sugerimos que é importante que você expresse seus sentimentos de uma forma moderada – em outras palavras, dizer, por exemplo, que está irritado e não furioso. Isso é porque a dinâmica de poderes desiguais de qualquer relacionamento de ajuda irá amplificar o impacto no cliente. Esse momento muito verdadeiro de distúrbio entre vocês pode ser uma oportunidade para experimentar lidar com a realidade temida de uma maneira nova.

Revele-se

Revele sua contratransferência. Normalmente, com a ênfase no verdadeiro relacionamento e no campo intersubjetivo, o conselheiro gestáltico tem como objetivo descobrir uma forma de mencionar sua contratransferência a fim de aumentar a *awareness* que o cliente tem de sua influência no relacionamento. Abrande sua reação com seu *insight* e sua generosidade, e depois ofereça-a ao cliente como uma sugestão temporária que pode ajudá-lo a entender alguns dos problemas que ele enfrenta em seus relacionamentos. Estressamos isso porque é importante que tanto o cliente quanto o terapeuta saibam que a intervenção está sendo feita com a intenção de ajudar o cliente, e não para que o terapeuta descarregue sua própria tensão. Recomendamos que você leia a seção sobre orientações para a autorrevelação no cap. 4 para apoiar sua estratégia nesses casos.

> **Exemplo**
>
> *Terapeuta:* "Percebi algo que ocorre entre nós que pode lhe ajudar a ter uma melhor compreensão do seu relacionamento com seu chefe/colega/esposa etc. Percebi que, quando você fala, isso parece ter um efeito semelhante em mim àquele efeito que você descreve nele/nela. Estou descobrindo que não me sinto incluída de alguma maneira quando você fala sobre sua dificuldade. Sinto-me um pouco não envolvido. E me pergunto se você gostaria de examinar isso e ver se nós podemos compreender algo que está acontecendo".

Você perceberá várias coisas sobre o exemplo. Uma delas é que deliberadamente usamos uma linguagem que, embora possa não estar dando um exemplo da linguagem de autorresponsabilidade (está tendo um efeito em mim), usa palavras e frases que serão familiares ao cliente. Ela fará parte de seu quadro de referência em vez de convidá-lo a sair dele. Se quisermos argumentar que o que está ocorrendo aqui está ecoando o mundo externo, não é o momento para estar demonstrando novos padrões de comunicação. O terapeuta também se refere às circunstâncias particulares do cliente para fazer com que a intervenção seja relevante. Outra característica do exemplo é o fato de o terapeuta parecer hesitante, expressando um desejo de explorar. Isso não é apenas manipulação ou falsa modéstia. Uma intervenção assim (por mais perspicaz que seja) não tem qualquer valor se não tiver uma ressonância com a experiência e a fenomenologia do cliente. Assim, o terapeuta oferece sua própria fenomenologia para *convidar para uma investigação colaborativa* – não como verdade. Finalmente, o terapeuta negocia com o cliente, para saber se ele *quer* explorar a questão. Isso deixa suficiente poder com o cliente para que ele possa assumir o controle do processo.

Explore o eco de outros relacionamentos

Pergunte ao cliente se a experiência que ele tem de você é verdadeira também com relação a outras pessoas em sua vida:

- "Você sente que espera que outras pessoas na sua vida irão criticá-lo?"

Essa é uma forma muito útil de destacar os processos transferenciais, já que o cliente pode começar a ver como é improvável que todas as pessoas poderiam criticá-lo ou, ao contrário, que se todas as pessoas têm medo dele pode haver algo que ele está fazendo para provocar isso.

Discuta os efeitos prováveis de cocriar o campo dessa maneira. Por exemplo, é possível que ele nunca peça um retorno por medo de críticas e pode ter efetivamente treinado seus amigos e colegas a acreditar que ele não está interessado em nenhum retorno. Como consequência, ele nunca recebe retornos, nem bons nem maus e, portanto, não pode atualizar suas expectativas transferenciais.

Faça a conexão com o relacionamento original. Explore as raízes históricas e todos os elementos diferentes envolvidos.

- "Você se lembra de ter se sentido assim antes?"
- "Quem foi a primeira pessoa que o criticou fortemente?"
- "Alguém o ignorou constantemente quando você era criança?"

- "Então, na sua mente, será que eu me tornei mais uma pessoa em quem você não pode confiar?"

Isso pode levar a uma compreensão valiosa dos relacionamentos dele com os primeiros outros significativos.

Supere a situação inacabada

Às vezes uma situação inacabada do passado precisa ser desconstruída e superada. O cliente pode expressar seus sentimentos com relação a você no aqui e agora como eles são verdadeiros para ele. Resolver alguma coisa diretamente com você – "resolver o passado no presente" – pode ser a cura que é necessária. Às vezes os sentimentos não expressados não emergem e é possível que você tenha de investigar. Por exemplo: "Então como é que se sente quando vivencia ter um terapeuta que não está interessado em você?"

Se a transferência está consciente, você pode proveitosamente oferecer um experimento em que organiza um encontro com a fonte original da reação da transferência. Isso pode envolver desempenho de papéis, atuações, trabalho com duas cadeiras e quaisquer outros experimentos que trazem o material histórico para o presente (cf. cap. 9).

Na sua forma mais simples, isso pode ser apenas mostrar empatia com uma reação transferencial de medo, ou ser compreensivo com relação a um ataque transferencial a você. Para o cliente, pode ser reparador simplesmente ser ouvido, ter sua experiência aceita e ver que ele causou um impacto.

De um modo geral, é útil que o cliente desenvolva uma sensação verdadeira de que ele pode, e realmente deve, expressar todas suas reações para com você, mesmo que elas pareçam irracionais ou difíceis. Você pode induzi-lo a isso e apoiá-lo desde o começo do relacionamento. Isso não é dizer que o trabalho do terapeuta é receber abuso sem questionar. Estamos falando sobre uma investigação colaborativa em um diálogo mutuamente apreciativo.

Ofereça uma reação reparadora

É discutível afirmar que é no relacionamento necessitado que se encontram alguns dos elementos mais importantes da cura. Você se permite ser usado como o "outro" tolerante, interessado, receptivo que estava faltando nos primeiros anos de vida do cliente. Queremos enfatizar, no entanto, que sua função NÃO é tentar ser o pai ou a mãe que ele não teve. É, sim, fornecer uma qualidade de presença receptiva para a experiência do aqui e agora dele, inclusive a de se lamentar pelo pai ou mãe que ele não teve e nunca pode ter.

Espelhar o tom do sentimento do cliente em uma ou duas palavras permite que ele sinta sua inclusão e compreensão. Por exemplo: "Sim, realmente entendo essa tristeza" ou até simplesmente "É triste" com uma empatia verdadeira. Isso por sua vez o ajuda a escutar a si mesmo e a ter empatia com sua própria dor. Comentários longos ou muito cognitivos simplesmente não o alcançarão.

Inevitavelmente você às vezes, "não vai acertar" na visão de seu cliente. Nesses momentos em que o cliente se sente desapontado ou não compreendido é provável que ele sinta um nível profundo de raiva ou de tristeza que pode ser desconcertante tanto para ele próprio quanto para o terapeuta. Pode ser útil simplesmente escutar, gentilmente investigar a experiência dele e ajudá-lo a mencioná-la com sua ajuda.

Quando seus sentimentos tiverem se tranquilizado, pode ser apropriado fazer algumas conexões com os primeiros relacionamentos. No entanto, lembre-se de que nessa transferência o cliente normalmente está repetindo necessidades muito antigas, não verbais e precognitivas. Enquanto o cliente está nesse estágio da terapia qualquer questionamento pode ser experienciado como uma rejeição não empática ou como uma exigência para que ele seja diferente. Mantenha suas intervenções breves e simples.

Fique alerta aos sinais de que esse tipo de relacionamento está dando lugar a um relacionamento repetido. Isso é uma progressão perfeitamente normal e esperada – e até desejável. Permanecer infinitamente em uma forma de contato reparador seria evitar a superação de outras dinâmicas menos positivas e também promover um tipo de visão do mundo em que as experiências do cliente são supremas e nenhum envolvimento ou conexão real ocorre.

Transforme a identificação projetiva

Parte da oferta de uma reação reparadora envolve se permitir estar em sintonia com a dor negada por trás das ânsias da transferência necessitada.

É o território daquilo que é chamado de identificação projetiva (ex.: OGDEN, 1982) (Cf. STAEMMLER, 1993: JACOBS, 2002; PHILIPPSON, 2012, para um debate gestáltico sobre o significado deste conceito).

Aqui o terapeuta começa a sentir emoções fortes, bastante primitivas que, nas teorias psicanalíticas são compreendidas como um tipo de transferência e atribuídas ao fato de a experiência reprimida do cliente ser "colocada" de alguma maneira no terapeuta. No entanto, na Gestalt, pensamos sobre esse fenômeno de uma maneira muito diferente. Não acreditamos que o cliente possa "colocar coisas" no terapeuta. Vemos isso como uma forma de ressonância empática profunda pela qual o terapeuta, por se conhecer e estar em contato consigo mesmo, não só se sintoniza com os sentimentos "próximos à experiência" do cliente, mas também com suas emoções mais profundas, inexploradas ou até negadas.

O processo começa quando os sentimentos que emergem ameaçam ser devastadores e ingovernáveis e por isso são (inconscientemente) renegados e negados (ou o cliente se dessensibiliza deles). O terapeuta, no entanto, está em sintonia com eles e indiretamente vivencia os aspectos renegados. Philippson (2012) os descreve como uma consequência natural de uma percepção inconsciente dos sinais (também inconscientes) corporais e faciais do cliente que denotam a situação inacabada. Um sinal de que você pode ter captado um sentimento rejeitado de seu cliente é quando você fica consciente de sentir algo estranho – pode ser uma emoção, uma sensação, uma imagem inesperada, um movimento corporal e assim por diante. Terapeutas relatam ter se sentido subitamente apavorados, ou enjoados, ou tontos, ou mortos de fome ou imersos em ondas de fúria.

Primeiro, simplesmente contenha a emoção e permaneça com ela. O papel do terapeuta é aceitar, manter e *assumir a responsabilidade por esses sentimentos*, a fim de fazer aquilo que o cliente não podia fazer. Continue trabalhando com o cliente normalmente na medida do possível, sabendo que sua função é complexa. Frequentemente o sentimento parecerá inaceitável – certamente não o tipo de sentimento que um terapeuta "deve supostamente sentir". O cliente evocou o sentimento, mas ele *ainda é a experiência do terapeuta*. Ele pode ou não decidir mencioná-lo ao cliente, mas, de qualquer forma, ele precisa sobrevivê-lo sem retaliação, colapso ou vergonha, em benefício do relacionamento.

Ele precisa refletir sobre o sentimento, explorá-lo e assimilá-lo. À medida que o sentimento é aceito e integrado, ele pode ser reconhecido pelo cliente que então, pode, ele próprio, voltar a assumir a responsabilidade por ele. O processo de assumir responsabilidade e integrar pode ser transformador tanto para o terapeuta quanto para o cliente.

Outra dificuldade possível é que o cliente, sintonizando-se com o sentimento que está sendo mantido pelo terapeuta possa atacá-lo como *ele próprio* foi, em um determinado momento, atacado por causa dele. Você pode se descobrir recebendo uma enxurrada de críticas. É importante que, uma vez mais, demonstre que você mesmo não acha que o sentimento é inaceitável e pode sobreviver tanto à experiência de senti-lo quanto ao ataque do cliente.

Com alguns clientes é possível que você nunca vivencie esse tipo de transferência. Se o fizer, sugerimos que esses são os momentos para fazer bom uso de sua supervisão e de sua terapia pessoal porque esses são os momentos em que é fácil ficar desorientado e perder seu caminho relacional.

Conclusão

A fim de explicar essas formas de transferência as separamos como se fossem experiências distintas. Na realidade, é claro, todos as áreas transferenciais existem em conjunto, embora às vezes, uma delas e, outras vezes, outra, tornem-se figurais em um determinado momento.

Transferência erótica

Quando um cliente se apaixona pelo terapeuta, é quase sempre um fenômeno de transferência ou pelo menos está baseado na intimidade altamente especializada do relacionamento de aconselhamento. Normalmente isso é mais problemático quando a transferência é erótica ou sexual.

A maioria das culturas têm fortes tabus sobre falar abertamente sobre sexualidade e isso é frequentemente associado com vergonha, insegurança ou abuso. Junto com a energia extremamente carregada que a sexualidade carrega, ela é um campo minado potencial para o conselheiro despreparado, principalmente porque a natureza relacional do encontro significa que você também pode estar vivenciando uma energia erótica. No entanto, recomendamos que você descubra uma maneira de criar uma atmosfera de abertura sobre atração e sexualidade. As revelações e perguntas do cliente nessa área precisam merecer o mesmo respeito, afirmação e interesse do que qualquer outro tema. Nesses momentos, se você pressentir que pode haver confusão na mente do cliente sobre um contato sexual real, é possível que você necessite afirmar os limites do relacionamento, associando-os com o código ético ao qual você subscreve. Isso poderia ser algo como:

- "Quero lhe falar sobre os limites de nosso relacionamento. O código ético a que subscrevo diz que não me é permitido ter um relacionamento com você fora de nossas sessões. Isso significa que nunca nos encontraremos como amigos ou teremos qualquer outro relacionamento além do relacionamento terapêutico. Isso é uma forma de proteger o trabalho e a natureza e objetivo de nosso relacionamento terapêutico."

Tendo esclarecido isso, você deve ser capaz de explorar todos e tudo que surgir nessa área, embora as seguintes advertências precisem ser lembradas.

A pesquisa mostra que um relacionamento sexual entre cliente e terapeuta é quase sempre traumatizante e abusivo no longo prazo, mesmo que o relacionamento comece após o término do aconselhamento.

Às vezes o terapeuta pode se sentir constrangido ou desconfortável por uma discussão sobre o amor ou sentimentos sexuais do cliente com relação a ele. É útil lembrar que se o terapeuta reagir com ansiedade ou retraimento, ele se arrisca a dar a impressão de desaprovação ou a evocar vergonha.

Se o cliente lhe perguntar se você o acha atraente, você precisa primeiramente decidir se vai responder à pergunta ou se vai explorá-la. ("Como minha opinião é importante para você?") Se você decidir que uma resposta direta é apropriada, encontre uma afirmação que seja adequada. "Acho que *você é* um homem/mulher muito atraente." Perceba a nuança diferente de significado se você disser, em vez disso: "Acho você atraente" ou "Tenho atração por você" (afirmações provocadoras e que potencialmente podem ameaçar os limites). Descobrimos que é útil imaginar o que um bom pai ou mãe diria para seu filho ou filha adolescente se ele ou ela lhe fizesse a pergunta.

A sexualidade é muitas vezes uma necessidade por afeto, amor ou afirmação representada erroneamente. Se, quando criança, o cliente teve de ser sedutor a fim de obter a atenção de um pai ou mãe, é possível que ele faça o mesmo com você.

Há uma diferença crucial entre a sexualidade adulta e a sexualidade de uma criança. Muitos de nossos clientes entram em contato com questões antigas e podem, como uma criança, estar descobrindo sua sexualidade ou fazendo experiências com ela e com o efeito que ela tem em outros. Eles precisarão de uma reação (parental) com limites nesse momento, uma reação que é carinhosa e tolerante, mas que estabelece limites naquilo que é apropriado.

Clientes com uma história de abuso sexual podem tentar "ultrapassar os limites" como uma atuação inconsciente de suas próprias experiências como vítimas de abuso. Podem pedir para serem tocados ou abraçados ou estar muito interessados em saber se são atraentes para você.

Mantenha-se alerta para sua própria sexualidade ou poder de sedução especialmente como ela pode estar fora de sua *awareness*. Tenha cuidado também para não ser desviado de seu curso ao sentir-se elogiado pela admiração do cliente.

Os sentimentos de contratransferência erótica do conselheiro são normais e precisam ser discutidos na supervisão ou terapia. Podem ser uma fonte preciosa de entendimento, embora lhe recomendemos que não os revelem ao cliente. É difícil perceber qualquer valor terapêutico nisso; poderia implicar uma forte exigência por parte do conselheiro e isso pode intimidar o cliente, ou poderia repetir uma dinâmica transferencial.

> Na prática de sua arte, o terapeuta deve tratar aqueles pacientes que fazem declarações amorosas com ternura e compreensão. É importante perceber que o amor que é demonstrado pelo paciente para com o terapeuta é tão "genuíno" – embora possa não ser tão realista – quanto o amor que ocorre fora da situação terapêutica (STORR, 1979: 78).

Sugestão

Pense por alguns minutos sobre seus próprios padrões com relação à sexualidade. Isso era um assunto abordado em sua família? Que mensagens você recebia sobre sua própria sexualidade ou seu gênero? Quão importante é para você que as pessoas o considerem atraente? Que apoio você necessitaria para ser capaz de discutir esses assuntos com clientes à medida que eles forem surgindo?

Conclusão

A transferência é um componente inevitável de relacionamentos e, como tal, ela invariavelmente passa a ser parte da maioria dos relacionamentos de aconselhamento, seja ela reconhecida ou não. É a maneira como o cliente organiza seu campo relacional e é, portanto, uma fonte valiosa de informação para o conselheiro. Ao contrário dos psicanalistas, não estamos interessados em trabalhar com a transformação da interpretação histórica. Estamos interessados no passado que ainda está ativo no presente, e sua interação no relacionamento com o conselheiro, aqui e agora.

Terminamos com duas regras básicas. A primeira é conhecer seu próprio perfil e vulnerabilidade transferenciais. Familiarize-se com suas próprias expectativas relacionais de tal forma que você possa predizê-las e levá-las em conta. A segunda é refletir regularmente sobre que Gestalt fixa relacional de transferência e contratransferência pode estar surgindo entre você e o cliente e confiar que isso vai ser importante para a jornada de vocês dois.

Leitura recomendada sobre transferência

CLARKSON, P. & MacKEWN, J. (1993). *Key Figures in Counselling and Psychotherapy*: Fritz Perls. London: Sage [cf. p. 132-134 e 177].

MacKEWN, J. (1997). *Developing Gestalt Counselling*. Londres: Sage [cf. cap. 10].

MELNICK, J. (2003). "Countertransference". *British Gestalt Journal*, 2 (1), p. 40-48.

PHILIPPSON, P. (2002). "The Gestalt therapy approach to transference". *British Gestalt Journal*, 11 (1), p. 16-20.

STAEMMLER, F.-M. (1993). "Projective identification in Gestalt therapy with severely impaired clients". *British Gestalt Journal*, 2 (2), p. 104-110.

THOMAS, B.Y. (2007) "Countertransference, dialogue and Gestalt therapy". *Gestalt Review*, 11 (1), p. 28-41.

Leitura recomendada sobre eroticismo

CORNELL, B. (2004). "Love and intimacy - a reply to Quilter". Apud "Letters to the Editor". *British Gestalt Journal*, 13 (1), p. 41-42.

LATNER, J. (1998). "Sex in therapy". *British Gestalt Journal*, 7 (2), p. 136-138.

MANN, D. (1997). *Psychotherapy*: An Erotic Relationship. Londres: Routledge.

O'SHEA, L. (2003). "The erotic field". *British Gestalt Journal*, 12 (2), p. 105-110.

PHILIPPSON, P. (2012). *Gestalt Therapy* – Roots and Branches. Londres: Karnac [cf. cap. 10].

QUILTER, S.J. (2004). "Yes! But...what about love?" Apud "Letters to the Editor". *British Gestalt Journal*, 13 (1), p. 38-40.

SPAGNUOLO LOBB, M. (2009). "Is Oedipus still necessary in the Therapeutic Room?" *Gestalt Review*, 13 (1), p. 47-61.

WALLIN, D.J. (2007). *Attachment in Psychotherapy*. Nova York: Guilford.

13
Processo incorporado

> *O terapeuta deve, a cada hora, estimular um campo incorporado forte o suficiente para ajudar o cliente a manter sua vida corporal e sua experiência intrínsecas à sua experiência que está em andamento.*
>
> KEPNER (2003: 10).

A maneira como o corpo de um cliente se movimenta e se expressa é a manifestação do mundo interno não falado de uma pessoa. Pela maneira como ele está ativo ou fica imóvel, pela maneira como ele tenta se comunicar ou se retrai, o cliente está fisicamente atuando seus sentimentos, necessidades, ajustes criativos e crenças. Essa valiosa veia de comunicação pode ser perdida ou negligenciada a menos que o terapeuta esteja ativamente sensível ao processo de seu próprio corpo e mantenha-se alerta para as mensagens silenciosas do corpo do cliente.

É também a característica da Gestalt como uma terapia "incorporada" em que uma experiência sentida de seu corpo ou de sua vivacidade é o ponto de partida para todo o trabalho terapêutico e uma forma de lembrar continuamente ao cliente para incluir sua experiência somática em sua autoconsciência.

Em muitos casos de clientes que buscam a terapia por ansiedade, depressão, abuso, vícios e transtornos alimentares, as sensações corporais do cliente (ou a falta delas) são as únicas dicas disponíveis para aquilo que está oculto ou é evitado. Elas são portais potenciais para a dinâmica subjacente do problema e a tarefa do terapeuta é "ajudar o cliente a fazer com que as mensagens de seu corpo sejam inteligíveis" (KEPNER, 1987: 69). Para muitos clientes, as sensações corporais são também a evidência de questões de desenvolvimento, às vezes a única evidência de uma história de trauma e, para alguns, é a maneira que eles podem comunicar aquilo que não pode ser expresso em palavras.

A reação corporal do terapeuta pode também ter uma ressonância não falada, o conhecimento empático e os meios de uma compreensão mais profunda do mundo do cliente. Realmente os "neurônios espelho" em uma parte do cérebro (identificados por RIZZOLATTI et al., 1996) efetivamente nos dão uma impressão fisiológica das experiências do outro e é bastante provável que sejam as bases neurológicas para a reação empática. Eles nos permitem ter uma sensação sentida do outro.

Suas próprias reações corporais podem lhe dar uma informação valiosa sobre o que está ocorrendo com o cliente somática e emocionalmente sem que ele esteja consciente disso. É também o lugar em que você pode perceber o fluxo e refluxo do relacionamento incorporado. Por esse motivo, o terapeuta da Gestalt precisa prestar atenção às reações de seu corpo, voltando frequentemente à consciência corporal e contribuindo com sua presença incorporada para o campo relacional. No decorrer deste livro demos muitos exemplos de como "vir para seu corpo" e sugerimos que encontre um que você possa usar regularmente quando trabalha com clientes.

Sugestão

Reserve algum tempo para vir para a *awareness* de seu corpo, veja o que você percebe sobre quão tenso ou relaxado você está e onde, verifique sua postura, tire uma foto rápida de tudo isso: Que mensagem seu corpo está lhe dando agora? Agora estenda os dois braços a sua frente como se você estivesse segurando uma bola de plástico muito grande. Mantenha essa postura por um minuto: veja como seus sentimentos reagem. Agora modifique sua postura, mantenha os braços cruzados contra o peito e abaixe a cabeça. Mantenha isso também por um minuto e veja como sua sensação de si mesmo muda.

Para um gestaltista, a saúde é o funcionamento holístico de todos os aspectos interconectados da emoção, cognição e corpo. Para muitos clientes um passo vital é aumentar a *awareness* daquilo que foi evitado, ou empurrado para longe da visão, para reconectar-se com a energia, a vitalidade e a inteligência do processo corporal. A restauração desses processos naturais pode ser um fator muito importante na cura e no restabelecimento do funcionamento da "pessoa inteira".

Em muitas culturas, a mensagem parece ser desconectar-se, ignorar, dessensibilizar-se, culpar ou até punir o corpo. Toda cultura também tem seus próprios significados com respeito ao toque, ao gesto, à expressividade corporal, aos limites do corpo e à comunicação não verbal. Portanto, é essencial para o terapeuta estar aberto para aprender e ser sensível ao fundo cultural único do processo corporal de cada cliente.

Trabalhando a partir de uma posição incorporada

Antes de examinarmos o trabalho com o processo corporal, gostaríamos de apresentar algumas ideias gerais. Primeiro, mantenha uma perspectiva holística; todos os aspectos da pessoa estão conectados. Não simplesmente "observe" ou "perceba" um movimento corporal em um vácuo, já que isso pode ser constrangedor, especialmente para clientes novos. É melhor dizer: "Enquanto você falava sobre sua raiva de seu chefe, suas mãos estavam muito ativas – você notou isso? Você acha que elas estão expressando alguma coisa?"

Segundo, lembre-se de que, quando o processo corporal se torna mais figural, então a emoção também pode se tornar mais proeminente, especialmente a vergonha.

O campo relacional

Encontrando uma posição inicial incorporada

A primeira tarefa

A primeira tarefa em tudo que se segue é encontrar uma conexão com seu próprio *self* incorporado como terapeuta. Vários exercícios (tais como os descritos acima) podem ajudá-lo a se sensibilizar para sua consciência corporal, perceber como você está sentado, como está mantendo seu corpo, sua respiração e os diferentes padrões de tensão que estão presentes. Você então pode ter uma sensação total de *estar em seu corpo*, presente e disponível.

A segunda tarefa

A segunda tarefa é se sensibilizar para o processo físico do cliente e estar aberto para o que está ocorrendo somaticamente no relacionamento. Comece a examinar o movimento, a tensão e a atividade do corpo dele. Procure saber o que está ou não está acontecendo. A respiração dele é superficial ou profunda? Ele está sentado em uma postura específica? Você tem a sensação de contenção ou de expressão? Há algum movimento ou atividade repetitiva ocorrendo? À medida que você faz isso, alguma característica ou figura pode se tornar figural para você.

A terceira tarefa

A terceira tarefa é estar consciente de sua própria reação corporal ao cliente. Há sempre um "intercâmbio incorporado" entre o terapeuta e o cliente, na maior parte das vezes não percebido. Suas experiências corporais podem ser dicas vitais para a experiência de seu cliente. Por exemplo: Você se descobre ficando tenso, agitado, ou com pouca energia? Você tem aquele aperto na garganta, e borboletas no estômago?

A quarta tarefa

A quarta tarefa é encontrar uma maneira de compreender sua experiência ressonante. Clemmens (2012: 42) descreve um processo de quatro estágios de incorporação, harmonização, ressonância e articulação, pelo qual um terapeuta pode captar "ecos" da experiência do cliente, ter empatia com seu impacto e depois permitir que o pensamento, as imagens ou associações o tragam para a simbolização em palavras. Você pode então ou decidir uma direção terapêutica ou revelar sua própria reação somática e acompanhar o que surgir:

- "Sinto um peso no peito enquanto escuto o que você diz". Pode ser útil também fazer um gesto ou tocar seu próprio corpo enquanto você faz isso (ex. colocando a mão no peito enquanto fala).

Esses tipos de intervenções incorporadas cocriadas também são descritos em maiores detalhes por Appel-Opper (2012 (cf. Leitura recomendada).

Sugestões terapêuticas para aguçar a experiência corporal

Aumentando a awareness *corporal*

Convide o cliente a aumentar a consciência de seu corpo. Onde é que ele sente tensão, como é que ele sente que está *mantendo* seu corpo? Clientes muitas vezes precisam ser instruídos sobre como estar curiosos sobre sua experiência corporal naquele momento. Eles acham que precisam interpretá-la, encontrar o significado e passar para o entendimento. Dê exemplo de um processo mais fenomenológico oferecendo sugestões que encorajam uma curiosidade com atenção plena:

- Então, você percebe um sentimento em seu peito... é um sentimento sólido ou um sentimento fluido? Ele tem cor?
- Que tipo de sensação é? Latejante, como alfinetadas, suave, firme?
- Ela é quente ou fria? Que forma ela tem?
- E quando você presta atenção o que é que acontece a seguir?

No momento em que o cliente percebe que a maneira que seu corpo tem para saber é na maior parte das vezes não cognitivo, ele será mais capaz de relaxar e começar a confiar nele e a respeitá-lo como uma fonte de experiência que pode ser aprofundada e aceita antes de tentar mudá-la ou rotulá-la.

Mudando a linguagem do "isso" para a linguagem do "eu"

A fim de aumentar a consciência e desenvolver o relacionamento de um cliente com seu corpo, você pode sugerir que o cliente troque a linguagem que ele usa com relação a seu corpo, que não assume a responsabilidade por ele, por uma linguagem em que essa responsabilidade é assumida. Por exemplo, substituir "está doendo" por "eu estou com dor"; "meu pescoço está tenso" por "estou tenso no pescoço" ou "estou tensionando meu pescoço".

Concentrando-se na respiração

Perls et al. (1989 [1951]: 128-129) descrevem a ansiedade como excitação suprimida e privada de oxigênio. Respirar é essencial para todas as experiências e modificar a maneira como você respira irá afetar sua experiência do processo corporal e as emoções. Simples atenção à respiração pode ser algo transformador para um cliente. A respiração também é uma parte essencial do autoapoio. Quando as pessoas estão com medo ou assustadas, sua respiração normalmente fica mais rápida e superficial.

É possível que muitas vezes você tenha observado a respiração de um cliente mudar quando ele começa a lhe falar sobre uma situação ou emoção específicas. Nesses momentos pode ficar claro que sua respiração não está apoiando sua experiência. Trazer a atenção do cliente para a mudança no ritmo da respiração pode às vezes restabelecer uma respiração saudável e que lhe dê apoio. Em outros momentos, é possível que você precise sugerir que ele voluntariamente respire de uma maneira mais regular, padronizada.

Exercícios de enraizamento

Descobrimos que formas de meditação ou exercícios de conscientização que se concentram no "Eu...aqui...agora" são particularmente úteis. Uma versão "simplificada" disso é "estar consciente de seus pés no chão".

Trabalhando com movimento

Ajustando a postura corporal

A mera mudança de uma posição corporal ou uma simples atenção ao processo corporal (p. ex., sentir a sensação em nossos braços e pernas) pode modificar profundamente nossas atitudes ou sentimentos sobre nós mesmos no mundo. É possível encorajar o cliente a perceber como seus pensamentos e sentimentos mudam quando você lhe pede que tente, por exemplo, sentar-se ereto com a cabeça reta e não ficar jogado na cadeira, ou que fique de pé para ter uma atitude assertiva, e assim por diante.

Tornando o trabalho mais animado

Tendo primeiramente se assegurado de que o cliente tem um bom apoio, você pode usar o trabalho das duas cadeiras, movimentos expressivos, gritar, cantar e muitos outros experimentos para facilitar o relaxamento da tensão corporal restrita ou guardada, e liberar a energia ou a emoção. Isso pode ser uma última peça vital da expressão somática ou integração de um evento, fornecendo tanto terminação quanto significado.

No entanto, só um episódio catártico pode produzir uma sensação temporária de bem-estar devido à libertação de opiatos naturais, o que pode dar lugar a uma sensação potencialmente ilusória de resolução. Se a expressão catártica foi simplesmente o *replay* de alguma dor passada, o efeito do trabalho será reforçar aquela Gestalt fixa, apesar das boas sensações temporárias. A catarse só é terapêutica se a libertação de sentimentos bloqueados levar a uma nova assimilação – talvez em virtude da presença de um conselheiro que pode receber plenamente aquilo ou ter empatia com ele; ou porque a experiência está simbolizada ou compreendida de uma maneira nova.

Lembre-se de que algumas pessoas altamente inteligentes e cultas são ignorantes quando se trata do funcionamento de seu corpo. Pode ser enormemente útil e tranquilizador para o cliente receber uma informação direta sobre os sintomas do estresse físico, as reações de ansiedade e pânico, as reações do estresse pós-traumático, técnicas de relaxamento, e assim por diante. Você pode também sugerir atividades entre sessões tais como massagem, artes marciais, ioga, caminhadas e natação.

Decodificando a sabedoria do corpo

Com frequência, mais efetivo que a libertação catártica é o tipo de exploração lenta e cuidadosa da experiência corporal que é descrita muito detalhadamente na psicoterapia sensório-motora (OGDEN et al., 2006) e que se baseia na perspectiva Gestalt, mas a expande. Ela envolve encontrar o gesto interrompido que está trancado nas tensões do corpo. Esse impulso preso é normalmente um gesto que foi retrofletido como parte de um ajuste criativo às condições culturais ou situacionais do campo. Poderia ser um gesto de carinho – por exemplo, o desejo de estender a mão e tocar um amigo (uma demonstração de afeto que era motivo de zombaria no clima gélido do colégio interno). Poderia ser a contração sutil que acompanha o medo, a humilhação ou a vergonha. Tornar-se consciente desse gesto interrompido e encorajar uma exploração com atenção plena de sua sensação no corpo pode soltar e liberar a energia mantida internamente. Isso pode também ajudar o cliente a compreender o que não estava expressado, mas que pressionava por um término.

Talvez com mais frequência, no entanto, o gesto interrompido seja parte de um "sistema de ação defensiva" retrofletida (OGDEN, 2009) que foi bloqueada à época de um trauma. Em momentos de estresse crescente, o impulso natural do corpo pode ser:

• Pedir ajuda.

• Estabelecer um limite.

• Afastar aquilo.

• Fugir.

• Tornar-se assertivo verbal ou fisicamente.

Se, no passado, uma única vez ou em situações repetidas, fomos forçados a retrofletir, por exemplo o desejo de lutar ou de fugir, aquele impulso pode permanecer no corpo como uma situação inacabada. Quando você convida seu cliente a investigar seu processo corporal, encoraje-o a perceber quaisquer "micromovimentos" involuntários (FISHER, 2011) que ocorram. Você também observará o corpo dele (e o seu) e pode dizer:

- "Você percebe o que sua mão está fazendo agora?" ou
- "Percebo uma tensão em meus ombros... você está percebendo alguma coisa semelhante?"

Tendo identificado um movimento, em vez de continuar diretamente para completá-lo, peça ao cliente que simplesmente observe o movimento e veja "o que é que o corpo quer que aconteça a seguir" ou que o repita intencional e conscientemente.

Preste atenção na energia que está conectada com o micro movimento e perceba que associações – imagens, emoções, memórias – emergem. Você pode sugerir:

- "Imagine completar o gesto e perceba que sensação isso lhe dá".
- "Permita que seu corpo sinta o poder daquele movimento".

Se é um movimento para empurrar alguma coisa, você pode lhe oferecer uma almofada para que ele a empurre; mas uma vez mais o cliente deve fazer esse movimento lentamente e com atenção plena, realmente permitindo que a *awareness* do significado acompanhe as sensações do corpo.

Se o cliente não está consciente de um movimento, pode ser útil mostrar-lhe como foi o movimento para que ele possa ver o impacto relacional de, digamos, um erguer de ombros, uma boca caída, uma mão erguida ou virar para o outro lado. Então, como antes, peça-lhe que faça o movimento uma vez mais intencionalmente, percebendo o que vem à consciência. À medida que o experimento se desdobra, copie seus movimentos e gestos tanto para aumentar a *awareness* como para encorajá-lo. Se o cliente tem um maneirismo habitual pode ser particularmente interessante explorar como isso é parte de uma modificação ao contato cocriada.

Se, depois de investigar o movimento sutil, o cliente sentir energia corporal, mas nenhuma figura emergente, o terapeuta pode seguir sua intuição (ou o conhecimento de seu próprio corpo) e sugerir um experimento para fazer um gesto ou movimento, por exemplo, para longe ou na direção de alguma coisa, esticando ou contraindo. Correr no mesmo lugar ou até na imaginação ao mesmo tempo em que batemos com os pés no chão alternativamente, pode gerar um sentimento de poder e de agência em um cliente que estava imobilizado pelo medo. Virar a cabeça e o corpo para o lado pode completar a experiência de repulsa e aversão. E assim por diante.

Com todas essas sugestões, a ênfase está sempre em experimentar a partir de um lugar de indiferença criativa, permitindo que o corpo expresse aquilo que ele precisa expressar (que pode não ser de forma alguma aquilo que você espera). Você, é claro, terá seus palpites, suas intuições, ideias e sugestões que podem levar o cliente a direções diferentes, mas não há nenhuma maneira melhor ou "correta" de se movimentar, expressar ou completar o processo físico. Cada cliente é único e terá um grau de expressão, contato e resolução único.

Sugestão

Kelly (1998) oferece este exercício para uso com clientes para encorajar integração de experiência. Ele inclui quatro áreas diferentes de foco de atenção. O exercício pode começar em qualquer um dos focos.

Foco 1: Aumentando a consciência das sensações corporais

"Preste atenção no seu próprio corpo e perceba de quais sensações físicas você está consciente neste exato momento." (P. ex.: sinto borboletas em meu estômago, minha mandíbula está tensa, minhas pernas estão inquietas etc.) Permita tempo suficiente para que o cliente desenvolva uma consciência total com relação àquela sensação antes de continuar.

Foco 2: Reconhecendo gestos

"Permanecer com aquilo que se tornou figural no corpo, perceba como a sensação muda e se desenvolve; perceba quaisquer movimentos ou gestos mínimos que o corpo queira fazer. Amplie o mesmo movimento ligeiramente e perceba que sensação isso lhe dá."

Foco 3: Identificando a emoção

"Fique com aquela sensação e veja que sentimento/emoção parece pertencer a ela. Leve tanto tempo quanto for necessário." (P. ex.: tristeza, medo, raiva, ressentimento, alegria etc.)" Permita que o cliente fique com a emoção e seu relacionamento com a sensação (já que eles são expressões uma da outra) antes de continuar.

> **Foco 4: Identificando pensamentos ou imagens**
>
> "Enquanto você permanece com sua sensação e sentimento, perceba que pensamento, imagem ou lembrança vem a sua mente que pode ser compatível com eles. (P. ex., "Eu costumava me sentir assim quando ouvia meus pais discutindo". "Isso me lembra da vez em que tive de ficar em pé diante de um grupo de pessoas e fazer um discurso" etc.)"
>
> Comece com aquilo que é figura para o cliente. Por exemplo, um cliente pode estar trazendo uma lembrança ou pensamento, e nesse caso você pode lhes pedir que se volte para focos um, dois e três. Por exemplo, "Quando você me fala sobre sua experiência de estar deprimido, observe de que sensações você está consciente em seu corpo neste exato momento". Se o cliente relatar uma emoção primeiramente, uma vez mais se desloque para o foco na sensação corporal. Por exemplo, "Como é que você sabe que se sente triste? Que sensações você está vivenciando em seu corpo? Quando você se concentra em seu corpo, verifique se 'triste' é a palavra mais precisa para sua experiência neste exato momento ou se você gostaria de refiná-la".

Essa é uma maneira útil de trabalhar para encorajar a integração de aspectos ignorados do *self*. Uma maneira diferente de experimentar foi desenvolvida por Frank (2003, 2012) em um processo que ela chama de "Trabalho corporal de desenvolvimento" uma maneira de compreender o legado de bloqueios psicofísicos anteriores à medida que eles surgem no relacionamento do aqui e agora com o terapeuta. O terapeuta presta atenção aos padrões não verbais de movimento e reação para revelar (e resolver) as necessidades de desenvolvimento inacabadas que eles representam. Sugerimos que você leia o trabalho dela para entender melhor como trabalhar dessa maneira.

Questões de toque

> *Se acreditamos que o corpo é a própria pessoa (self), então quando tocamos outra pessoa, não estamos tocando um "corpo", mas o próprio self daquela pessoa.*
> KEPNER (1987: 75).

O toque na terapia gestáltica tem uma função diferente do toque em outras terapias corporais tais como massagens, a técnica de Alexandre ou o shiatsu. Portanto é importante não misturar formas diferentes (a menos que você tenha uma formação especializada na integração de psicoterapia e trabalho corporal direto). Acreditamos que a fim de ser efetivo e seguro no trabalho com o toque, o profissional precisa ter um treinamento especializado na área. No entanto oferecemos algumas diretrizes gerais sobre o toque.

No Ocidente, o toque tende a ser reservado para membros da família e companheiros íntimos. Portanto, ele tem uma significância muito grande e pode tender a ser considerado maternal, paternal ou sexual. De várias maneiras, é, portanto, mais fácil evitar qualquer contato físico, embora isso possa ser uma forma de deixar passar muitas possibilidades úteis. Em algumas culturas latinas, por exemplo, não tocar ao se encontrar ou se despedir é considerado um comportamento estranho, mesmo entre terapeuta e cliente.

No entanto, como uma orientação geral, é provavelmente melhor não tocar um cliente até que o relacionamento esteja bem sólido e que você tenha uma sensação da significância do toque para aquela pessoa, especialmente no contexto de sua vida anterior e sua cultura. Com alguns clientes é uma boa ideia verificar antes de oferecer até mesmo uma intervenção física mínima: "Tudo bem se coloco minha mão no seu braço?"

O motivo pelo qual isso é uma questão tão sensível é que as questões e dificuldades dos clientes com relação a seus corpos frequentemente tendem a ser pré-verbais ou não verbais ou inconscientes. O cliente pode ter sido tocado ou manipulado invasiva ou abusivamente em uma idade quando não podia articular ou entender o que estava ocorrendo.

Clientes que sofreram abuso sexual muitas vezes foram instruídos a esquecer ou negar que tinham sido vítimas de abuso. Portanto, é especialmente importante proceder com precaução. Obviamente você nunca sequer contemplaria tocar um seio, uma nádega ou a área genital, mas sem que você saiba – e sem que o próprio cliente saiba – outra área do corpo dele pode estar associada ao abuso. O que pode, para vocês dois já adultos ser um contato completamente inocente, pode na verdade recriar uma experiência de se sentir abusado, que será confusa e perturbadora. Se você não tem uma razão sólida e clínica para tocar um cliente, então é melhor não o fazer. Seu impulso pode ser uma compaixão humana normal. Mas ele pode, no entanto, ser uma reação a um convite transferencial pouco útil.

Se você vai tocar o cliente, você precisa também pensar sobre as implicações daquilo em um relacionamento com um desequilíbrio de poder inerente. Você permitirá que o cliente o toque? Ele pode tentar segurar sua mão em um momento de sofrimento, tocar seu braço ou lhe dar um abraço sem pedir permissão? É importante para o terapeuta estar claro quanto aos acordos necessários sobre se e como o toque é oferecido. Além disso, esteja consciente de que sejam quais forem os acordos feitos, eles terão implicações para como o relacionamento é considerado.

> **Sugestão**
>
> Veja se você pode se lembrar de que mensagens estavam presentes em sua família sobre o corpo. Quais eram as regras e regulamentos sobre o toque ou afeição física, nudez e a sexualidade de seu corpo? Membros de sua família mudaram a maneira como o tocavam quando você chegou à adolescência? Esse pode também ser um exercício útil para fazer com clientes.

Tendo descrito todas essas advertências, você pode estar começando a se sentir completamente inibido e constrangido sobre qualquer tipo de toque. Pedimos desculpas se isso ocorreu. Há muitas maneiras excelentes de usar o toque como uma intervenção no processo corporal – tal como usar uma pressão leve, mas firme no peito ou na parte inferior da coluna a fim de aumentar a respiração e a catarse. Acreditamos que terapeutas devem ter um treinamento especializado e supervisão se desejarem trabalhar dessa maneira.

Algumas ideias gerais sobre o toque como uma parte natural de se relacionar

Apesar disso, algumas formas de tocar podem ser uma extensão natural e normal de um relacionamento humano empático e como tal podem ser uma parte importante de oferecer a um cliente um relacionamento em que há um encontro genuíno.

Há muitas formas de toque associadas com cumprimentos e despedidas, a maior parte delas ritualizadas, inclusive um aperto de mão, um beijo na face, um abraço. Para alguns clientes, um cumprimento formalizado, em *awareness*, pode ser uma parte importante da estrutura e do conteúdo da terapia e uma "âncora" de um tipo específico de encontro eu-você. Por outro lado, alguns clientes novos se sentem sob uma pressão social para realizar esses rituais e embora não possamos, é claro, recusar um aperto de mão em um primeiro encontro, é importante criar um clima em que cada situação, cada semana, seja única e possa exigir um comportamento diferente. É fácil tornar-se cúmplice em um ritual físico que nunca foi discutido com um cliente. Tais rituais são sempre úteis quando trazidos para o consciente: "Estou consciente de que cada vez que nos encontramos/despedimos você me oferece sua mão, pede um abraço, me dá uma palmadinha nas costas. O que isso significa para você? O que é que isso lhe comunica? Existem momentos em que você não quer fazer isso?"

Durante as sessões, você pode oferecer um toque leve de apoio no braço, uma mão para segurar em um momento de sofrimento, um braço ao redor do ombro como uma forma de apoio, um abraço carinhoso no fim da jornada terapêutica, uma mão encorajadora nas costas do cliente em um experimento em que ele enfrenta o medo. Em todas essas situações um terapeuta pode se comunicar direta e imediatamente em um nível profundo de contato. Além disso, todas elas são potencialmente uma parte normal de um relacionamento humano solidário. Elas podem também ajudar em um experimento para trazer o foco para uma parte dessensibilizada do corpo do cliente ou comunicar sua presença em estados de grande tristeza.

Leitura recomendada

APPEL-OPPER, J. (2012). "Relational living body psychotherapy". In: YOUNG, C. (org.). *About Relational Body Psychotherapy*. Galashiels: Body Psychotherapy.

CLEMMENS, C. (2012). "An embodied relational dialogue". In: BAR-JOSEPH, T.L. (org.). *Gestalt Therapy* – Advances in Theory and Practice. Londres: Routledge.

CLEMMENS, C. & BURSZTYN, A. (2005). "Culture and the body". In: BAR-JOSEPH, T.L. (org.). *The Bridge:* Dialogues Across Cultures. Nova Orleans: Gestalt Institute.

CORRIGALL, J.; PAYNE, H. & WILKINSON, H. (2006). *About a Body* – Working with the Embodied Mind in Psychotherapy. Londres: Routledge.

FRANK, R. (2013). *The First Year of the Rest of Your Life*: Movement, Development and Psychotherapeutic Change. Nova York: Routledge.

_____ (2003)."Embodying creativity". In: SPAGNUOLO LOOB, M. & AMENDT-LYON, N. (orgs.). *Creative Licence* – the Art of Gestalt Therapy. Viena: Springer-Verlag.

HARTLEY, L. (2009). *Contemporary Body Therapy, The Chiron Approach*. Hove: Routledge [cf. bons capítulos, inclusive o cap. 3 "Gestalt body psychotherapy"].

KEPNER, J.I. (2001). "Touch in Gestalt body process psychotherapy". *Gestalt Review*, 5 (2), p. 97-114.

_____ (1995). *Healing Tasks in Psychotherapy*. São Francisco, CA: Jossey-Bass/Gestalt Institute of Cleveland.

_____ (1987). *Body Process:* A Gestalt Approach to Working with the Body in Gestalt Therapy. Nova York: Gardner.

OGDEN, P.; MINTON, K. & PAIN, C. (2006). *Trauma and the Body*: A Sensorimotor Approach to Psychotherapy. Londres: Norton.

PARLETT, M. (2001). "On being present at one's own life". In: SPINELLI, E. & MARSHALL, S. *Embodied Theories*. Londres: Continuum.

PARLETT, M. (org.) (2003). "Special focus on embodying". *British Gestalt Journal*, 12 (1), p. 2-55.

TOTTON, N. (2005) *New Dimensions in Body Psychotherapy*. Maidenhead: Open University Press.

14
Trabalhando com sonhos

Perls afirmou que os sonhos eram "o caminho real para a integração" (1969: 71). Ele acreditava que um sonho não é simplesmente uma situação inacabada e sim um "mensageiro existencial" por meio do qual uma pessoa pode compreender "o roteiro de nossa vida, nosso carma, nosso destino" (BAUMGARDNER, 1975: 177). Para ele, cada elemento de um sonho era um elemento da pessoa desperta, embora em graus diferentes de *awareness*. Todos os sonhos, portanto, consistem em projeções de algum aspecto da própria pessoa que está sonhando. A tarefa do terapeuta é ajudar o cliente a reassumir a responsabilidade por aqueles aspectos do seu *self* que foram projetados sobre pessoas ou objetos no sonho ou resgatar esses aspectos.

Isadore From, por outro lado, viu "os eventos de um sonho não como projeção, mas como retroflexão" e, na verdade, como uma mensagem sobre o relacionamento com o terapeuta (MULLER, 1996: 72). Ele sugeriu que o trabalho era compreender e desfazer a retroflexão daquilo que não podia ser expresso na vida desperta.

Sichera (2003: 96) assinala que Perls et al. (1989 [1951]) na verdade insistem para que o terapeuta não tente compreender, interpretar ou buscar um significado concreto do sonho e sim permitir que o sonho seja como uma obra de arte, com uma mensagem hermenêutica que precisa ser recebida por meio "de uma representação literária e pictórica cuidadosa dela".

Acreditamos que todas essas explicações podem ser verdadeiras em momentos diferentes e que o terapeuta deve sempre estar aberto para o significado emergente de um sonho. Ele pode ser uma situação inacabada – especialmente os sonhos recorrentes ou os pesadelos que estão pedindo para serem solucionados. Podem também ser uma fração da história total da vida daquele que está sonhando ou podem indicar uma questão ou tema urgente e atual. Podem representar uma tentativa de reassumir a responsabilidade por partes alienadas ou rejeitadas daquela pessoa. Podem também ser uma afirmação sobre o relacionamento terapêutico e uma oportunidade para um encontro entre o terapeuta e o cliente.

Há muitas maneiras de trabalhar com um sonho na terapia e não é necessário que o sonho esteja completo. É bastante possível trabalhar com fragmentos do sonho ou com o sentimento que o cliente teve quando acordou, especialmente porque aquilo que é lembrado muitas vezes contém a situação inacabada que emerge. Perls (1969) estava certo de que, na terapia gestáltica, a interpretação não faz parte do trabalho com sonhos. Ele enfatizou que o significado do sonho só pode ser descoberto pela pessoa que sonha por meio da exploração e do experimento. Acreditava também que os sonhos, especialmente os recorrentes, levam para aquele que sonha uma mensagem que pode ser encontrada. A mensagem pode ser uma afirmação ou descrição da vida da pessoa naquele momento, ou as questões que ela está enfrentando. Por exemplo, um sonho recorrente em que você está sendo seguido ou perseguido claramente tem uma mensagem potencial diferente de um sonho em que você está sozinho em uma casa vazia. Perls também acreditava que os sonhos podem conter uma mensagem ontológica sobre a própria existência, tais como morte ou encarnação.

De uma perspectiva gestáltica, todos os aspectos, incidentes, temas e processos em um sonho representam algum aspecto do cliente e de sua vida. O conselheiro, portanto, convida o cliente a explorar o sonho a partir de todos os ângulos. O que se segue é um exemplo de um sonho trazido por um cliente para a terapia e alguns exemplos das maneiras de trabalhar com aquele sonho.

Exemplo

Jake veio ver um terapeuta porque estava se sentindo muito infeliz e paralisado em sua vida. Um dia ele relatou o seguinte fragmento vívido de um sonho que o tinha perturbado, mas que ele não entendeu. Enquanto ele falava, sua voz estava baixa e desanimada.

"Eu estava caminhando por uma praia deserta. Sentia-me nervoso e com medo, o céu estava escuro e nublado e as ondas se rompiam com um estrondo na areia. Então vi alguém que se aproximava na distância. Era minha mãe, embora muito mais jovem. Ela estava chorando e angustiada, e me implorava alguma coisa."

Métodos de exploração

Pratique o método fenomenológico enquanto você ouve o sonho

Acompanhe a energia e o interesse do cliente e perceba onde a energia emperra ou é evitada. À medida que você trabalha com o cliente, lembre-se também de se manter focalizado na *awareness* do aqui e agora. É importante lembrar que nos sonhos, como na vida, as imagens, símbolos e metáforas têm um significado único para cada indivíduo. O significado de um símbolo para você pode ser totalmente diferente do seu significado para aquele que sonhou. A primeira tarefa, portanto, é ver se há algo imediatamente relevante na vida dele e perguntar ao cliente o que os objetos, as palavras, os símbolos e as pessoas significam para ele. Que associações ele tem? Associações podem ser com eventos em sua vida – passada ou presente; ou podem ser com sons ou imagens ou outras palavras. Os sonhos muitas vezes representam a tentativa daquele que sonhou de trazer para a *awareness* sentimentos complexos que estão emergindo, de tal forma que, assim como no caso da tentativa de uma criança de expressar com palavras sua experiência, a linguagem e as formas que emergem podem vir por meio de um jogo de palavras ou em uma forma simbólica que não é lógica. É importante não se apressar em tentar "fazer sentido" das imagens.

Exemplo

O conselheiro perguntou a Jake o que a praia deserta significava para ele. Ele respondeu com uma lembrança importante. "Lembro uma praia como aquela quando estávamos de férias depois de meu pai ter saído de casa para morar com outra mulher."

Peça ao cliente que lhe conte um sonho no presente

Peça ao cliente que lhe conte o sonho como se estivesse acontecendo agora, usando "eu" e o tempo presente. Isso torna a experiência mais imediata.

Exemplo

"Estou caminhando por uma praia deserta. Estou me sentindo nervoso e tenho medo, o céu está escuro e nublado e as ondas estão se rompendo com estrondo na areia. Agora posso ver alguém se aproximando na distância. Quando ela chega mais perto posso ver que é minha mãe, só que muito mais jovem do que agora, ela está chorando e implorando, dizendo você precisa me ajudar, estou morrendo, só você pode me ajudar..."

Quando Jake relatou o sonho outra vez, sua energia estava completamente diferente. Estava cheio de emoção e vitalidade, ao contrário daquela maneira monótona e distante quando ele contou o sonho inicialmente. À medida que ele continuou ficou claro que estava interessado e curioso para entender o significado do sonho e começou a fazer conexões bastante naturalmente.

Trabalhe com a experiência como se fosse uma história verdadeira que o cliente lhe contou

Quando o sonho é narrado outra vez, você certamente será capaz de perceber muitos temas e figuras emergindo, tais como mudanças no tom de voz, reações físicas, modificações ao contato etc. Você pode, então, trazer essas coisas mais plenamente para a *awareness*.

Exemplo

O conselheiro de Jake disse: "Posso lhe interromper por um momento, Jake? Estou percebendo que você está sentado imóvel e tenso enquanto você está me contando o sonho e que sua voz está ficando muito baixa, parece como se você estivesse tentando se refrear". Após essa intervenção, Jake ficou consciente de sua retroflexão corporal e de sua impotência diante de sua mãe.

Sugira ao cliente que expresse o sonho não verbalmente

Isso pode envolver uma atuação do sonho adotando posturas corporais diferentes, deslocando-se pela sala, ou fazendo algum barulho. Pode também significar trabalhar com objetos ou fazer um desenho que represente o sonho.

Exemplo

O conselheiro sugeriu que Jake pegasse um papel e canetas coloridas para desenhar uma representação do sonho, depois chegasse um pouco para trás e examinasse o desenho a uma certa distância. O cliente foi então convidado a ver que mensagem o desenho parecia transmitir. O que estava faltando no desenho ou o que ele gostaria de acrescentar? Como é que ele imaginava que a figura caminhando pela praia estava se sentindo? O que poderia ter ocorrido com ele? Jake percebeu que à figura que ele tinha desenhando para representar sua mãe faltava um pedaço no meio.

Sugira que o cliente reconte o sonho da perspectiva de cada personagem ou objeto

Esse experimento baseia-se na crença de que cada elemento do sonho é uma parte da pessoa que sonhou – algumas partes são conhecidas, outras desconhecidas e talvez rejeitadas. É às vezes interessante começar com algo no sonho com que o cliente menos se identifique, tal como uma extensão da paisagem ou um detalhe periférico. Isso pode trazer um *insight* surpreendente. No entanto, se há algum aspecto do sonho que provoca um interesse ou denúncia muito forte para o cliente então comece com aquilo e trabalhe até chegar à parte que é a mais distante ou difícil. À medida que o cliente vai trabalhando as personagens diferentes no sonho, ele muitas vezes terá percepções espontâneas, *insights* súbitos ou identificações. Isso pode ajudar a esclarecer quais significados ou símbolos estão presentes, mas fora da *awareness*.

Exemplo

"Sou a praia por onde Jake está caminhando. Estou aqui há muito tempo. Me estendo por quilômetros e poucas pessoas jamais caminham sobre mim. Tenho frio e estou solitária." À medida que Jake falava como uma "praia solitária" começou a parecer triste e quando disse "Eu realmente ando me sentindo solitário hoje em dia", ficou com lágrimas nos olhos.

Alguns clientes acharão difícil se identificar com um aspecto aterrorizante, agressivo ou desagradável do sonho. Com efeito, os clientes muitas vezes têm mais dificuldade de se identificar com as partes que são mais fortemente rejeitadas. É possível que eles precisem ser encorajados gentilmente para assumir esses papéis específicos. Isso pode ser especialmente recompensador, já que muitas dessas projeções contêm enorme energia e poder que estão envolvidos com a rejeição e a projeção.

Esse é também o momento para se retrair e se permitir ficar consciente de algo significativo que pode estar faltando no sonho. Às vezes o cliente irá mencionar isso ele mesmo: "Não havia ninguém na biblioteca" ou "O menino não tinha pés". No entanto, com frequência o dono do sonho não percebe um aspecto óbvio que está faltando, e, nesse caso, é apropriado que o terapeuta diga: "Mas onde estão as outras pessoas?" ou "Como é que ele podia caminhar?", e assim por diante. Perls acreditava que as partes que faltam nos sonhos implicam partes que estão faltando na personalidade da pessoa.

Crie diálogos ou experimentos entre os personagens ou objetos no sonho

> **Exemplo**
>
> O conselheiro encorajou Jake a manter uma conversa entre ele próprio e sua mãe no sonho. À medida que o experimento foi avançando, ficou claro que nada que Jake poderia dizer (no sonho) ajudaria ou satisfaria sua mãe e ele foi ficando cada vez mais frustrado até que subitamente saiu do experimento, voltou-se para o conselheiro dizendo: "É igualzinha a minha mãe de verdade. Ela está sempre esperando que eu cuide dela e de suas necessidades. Eu detestava aquela pressão". Quando eles avaliaram a experiência, Jake disse que antes nunca tinha entrado em contato com uma raiva tão normal da carência de sua mãe (uma carência que ele tinha conhecido, mas não tinha sentido desde a infância).

Experimente criar um resultado diferente para o sonho

Isso é especialmente útil para pesadelos. Você pode pedir ao cliente que se imagine sendo mais forte ou mais poderoso ou invocando uma imagem ou pessoa para lhe dar apoio. Ele poderia então recontar o sonho (possivelmente várias vezes) para ver como o fim se modificava ou se resolvia.

> **Exemplo**
>
> Jake imaginou seu pai caminhando pela praia na direção deles. Ao chegar perto o pai segurou a mãe de Jake em seus braços, consolando-a e dizendo que ele cuidaria dos dois. Jake veio a perceber que seu pai era a pessoa que deveria ter estado ajudando sua mãe em sua tristeza e que ele tinha sentido o peso da culpa. A seguir ele percebeu como estava zangado pelo fato de o pai tê-los desertado há tantos anos atrás.

Convide o cliente a criar uma escultura usando os elementos do sonho

Se você estiver trabalhando em um grupo, essa é uma maneira ideal de incluir os membros do grupo e permitir que sua sabedoria consciente e inconsciente se relacione com o sonho. Isso é particularmente útil para explorar questões de proximidade e distância psicológicas. O cliente distribui os personagens e objetos significativos no sonho (inclusive ele próprio) entre os membros do grupo e depois os coloca ao redor da sala uns com relação aos outros usando seus sentimentos e instintos para orientá-lo e não seu pensamento lógico. A seguir, cada membro do grupo fala por seu personagem, dizendo como ele se sente de estar naquela posição, de que ele precisa e assim por diante. Depois aquele que sonhou é convidado a reposicionar os personagens como quiser, ou os próprios personagens são convidados primeiro a dizer onde prefeririam estar e por quê. Eles ocupam as novas posições e depois repetem o processo, um por um, cada um deles dizendo como se sente.

Mesmo que o cliente não seja parte de um grupo, o exercício pode ser adaptado usando almofadas ou objetos da sala para representar os vários elementos e para posicioná-los ao redor da sala. A seguir, ou o cliente fala pelos elementos e passa pelo processo de ajustar a proximidade e a distância, ou se afasta e olha para a cena (uma visão geral) experimentando colocar os personagens de uma maneira diferente.

Veja o sonho como uma mensagem sobre o terapeuta ou sobre a terapia

Nesse sentido, o sonho pode ser uma retroflexão por parte do cliente, de algo que é difícil de expressar. Enquanto você ouve o sonho, imagine que mensagem poderia estar contida nele para você. Por exemplo: O sonho é sobre ser cuidado, estar com medo, ou ser desapontado, ou ter atração sexual por um estranho misterioso? Isso tem algum eco para você sobre algo que ocorreu na última sessão, por exemplo? O sonho do cliente estará tentado lhe dizer algo que ele não pode facilmente admitir no aqui e agora?

Exemplo

Na supervisão, o terapeuta refletiu sobre o relacionamento: Eu ouvi em minha mente a última sessão de terapia que tive com Jake e tentei lembrar se ele poderia me ter considerado carente. Lembrei que tinha lhe falado sobre umas férias que eu ia tirar e me pergunto se ele tinha visto isso como carência minha (necessidade de um descanso). Alternativamente, perguntei-me se ele próprio talvez não estivesse se sentindo carente ou abandonado pela próxima separação, deixado sozinho com as exigências aparentemente devastadoras de sua vida atual.

As técnicas esboçadas acima também são adequadas para o trabalho com fantasias ou sonhos acordados, que podem também representar desejos, conflitos e situações inacabadas que estão à margem da *awareness* do cliente. Lembre-se também de que você pode ter uma sensação daquilo que está faltando ou que está sendo evitado no sonho. (P. ex., uma polaridade oposta de sentimento, um membro da família que está faltando.)

Descobrimos que trabalhar com sonhos das maneiras que foram sugeridas acima pode dar uma compreensão completamente nova daquilo que foi evitado ou está oculto.

Leitura recomendada

AMRAM, D. (1991). "The Intruder: a dream work session with commentary". *Gestalt Journal*, 14 (1), p. 61-72.

BATE, D. (1995). "The oral tradition and a footnote to dreams". *British Gestalt Journal*, 4 (1), p. 52.

BAUMGARDNER, P. (1975). *Legacy from Fritz*: Gifts from Lake Cowichan. Palo Alto, CA: Science and Behavior Books [cf. cap. 2].

DOWNING, J. & MARMORSTEING, R. (orgs.) (1973). *Dreams and Nightmares*: A Book of Gestalt Therapy Sessions. Nova York: Harper & Row.

GREY, L. (2005). "Community building viewed from a group dream perspective". *Gestalt Review*, 9 (2), p. 207-215.

HIGGINS, J. (1994). "Honouring the dream – an interview with Dolores Bate". *British Gestalt Journal*, 3 (2), p. 117-124.

PERLS, F.S. (1981). *Gestalt Therapy Verbatim*. Moab, UT: Real People [cf. p. 77-230].

SICHERA, A. (2003). "Therapy as aesthetic issue". In: SPAGNUOLO, M.; LOBB, N. & AMENDT-LYON, N. (orgs.). *Creative Licence:* the Art of Gestalt Therapy. Nova York/Vienna: Springer. p. 93-99.

STERN, M.E. & LATHROP, D. (2010). "Dreams: Contact and contact boundaries". *International Gestalt Journal*, 33 (2), p. 35-47.

15
Autossupervisão

Há momentos em todas as jornadas com um cliente em que você se sente totalmente paralisado. Isso pode ou não coincidir com uma sensação paralela no cliente; mas, seja como for, você começa a pensar que o trabalho não está avançando. É claro, seu recurso mais valioso e mais importante é sua própria supervisão regular. No entanto, há muita coisa que você pode fazer para se autossupervisionar no decorrer de seu trabalho.

Quando se sente imobilizado, há duas perguntas que pode se fazer. Primeiro, será que o cliente atingiu um impasse com o qual ele precisa permanecer e o qual deva explorar ou, segundo, será que isso é uma dificuldade em sua abordagem que precisa ser solucionada para que o progresso possa continuar? É fácil para um terapeuta, especialmente no começo de sua formação, ver a imobilização como um fracasso seu, e ficar desanimado, achando que nunca vai acertar. Um dos pontos fortes da Gestalt-terapia é sua atitude positiva com relação à imobilização. A Gestalt não considera um impasse como um obstáculo a ser vencido – e sim como uma dificuldade a ser compreendida.

A melhor estratégia inicialmente é "permanecer" com a imobilização (seguindo o princípio paradoxal de mudança) e ficar curioso sobre que mensagem ou entendimento esse impasse pode estar comunicando. Nós o aconselharíamos, portanto, a evitar a fácil armadilha de achar que você não é "bom o bastante" como terapeuta e, em vez disso, direcionar sua energia para tentar compreender a natureza, a geografia e as possibilidades contidas na imobilização. Realmente, ela é às vezes o momento mais importante na terapia quando o cliente traz para o aqui e agora a verdadeira dificuldade (e imobilização) que o trouxe para a terapia em primeiro lugar.

Sugerimos três áreas de autossupervisão nos momentos em que você necessita uma perspectiva nova.

Primeiro, a aliança de trabalho e o relacionamento terapêutico:

• Verifique o contrato original que você fez com o cliente. Vocês dois estão fazendo aquilo que foi acordado ou um dos dois mudou para uma pauta diferente? (P. ex., você acha que o cliente "deveria" estar trabalhando com algo que ele não tinha concordado que iria trabalhar? Ou o cliente decidiu que alguma outra questão é mais importante, mas não o avisou sobre isso?)

• Imagine uma metáfora que possa descrever a situação de imobilização e explore o que isso significa para você. (P. ex., como estar em um nevoeiro, ou se afogando lentamente.)

• Leve o problema de volta para o relacionamento com *você*. Como é que o problema está sendo atuado no relacionamento de aconselhamento? Se essa imobilização é uma comunicação para você, o que poderá ser? Poderia ser o eco de uma dinâmica relacional anterior? Como é que você pode estar contribuindo para essa imobilização ou até provocando-a?

• Pergunte a si mesmo se está nas garras de uma contratransferência não reconhecida. Essa imobilização é familiar ou estranha? (Você muitas vezes se sente assim com clientes ou é só com esse cliente específico?)

Segundo, o processo do cliente:

• Pergunte ao cliente o que ele está achando do aconselhamento neste momento. Ele também está achando que a terapia não está caminhando? O que é que ele acha disso?

• Pergunte se ele teria uma metáfora para sua imobilização. (P. ex.: "É como se eu estivesse em um quarto escuro com medo de me mexer".)

• Será que o cliente tem um introjeto ou crença básica que o está interrompendo? (P. ex.: que ele é uma pessoa que nunca tem sucesso em nada?)

• Ele tem apoio suficiente para passar por mudanças difíceis?

• Ele tem medo de mudança?

• Sua imobilização é realmente uma comunicação de sofrimento feita ao conselheiro e só exige uma reação consistente e afetivamente harmônica com nenhuma exigência para que ele seja diferente?

• Onde ele está imobilizado no ciclo da experiência? Por exemplo, ele está consciente, mas não tem nenhuma energia? Ele tem energia mobilizada, mas nenhum sentido de como aplicá-la? E assim por diante.

Terceiro, seu próprio processo:

- Se o cliente não parece estar preocupado (mesmo que você esteja!), considere se suas próprias expectativas de progresso estão atrapalhando.

- Reflita sobre uma sessão específica e observe quaisquer momentos que parecem especialmente difíceis. O que aconteceu? O que foi que o cliente disse ou fez? Como lhe pareceu isso? O que é que você disse ou fez? O que você teria preferido dizer? Tenha uma discussão imaginária com seu cliente usando uma cadeira vazia. Exagere suas reações, por exemplo, "Estou total e absolutamente cheio dessa situação/de você porque..." Se você pudesse dizer *qualquer coisa* para o cliente sem nenhuma consequência, o que diria?

- Concentre-se no processo durante a própria sessão. Reflita sobre o que está acontecendo no momento em que acontece, lembre-se do conselho em sua última supervisão, ou pense sobre os lugares/coisas que você teme ou o deixam desconfortável. Muitos terapeutas (inclusive nós mesmos) também descobrem que podem, em momentos de imobilização, deliberadamente invocar um supervisor apreciado, ouvir suas palavras, seus conselhos, suas injunções ou até imaginar "O que ele teria dito ou feito nesta situação?"

- Verifique se está trabalhando muito, se tem muitos clientes difíceis, se perdeu o foco e a concentração ou se não está se cuidando de uma maneira adequada.

Realizando uma revisão (ou... deixando que o cliente o supervisione)

Como parte de ser um terapeuta competente, você está frequentemente revisando, avaliando, reajustando e renovando o contrato com um cliente (às vezes tudo isso em uma sessão). De vez em quando, você também irá realizar sessões com uma revisão mais formal e mais proposital. Aqui, seu cliente pode também ser um parceiro em sua autossupervisão. Tendo uma experiência de primeira mão do relacionamento com você, as próprias reflexões do cliente podem ser uma grande oportunidade para aprender.

É possível que você queira antecipadamente sugerir uma revisão ao cliente e durante a semana anterior à revisão peça-lhe que pense como, na opinião dele, a terapia está caminhando.

Nessas sessões de revisão, você pode:

1) Revisitar o contrato original para o trabalho (o que o cliente queria quando veio pela primeira vez).

2) Verificar se o cliente e você acham que esse contrato ainda é relevante ou como está progredindo.

3) Considere como sua avaliação conjunta do problema evoluiu com o passar do tempo.

4) Pergunte ao cliente que lhe parece estar em terapia com você até o momento, que aspectos da terapia lhe pareceram especificamente úteis, que aspectos não foram proveitosos, se há algo que ele gostaria que você tivesse feito de maneira diferente ou que ele próprio gostaria de ter feito de maneira diferente.

5) Discuta quaisquer mudanças que precisam ser feitas.

6) Entrem em acordo sobre um outro contrato de curto prazo, um contrato sucessivo de longo prazo ou uma data para o término da terapia.

Todas essas áreas irão lhe fornecer materiais sobre os quais refletir, bem como para identificar questões que você irá discutir com seu supervisor. Sugeriríamos uma revisão dessa forma aproximadamente a cada três meses, mas ela pode ser mais ou menos frequente e mais ou menos formal. Miller et al. (2008) sugerem que o que faz com que bons terapeutas sejam grandes terapeutas é sua disposição para procurar o retorno do cliente sobre sua efetividade e atuar de acordo com isso. Após terminar com um cliente pode ser útil também oferecer uma revisão de acompanhamento de seis meses ou de um ano depois para que o cliente volte a entrar em contato ou para avaliar sua situação desde que deixou a terapia. Alguns conselheiros oferecem essa sessão de acompanhamento sem qualquer ônus para que isso lhes permita avaliar a efetividade da terapia após a alta.

Dessa forma, a revisão formal passa a ser parte de sua pesquisa sobre sua prática (cf. cap. 23) e uma parte inestimável de seu desenvolvimento.

É claro, exatamente os mesmos princípios se aplicam ao relacionamento com seu próprio supervisor. Vocês irão rever seu trabalho conjunto, explorar o que foi mais e menos útil, monitorar a quantidade de casos que você tem e entrar em acordo sobre os pontos que podem estar atrapalhando seu desenvolvimento.

Leitura recomendada para autossupervisão

BOR, R. & WATTS, M. (2010). *The Trainee Handbook*: A guide for Counselling Psychotherapy Trainees. Londres: Sage [cf. cap. 9].

CARROLL, M. & GILBERT, M. (2005). *On Being a Supervisee:* Creating Learning Partnerships. Londres: Vukani.

GILBERT, M. & EVANS, K. (2000). *Psychotherapy Supervision* – An Integrative Relational Approach. Buckingham: Open University Press.

HAWKINS, P. & SHOHET, R. (2012). *Supervision in the Helping Professions.* Maindenhead: Open University Press [cf. Parte 1].

INSKIPP, F. & PROCTOR, B. (2001). *Making the Most of Supervision.* Part 1. Londres: Cascade [pedidos online].

KEARNS, A. (2005). *The Seven Deadly Sins?* Londres: Karnac [cf. cap. 7: "Shame in the supervisory relationship"].

16
Terminando a viagem

> *O problema básico, não só da terapia, mas também da vida, é como fazer a vida passível de ser vivida para um ser cuja característica dominante é sua consciência de si mesmo como um indivíduo único por um lado e de sua mortalidade por outro.*
> PERLS (1970: 128).

O término da viagem terapêutica é uma importante separação e potencialmente mexe com todas as nossas crenças ou medos sobre isolamento, perda e morte. Há sempre o perigo de que o cliente e o conselheiro irão conspirar para evitar essas questões e não chegar a um fechamento apropriado; como Perls nos lembra, enfrentar a realidade de nossa mortalidade é um desafio enorme. Há também a oportunidade, no entanto, para o cliente terminar por escolha própria e apropriadamente, à medida que ele esteja totalmente ciente da significância do evento e passe pela experiência de uma finalização completa. Algumas pessoas acham que o fim da viagem terapêutica pode ser a parte mais profunda de toda a experiência.

Padrões para o término

Há várias maneiras pelas quais as pessoas evitam a dor e a ansiedade provocada por uma perda ou um fim. Tais padrões muitas vezes terão ecos de suas maneiras normais de modificar contato (cf. cap. 10). Alguns clientes evitam a dificuldade "saindo mais cedo". Eles se retiram – psicológica e algumas vezes até fisicamente – à medida que o fim se aproxima. São os clientes que faltam à última sessão ou que estão lá, mas parecem ter-se desligado quando a sessão está chegando ao fim. Outros clientes não aguentam se soltar e, ao contrário, tentam postergar o fim descobrindo novas situações inacabadas ou questões para a terapia. Não é incomum que clientes reciclem suas questões originais nos últimos estágios da terapia. Eles parecem retornar a um nível prévio de funcionamento, produzindo questões e problemas semelhantes àqueles que tinham quando vieram pela primeira vez. Descobrimos que isso pode ser uma maneira de "experimentar" com antigas estratégias para administrar problemas, e verificar se elas ainda estarão disponíveis se necessárias. No entanto, pode ser também uma maneira de convencer a eles próprios e seu terapeuta de que não estão prontos para partir.

É tarefa do terapeuta não só ajudar os clientes a partirem bem, mas também ajudá-los a aprender tanto quanto possível sobre eles mesmos nesse processo. Qualquer fim, especialmente um fim tão significativo quanto o término de uma terapia, irá ecoar todas as experiências passadas de fins e transições. O cliente pode se colocar em contato novamente com a situação inacabada de perdas anteriores não sofridas. Ele pode também se voltar para padrões de reação automática que foram desenvolvidos como ajustes criativos para administrar fins e separações passadas. Particularmente relevante são as primeiras experiências relacionais, aquelas com os principais cuidadores. Essas experiências normalmente estabelecem padrões relacionais – muitas vezes chamados de estilos de ligação – que colorem todos os relacionamentos íntimos futuros, com suas intimidades e suas separações.

Sugestão

Reserve alguns minutos para considerar os fins em sua própria história. Considere tanto os fins significativos quanto os fins pequenos (ex.: mortes, indo para um novo emprego, ou até a maneira como você sai de uma festa). Há uma maneira típica pela qual você tende a terminar seus relacionamentos? Por exemplo, partindo rapidamente, não olhando para trás, ou, ao contrário, evitando admitir o fim verdadeiro, e dizendo "até logo". Você consegue identificar padrões nas suas maneiras de reagir?

Após ter identificado suas reações familiares pense sobre o efeito que isso terá em você como terapeuta. Com que padrões de evitação você provavelmente irá colaborar? O que você mesmo poderá evitar?

É possível que você precise ajudar o cliente a estar consciente de todas as suas experiências com relação a esse fim e estar alerta a sua significância. Será uma oportunidade para que ele solucione gestalts fixos com relação a fins e enfrente as questões necessárias da transição.

Há outras variáveis que irão influenciar a experiência que o cliente tem com fins:

- Questões específicas de transferência e contratransferência no relacionamento terapêutico podem levar a dificuldades se não forem plenamente solucionadas. Por exemplo, o terapeuta pode estar sendo experienciado pelo cliente como a mãe vulnerável que não pode ser abandonada.
- Implicações da queixa que trouxe o cliente para a terapia; por exemplo, se o cliente trouxe dificuldades de relacionamento ou de luto.
- As implicações culturais de fins e os rituais que talvez precisem ser observados.
- As atuais condições do campo que podem influenciar o cliente. Por exemplo, que tipo de apoio ambiental está disponível depois do fim? O cliente está passando por quaisquer mudanças ou transições estressantes naquele momento?

Uma terapia bem-sucedida pode ser vista como um processo pelo qual o cliente (e o terapeuta) cumpriram o contrato e trabalharam os antigos padrões relacionais estabelecidos para conseguir um relacionamento mútuo e congruente. Se isso ocorreu, o fim "parecerá correto". No entanto, há uma maneira na qual isso pode ser ainda mais doloroso. Relacionamentos de autenticidade mútua são raros e singularmente acalentadores. As duas partes podem ter dificuldade de dizer adeus.

Exemplo

B'Elanna tinha estado em terapia por dois anos e meio. Um dia, chegou à sessão com a notícia de que o trabalho a tinha ajudado enormemente e que estava pronta para partir. Ficou claro que tinha a intenção de ir embora naquele mesmo dia. Ela ficou genuinamente espantada quando seu conselheiro sugeriu que eles poderiam precisar de um pouco mais de tempo para dizer adeus. Explorando sua premissa de que eles simplesmente terminariam sem nenhuma outra comoção, B'Elanna lembrou-se de quando sua mãe a deixava na estação de trem a cada trimestre quando ela voltava de trem para o colégio interno. O adeus de sua mãe era rápido e sem olhar para trás. B'Elanna percebeu que essa era a maneira com que ela também lidava com separações. À medida que recordou uma lembrança real das idas para a escola, ela ficou consciente de quanto tinha abafado seus sentimentos de tristeza. Decidiu então fazer esse fim de uma maneira diferente e eles concordaram em ter mais cinco semanas durante as quais ambos poderiam dizer seu adeus.

A natureza do fim

Mais tarde neste capítulo esboçaremos as tarefas que se aplicam geralmente à maioria das despedidas na terapia. No entanto, é útil reconhecer que há muitos tipos diferentes de fins: planejados ou não planejados, escolhidos ou obrigados. Cada um irá trazer seus desafios e oportunidades específicos.

Quando o fim é planejado
O contrato ficou em aberto

Nesse caso o fim surge naturalmente com um acordo mútuo. O cliente muitas vezes mostra uma nova confiança ou competência sobre questões antigas e mantém autoapoio e energia diante dos desafios da vida. Com esse tipo de contrato, a oportunidade para o cliente é escolher o fim em plena *awareness*. Isso muitas vezes ocorre quando ele compreende que é capaz de continuar sozinho e pode, com efeito, ser seu próprio terapeuta. Para o conselheiro, é às vezes essencial aceitar o "bom o bastante" e não esperar que o cliente vá desejar terminar todas as questões que o conselheiro identificou!

O contrato breve ou de curto prazo

Por favor, confira o cap. 22, onde este tema é tratado em detalhe.

Fins inesperados
Quando o terapeuta precisa terminar

Ocasionalmente, o fim da terapia ocorre em virtude de fatores na vida do terapeuta. Ele pode ter adoecido, estar planejando mudar para um novo local, ou decidir reduzir suas horas de trabalho ou se aposentar. Nesse caso, se o cliente tem quaisquer questões sobre abandono (e quem entre nós, não tem?) é mais provável que eles sejam provocados. Uma vez mais, é importante que o terapeuta ajude o cliente a expressar seus sentimentos e pensamentos. As seguintes diretrizes podem ser úteis se você tiver de anunciar um término inesperado e indesejado.

- Dê o maior aviso prévio possível.

- Permita que o cliente fique irracionalmente zangado ou desapontado com você. Isso pode ser extremamente importante para permitir que situações inacabadas relacionadas com outras despedidas venham à tona (cf., p. ex., cap. 19 sobre trabalhar com depressão). Se o motivo é uma crise em sua própria vida, é bastante natural que o cliente fique preocupado e triste por você. Tenha cuidado para que ele não o proteja da raiva ou tristeza que possam sentir sendo muito compreensivos.

- Revele o suficiente sobre o motivo para assegurar ao cliente que o fim não está de forma alguma conectado com o trabalho da terapia.

- Dê-lhe uma escolha sobre o momento do fim, se possível.

- Ofereça-lhe um espaço para terapia no seu novo consultório, mesmo que isso não seja prático para ele, demonstrando com isso seu compromisso contínuo em princípio.

- Seja estrategicamente autêntico com relação a suas próprias reações (cf. cap. 4, seção sobre diretrizes para "sobre autorrevelação").

- Ofereça-se para ajudá-lo a encontrar um novo terapeuta – às vezes é apropriado que você mesmo faça o trabalho de encontrar alguém e facilite a transferência.

- Qualquer um que tenha tido a experiência de mudar de lugar ou de fechar seu consultório por algum motivo, sabe como essa tarefa é emocionalmente exaustiva. Assegure-se de que você tem muita supervisão e apoio durante esse tempo e não subestime o nível de estresse.

Quando o cliente "desaparece"

Ocasionalmente, um cliente pode deixar a terapia inesperada e precipitadamente. Ele simplesmente deixa de vir a sua sessão. Seja qual for o motivo que ele tenha – desaponto com sua capacidade clínica ou ansiedade sobre a terapia, ele tem o direito de escolher. Esse tipo de fim tende a acontecer no começo da terapia quando o cliente está ambivalente sobre seu envolvimento. Sugerimos que você não telefone ao cliente para perguntar o que aconteceu. Isso pode dar a ideia de que você está caçando o cliente em sua própria casa e, como tal, pareceria intrusivo. Normalmente o correto é escrever uma pequena carta expressando seu pesar por ele não ter vindo e ou confirmando a próxima sessão ou convidando-o a telefonar para marcar outra (sugerimos uma carta em vez de e-mail ou SMS porque esses últimos parecem mais informais e têm uma potencial falta de privacidade). Se o cliente não responder, então você pode parar por aí, ou escrever outro bilhete dizendo que você presume que ele decidiu não continuar com a terapia naquele momento, que lhe deseja sorte e que ele não hesite em entrar em contato com você no futuro se mudar de ideia.

Lembre-se de que ocasionalmente o desaparecimento de um cliente (especialmente depois de umas poucas sessões) pode significar que ele conseguiu aquilo que queria quando lhe procurou e está se sentindo melhor. Se ele não é do mundo da terapia e, portanto, não está familiarizado com "o princípio de bons finais" ele pode simplesmente achar que não precisa mais de aconselhamento (da mesma maneira que ele não voltaria a seu clínico após um tratamento bem-sucedido). De qualquer maneira, é possível que você precise descobrir a melhor maneira de terminar *para você* e deixe de "ficar esperando", talvez usando a supervisão para trabalhar qualquer situação inacabada.

Se você está tratando desse cliente há algum tempo, isso muda bastante o cenário. Pode então ser apropriado dizer mais coisas em sua carta. No entanto, é importante que você seja circunspecto sobre o que diz fora do consultório. Mesmo se tiver uma boa ideia do motivo do afastamento, é uma ruptura simbólica de limites referir-se explicitamente em uma carta ao conteúdo das sessões: suas intervenções terapêuticas só devem ocorrer no consultório. Também é uma verdadeira ruptura potencialmente porque sua carta pode ser aberta por alguma outra pessoa. Escolha suas palavras cuidadosamente. É possível dizer, por exemplo, que você acha que houve uma falha na comunicação e que é algo sobre o qual você e ele precisam conversar e você espera que ele venha e vocês façam isso.

Quando o cliente deseja deixar a terapia "prematuramente"

Acreditamos piamente no direito que o cliente tem de decidir. Além disso, é bem possível que ele esteja certo. É possível que os dois precisem confiar no processo dele. No entanto, é também verdade que você tem o direito de lutar pelo "cliente potencial" – a visão da possibilidade de crescimento que você vê nele. Seu compromisso com o relacionamento dialógico lhe permite questionar o desejo dele de deixar a terapia se você acha que ele está apenas evitando uma dificuldade. Alguns clientes, é claro, irão terminar, ou ameaçar terminar, quando estão zangados ou acham que você não os entendeu, mas não são capazes de articular isso. Comece uma discussão sobre aquilo que levou o cliente àquela decisão. Algumas das seguintes perguntas podem ser úteis:

- O que vem ocorrendo recentemente em sua vida e na terapia?
- Que sentido ele vem fazendo disso tudo?
- Há algo sobre você ou sobre a terapia que lhe desagrade?
- Como ele decidiu no passado quando era o momento certo para terminar um relacionamento ou abandonar uma situação?
- Como ele reconheceria se, na verdade, estivesse evitando um final?
- Você pode também revelar suas próprias polaridades sobre a decisão dele: "Uma parte minha apoia sua decisão de terminar; é seu direito escolher. Outra parte minha quer lutar para que você permaneça e continue nosso trabalho".

É quase sempre inapropriado e pouco respeitoso (e até pouco ético) dizer, ou implicar, a um cliente que quer partir, que ele não será capaz de administrar sua vida ou que ele não está funcionando bem o bastante para estar "sozinho". É apropriado dizer algo como: "Por mim, tudo bem se você deixar a terapia, mas estou consciente de como sua decisão foi súbita. Me pergunto se você estaria disposto a explorar isso".

As tarefas do término

Em nossa experiência, as seguintes tarefas são comuns na maior parte dos fins de terapia. O processo de partir envolverá ir e voltar entre essas tarefas à medida que o fim se aproxima. Se o trabalho foi de longo prazo, várias semanas ou até meses serão necessários para esse processo. É possível que precise abordar esses assuntos você mesmo nas sessões anteriores ao fim se o cliente parece os estar evitando.

Desperte a awareness do fim

Isso pode parecer uma tarefa óbvia, mas é surpreendentemente importante. Há evidência de que um dos fatores mais importantes ao trabalhar um luto é que alguém seja capaz de descrever a significância e o sentido da morte. O mesmo se aplica a um final significativo, inclusive o da terapia. Acreditamos que o cliente precisa ter uma narrativa significativa sobre como o final da terapia se encaixa em sua viagem. Você pode encorajar isso convidando-o a refletir sobre o que o trouxe até você no começo, quais as revelações que tiveram e como estão agora.

Todos nós potencialmente negamos a existência de fins de várias maneiras. Às vezes concordamos com o cliente que ele pode voltar para acompanhamento se ele sentir necessidade. Essa pode ser uma oferta válida. No entanto, ela também pode ser uma evitação. É difícil dizer adeus para alguém com quem estivemos em um relacionamento significativo e íntimo. No entanto, isso priva nossos clientes, não só da oportunidade de terminar "de uma maneira limpa", mas também da verdadeira experiência do estágio final e importante da terapia – descobrir que eles podem se cuidar sozinhos. Se vocês dois já concordaram que um fim é apropriado e uma data para esse fim já foi decidida, ela deve normalmente ser mantida apesar de qualquer emergência de novos (ou antigos) sintomas. O terapeuta pode convidar o cliente a explorar o que esses sintomas podem significar para ele com relação ao final.

Esteja consciente da significância e das implicações do fim

Tanto o conselheiro quanto o cliente precisam ser responsáveis pelas muitas maneiras nas quais a terapia foi significativa na vida do cliente.

- "Este é o lugar ao qual eu vim todas as terças-feiras às 3 horas da tarde pelos últimos dois anos".
- "Você é a primeira pessoa com quem eu jamais falei sobre a loucura de minha mãe. Senti como se eu tivesse lhe contado tudo sobre mim, não apenas as partes superficiais".
- "Me acostumei a poder vir e discutir aqui quando os problemas surgem na minha vida. Agora terei de encontrar uma maneira de fazer isso sem você".

Dos dois lados, pode haver um simples reconhecimento:
- Gosto de você. Vou sentir falta de ter você na minha vida.

> **Exemplo**
>
> B'Elanna ficou surpresa a princípio quando seu conselheiro lhe perguntou sobre as despedidas anteriores em sua vida. Tinha havido algumas despedidas importantes e difíceis? Ela achava que não. Gentilmente o conselheiro expressou sua surpresa: "Nenhuma mesmo? E o seu casamento?" B'Elanna sacudiu a cabeça enfaticamente: "Aquilo foi só um alívio – tinha sido tão horrível". E quando você deixou seu lar e seu país? Uma vez mais uma negativa: "Oh, era muito ruim lá. Eu fiquei contente de me livrar daquilo". À medida que o conselheiro mencionava muitas despedidas que B'Elanna tinha vivenciado, cada uma delas era recebida com uma rejeição. Em cada caso ela dizia que a pessoa ou situação perdidas não mereciam seu pesar. À medida que eles exploraram o assunto mais detalhadamente, no entanto, B'Elanna começou a reconhecer o padrão. Ela tinha crescido precisando ser independente e forte. Quando a guerra tinha chegado a seu país, ela tinha sido forçada prematuramente a deixar as "necessidades infantis" de pesar para trás. Tinha, então, usado essa maneira de administrar a perda durante toda sua vida. Essa *awareness* a levou a reexaminar como iria deixar seu conselheiro e como iria lidar com a tristeza.

Para alguns clientes, o relacionamento com o terapeuta será um dos mais significativos e intensos de sua vida. Deixar esse relacionamento, portanto, será extremamente importante. Isso pode também enfatizar a aparente estranheza dos limites terapêuticos. Tendo estado tão próximos, vocês provavelmente nunca se encontrarão outra vez. Isso é difícil para o terapeuta também e às vezes causa violações de limites prejudiciais (concordando em se encontrar socialmente, tornando-se amigos etc.). Em nossa opinião, um final "limpo" é muitas vezes uma conclusão necessária para selar e conter a terapia e preservar o relacionamento como um recurso interno para o cliente.

Encoraje a expressão total de sentimentos

A expressão de sentimentos pode incluir tristeza, raiva, medo, alívio, excitação ou uma mistura de todas essas coisas. Você pode encorajar isso com perguntas, tais como: "O que é que esse relacionamento significou para você?" "De que você está consciente no momento, quando imagina terminar comigo?" Esse é um momento quando você pode escolher revelar algumas de suas próprias reações.

Ele pode incluir também sentimentos familiares negativos e habituais tais como depressão, amargura, autocompaixão, culpa e assim por diante, padrões relacionais antigos que podem ser trazidos para a *awareness* e trabalhados. Eles podem incluir versões de introjetos ou crenças familiares, tais como "Tudo que é importante é sempre tirado de mim", ou "Se você tivesse sido um terapeuta melhor, eu estaria mais feliz do que estou".

> **Exemplo**
>
> B'Elanna tinha ficado profundamente emocionada com as descobertas que fez sobre si mesma com relação a despedidas e passou muito tempo em profunda tristeza por seu passado. Ela tinha estabelecido que sua data final seria em julho, mas no começo de junho chegou muito irritada reclamando sobre o sistema de estacionamento. Deveria haver, disse ela, um sistema melhor para dizer aos clientes aonde estacionar. Seu terapeuta demonstrou simpatia sobre a inconveniência e se desculpou pela falta de clareza, mas ela começou a falar sobre como o tráfego tinha estado terrível a caminho da sessão. Ele muito gentilmente brincou com ela: "É realmente uma verdadeira chateação vir aqui, não é?" B'Elanna o olhou fixamente e depois ficou aborrecida e se retraiu. O terapeuta percebeu que tinha cometido um erro e pediu desculpas. B'Elanna recebeu as desculpas e relaxou visivelmente; logo começou a chorar, dizendo: "Não sei como vou me arranjar sem você". O terapeuta sentiu carinho por ela e também ficou consciente de sua própria tristeza. Ele disse isso a ela. Os dois ficaram em silêncio por um momento reconhecendo sua tristeza mútua.

Reconheça e comemore o que foi realizado e admita o que ainda está inacabado

Reexamine a viagem que vocês fizeram juntos – as dificuldades e sucessos, as mudanças feitas ou não feitas. Você pode pedir ao cliente que reveja os momentos decisivos na viagem, o que foi mais importante ou mais transformador, bem como os momentos quando havia pouco movimento ou ele se sentiu imobilizado. Pode ser útil compartilhar sua visão sobre a viagem do cliente e os momentos importantes. Sua validação e reconhecimento podem dar apoio ao cliente e confirmar o que ele percebeu. Também pergunte se há algum retorno que ele queira que você lhe dê ou que ele queira lhe dar.

> **Exemplo**
>
> À medida que julho se aproximava, B'Elanna sentia-se instável. No entanto, também estava excitada com a perspectiva de "fazer aquilo direito" como ela se expressou. Na penúltima sessão eles passaram o tempo examinando o trabalho que tinham feito juntos. B'Elanna disse: "Você sabe, o dia em que realmente eu comecei a confiar em você foi quando eu estava lhe dizendo que fiquei irritada no trabalho e você me recordou o que eu tinha dito sobre meu avô um ano inteiro antes". Quando o terapeuta lhe pediu que reconhecesse como ela tinha mudado desde sua chegada, ela percebeu quanta coisa estava diferente e como se sentia muito mais animada e otimista sobre sua vida.

> **Sugestão**
>
> Uma visualização que pode ser útil nesse momento é pedir ao cliente que "imagine que vocês estão seis meses depois, no futuro. Como você se sente por ter deixado a terapia, que arrependimentos você tem, se é que tem algum? Há alguma coisa que você desejaria ter dito ou feito ou expressado?"

É perfeitamente apropriado que haja questões ainda não resolvidas. Melnick e Roos (2007) questionam a ênfase da Gestalt na terminação de situações inacabadas e acreditam que podemos combinar o retraimento da energia com permanecer internamente ligado à pessoa que perdemos. Eles falam de "se agarrar e deixar partir" (p. 102) e sugerem que há muito aprendizado e crescimento que vêm a partir da experiência de viver com uma ligação interna com um outro significativo perdido.

Plano para o futuro

Ao se aproximar o fim de sua revisão mútua, identifique questões futuras. Que questões ou situações o cliente pode esperar que irão surgir nos meses vindouros e como ele irá administrar as crises ou dificuldades futuras, especialmente aquelas semelhantes às queixas que o trouxeram para a terapia em primeiro lugar? Se você teve um longo relacionamento com o cliente, você foi internalizado como um recurso. Seu exemplo, sua voz, seu cuidado e atenção serão parte da paisagem interna dele. Que outros recursos estão em sua vida de que ele poderia depender, agora que a terapia está terminando? Que novas redes ou atividades sociais ele poderia desenvolver?

> **Exemplo**
>
> B'Elanna levou a sério a sugestão do terapeuta para que ela considerasse como iria enfrentar o futuro. Cuidadosamente, pensou sobre que tipos de desafios poderia ter de enfrentar e como poderia administrá-los? O terapeuta ficou aliviado de ouvi-la pensar dessa maneira, já que no passado ela tinha uma falta característica de desejo ou capacidade de planejar para si mesma ou de garantir sua segurança. Quando ele compartilhou isso com ela, ela percebeu como costumava acreditar que não tinha nenhum futuro que valesse a pena para ela. Quando eles associaram essa profunda sensação de insegurança com sua primeira infância em um país devastado pela guerra, tanto o terapeuta quanto a cliente se sentiram profundamente emocionados – tanto por aquilo que ela tinha sofrido quanto porque ela tinha readquirido seu autoapoio até o ponto de poder se importar com sua vida futura.

É claro, seria impossível (e sem sentido) tentar antecipar muito. O cliente vai partir em sua própria viagem e parte da ansiedade e da excitação disso é o desconhecido.

Diga adeus

Decidir como terminar deve ser uma decisão compartilhada. Juntos, vocês podem identificar o que é importante ou precisa ser percebido. Às vezes o cliente gosta de elaborar um ritual especial, por exemplo, oferecendo-lhe algum pequeno presente ou lembrança para que você se lembre dele.

Exemplo

B'Elanna não queria criar nenhum ritual específico. Disse apenas que o importante para ela era simplesmente permanecer no relacionamento até o momento do adeus. Previu que na última sessão iria chorar e ficaria inconsolável, mas quando chegou a hora eles também riram juntos – lembrando os momentos que tinham compartilhado e comemorando a viagem que tinham feito. Os olhos de B'Elanna ficaram cheios de lágrimas quando ela se voltou para o terapeuta para dizer adeus. O terapeuta também se sentiu emocionado e demonstrou o que sentia. Na saída, ao caminhar pelo corredor para onde dava o consultório, B'Elanna se voltou e ficou parada por um momento. Eles sorriram carinhosamente um para o outro. Depois B'Elanna olhou para a frente e foi embora enquanto o terapeuta fechava a porta. O terapeuta sabia que provavelmente ele nunca mais a veria; sentiu-se satisfeito, mas melancólico e refletiu sobre como era difícil abandonar relacionamentos assim tão intensos.

Extrair energia

A tarefa final é extrair energia do relacionamento terapêutico a fim de entrar no terreno ou no "vácuo fértil" do ciclo de experiência e estar disponível para investir em novos relacionamentos e figuras emergentes. Essa é uma tarefa que tanto o conselheiro quanto o cliente terão de realizar sozinhos nos dias e semanas que se seguem à última sessão.

Uma advertência: O luto é muitas vezes chamado de "trabalho sobre tristeza" e, em nossa opinião, abordar plenamente e estar com uma separação dessa natureza é certamente "trabalho". Além de ser potencialmente satisfatório e transformador, esse trabalho pode ser exaustivo, e tanto o cliente quanto o terapeuta devem se assegurar de que estão bem-apoiados durante essa época.

A perda do terapeuta

Temos, é claro, estado nos concentrando em ajudar os clientes a identificar seus padrões ao redor de despedidas. Mas, inevitavelmente, o terapeuta tem seus próprios padrões. Nós terapeutas também lutamos com questões de ligações e perda; também reagimos aos ecos da morte em cada despedida. É crucial para o bem de nossos clientes e também para nosso próprio bem que tenhamos conhecimento de nossas próprias reações a esse respeito por duas razões principais:

- Precisamos garantir que nossos próprios padrões de modificação de contato ao redor de despedidas não impeçam que o cliente faça aquilo que ele precisa fazer. Temos de estar seguros de que não estamos nem ignorando a importância da fase final nem nos recusando a deixar que o cliente parta.

- Um terapeuta bem-sucedido terá de passar por muitos fins de relacionamentos bem-sucedidos e recompensadores durante o curso de sua carreira profissional. Por isso é tão importante que saibamos como fazer isso de uma maneira que nos torne mais sábios e mais disponíveis, de tal forma que não tenhamos de colocar energia na manutenção de antigos padrões de evitação.

O exemplo acima foi de B'Elanna, uma cliente que abordou sua despedida com plenitude. O mesmo poderia ser facilmente escrito sobre um terapeuta que, a cada estágio ou a cada tarefa, teve de se confrontar com relação à significância e à importância da perda desse relacionamento com o cliente.

Convidamo-los a fazer alguma exploração mais profunda sobre seus próprios padrões a fim de garantir que suas despedidas são tão "limpas" quanto possível.

Sugestão

Veja se você consegue se lembrar de seu primeiro dia na escola. Pode se lembrar de como se sentiu antes de ir? Você teve ajuda para se preparar para isso? Quanta? Muitas vezes as pessoas descobrem que essa experiência de separação marcou um padrão de sua reação para mudanças e ajustes futuros. (Se você não tem memórias muito antigas, lembre-se, em vez disso, de seu primeiro dia no segundo grau ou no instituto onde se formou como terapeuta ou conselheiro.)

Como é que essa experiência pode influenciar sua atitude com relação a despedidas e novos começos, como ela irá afetar seu trabalho como terapeuta? O que você aprendeu desde então – tanto na teoria quanto em termos de sua experiência – que o ajudou com boas despedidas?

Leitura recomendada

HOUSTON, G. (2003). *Brief Gestalt Therapy*. Londres: Sage [cf. cap. 6: "The Ending"].

MacKEWN, J. (1997). *Developing Gestalt Counselling*. Londres: Sage [cf. p. 209-214].

MELNICK, J. & ROOS, S. (2007). "The myth of closure". *Gestalt Review*, 11 (2), p. 90-107.

PHILIPPSON, P. (2009). *The Emergent Self* – An Existential-Gestalt Approach. Londres: Karnac [cf. cap. 6: "Death and Endings"].

ROOS, S. (2001). "Chronic sorrow and the Gestalt construct of closure". *Gestalt Review*, 5 (4), p. 289-310.

SABAR, S. (2000). "Bereavement, grief and mourning: a Gestalt perspective". *Gestalt Review*, 4 (2), p. 152-168.

VÁZQUEZ BANDIN, C. (2011). "The Process of grief according to Gestalt therapy".*Gestalt Review*, 16 (2), p. 126-144.

WORDEN, J.W. (2009). *Grief Counselling and Grief Therapy*: A Handbook for the Mental Health Practitioner. 4. ed. Nova York: Springer.

Parte II
Administrando encontros desafiadores

Parte II

17
Avaliando e administrando o risco

Há muitas ocasiões em que a queixa que traz o cliente para a terapia é uma questão vital, uma condição ou uma forma de comportamento que é particularmente desafiadora para o terapeuta e pode exigir uma atenção especial ao risco, ou uma abordagem de tratamento especializada. Entre esses clientes estão aqueles com processos psicóticos, comportamento de automutilação, processos dissociativos ou regressivos, sintomas de traumas, depressões e ansiedade. Esses clientes tendem a ter dificuldades globais no funcionamento, podem estar em uma situação de sofrimento profundo e com frequência causam sofrimento e perturbação aos terapeutas, à família e aos amigos. Em suas formas mais severas, esses transtornos muitas vezes implicam uma necessidade de o terapeuta adotar cursos específicos de ação que se desviam fortemente da prática normal da Gestalt. Uma abordagem mais comportamentalista e diretiva pode ser necessária, com intervenções mais concentradas em questões de risco e de segurança (inclusive até mesmo a segurança de terapeuta). Eles são clientes que podem evocar reações difíceis e perturbadoras no terapeuta e desafiar limites e, portanto, precisam de ideias e de uma administração mais estratégicas.

Embora aqui não tenhamos o espaço para examinar o trabalho terapêutico com uma ampla variedade de questões, iremos esboçar algumas formas de avaliar e administrar o risco para que você saiba de que ação específica pode precisar (e quando). No próximo capítulo iremos nos concentrar em "recursos": maneiras específicas de construir apoio e de aumentar as forças existentes que, embora possam ser úteis para todos os clientes, são especialmente importantes para clientes com autoprocessos frágeis. Então, nos capítulos que se seguem, examinaremos detalhadamente a depressão, a ansiedade e o trauma, que são as queixas mais comuns em que o risco é uma questão.

Acreditamos que profissionais que têm clientes com questões de risco nessas áreas devem também consultar a literatura relevante, obter ajuda especializada por meio da supervisão com especialistas na área e considerar enviar o cliente para uma consulta com um psiquiatra. Na seção de Leitura recomendada sugerimos uma variedade de livros úteis vindos tanto da área gestáltica quanto de fora dela. Além disso, sugerimos que os terapeutas se familiarizem com um sistema diagnóstico padrão tal como o DSM-5 (que, embora seja tema de muitas controvérsias importantes no mundo em geral, ainda continua sendo o sistema mais usado amplamente) ou o ICD 10 (a 11ª edição está sendo preparada), quando mais não seja para poder ter acesso à literatura não gestáltica e ser capaz de se comunicar de forma significativa com outros profissionais.

Finalmente queremos enfatizar que o trabalho de uma maneira mais estratégica e direcional com clientes com transtornos específicos pode ser considerado como uma violação da máxima gestáltica de permanecer com "o que é" e de permitir um processo natural de desdobramento. No entanto, acreditamos que isso não é necessariamente uma contradição e concordamos com Yontef e Philippson (2008: 271) que dizem:

O crescimento pode ser um resultado espontâneo de um contato focalizado e íntimo na terapia e assim por diante. Ou pode ser parte de um programa sistemático de instrução e experimentação. Mas mesmo no último caso, ele é baseado no autorreconhecimento e na autoaceitação enquanto vamos na direção do crescimento... em muitas situações clínicas, o trabalho pode se concentrar em construir um repertório de ferramentas psicológicas, obtendo domínio sobre comportamento destrutivo... Esse aprendizado pode ser feito cooperativamente...

Considerações essenciais

No cap. 5, demos sugestões para a avaliação de risco em uma entrevista inicial. Agora exploramos em mais detalhe algumas das questões que devem ser consideradas quando decidimos aceitar um cliente "perturbante" (ou quando administrando uma crise com um cliente existente). Desenvolvemos seis passos para lhe ajudar a compreender a situação e decidir como proceder:

1) **Avalie** o quadro imediato;
2) **Reúna** informação relevante;
3) **Classifique** o risco;
4) **Atue**;
5) **Escolha** um plano de gerenciamento;
6) **Monitore** o processo em andamento.

Avalie o quadro imediato

É surpreendente a frequência com que profissionais – com um desejo de permanecer com o cliente e acompanhá-lo – não se dão permissão para assumir responsabilidade pela sessão e perguntar o que precisam saber a fim de fazer uma avaliação. Alguns clientes trarão para a reunião inicial muitas questões superpostas e dependendo do risco potencial, você deve decidir se há necessidade de agir imediatamente. A primeira prioridade é avaliar se a situação é de alto risco:

- O cliente está a ponto de perder seu emprego/relacionamento/acomodação/filhos/dinheiro/liberdade se alguma iniciativa não for tomada imediatamente?
- O cliente está à beira de um colapso ou de uma perda geral de funcionamento?
- O cliente pode estar prestes a se suicidar ou de se automutilar?
- A violência está em alguma parte do quadro?
- O cliente está sofrendo de uma doença que não foi tratada? Muitos sintomas que acompanham os problemas orgânicos são emocionais ou psicológicos (p. ex., transtornos da tireoide).
- Os sintomas poderiam estar indicando um abuso de drogas ou uma séria doença psiquiátrica emergente?

Se a resposta é "sim" para qualquer dessas perguntas sua preocupação primordial é evitar uma piora ou perda da capacidade de funcionar de maneira competente no mundo. É importante elaborar uma maneira concreta e pragmática de lidar com o problema. Isso pode envolver discutir a administração de risco com o cliente (e às vezes insistir em discutir isso), conselhos práticos, educação, entrar em contato com o clínico geral ou com a equipe de saúde mental da comunidade. Isso é uma obrigação profissional e você deve se sentir confiante de entrar em contato com outros recursos e não achar que deve tentar administrar tudo sozinho.

Mesmo na ausência de uma crise atual, pode haver outras questões importantes que são primordiais quando vocês decidem se – e como – vão trabalhar juntos.

- Há uma questão prática que precisa ser abordada em primeiro lugar? Toda situação trazida por um cliente é inevitavelmente uma Gestalt de fatores biológicos, cognitivos, emocionais e somáticos em um contexto de condições de campo históricas e atuais, tais como ambientes de trabalho ou relacionamentos extremamente estressantes (p. ex., morando com um companheiro que está doente) que pode exigir uma ação prática antes de decidir um plano de tratamento "psicológico".

• Você *quer* trabalhar com essa pessoa? Você tem formação e apoio de supervisão suficientes? Eles são adequados para seu estilo de psicoterapia? Suas acomodações são adequadas? Por exemplo, não é aconselhável trabalhar em sua residência com clientes com transtornos mais sérios. Tanto você quanto seu cliente podem se sentir mais sob controle se se encontrarem no edifício de uma organização ou em um centro médico etc.

• É possível também que o cliente lhe atemorize ou seja difícil se relacionar com ele, e você pode não querer aceitá-lo. É importante levar a sério suas próprias reações e não ter ideias grandiosas de que você pode ou deve tratar todas as pessoas que o procuram.

• A queixa que o cliente traz faz sentido para você? Em muitas situações é importante não tomar uma decisão de trabalhar com um cliente na entrevista inicial, mas ter uma supervisão antes. De qualquer forma, geralmente recomendamos oferecer um contrato de curto prazo de avaliação mútua; por exemplo, quatro sessões com uma revisão. Isso lhe dá a opção de encaminhar o cliente para outro profissional no fim do período. Pode também ser útil decidir se o transtorno preenche os critérios de um transtorno psiquiátrico, ou se é aquilo que você pode chamar de "apenas difícil" por uma variedade de outras razões.

Reúna informação relevante

Quando você já formou um quadro inicial da situação do cliente, precisa agora começar a identificar as áreas de interesse específico ou os detalhes que precisam de mais investigação. Pode ser útil escrever essas questões com termos específicos, inclusive aquelas sobre as quais você necessita de mais informação. Isso ajuda a lhe proteger de uma sensação de estar sobrepujado ou confuso pelo impacto ou desorientação emocional que às vezes acompanha o período de avaliação com clientes de alto risco. Ter alguns pontos claros que você deseja abordar na próxima sessão ajudará a fornecer uma estrutura sob controle.

Uma boa avaliação é também uma questão de explorar a origem e significado de um sintoma ou problema. Sugerimos que uma história cuidadosa da queixa trazida pelo cliente é uma maneira de obter mais clareza.

As seguintes questões podem ser facilmente modificadas para se adaptar a qualquer tema que lhe preocupe:

• Quando foi que o problema ocorreu pela primeira vez? (P. ex., ideias de suicídio, automutilação, abuso de drogas, evitando comida ou comendo demais, pensamentos sobre estar ficando louco.)

• Que outra coisa estava ocorrendo naquele momento em sua vida?

• Como é que sua família ou amigos reagiram? (Ou como você imagina que eles iriam reagir?)

• Com que frequência isso ocorreu em sua vida e que sentido você faz disso?

• Quando é que esse problema esteve pior em sua vida?

• Você pediu ou obteve alguma ajuda para ele?

• Quando foi a última vez que ocorreu? Ou quando foi mais difícil?

• Como é que você lidou com ele ou tentou se ajudar?

• O que é que fez com que você procurasse ajuda agora, neste exato momento?

Obviamente, você não faria essas perguntas uma depois da outra como está na lista! Se o cliente tem autoapoio suficiente ele pode não se importar de responder essas perguntas em uma sessão. No entanto, você pode reunir essa informação no decorrer de várias sessões. É essencial lembrar a inevitável sensibilidade e vulnerabilidade do cliente com relação a essas questões. Às vezes os profissionais se sentem constrangidos pelo medo de provocar ainda mais sofrimento pedindo detalhes sobre certas áreas (p. ex., ideias de suicídio, alucinações ou relacionamentos abusivos). No entanto, muitos clientes sentem alívio de poderem compartilhar sua história com alguém que não tem medo de perguntar (e ouvir) a respeito de material doloroso. Realmente, ouvir com respeito, abertura e aceitação pode por si só começar um processo semelhante no cliente com relação a ele próprio.

Classifique o risco

Após ter identificado as áreas específicas de preocupação, você pode então ler a literatura especializada e discutir o assunto com seu supervisor. Isso evitará que você tenha de "reinventar a roda" e irá lhe dar mais apoio. Por exemplo, há muita informação útil descritiva e preditiva sobre os riscos de tipos diferentes de problemas de saúde mental, quando ideias suicidas têm mais probabilidade de serem concretizadas, ou as implicações e perigos específicos de vários tipos de drogas, para mencionar apenas três áreas.

Avaliando a seriedade

Um bom começo é localizar o risco atual do cliente em um contínuo aproximado de funcionamento diário:

Leve -----------------Moderado---------------Severo

Transtorno **leve** é quando o cliente tem sintomas que causam sofrimento subjetivo, mas não interferem significativamente com as atividades cotidianas (embora o cliente talvez precise fazer um esforço extra para realizar as coisas que precisa fazer).

Transtorno **moderado** é quando o cliente tem sintomas incapacitantes que periodicamente interferem de maneira significativa com as atividades cotidianas.

Transtorno **severo** é quando o cliente tem sintomas persistentes que são incapacitantes e perturbadores a maior parte do tempo e muitas vezes é incapaz de funcionar normalmente nas atividades cotidianas. Pode também significar que o cliente está em um risco imediato de causar dano a si próprio ou a outros.

A extremidade mais incapacitante do contínuo é um reflexo de quão difícil (ou até impossível) é para o cliente reagir efetivamente àquilo que ele está enfrentando ou vivenciando. Sinaliza também a importância de considerar sua própria autoproteção e cuidados restauradores no final de uma sessão difícil. Você também precisará levar em conta há quanto tempo o cliente está com esse transtorno e se é um transtorno recente ou vem sendo percebido há muito tempo.

Uma classificação da seriedade também lhe permitirá:

• Decidir a quantidade de planejamento estratégico para intervenções comportamentais que é necessário. (P. ex., consultar um especialista ou encaminhar o cliente a ele, sugerir um tipo de comportamento tal como tirar alguns dias de férias do trabalho ou ensinar-lhe técnicas para reduzir a ansiedade etc.)

• Organize a terapia ao redor de estabilização, contenção e assentamento (P. ex., para clientes que estão continuamente devastados ou infelizes.)

• Decida quanta responsabilidade você precisa assumir para evitar a deterioração. (P. ex., quanta insistência com relação a um encaminhamento psiquiátrico ou a um plano de gerenciamento de risco.)

Clientes suicidas

Devemos tratar todas as ameaças de suicídio seriamente mesmo se suspeitarmos que o cliente está nos manipulando, já que, se não o fizermos, poderemos estar provocando um agravamento do comportamento. Muito ocasionalmente, as pessoas decidem se matar por uma decisão racional clara (quando estão sofrendo de uma doença física terminal, p. ex.). No entanto, a maior parte das ameaças de suicídio resultam de um estado mental confuso e conflitivo e podem ser consideradas como uma comunicação de algum tipo (com frequência a raiva de outra pessoa – às vezes até de você), que não pode ser expressa abertamente e é retrofletida em impulsos suicidas. Às vezes pode ser um desejo de matar uma parte perseguidora de si mesmo a fim de "salvar" a parte saudável. Essas ideias podem às vezes ajudá-lo a ver que a pessoa está fazendo uma tentativa de vida (para ser ouvida ou vista) e não uma tentativa de morte.

Há uma concepção errônea comum de que fazer perguntas sobre a intenção suicida provavelmente irá provocar o suicídio. Isso não é comprovado pela pesquisa. Na verdade, como ocorre com outros temas, discutir a possibilidade de suicídio de uma maneira aberta e sem críticas, pode dar à pessoa a sensação de alívio e apoio. É importante que você não reaja com medo, ansiedade ou desaprovação quando seu cliente mencione o assunto. Você deve primeiramente decidir se há qualquer iniciativa imediata que possa tomar para evitar a perda de vida, e a seguir precisará fazer uma avaliação clara e detalhada do grau de risco antes de planejar uma estratégia. Para isso é aconselhável que você volte ao estágio de "Reunir informação". As seguintes são perguntas adicionais às descritas anteriormente neste capítulo que podem lhe ajudar a tomar uma decisão com maior clareza.

- O cliente já fez alguma tentativa de se machucar no passado? Se sim, quando foi e o que ocorreu?
- Quais foram os fatores precipitantes (ser rejeitado por um amante, p. ex.) que levaram a esse episódio prévio. (Esses fatores existem no momento atual ou são iminentes?) Você pode fazer a pergunta "Se isso (o mesmo fator precipitante) ocorresse agora, o que você faria?"
- O que evitou que eles morressem antes? Foi uma intervenção de outra pessoa e se foi, como isso ocorreu?
- Eles já fizeram algum plano de como vão realizar o suicídio? Já decidiram como e de que maneira irão realmente fazê-lo?

• Quem seria afetado por sua morte (e como)? Quem em seu mundo social eles acham que ficaria mais triste? Lembre-se de que o comportamento de uma ameaça de suicídio pode ser parte de uma questão sistêmica na família ou na rede social do cliente.

Por mais desconfortável que isso pareça, portanto, é crucial fazer questões específicas tais como "Você já pensou como você realmente se mataria? Que pílulas você tomaria exatamente? Onde você as obteria? Quando e onde você as tomaria?" Detalhes específicos são mais preocupantes que intenções vagas. A evidência de um plano detalhado deve ser considerada como um risco mais sério.

Atue

Encaminhando o cliente

Sugerimos insistentemente que uma parte de toda a avaliação de um cliente transtornado é a consideração que você possa necessitar encaminhá-lo para outro profissional (ainda que seja só para uma segunda opinião) e aconselhamos que você busque supervisão para tomar essa decisão. O cap. 1 contém algumas sugestões para encaminhar alguém para outra agência ou profissional. Por mais sensível que você seja em sua forma de agir, esse processo muitas vezes gera uma suspeita compreensível por parte dos clientes de que eles foram avaliados e considerados inaceitáveis. Você pode minimizar esse sentimento concentrando-se fortemente em transmitir seu respeito e solidariedade a essa pessoa em circunstâncias difíceis que se arriscou a compartilhar suas vulnerabilidades com um estranho. Você também pode dizer que quer a melhor ajuda possível para eles; portanto, que não é uma questão de eles serem muito difíceis e sim de encontrar alguém que se especialize naquela área de dificuldade.

Administrando o risco de suicídio

Em situações de perigo iminente você talvez precise entrar em contato com um membro da família, com o clínico geral ou com a equipe de saúde mental da comunidade. Em situações menos imediatas, mas ainda assim de alto risco, é possível que você precise ver o cliente com mais frequência ou oferecer breves contatos telefônicos para fornecer um ambiente protetor. Alguns terapeutas defendem um contrato de "nenhum dano" com clientes. Essa ideia é um tanto polêmica na abordagem gestáltica, mas pode ter algumas vantagens positivas (para uma discussão sobre o debate cf. MOTHERSOLE, 2006). Um contrato desse tipo pode ser pedir ao cliente que não tente se matar antes de sua próxima sessão com ele, ou em casos extremos, que ele fale com você por telefone (assegure-se de que o acordo é que ele realmente *fale* com você, não apenas lhe telefone – se você não estiver em casa ele não cumpriu o contrato). Você pode ajudá-lo a elaborar uma lista de números de apoio em uma emergência para os quais ele irá ligar se se sentir suicida, começando com os samaritanos, pois podemos confiar que eles responderão e oferecerão um ouvido empático. Tais acordos podem ajudar seu cliente a encontrar uma maneira de sobreviver sem tentar se matar. Ele pode então considerar o contrato como algo que o refreia e o protege – uma evidência de seu compromisso com sua vida e não uma tentativa de restringi-lo ou de impor o desejo do terapeuta.

Mesmo que você creia que o cliente tem o direito fundamental de fazer escolhas sobre sua própria vida e morte, acreditamos que, como terapeuta gestáltico, tem a obrigação de tentar preservar a vida (cf. o cap. 24 sobre ética). Isso pode significar mudar sua abordagem terapêutica temporariamente a fim de administrar a crise. Nesses momentos um trabalho de apoio e de contenção, com fortes limites, é muitas vezes necessário. Não tente trabalho catártico, de cadeira vazia ou de confronto a menos que você esteja totalmente seguro da capacidade do cliente para administrar esse tipo de coisa. Ocasionalmente, apesar de seus melhores esforços, o cliente pode ainda assim decidir se matar. Embora isso seja terrivelmente doloroso, é um momento em que você deve buscar apoio e não se culpar, e lembrar a si mesmo que em última instância não temos e não devemos ter controle sobre as decisões de nossos clientes.

Trazendo um cliente de volta para o presente

Na sessão, um cliente de alto risco pode retroceder, se desassociar ou ficar fora do contato relacional. É possível então que ele precise de ajuda para ganhar autoapoio uma vez mais. As seguintes sugestões são para ajudar o cliente a voltar totalmente para o aqui e agora de tal forma que ele possa deixar seu consultório com recursos adultos para negociar o mundo lá fora (p. ex., para dirigir seu carro até a casa).

Você deve reservar pelo menos 10 a 15 minutos antes do fim da sessão para realizar qualquer das seguintes sugestões, embora muitas vezes seja suficiente dizer, simplesmente: "Você precisa agora voltar aqui para o consultório para que, antes de sair, você tenha tempo de pensar sobre o que ocorreu". Se isso não ocorrer, é possível que você precise de alguma ou de todas as seguintes intervenções (não necessariamente nesta ordem):

- Faça com que o cliente passe por quantas funções de contato estejam disponíveis: "O que você pode ver na sala, que cores e formas? Você pode ouvir o som de passarinhos, do relógio, do tráfego? Escute por um momento – quantos sons diferentes você consegue distinguir?"

- Faça perguntas simples do aqui e agora: "Como é que você está se sentindo neste momento? De que você está consciente nesta sala? Você está consciente da minha pessoa, sentada a sua frente?"

- Fale com uma voz determinada, lenta e firme.

- Volte a sensibilizar a *awareness* corporal: "Gostaria que você prestasse atenção em suas sensações corporais agora, perceba sua respiração, o peso de seu corpo na cadeira, seus pés no chão, esteja consciente da cadeira em que está sentado, sinta seu corpo inteiro, observe qualquer tensão ou relaxamento".

- Gentilmente, mas com voz firme, insista para que ele volte para a sala com você. Por exemplo para clientes que estejam tendo um *flashback*. "Essa é uma lembrança que você está tendo. Quero que você a deixe para trás e volte para esta sala *agora* comigo. Preste atenção na minha voz."

- Lembre-o de onde ele está: "Você está aqui nesta sala comigo".

- Seja reconfortante naquilo que você diz: "Está tudo bem, deixar aquilo para trás agora, você pode voltar para aquilo em outro momento, mas agora deve parar e se concentrar em mim nesta sala".

- Pergunte o que ele estará fazendo após a sessão de terapia, para invocar o pensamento e a antecipação. "O que você estará fazendo após a terapia, esta tarde, esta noite etc.?

- Se parecer necessário ou apropriado ofereça atividades normalizadoras tais como sugerir que ele fique em pé, ou ande pela sala com você, ofereça-lhe um copo d'água ou até uma xícara de chá (pelo menos se for na Inglaterra!).

- Você pode também evocar a sensação corporal gentilmente jogando uma almofada ou um papel amassado para ele e pedindo que o devolva para você e repetindo a ação várias vezes.

- Finalmente faça uma avaliação sobre o que ocorreu. Fale sobre o que você acabou de testemunhar e peça ao cliente que lhe diga o que ocorreu.

O uso de palavras e descrições normalmente distancia mais a pessoa de uma experiência. Assegure-se de que você está certo de que o cliente voltou totalmente para o autoapoio antes de ele deixar a sala. Pergunte-lhe como irá para casa, como irá se cuidar, como ele poderá contatá-lo em uma emergência (todas as coisas que exigem uma *awareness* "adulta" e planejamento).

Escolha um plano de gerenciamento

Quando você finalmente tiver decidido oferecer um contrato para a terapia, terá considerado cuidadosamente as questões de risco, as necessidades específicas do cliente e também seu próprio nível de confiança e competência. Terá falado sobre o cliente com seu supervisor e decidido continuar. Terá pensado sobre as necessidades desse cliente específico e decidido se quaisquer questões precisam ser abordadas primeiramente, ou, ao contrário, deixadas para mais tarde. Terá também considerado se o tipo de relacionamento gestáltico que você oferece precisa ser adaptado. Clientes em uma categoria de alto risco podem também precisar de um uso ou uma graduação mais pensada da oferta de um relacionamento dialógico, já que o terapeuta com uma presença forte pode muitas vezes ser bastante assustador para um cliente frágil. Sugerimos que você retorne ao cap. 6, Considerações sobre o Tratamento, para lhe ajudar a decidir a melhor (e única) estratégia para seu cliente.

O trabalho com clientes com transtornos, especialmente aqueles com dificuldades crônicas de longo prazo, é muitas vezes lento, com um progresso apenas gradativo. É também desafiador, normalmente de longo prazo e podem haver muitas questões ao redor da dependência. Essa será, sem dúvida alguma, uma viagem difícil (mas fascinante) de aprendizado e de descobertas para você. É trabalhando com nossos clientes mais perturbados e perturbadores que aprendemos mais sobre nós mesmos (e muitas vezes aprendemos a enfrentar nossos próprios transtornos ou aspectos sombrios inadmitidos).

Monitore o processo em andamento

Além de pensar cuidadosamente sobre a direção do tratamento, precisamos prestar atenção na maneira como você irá monitorar a situação no trabalho em andamento. Se você estiver envolvido em um trabalho de longo prazo, é proveitoso usar uma história de risco mais detalhada, examinando as maneiras como o cliente administrou seus problemas no passado, com ou sem sucesso, e que lições podem ser aprendidas a partir daí.

Você precisará estar alerta aos sinais de que os sintomas estão temporariamente piorando em reação às circunstâncias da vida ou até aos desafios da terapia. O cliente estará talvez tendo pensamentos mais frequentes de automutilação, bebendo mais, com uma presença mais irregular na terapia, considerando abandonar sua medicação, não dormindo ou comendo adequadamente, ficando mais isolado, tornando-se mais indiferente a você? Esses são todos sinais de que você precisa reavaliar o risco, temporariamente dar uma pausa em sua estratégia e reagir para lidar com aquilo que está surgindo. É o momento de discutir com seu cliente suas preocupações e descobrir um meio de minimizar o risco. Vocês podem também criar juntos um plano de ação nesse momento de crescente dificuldade. Dessa forma vocês estão ambos monitorando a situação e dando apoio à crescente capacidade do cliente de funcionar de maneira saudável.

Cuidando de você mesmo

No cap. 7 vimos maneiras pelas quais os terapeutas podem apoiar a si mesmos. Você encontrará uma lista de indicadores na p. 119, e sugerimos que os consulte com frequência para verificar se está mantendo um bom nível de autoapoio. Ao trabalhar com clientes perturbados e perturbadores isso é especialmente importante e há questões específicas que você deve observar. Primeiro e mais simplesmente, lembre a lenta natureza desse tipo de trabalho e verifique suas estimativas originais do nível de progresso que você teria esperado a essa altura. Pequenos passos podem ser transformadores para alguns clientes.

Depois, e ainda de maior importância, uma consequência desse trabalho é o risco de traumatização indireta, esgotamento, estresse traumático secundário e fadiga por compaixão. A pesquisa mostra que cerca de 50% dos clínicos que trabalham com clientes traumatizados relatam que se sentem angustiados ou muito angustiados, às vezes por longos períodos de tempo. Tais reações podem ser comuns quando o próprio terapeuta já passou por traumas na infância ou recentes.

Nossa capacidade de ser dialogicamente inclusivos, somaticamente ressonantes e disponíveis para receber a experiência sentida de nosso cliente é tanto o ambiente para a cura quanto a causa possível de traumas indiretos. É também o prelúdio do esgotamento nervoso, quando seu interesse, compaixão, energia e disponibilidade para contato diminuem. Reações de contratransferência podem também ser fortes, especialmente quando o terapeuta se sente empurrado para a recriação de uma situação abusiva. O autoapoio se estende também para a sessão de terapia. Às vezes é razoável pedir ao cliente que faça uma pausa em sua história para lhe dar um tempo para processá-la. Isso pode ser um bom exemplo também para o cliente já que ele pode achar que não tem direito ou capacidade de ir mais devagar ou de ajustar suas emoções.

> **Sugestão**
>
> Reflita sobre seus clientes mais difíceis. Com que frequência você se sente esgotado emocionalmente, exausto ou isolado após uma sessão? Você já sentiu sintomas físicos de desconforto após uma sessão ou outros sentimentos que pareciam angustiantes e fora do comum? Com que frequência você teve vontade de ignorar a dor da história de abuso que estava escutando?

Às vezes existe vergonha ou alguma relutância em trazer essas questões para colegas ou para a supervisão porque parece implicar fragilidade ou incompetência. Pelo contrário, acreditamos que isso é simplesmente uma consequência de ser um clínico envolvido e sensível, que tem empatia com seu cliente e está preparado às vezes a ir além de seu autoapoio.

> **Leitura recomendada sobre trabalhar com risco**
>
> HOWDIN, J. & REAVES, A. (2009). "Working with suicide". *British Gestalt Journal*, 18 (1), p. 10-17.
>
> KEARNS, A. (2005). *The Seven Deadly Sins?* Londres: Karnac [cf. o cap. 2: "Fragile Self Process"].
>
> STRATFORD, C.D. & BRALLIER, L.W. (1979). "Gestalt therapy with profoundly disturbed persons". *Gestalt Journal*, 2 (1), p. 90-104.

18
Fornecendo recursos ao cliente

Tradicionalmente, pouca atenção foi dada na prática da psicoterapia gestáltica ao cultivo deliberado de recursos positivos ou a fortalecer a resiliência do cliente a fim de dar apoio à mudança terapêutica. No entanto, um grande corpo de pesquisa sobre resultados da psicoterapia (ex.: FREDRICKSON et al., 2003; LUTHAR, 2006; RACHID & SELIGMAN, 2013) identificou a importância de otimismo, esperança e resiliência como fatores que apoiam a recuperação em clientes com depressão, ansiedade e traumas. Acreditamos que isso é um motivo muito convincente para que incluamos técnicas de fornecimento de recursos como parte da melhor prática na psicoterapia gestáltica.

De várias maneiras, poderíamos dizer que a todos os clientes que se apresentam para psicoterapia falta apoio. Essa falta de apoio pode ser resultado de suas atuais condições de campo, de seus relacionamentos ou de sua incapacidade de pedir ajuda em momentos de necessidade. Pode também ser um reflexo de sua dificuldade de administrar seus estados internos emocionais, cognitivos e somáticos.

O fato de nossos clientes terem sobrevivido até aqui significa que eles já encontraram recursos suficientes para administrar suas situações e sintomas até certo ponto, ainda que esses recursos tenham um "aspecto negativo" muito sério (tais como a dessensibilização, o abuso de drogas, o isolamento social etc.). Clientes mais perturbados podem também ter usado aquilo que às vezes é chamado de estratégias de sobrevivência, tais como a hipervigilância, o retraimento emocional, ou a desassociação.

No entanto, eles terão também, sem dúvida, usado alguns recursos mais saudáveis: manter uma atitude corajosa para continuar, obstinadamente persistir diante da dificuldade, manter uma atividade ou uma amizade que lhes dão apoio, ou encontrar um sentido em ajudar outros. Não é tão comum que psicoterapeutas busquem, ou até mesmo perguntem, sobre aquilo que está funcionando bem na vida do cliente e como essas atividades, recursos e relacionamentos poderiam ser expandidos e fortalecidos.

O cap. 7 já aborda as técnicas gerais para fortalecer um *self* saudável e o apoio ambiental. Neste capítulo, oferecemos outras ideias para construir um autoprocesso e relacionamentos sólidos. Acreditamos que essas são uma precondição necessária para administrar melhor o tipo de angústia e ansiedade devastadoras que emergem no trabalho com depressão, ansiedade e trauma que abordamos nos capítulos que se seguem.

Estratégias de fornecimento de recursos

Identificamos seis áreas que acreditamos ser as mais importantes.

1) Manter a esperança.

2) Aumentar o apoio relacional.

3) Desenvolvendo recursos:

   i – Recursos somáticos;

   ii – Recursos de imagens;

   iii – Recursos do campo atual;

   iv – Recursos "esquecidos".

4) Encorajar uma atitude de muita atenção.

5) Desenvolver o autoaprendizado e a autocompaixão.

6) Reorientar para experiências positivas.

Compreendemos que essa lista pode parecer assustadora e, é claro, só algumas seções serão relevantes para clientes diferentes em momentos diferentes da viagem. Sugerimos, portanto, que, na fase de avaliação e de diagnóstico, você comece a identificar que recursos estão faltando ou precisam ser desenvolvidos. O que é que você imagina que irá realmente ajudar o cliente a administrar aquilo por que ele está passando? O que foi que ajudou *você* no passado em momentos de crise? Por exemplo, o cliente perdeu a esperança ou se tornou isolado socialmente? Ele tem uma voz autocrítica que recusa qualquer autocompaixão sobre sua situação? Ele é incapaz de administrar sua angústia emocional sem se tornar sobrecarregado ou se fechar em si mesmo? Ele não está reconhecendo seus pontos fortes e suas qualidades positivas?

Todas essas são áreas que podem necessitar de uma atenção inicial antes de o cliente estar pronto para um trabalho mais difícil; realmente descobrimos que, quando está com recursos suficientes, o cliente muitas vezes espontaneamente encontra seu próprio caminho para a resolução saudável de suas questões.

À medida que a viagem terapêutica continua, você pode retornar a este capítulo para reavaliar que recursos podem precisar ser fortalecidos para ajudar o cliente a enfrentar aquilo que parece, às vezes, um desafio difícil demais.

Manter a esperança

Muitos clientes vêm para a terapia porque perderam a esperança ou a expectativa de melhora e recuperação. Portanto, nos primeiros estágios pode ser muito benéfico para o terapeuta manter uma atitude positiva com relação ao que é possível na viagem terapêutica. Isso pode ser transmitido tanto na sua própria confiança e em como você demonstra sua capacidade de suportar o impacto do desespero e da angústia do cliente. Seu interesse permanente, sua atitude dialógica e sua disposição de se envolver, irão começar a indicar essa abordagem otimista. Com clientes que precisam de mais reafirmação verbal, é possível que você queira dizer algo como:

- "Problemas de ansiedade e trauma normalmente respondem bem a este tipo de terapia".
- "Acredito que juntos podemos encontrar uma saída para isso."
- "Estou otimista e acho que posso lhe ajudar" (isso deve ser verdade, é claro!).

Melnick e Nevis (2005: 11) também descrevem a importância de encorajar "otimismo como um processo... uma maneira de encontrar o desconhecido" e de ajudar o cliente a desenvolver isso como uma orientação para o futuro.

É claro, é importante não parecer estar transmitindo uma versão do "olhe para o lado belo da vida". Achamos que isso pode ser evitado enquadrando o que você disser na psicoeducação. Por exemplo:

> Já notei que, quando as pessoas se sentem subjugadas por suas dificuldades, elas muitas vezes esquecem seus pontos fortes. Portanto, uma das coisas que quero fazer é ajudá-lo a reconhecer aquilo que você já está fazendo bem. Isso não significa que estou ignorando seu sofrimento – pelo contrário, estou levando isso muito a sério, mas acho também que seus pontos fortes o ajudarão a se recuperar mais rapidamente.

Dar uma nova estrutura aos sintomas também pode ser uma forma de encorajar uma atitude mais esperançosa. Como muitos clientes não estão conscientes de que seus sintomas são muitas vezes o resultado de situações inacabadas ou uma reação a uma situação ou crise atual aparentemente insolúvel, eles vêm os próprios sintomas como o problema a ser solucionado e não como uma reação a uma "situação". Pode ser útil, portanto, reformular os sintomas como se eles estivessem carregando uma mensagem – talvez a voz de uma parte desintegrada deles mesmos – ou como reações potencialmente significativas a um conjunto específico de circunstâncias:

- "Me pergunto se sua ansiedade está lhe dizendo algo sobre seu estilo de vida?"
- "É possível que sua depressão seja uma maneira de expressar algo que você não sabe como enfrentar?"
- "Acho que a hipervigilância e seu medo de pessoas quando você é provocado, pode ser a melhor maneira que você usou para reagir aos eventos traumáticos de sua infância. Era uma maneira de se manter sempre alerta ao perigo".

Isso pode também evocar uma posição de curiosidade reflexiva que pode ser o começo de uma maneira mais útil de compreender e administrar sintomas aparentemente aleatórios.

Sob essa luz, pode também ser útil chamar a atenção do cliente para os recursos e qualidades que ele já tem, perguntando, por exemplo: "Que outra coisa você acha que o ajudou a superar esse problema até agora?"

Aumentar o apoio relacional

Muitos clientes perderam a capacidade de estabelecer uma conexão relacional significativa, deixaram de ver os amigos, sentem-se alienados e encontram pouco valor em relações sociais. Isso é particularmente verdadeiro quando as questões que os trouxeram para a terapia são relacionadas com abusos por um outro ou estão conectadas com luto ou perda de emprego ou *status* (algo que também pode provocar vergonha). A tarefa terapêutica aqui é apoiar o cliente para que ele rompa esse isolamento que ele mesmo se impôs, e comece a construir contatos sociais. No entanto, sua disponibilidade relacional pode ser vital aqui como o primeiro passo nesse processo de se reconectar. Pode ser o trampolim que encoraja o cliente a se reconectar com outras pessoas e vivenciar o apoio do contato relacional. É particularmente importante, portanto, que você ofereça uma presença incorporada constante, disponível para um encontro relacional, para demonstrar ao cliente o valor de compartilhar sua dificuldade ou seus sentimentos e crenças ingovernáveis.

À medida que você se disponibiliza dessa forma, é possível que se veja vivenciando uma variedade de emoções difíceis, por exemplo, medo, raiva, desespero, impaciência ou um desejo de assumir o controle e resgatar. Encontrar a capacidade para tolerar e administrar esses sentimentos irá dar um exemplo para o cliente de como ele também pode fazer isso. Dessa maneira você está efetivamente ajudando a moldar o sofrimento afetivo e somático tanto seu quanto do cliente.

Desenvolvendo recursos

É impossível tratar na terapia uma pessoa cuja ansiedade ou excitação a subjuga totalmente na sessão. Se isso ocorre, então a tarefa terapêutica inicial é ajudar o cliente a reduzir o nível de sofrimento incorporado até o ponto em que ele possa se acalmar o suficiente para se envolver construtivamente com o problema. Seu objetivo é aquilo que Perls et al. (1989 [1951]) chamaram de "uma emergência segura" ou Ogden (2009) chama o nível superior da "janela de tolerância afetiva", em vez de simplesmente tentar evitar ou "sobreviver" aos sintomas. Discutimos isso uma vez mais com relação ao trauma no cap. 20, mas esboçamos a seguir algumas técnicas/intervenções que têm uma aplicação mais universal.

Se seu cliente começar a sentir uma angústia devastadora ou uma ativação física quando ele descreve um evento, é possível que você precise intervir com técnicas para enraizá-lo no aqui e agora de tal forma que ele possa começar a aprender a administrar de uma maneira confiável suas emoções ou sintomas incontroláveis. Você pode então usar um ou mais dos recursos estabilizantes que se seguem (há muitos mais).

Agrupamos nossos exemplos em quatro categorias: recursos somáticos, recursos de imagens, recursos de campo e recursos "esquecidos".

Recursos somáticos

Esses ajudam o cliente a desenvolver uma conexão com sua *awareness* incorporada, seu movimento e sua postura, e lhe dá uma sensação de enraizamento e estabilidade. Eles podem também começar a permitir que o corpo se torne uma fonte disponível de energia e apoio.

- Encorajando uma respiração lenta e regular com atenção plena.
- Pedindo ao cliente que pratique uma *awareness* deliberada de sua visão, audição e percepção.
- Pedindo-lhe que desenvolva uma firme sensação de estar sentado na cadeira, com os pés no chão, consciente de sua conexão com a cadeira e com o chão que os apoia.
- Pedindo-lhe que encontre uma postura, seja sentado ou em pé, que esteja alinhada e simétrica.
- Pedindo-lhe que coloque a mão sobre o coração para obter um sentimento de estar emocionalmente conectado e centrado (isso pode ser surpreendentemente eficaz se você sugere também que o cliente respire para aquela parte de seu peito).

Técnicas de relaxamento muscular também podem ser usadas na própria sessão ou como uma técnica para praticar em casa ou em situações estressantes. Lembre o cliente de que o relaxamento é uma técnica como qualquer outra; é preciso praticar e leva tempo.

Por exemplo, você pode guiá-lo da seguinte maneira:

- Feche os olhos e comece a perceber seu corpo e como ele lhe parece. Concentre-se em sua respiração, observando o levantar e abaixar de seu peito. Concentre-se apenas na entrada e na saída do ar de sua respiração... deixe que sua respiração venha voluntariamente... em seu próprio ritmo... agora permitindo que ela fique mais lenta e mais tranquila.
- Apenas observe sua respiração entrando e saindo em um padrão rítmico sem julgamento ou opinião. Tenha uma sensação de estar sendo respirado... sem esforço – um simples estar aqui no momento.
- Diga as palavras, "Estou me acalmando" ou "Estou relaxando" quando você expira. (*Deixe que o cliente vivencie isso por alguns minutos.*)
- Agora traga sua atenção para as solas dos pés e lentamente tensione os músculos nessa parte do corpo; mantenha-os tensionados por um momento e depois relaxe lentamente, inspirando quando tensionar os músculos e expirando quando os relaxar. Realmente perceba a sensação que seus pés têm quando entram em contato com o chão e a terra sob eles.
- Agora traga sua atenção para a parte inferior de suas pernas e lentamente as tensione, depois relaxe. A seguir faça o mesmo com seus joelhos, seu quadril e a região pélvica. (*Repita essa sequência lentamente até que você*

tenha feito isso no corpo todo. Leve vários minutos. Ajuste a velocidade, a duração e as instruções do exercício de acordo com o cliente, percebendo se ele está se acalmando cada vez mais ou se está ficando inquieto.)

• Se e quando você perceber que sua atenção se voltou para pensamentos ou sentimentos, simplesmente se traga de volta para sua respiração. Não se preocupe se tiver de fazer isso várias vezes, é parte de seu aprendizado sobre como estar com você mesmo, no momento, sem julgamento.

• Agora traga sua atenção para seu corpo inteiro, para você todo.

• Perceba qual é a sensação de permanecer conectado com você mesmo à medida que volta para a sala, volta para nosso relacionamento.

Vale a pena observar que a maioria das pessoas acha que esse tipo de atenção ao corpo e à respiração acalma e fortalece. No entanto, algumas pessoas que sentem ansiedade em seu peito ou em sua barriga podem descobrir que a respiração profunda parece amplificar essa sensação. Para essas pessoas, o uso de técnicas de imaginação será mais proveitoso. Ocasionalmente um cliente pode achar que toda essa atividade de ficar sentado e muito imóvel faz com que ele se sinta mais ansioso e inquieto. Nesse caso, convide-o a ficar de pé (fique de pé com ele, mas não se aproxime muito) e encoraje-o a sentir o recurso de seu corpo e sua capacidade de sair caminhando ou correndo se precisar fazê-lo.

Essas práticas normalmente começam a reorientar o cliente para seu corpo como uma possível fonte de apoio, tranquilidade, segurança e estabilidade, e não como um lugar de angústia e vergonha. É possível encorajá-lo para usar essas práticas em sua vida cotidiana quando ele sente que está sendo provocado a ter certos sintomas, como uma maneira de se estabilizar quando se sentem devastados ou simplesmente quando estão conscientes de estar entrando em uma situação estressante. Se praticados regularmente, esses exercícios irão aumentar a capacidade de vivenciar e conter sentimentos difíceis e de aumentar a extensão do limite de tolerância.

Há muitos livros excelentes que descrevem detalhadamente as várias técnicas de relaxamento e maneiras práticas de administrar o estresse e a ansiedade. Damos algumas sugestões na Leitura recomendada no final do capítulo.

Recursos de imagens

Esses são tipos de visualização que acalmam estados em que o pensamento e os sentimentos estão excessivamente ativos.

O lugar seguro

Muitos clientes acham proveitoso criar um lugar "tranquilo" (ou "especial") em sua imaginação. Usando uma visualização guiada o cliente é convidado a imaginar um lugar (idealmente um lugar que eles realmente já viram ou vivenciaram, mas pode também ser um lugar que eles próprios criaram), que seja completamente tranquilo e seguro e que lhes dê apoio. Tipicamente, os clientes escolhem uma praia, um lugar ao lado da lareira, o cimo de uma montanha, ou um local favorito do qual se lembram. Você então sugere que eles explorem plenamente em sua imaginação qual é a sensação de estar lá – o sol quente em sua pele, o som de um pássaro cantando, o perfume das flores, a sensação de paz e calma em seus corpos e assim por diante. À medida que eles têm a sensação daquela memória ou cenário, um relaxamento natural se segue. Você pode sugerir que eles pratiquem isso frequentemente até que passe a ser um recurso facilmente acessível que os tranquilize. Há muitas variações diferentes desse tipo de imagem tranquilizante (p. ex., cf. PERRY, 2008: 16 na Leitura recomendada).

Faixa de luz

Peça ao cliente que imagine uma faixa de luz colorida (com uma cor que ele lhe diz associar com cura e calma) que vem na parte superior de sua cabeça, lentamente enchendo-o com cura, calma e energia, passando por dentro dele e dissolvendo a tensão e o estresse à medida que vai passando (cf. SHAPIRO 2001: 244, para um roteiro).

Recursos do campo atual

Isso envolve ajudar o cliente a encontrar maneiras práticas de alterar seus hábitos, rotinas, atividades cotidianas e atenção com si próprio que estejam reduzindo seu apoio ou aumentando seus níveis de estresse:

- Verifique se o cliente já considerou os efeitos que padrões erráticos de alimentação e sono e de uso de drogas podem estar tendo sobre sua disposição de espírito.
- Sugira que ele encontre atividades tranquilizantes, tais como: caminhar em um parque ou ouvir música.

- Ajude-os a encontrar formas melhores de administrar seu trabalho ou sua família, a estrutura de seu dia e assim por diante.
- Sugira exercícios aeróbicos regulares tais como caminhadas rápidas, correr, dançar ou praticar um esporte. A pesquisa também mostrou preponderantemente o efeito positivo do exercício para uma variedade de condições, para construir uma fisiologia mais resistente e aumentar a imunidade. O exercício físico também encoraja o relaxamento de tensões e libera endorfinas que dão uma sensação de bem-estar.
- Encoraje contato com amigos solidários ou com atividades comunitárias.
- Pergunte: "Com quem você conversa? Com quem poderia conversar?"
- Identifique condições de campo opressoras (p. ex., *bullying*, discriminação ou alienação) que podem ter uma influência primordial para a questão que trouxe o cliente para a terapia e encoraje ações para mudar a situação. (Compreendemos, é claro, que a terapia como ação social merece outro livro.)

Recursos "esquecidos"

Um tipo de recurso "esquecido" é um passatempo ou atividade de que o cliente gostava anteriormente, mas que, de alguma maneira, abandonou. É surpreendente como pode ser proveitoso redescobrir esse prazer antigo. Uma versão mais sutil de se conectar com um recurso esquecido envolve acessar qualidades que tinham sido usadas antes para administrar uma situação. Revelando e fortalecendo essas qualidades envolve convidar o cliente a lembrar uma época em que ele tinha uma experiência desse recurso, por exemplo, uma época quando ele foi forte diante de uma dificuldade, ou quando apoiou um amigo que estava sendo assediado. O recurso é então fortalecido de uma maneira ativa, pedindo ao cliente que incorpore plenamente o sentimento, a sensação, a postura corporal que acompanham aquela sensação de força, coragem e assim por diante. Se ele não consegue se lembrar de uma época em que ele próprio manifestava essa qualidade, você pode perguntar quem ele conhece ou pode imaginar que poderia invocar quando isso for necessário. Seria uma boa ideia tentar o seguinte exercício com você mesmo antes de guiar o cliente em sua execução.

> **Exercício**
>
> Lembre-se de um momento em sua vida que foi difícil e que agora passou. À medida que você começa a se aproximar daquele momento, observe o que ocorre em seu corpo, que sentimentos emergem, que sensações e pensamentos. Então, quando você estiver conectado com esse momento doloroso em sua vida, lembre-se por um momento das atividades negativas e positivas que o livraram dele.
>
> Você tentou:
> - Minimizar ou evitar saber do impacto que ele tinha sobre você?
> - Trabalhar excessivamente para se manter ocupado?
> - Usar drogas ou bebidas alcoólicas?
> - Se dessensibilizar ou se desconectar de seus sentimentos?
>
> Agora se lembre dos recursos positivos que você usou. Você tentou:
> - Voltar-se para amigos ou família em busca de apoio?
> - Manter uma atitude determinada ou positiva?
> - Lembrar-se de que "isso também vai passar"?
> - Meditar ou deliberadamente aumentar o cuidado com você mesmo?
> - Fazer exercícios físicos regularmente?
> - Ser caridoso com você mesmo?
>
> Seja lá o que for, deixe-se sentir aquele recurso positivo. Conecte-se com ele e respeite-o. Sinta-o em seu corpo (use vários minutos para conectar-se com as sensações incorporadas). Lembre-se de que muitas de suas reações positivas prévias ainda estão disponíveis e é possível se reconectar com elas agora.

Encorajar uma atitude de muita atenção

> Prestar atenção de uma maneira específica, propositalmente, no momento presente, de uma maneira não crítica (KABAT-ZINN, 2003: 13).

Embora terapeutas Gestalt venham aplicando a prática de cultivar a *awareness* e encorajar clientes a se tornarem conscientes do seu processo aqui e agora desde a década de 1950 (e os ensinamentos budistas por uns dois mil e quinhentos anos) só recentemente é que, em outras modalidades, essa prática tornou-se popular sob o rótulo de plena atenção. (Falamos mais sobre isso no cap. 3 sobre *Awareness*.) Nos dias atuais, as técnicas de plena atenção são bem reconhecidas como um apoio terapêutico fundamentalmente útil em uma variedade de condições, especialmente depressão, ansiedade e trauma (ex. WILLIAMS et al., 2007).

Plena atenção significa trazer a *awareness* para aquilo que está ocorrendo no momento presente sem crítica, e estar aberto para sejam quais forem as sensações, emoções, pensamentos ou impulsos que emergem a cada momento. Na Gestalt diríamos que é uma *awareness* que flui livremente e segue nossa experiência através de seus estados correntes de mudança e movimento.

Ela encoraja a pessoa a se desligar da corrente contínua de pensamentos, da preocupação sobre o passado ou sobre o futuro e a se reorientar para aquilo que está ocorrendo bem aqui e agora.

Na depressão ou na ansiedade, a questão é com frequência que o cliente está lembrando ou repetindo eventos passados ou antecipando eventos futuros catastróficos que amplificam ou provocam a angústia. Ao trazer a plena atenção e o foco, esses pensamentos incontroláveis e repetitivos tendem a ter menos efeito e é mais fácil simplesmente abandoná-los. Isso pode então dar ao cliente a sensação de ter algum controle sobre seus sintomas.

O exercício a seguir pode ser uma introdução para o cliente (é possível que você queira tentar fazê-lo agora mesmo).

Exercício
(Trecho falado em uma voz calma e lenta.)

Feche os olhos e respire fundo umas duas vezes. Comece a perceber como você está sentado, como está mantendo seu corpo, perceba se ele está tenso ou relaxado, tente não julgar aquilo que você percebe, ou pensar que deveria ser de alguma forma diferente daquilo que é. Como você descreveria as sensações em seu corpo?

Apenas fique consciente daquilo que você está percebendo. Verifique seu estado emocional agora, você está sentindo alguma emoção específica – está ansioso, triste, irritado, contente? Isso está conectado com um lugar específico em seu corpo?

Como é que isso lhe parece? Agora observe seus pensamentos, eles estão ocupados ou calmos, velozes, distraídos ou concentrados?

Permita-se ter uma sensação geral daquilo que você está percebendo, sentindo e pensando, sem críticas, apenas observando com curiosidade.

Agora abra os olhos e me diga como foi essa experiência.

Como você irá perceber, a técnica é muito semelhante àquela descrita no cap. 3. Despertar a *awareness* na Gestalt normalmente tem a intenção de ajudar os clientes a formarem figuras claras e mais vívidas que normalmente levam a algum tipo de ação. A prática de plena atenção, no entanto, tende mais para o horizontalismo (como na investigação fenomenológica) ocupando-se de cada figura que surge com uma atenção neutra, mas interessada (ou indiferença criativa), não ficando "enganchado" seguindo uma linha de pensamento específica, e não tratando alguma coisa como se ela fosse mais importante do que qualquer outra coisa.

Trabalhando com clientes, especialmente quando eles ficam agitados ou imersos em pensamentos, peça-lhes que por um momento entrem em contato consigo mesmos, expirem fundo algumas vezes, talvez fechem seus olhos e depois lhe digam o que é que eles percebem, seja essa percepção "grande" ou "pequena". Se, ao mesmo tempo, você também estiver em atenção plena, você os estará apoiando efetivamente quando eles lhe relatam o que sentem e estará também dando um exemplo de uma atitude semelhante de uma abertura curiosa, mas não crítica.

Se o cliente achar que isso é proveitoso, você pode sugerir que ele pratique a mesma coisa uma ou duas vezes por dia apenas por uns dois minutos (frequentemente ocorre que depois de alguns dias eles naturalmente ampliam esse tempo para um período maior). Sugerimos que você leia Hooker e Fodor (2008) na Leitura recomendada para uma excelente visão geral do tema com muitos registros de observações experimentais guiadas.

No entanto, queremos distinguir aqui entre *ensinar* a atenção plena a nossos clientes e encorajar uma harmonia relacional de plena atenção em que tanto o cliente quanto o terapeuta estão cientes da conexão relacional. Essa atenção plena diádica é especialmente útil em corregulação, quando o profissional está lidando com sintomas devastadores, já que o terapeuta (espera-se) estará mais autorregulado e o campo relacional de atenção plena compartilhada irá ter uma influência tranquilizante e esclarecedora.

Uma advertência importante: Clientes cujo nível de ansiedade é muito alto, que têm ataques de pânico, ou que sofreram traumas físicos ou sexuais podem não ser capazes inicialmente de tolerar o contato com seus sentimentos ou com as sensações corporais que a prática da atenção plena traz. Nesses casos recomendamos que você se concentre mais em ouvir a história e desenvolver o contato relacional (ou desenvolver a autocompaixão e o carinho que agora esboçamos).

Desenvolver o autoaprendizado e a autocompaixão

> Algum tempo atrás, descobri que por mais que eu fizesse um bom trabalho com meus clientes, algo parecia estar faltando. Esse algo, eu descobri, era ajudar o cliente a confortar a si próprio (OAKLANDER, 2006: 142).

O desenvolvimento do autoconforto e da autocompaixão como recursos é um conceito central nos modelos terapêuticos de Oaklander (ex.: OAKLANDER, 2006; BLOM, 2006) e os benefícios são bem descritos por Staemmler (2012a). Ficou demonstrado também que a autocompaixão aumenta a resistência e reduz o efeito de emoções negativas na depressão, na ansiedade e no transtorno do estresse pós-traumático (TEPT) (ex.: NEFF, 2011).

Muitas vezes é difícil para um cliente traumatizado sentir compaixão por si mesmo. Ele normalmente tem crenças básicas ou introjetos que encorajam ou justificam a autocrítica ou o ódio a si próprio especialmente se essa pessoa foi vítima de abuso na infância. É possível também que no passado o fizeram ter vergonha de ter carinho por si próprio. Minimizar ou negar essas necessidades pode ter sido seu melhor ajuste criativo para administrar o doloroso e implícito anseio por cuidado e compaixão por parte de outros significativos.

Desenvolvendo a compaixão

Pode ser útil reagir a um cliente que se autocrítica e se culpa oferecendo-lhe um ponto de vista compassivo: "Considerando todo o estresse por que você está passando no momento, é fácil compreender como você pode ter ficado irritado com seus filhos". De uma maneira contraintuitiva, dar esse tipo de compreensão ou "permissão" normalmente ajuda o cliente a encontrar mais facilmente o autoperdão na próxima vez que estiver naquela situação.

Você também pode sugerir variações do exercício que se segue.

Exercício

Concentre-se nessas palavras autocríticas e duras que você está falando para si mesmo. Agora se lembre de um amigo próximo ou de uma criança amada. Imagine essa pessoa e traga-a plenamente para sua mente e seu coração, observando os sentimentos ternos que isso desperta. Agora imagine-os passando por uma experiência semelhante à que você passou e veja que palavras você gostaria de dizer a eles. Fique com essas palavras mais suaves e o sentimento de bondade que isso traz à tona (pelo menos por dez segundos). (Então pergunte-se em voz alta se eles poderiam permitir aquele sentimento a eles próprios.)

> Isso pode começar a construir sua tolerância e aceitação da qualidade de compaixão por eles mesmos. Há muitas outras variações desses exercícios para construir uma atitude de perdão, mas todas elas exigem uma repetição frequente para começar a formar uma nova autoaceitação. Depois de introduzir o exercício na sessão, você precisará enfatizar que o cliente deve levá-lo para sua vida cotidiana como uma prática contínua.

Reorientar para experiências positivas

Em nosso passado evolucionário, era muito mais importante priorizar e lembrar-se de situações perigosas do que das agradáveis ou positivas (se você não percebesse uma fruta suculenta quando estivesse passeando por perto, nada de mais aconteceria, mas se você não percebesse um leão, você provavelmente morreria). Nosso cérebro, portanto, desenvolveu aquilo que é às vezes chamado de *viés de negatividade* que significa que estamos muito mais à espera de experiências más do que de experiências boas e provavelmente também nos lembraremos mais das primeiras do que das últimas.

Pode ser reconfortante para o cliente e lhe dar uma sensação de sua normalidade se lhe explicarmos que sua tendência a estar muito alerta com relação ao perigo, ou ficar obcecado ou falar repetidamente sobre as coisas ruins que lhe aconteceram, é um mecanismo de sobrevivência que evoluiu para ajudá-los, mas que agora tornou-se exageradamente ativo e precisa ser tranquilizado. Clientes podem compreender que não é tanto um defeito pessoal o fato de estarem obsessivamente preocupados, ansiosos ou deprimidos, mas que seu cérebro está trancado no modo de sobrevivência, procurando o perigo ou lembrando-se dele no passado.

Aqui está um exercício adaptado de Hanson e Mendius (2009) que pode começar a reverter o viés de negatividade. Conduza o cliente pelo seguinte exercício:

> **Exercício**
>
> Observe uma boa experiência que já está ocorrendo ou que recentemente ocorreu em sua vida. Pode ser uma conquista, algo que lhe deixou satisfeito ou orgulhoso. Pode ser até mesmo tão simples como uma palavra bondosa de um amigo ou de um estranho, fazer carinho em seu animalzinho, passear no parque...
>
> **Passo um**: Concentre-se deliberadamente naquela experiência positiva.

> **Passo dois**: Permaneça com a experiência. Dê-la a você mesmo... Esteja com ela... Deixa que isso se prolongue por 10 ou 20 segundos. Ajude a experiência a se expandir. Saia do conceito. Traga-o para seu corpo, suas emoções – porque é aí principalmente que nós somos mais feridos. Ajude a experiência a se tornar real para você.
>
> **Passo três**: Como se estivesse se esquentando diante de uma fogueira, absorva a experiência positiva. Estimule o sistema da memória tendo a intenção e a sensação de que a experiência positiva está entrando em você.
>
> **Passo quatro**: Faça isso várias vezes por dia por pelo menos 30 segundos cada vez (é possível que você tenha de encorajar o cliente a persistir com isso).

Pesquisa neurológica recente mostrou que uma quantidade mínima de tempo, pelo menos de 10 a 20 segundos, é necessária para que uma experiência positiva comece a estabelecer novas trilhas neurais e se integre na memória de longo prazo. Isso significa que é importante encorajar nossos clientes (e a nós mesmos) a prolongar e realmente apreciar as sensações, sentimentos e lembranças positivas a fim de contrabalançar a tendência natural de lembrar do negativo e de se orientar nessa direção.

Você pode também pedir aos clientes que se lembrem ativamente de experiências positivas ou daqueles momentos em que não se sentiram infelizes ou ansiosos – não tiveram um ataque de pânico quando isso seria esperado, não sentiram a dor que normalmente sentem – e a seguir faça o procedimento acima. Isso ajuda a lembrar às pessoas que em qualquer um dia médio podem haver muitas experiências aflitivas, mas há também momentos quando nada está ocorrendo, quando eles estão calmamente envolvidos em alguma atividade ou, às vezes até se sentindo ligeiramente melhor. Isso pode contrabalançar a tendência que os clientes têm de reforçar a situação lembrando apenas as coisas ruins que ocorreram em qualquer dia ou semana e ignorar as experiências que são diferentes disso.

> Arik, leve-me pelo seu dia lentamente, o que estava acontecendo *entre* seus ataques de pânico? O que você estava sentindo quando *não* estava sendo provocado? Como é que você se sentiu? Respire lentamente e realmente se deixe conhecer aqueles momentos de calma relativa e lembre-se da frequência com que eles ocorreram.

A sensação de tranquilidade, melhoria e uma conexão relacional que apoia a pessoa, algo que muitas vezes ocorre na sessão de terapia também pode ser observada, mencionada e deliberadamente absorvida.

Conclusão

Esses recursos serão muitas vezes necessários para permitir que o cliente enfrente os desafios de trabalhar com traumas em todas suas formas. Você precisa especialmente estar confiante de que seu cliente pode permanecer no limite de tolerância relativamente bem e se sentir seguro em sua capacidade de retornar àquilo se ficarem intoleravelmente angustiados. À medida que a terapia continua, é possível que você precise continuar revisitando e praticando os recursos que lhe pareceram mais eficazes para seu cliente (lembrando-se também de fazer o mesmo para você enquanto o acompanha em sua viagem terapêutica).

Leitura recomendada

BEM-SHAHAR, T. (2007). *Happier*: Learn the Secrets to Daily Joy and Lasting Fulfillment. Nova York: McGraw-Hill Professional [Não fique dissuadido pelo título!].

HAIDT, J. (2007). *The Happiness Hypothesis* – Finding Modern Truth in Ancient Wisdom. Londres: Arrow.

HANSON, R. & MENDIUS, R. (2009). *Buddha's Brain*: The Practical Neuroscience of Happiness, Love and Wisdom. Oakland, CA: New Harbinger.

GILBERT, P. (2010). *The Compassionate Mind*: Compassion focused Therapy. Londres: Constable.

HOOKER, K.E. & FODOR, I.E. (2008). "Teaching mindfulness to children". *Gestalt Review*, 9 (1), p. 10-26.

PARNELL, L. (2008). *Tapping In* – A guide to Activating Your Healing Resources. Boulder, CO: Sounds True.

PERRY, A. (2008). *Claustrophobia* – Finding Your Way out. Londres: Worth [Um livro de autoajuda muito útil e com muitas sugestões igualmente proveitosas para a ansiedade em geral].

SMETHURST, P. (2008). "The impact of trauma – primary and secondary: How do we look after ourselves?" *British Journal of Psychotherapy Integration*, 5 (1), p. 39-47.

STAEMMLER, F-M. (2012). "Compassion and self-esteem". *British Gestalt Journal* 21 (2), p. 19-28.

www.authentichappiness.com – um website com muitos links para recursos.

19
Depressão e ansiedade

O diagnóstico de depressão e/ou ansiedade está sendo atribuído a um número cada vez maior de pessoas em nossa sociedade. Acreditamos que eles podem ambos ser compreendidos como reações a circunstâncias de vida que parecem ingovernáveis ou devastadoras. Um tipo de reação é retirar-se, isolar-se e fechar-se (uma reação depressiva). A segunda reação é mobilizar-se, preocupar-se e agitar-se exageradamente (uma reação ansiosa). As duas envolvem crenças ou atitudes negativas e uma perda de conexão ou controle. Há também muitas vezes uma sensação de impotência e uma capacidade reduzida de funcionar de uma maneira competente e de viver uma vida satisfatória. Vários estudos de pesquisas (cf. ROUBAL, 2007) agora demonstraram que a terapia Gestalt é um tratamento eficaz para essas condições, e tem um efeito maior em termos de aprimorar a qualidade de vida no tratamento da depressão por comparação com as abordagens cognitivas comportamentais (WATSON et al., 2003).

Questões comuns quando se trabalha com ansiedade e depressão

Uma avaliação de risco inicial é essencial, já que ambas as condições são potencialmente sérias e podem levar a um colapso do funcionamento, ao comportamento automutilador e até mesmo ao suicídio (cf. o cap. 17: Avaliando e administrando o risco). Dependendo da severidade do problema, é possível que você queira pensar sobre a possibilidade de envolver um clínico geral, de apoiar o cliente em uma solicitação de avaliação psiquiátrica ou priorizar estratégias práticas para minimizar o risco de deterioração. Clientes muitas vezes buscam a terapia em uma crise séria, com um colapso de relacionamentos, de emprego ou de funcionamento em geral. Estão extremamente angustiados, muitas vezes completamente concentrados em seus sintomas e desejando desesperadamente livrar-se deles.

Ainda que você considere que não há qualquer risco, os clientes devem inicialmente precisar de estratégias práticas ou apoio para lidar com a crise atual antes de serem capazes de se envolver em um trabalho mais psicológico. Sugerimos fortemente que você leia o capítulo anterior sobre o fornecimento de recursos, já que muitas das sugestões nele descritas serão muito úteis para ajudar os clientes a se estabilizar e aumentar seu nível de apoio antes de começar qualquer terapia mais profunda.

Clientes com depressão severa, transtorno bipolar ou ansiedade debilitante podem também se beneficiar inicialmente de uma medicação que lhes ajude a ganhar um nível de funcionamento em que possam se envolver de uma maneira significativa no processo terapêutico.

Antes de abordar a depressão e a ansiedade separadamente, começamos fazendo um esboço de três questões importantes que são relevantes para ambas.

A questão de rótulos

Diagnósticos psiquiátricos são muito problemáticos. Alguns clientes acham que ter um nome para seu problema é muito útil e ajuda a ter mais controle. Acham também que ter um rótulo faz com que o problema passe a ser normal (ex.: "Estou sofrendo de depressão" ou "Tenho um transtorno de ansiedade") e pode ser um alívio descobrir que sua experiência angustiante e confusa não é algo peculiar a eles e foi vivenciada e compreendida por outros. Um cliente disse, "Ah, *isso* é o que está errado comigo. Pensei que estivesse ficando louco". Para outros clientes, colocar rótulos é considerado como o pior tipo de objetificação e patologização e eles sentem como se isso fosse uma negação de sua singularidade. Nós enfatizamos a necessidade de ver a *pessoa* como primordial e manter a estrutura holística de "uma pessoa com um problema" (ex.: uma pessoa com sintomas depressivos ou de ansiedade).

É preciso que você tenha experiência clínica que lhe ajude a decidir o que é melhor em cada situação, mas, em geral, somos contra a oferta e confirmação de rótulos psiquiátricos e em vez disso achamos que é muito mais benéfico explicar que acreditamos que todas as pessoas são diferentes e que independentemente do rótulo que lhes foi atribuído (p. ex., por seu clínico) nós as consideramos únicas. Muitas vezes é uma boa ideia perguntar: "O que é que o rótulo de depressão/transtorno de ansiedade significa para *você*?"

Ganho secundário

Há muitas vezes algum "ganho secundário" inconsciente em condições de longa duração em que o comportamento depressivo ou ansioso atrai algum benefício (tal como obter atenção e simpatia, não ter que lidar com uma situação determinada, não ter de trabalhar etc.) Em outras palavras, os sintomas são parte de um ajuste criativo "endurecido" (YONTEF & JACOBS, 2013: 113) para uma necessidade não satisfeita e pode ter um efeito de certa resistência ao progresso da recuperação.

Esse é um tema que exige um toque diplomático, mas você pode convidar o cliente a observar como podem haver algumas outras consequências de sua condição angustiante. Uma exploração desse tipo pode levar a uma revelação significativa de outra necessidade, cuja satisfação parecia inatingível (ex. ser satisfeito e compreendido). Você pode enfatizar como a satisfação dessa necessidade é importante para todos, e perguntar-se de que outra forma o cliente poderia conseguir que ela fosse satisfeita. Pode ser vital que você se concentre em responder a essa pergunta para que o cliente tenha motivação para abordar a queixa que o trouxe para a terapia.

Outra versão desse "ganho secundário" é revelada quando pedimos a uma pessoa deprimida que "imagine como seria muito pior se você não estivesse deprimido". Alguém que nunca esteve deprimido pode ficar confuso com uma pergunta assim, mas é surpreendente como muitas pessoas deprimidas sacodem a cabeça compreendendo plenamente que a depressão é uma maneira de administrar aquilo que elas temem que seria uma dor inimaginável ou o caos. Eles precisarão de seu apoio para abordar esses medos, encontrar os recursos necessários para tolerar e administrar seus sentimentos antes de ir adiante.

> **Sugestão**
>
> Identifique sua disposição ou estado de espírito negativo mais comum. Que ganhos secundários você obtém com esse estado? (Talvez ter uma desculpa para se entregar à comida ou à bebida alcoólica ou para manter as pessoas à distância.) Lembre-se da última vez em que você não pôde trabalhar ou cumprir suas obrigações. Quais foram as vantagens? (Poder ficar na cama ou ser cuidado por outras pessoas?) Veja se você pode identificar por que você não poderia obter esses benefícios sem uma "desculpa".

A "figura excludente"

Normalmente, um dos princípios mais importantes na Gestalt e aquele que segue o princípio do princípio paradoxal de mudança, é aumentar a *awareness* da figura emergente e encorajar um envolvimento pleno com seja lá o que for que se desenvolva, confiando que isso irá levar ao desdobramento do processo saudável.

Com a depressão e a ansiedade, muitas vezes isso não é desejável. Os dois tipos de queixas que trouxeram esses clientes para a terapia mostram um certo tipo de viés atencional que chamamos de "a figura excludente". Isso significa que eles estão se concentrando naquela figura específica – sua ansiedade ou depressão – à exclusão de outras figuras potenciais, ou em seu mundo interno ou em seu espaço vital. Por exemplo, eles ficam ansiosos por estarem ansiosos, e preocupados sobre o que irá ocorrer se a ansiedade piorar, e assim por diante. Isso domina sua atenção disponível e evita que eles se conscientizem das outras coisas que estão potencialmente disponíveis.

Acreditamos que esse tipo de preocupação prejudicial vem de ter se tornado previamente muito sensibilizado ao perigo (no caso da ansiedade) ou ao fracasso passado ou futuro e à impotência (na depressão). Nos dois casos, o cliente precisa ser ajudado a expandir seu foco exclusivo em seus sintomas e problemas. Essa preocupação com seu problema também tem o efeito de criar um espiral que se autorreforça no qual a pessoa se sente cada vez mais sem esperança e impotente com relação a si própria. Lutar para tentar viver uma vida diferente e fracassar leva a sentimentos de culpa e autocrítica; o corpo-*self* reage a esse ataque como se ele fosse um ataque verdadeiro, ativando o sistema nervoso simpático de tal forma que a pessoa ou fica em um estado de extrema excitação, buscando a ameaça, ou segue o antigo padrão familiar de encerrar a excitação e se deslocar para um estado de tristeza deprimida, reforçando o problema original. Nos dois casos, a pessoa sente que não pode controlar sua experiência.

Criar condições para uma *awareness* voluntariamente escolhida pode interromper de uma maneira proveitosa esse ciclo que se reforça. A prática gestalt de atenção direcionada ajuda o cliente a tornar-se consciente de que outras coisas estão em seu campo de percepção, algo que pode pelo menos interromper a preocupação com sua ansiedade e no melhor dos casos abrir um campo mais amplo de possibilidades para desafiar o fazimento de sentido estabelecido.

> **Exercício**
>
> Convide o cliente a observar de que outras coisas ele está consciente – o que pode ver e ouvir, o que sabe sobre o "aqui e agora", como seus pés se sentem apoiados no chão e assim por diante. Em antecipação de situações de ansiedade (tais como fazer uma apresentação), você pode encorajá-lo a praticar dizer a si mesmo:
>
>> Percebo que meu estômago está ficando apertado e me sinto um pouco trêmulo. Agora estou dizendo a mim mesmo que todos vão detestar o meu relatório. Percebo que estou lembrando como eu tive medo quando tinha oito anos e tive de ficar em pé diante da classe. Observo que minha tensão aumenta quando me lembro disso. Percebo que meus colegas estão parecendo amigáveis e que ninguém está rindo. Lembro a mim mesmo que eu me preparei bem para esta palestra. Também sei que já não tenho mais oito anos. Sorrio para mim mesmo. Percebo como meus pés se sentem fortes apoiados no chão e endireito minha coluna. Meu estômago ainda parece um pouco tenso, mas não tanto quanto antes. Respiro fundo e expiro. Sinto-me quase excitado, eu posso fazer isso!

Desenvolver o hábito de viver no aqui e agora – percebendo com atenção plena o que realmente *é*, o que ele pode ver, ouvir, perceber, sentir em seu corpo, que imagens lhe vêm à mente, lembranças, pensamentos e assim por diante, mas APENAS a cada momento – ajuda o cliente a ter alguma distância e uma perspectiva mais precisa de seu padrão negativo circular e fixo.

É possível também encorajá-lo a desenvolver novos comportamentos que interrompam o hábito. O novo comportamento pode ser uma tarefa (mas é importante que seja uma tarefa muito pequena), tais como limpar a cozinha durante cinco minutos, fazer um pequeno favor para um amigo, ir para um passeio em um parque e simplesmente observar o que está verde ou brotando, enviar um e-mail que vem sendo adiado – que, ao ser completada, cria uma sensação de realização e agência. Esses pequenos passos podem começar a interromper o ciclo de foco atencional fixo e de impotência.

Essa observação com plena atenção de sua experiência e de sua vida "como ela é" incluindo uma *awareness* mais ampla (em vez de excluir o foco de preocupação deprimida ou ansiosa) pode ser encorajada frequentemente durante a sessão.

Trabalhando com a depressão

> *Como se me afiguram fastidiosas, fúteis e vãs as coisas deste mundo!*
> Hamlet: Ato 1, cena 2, linhas 133-134.

Um cliente que busca a terapia com depressão muitas vezes irá descrever infelicidade, falta de energia e ausência de motivação. É possível também que ele se queixe da perda de prazer ou significado na vida, de pensamentos negativos, de dores crônicas e padrões irregulares de sono e apetite. Esses "sintomas" podem ser resultado de muitos fatores diferentes ou condições de campo que são classificados com o rótulo simplista de "depressão". É possível argumentar que um diagnóstico assim tem muito pouco significado que possa ser de utilidade, e é uma generalização inútil que só serve ao "modelo de doença" tão querido das empresas farmacêuticas que fazem os antidepressivos (cf. LEADER, 2008).

Embora continuemos a usar o rótulo mais comumente utilizado por clareza, achamos que o termo relacional "reação depressiva" tem mais valor (para distingui-lo da implicação de uma "doença"). Essa reação depressiva pode ter uma variedade de causas que são importantes de reconhecer, desde uma fonte biológica até fatores da personalidade. Em particular, ela pode acompanhar eventos da vida tais como luto, traumas, ajustes no estágio de desenvolvimento e crises contínuas que se tornaram devastadoras. Roubal (2007) descreve essa estratégia de sobrevivência como "ajuste depressivo" – uma maneira de conservar nossa energia em circunstâncias nas quais lutar para ser ativo não é proveitoso, como é o caso após o luto ou uma tragédia pessoal em que a aceitação é a única opção realista. Ele sugere que em vez de desafiar a posição depressiva, precisamos vê-la como uma reação adaptativa (temporária) proveitosa. Se pudermos fazer essa discriminação alguns casos de "depressão" que vêm à terapia podem ser aceitos como um recolhimento ou tristeza intensa por uma circunstância de vida atual inevitável.

Frequentemente, para o cliente que vem à terapia com depressão, esse ajuste depressivo que em um determinado momento era criativo tornou-se um hábito ou uma Gestalt fixa – aquilo que Francesetti e Roubal (2013) chamam de "depressão fixa". Em outras palavras, em vez de ser um processo para administrar uma situação devastadora, ela se torna uma defesa contra essa situação. Às vezes isso foi socialmente reforçado (como a única maneira aceitável de estar na família, p. ex.). Às vezes, ela passa a ser uma impotência aprendida ou as perdas não reconhecidas e não lamentadas de separações prematuras ou padrões de ligação disfuncionais.

De uma maneira ampla, observamos duas formas principais nas quais os clientes sentem a depressão. Uma delas envolve a tristeza óbvia, com ataques frequentes de choro, sentimentos de tristeza terríveis e ocasionalmente raiva e normalmente alguma agitação ou até pânico. Isso é às vezes conhecido como "depressão com ansiedade". Acreditamos que a melhor maneira de abordá-la é a mesma maneira com que podemos tratar a ansiedade (a seguir). A outra apresentação é a "disposição deprimida" em que nada dá prazer ou tem significado: a vida perde a cor, é pesada e cheia de desespero. É essa última que abordamos nesta seção.

O ponto forte de uma abordagem terapêutica gestáltica é que ela não está restrita a qualquer posição teórica específica. Ao contrário, ela tem a ver com a identificação das questões e processos específicos em que está envolvido o indivíduo único, em sua situação única (expressa no relacionamento cocriado com você), tais como retroflexão, baixa energia corporal, crenças negativas, retraimento e uma perda de contato relacional significativo. Isso significa que o rótulo de depressão é menos importante, e quando você ler as próximas seções, poderá se concentrar nos aspectos que são mais relevantes para cada cliente. Para muitos clientes que buscam a terapia por depressão, nenhuma consideração de tratamento especializado é necessária. O terapeuta irá realizar uma avaliação Gestalt, identificar áreas que precisam ser cuidadas e formar um plano de ação como sugerido nos cap. 5 e 6.

No entanto, achamos que as seguintes áreas são particularmente relevantes para o trabalho com clientes deprimidos:

- Aumentar o autoapoio e o apoio relacional;
- Questionar as crenças limitadoras;
- Identificar a impotência e situações inacabadas;
- Trabalhar com perdas prematuras;
- Aumentar o nível de energia;
- Trabalhar com a dinâmica relacional.

Aumentar o autoapoio e o apoio relacional

Sua harmonia empática e interesse apoiador será vital no trabalho com esse cliente, cujos amigos podem ter começado a evitar sua presença um tanto deprimente (bem como deprimida). O elemento mais importante da terapia será sua curiosidade sobre seu processo, sua recusa em ser desviado por seu cinismo ou desinteresse aparente e seu contínuo convite para que ele descubra mais sobre si mesmo.

Além das sugestões no cap. 18, há algumas atividades simples que, segundo o que mostrou a pesquisa, irão beneficiar as pessoas deprimidas. Vale a pena encorajar seu cliente a experimentá-las. Elas são:

- Fazer exercício de algum tipo (ex.: caminhar pelo menos 20 minutos por dia).

- Encorajar contato com outros (mesmo em eventos pequenos tais como dizer bom dia para os vizinhos ou vendedores das lojas).

- Realizar pequenas tarefas e completá-las, para aumentar sua sensação de realização e controle.

- Manter um diário privado em que possa expressar todos seus pensamentos e sentimentos.

- Ser honesto sobre aquilo por que está passando e confiar que seus amigos mais próximos e sua família se importarão com ele.

Questionar as crenças limitadoras

O cliente deprimido normalmente tem introjetos negativos, crenças básicas e pensamentos repetitivos poderosos, tais como: "Tudo dá errado comigo". "Tudo está perdido", "Nunca conseguirei", "Tudo é culpa minha".

Muitas vezes essas crenças começam a partir de uma avaliação precisa e realista de uma situação, tal como "Eu fracassei em..." "Eu cometi um erro..." mas as crenças então tornam-se desequilibradas, extremamente generalizadas ou catastróficas. Como descrevemos acima, esses padrões de pensamento se autoperpetuam à medida que o cliente deprimido começa a acreditar que sua vida é sem esperança ou sem sentido e que não vale a pena tentar. Ele desiste de fazer um esforço, fica cada vez mais em casa, evita as pessoas e fica estagnado. Sente-se então mais isolado e infeliz, tem um processo corporal letárgico e assim confirma sua crença na tristeza da vida e em suas próprias incapacidades.

Considera-se muitas vezes que o trabalho com crenças negativas é uma especialidade da terapia comportamental cognitiva (e de alguma forma "não gestáltico"), mas sempre achamos que os terapeutas Gestalt são extremamente competentes para trabalhar com esquemas cognitivos ou crenças básicas. Oferecemos uma variedade de estratégias a seguir. Experimente para descobrir quais são as mais úteis para seu cliente:

- Usando o método fenomenológico, identifique junto com o cliente e aumente a *awareness* de seus pensamentos e sentimentos associados do aqui e agora; observe as palavras, as metáforas e as autodescrições que apontam para as crenças básicas subjacentes. Explore como ele veio a ter essas crenças e seja curioso com relação a se ele realmente considerou quão apropriadas ou relevantes elas são no momento. Clarifique generalizações reunindo evidências e procurando exceções.
- "Houve algum momento em que você enfrentou algo semelhante e conseguiu administrá-lo bem? Qual foi a diferença entre aquele momento e agora? Com que apoio você pode contar?"
- Convide seu cliente a adotar uma metaperspectiva e ter curiosidade sobre os processos de seu pensamento – deslocar-se na direção deles, em vez de afastar-se deles. Eles são familiares? São sobre o passado, o futuro ou o presente? Se eles fossem nuvens, seriam pequenas e escuras ou grandes e claras? Elas ocuparam todo o céu ou apenas parte dele? Elas são rápidas ou lentas? São generalizações ou detalhes? E assim por diante. Uma investigação curiosa pode desenvolver uma aceitação interessada desses companheiros familiares e com isso afastar algumas de suas influências convincentes.
- Identifique crenças mais positivas e esperançosas que o cliente, no melhor dos casos, acredita que poderiam ser possíveis: "Posso sobreviver a isso", "Posso encontrar um meio de seguir adiante". Concentre-se no positivo em sua história e valorize as qualidades que o trouxeram até aqui. Coloque-as então nas crenças que oferecem recursos. Exemplo: "Já venci problemas semelhantes no passado e posso vencer isso também".
- Lembre-se – e lembre a seu cliente – de que a pesquisa identificou algumas técnicas muito simples associadas com vencer a depressão. Uma é a gratidão. Peça a seu cliente que identifique todos os dias – e as escreva – três coisas pelas quais ele sente gratidão. Mesmo que elas sejam bastante básicas; por exemplo, "estou grato por poder tomar uma xícara de chá; "estou grato por ter uma cadeira confortável na qual me sentar etc., isso desenvolve o hábito de intencionalmente se concentrar naquilo que não é um problema e também desconectar o cliente de uma sensação de "destino cruel".
- Identifique que crenças ele tem sobre sua atitude com relação a si próprio e comece a fazer a conexão sobre suas expectativas ou projeções. Possivelmente revele suas reações atuais (que irão inevitavelmente ser mais positivas do que ele projeta) como uma informação; por exemplo, "Vejo

você como uma pessoa boa que está lutando para fazer sentido daquilo que está acontecendo".

Identificar a impotência e situações inacabadas

Com frequência a depressão é na verdade uma profunda experiência somática e a "ruminação" negativa, uma tentativa de explicar o sentimento ("Se me sinto tão mal assim, deve ser porque fiz alguma coisa má"). Isso pode ter sua origem em um elemento-chave da depressão, que é uma sensação de perda de controle de nossa vida, que muitas vezes surge quando vamos agir ou expressamos emoções ou não conseguimos satisfazer nossas necessidades. Tudo isso deixa a pessoa se sentindo impotente, incapaz de afetar ou influenciar o que está ocorrendo. Esse sentimento de impotência então fica arraigado como uma Gestalt fixa. Se o cliente sente perda de controle em eventos perturbantes recentes isso pode muito bem evocar ecos de momentos de impotência passados. Greenberg e Watson (2006) identificaram aquilo que eles chamam de "esquemas emocionais depressogênicos" que são o legado de traumas ou experiências não solucionadas anteriormente. Aqui, o cliente formou um molde ou uma auto-organização depressivos que envolvem autoavaliações negativas, e expectativas também negativas com relação ao mundo e à própria pessoa neste mundo. Eles descrevem como trazer as lembranças emocionais para a *awareness*, com apoio e questionamento suficiente, pode libertar o padrão depressivo fixo e permitir:

> acesso às emoções primordiais (que) trazem os esforços adaptativos à tona, fomentando a resistência do cliente e seu sentido interno de direção (p. 7).

É possível, portanto, que você necessite identificar e trazer para a *awareness* o negócio inacabado do trauma emocional para encontrar um novo empoderamento e uma nova agência (cf. os cap. 11 e 21).

Trabalhar com perdas prematuras

Uma forma muito poderosa de depressão está acompanhada não por juízos e críticas, mas por sentimentos de ódio e desprezo por si mesmo, algumas vezes bastante chocantes em sua força. Esse tipo de depressão (descrito eloquentemente por Freud em 1917 e mais recentemente por Green (1986) e Leader (2008)) também envolve a perda prematura, mas nesse caso é a perda ou ausência de uma mãe carinhosa, vital e receptiva sem a qual um bebê não pode se desenvolver emocionalmente. Quando uma criança pequena perde a mãe – se por morte ou, o que é mais comum, pela própria depressão da mãe, doença ou outro tipo de indisponibilidade – esse outro desaparecido passa a ser uma parte introjetada do *self* e é então odiada por sua carência. Francesetti e Roubal (2013: 443) descrevem como a dinâmica desse fenômeno pode ser desempenhada com o terapeuta, que também é vivenciado como sendo ausente e inatingível.

A tarefa terapêutica é ajudar o cliente a recuperar e expressar aquela raiva retrofletida e sob ela, a tristeza da perda. É importante reconhecer que nessa situação é o "dominador" cheio de ódio que contém as sementes da tristeza – e não o "dominado" aparentemente perseguido. É claro que ambos são partes do mesmo *self* e ambos precisam de uma voz, mas uma parte vital e vitalizante da terapia é que o cliente externe sua raiva. Esse é um processo doloroso de perda para o cliente porque, é claro, de uma certa maneira, esse diálogo interno é seu companheiro. É quase como se a energia da ira possa eventualmente dar vida à mãe. Libertar-se dela envolve um luto real.

Como terapeuta, esteja alerta para alguma perda ou fracasso no presente, especialmente um fracasso seu no consultório, ao qual o cliente pode reagir com fúria e raiva inesperadas. Fique com essa reação e tente despertar a *awareness* da tristeza e do abandono que pode estar sob ela e é a dinâmica esquecida que subjaz sua depressão (cf. o ex. de cliente de "Travis" a seguir).

Aumentar o nível de energia

A energia da pessoa deprimida é normalmente baixa, sua energia corporal está retrofletida e desmoronou. Trabalhar para estimular a respiração e a sensação corporal pode ser uma grande ajuda para eventualmente envolver o cliente novamente com seus sentimentos, impulsos e desejos. Isso irá trazer a *awareness* para as experiências de cada momento que são geralmente ignoradas e fazer com que seja mais fácil energizar e avivar quaisquer figuras emergentes. O cap. 9, sobre "Experimentação", o cap. 10 (a seção sobre retrofletir) e o cap. 13 sobre "Processo incorporado" oferecem muitas abordagens para encorajar a conexão energética e reobter a animação perdida.

Em particular, quando o cliente perceber sua sensação corporal, convide-o a ficar consciente das mínimas possibilidades de movimento – "o gesto não realizado e esquecido" (FRANCESETTI & ROUBAL, 2013: 455), que pode conter a semente do contato relacional.

Preste atenção na postura – deliberadamente sentando-se ou ficando de pé com a coluna ereta em uma posição que pode lhe dar recursos, pode mudar significativamente um sentimento interno (observe sua própria postura agora e veja o que ocorre quando você deliberadamente se reajusta e adota uma posição "com recursos").

Normalmente a pessoa deprimida está também modificando sua forma de contato ao redor do estágio de mobilização sobre o ciclo de experiência. Um impulso surge, mas é desviado ou retrofletido antes de poder chegar a qualquer ação que possa levar adiante a sensação ou necessidade original. Isso reforça a sensação de fracasso que, por sua vez, aumenta o ataque interno (cf. a Figura 19.1). O terapeuta, e mais tarde o cliente, precisam permanecer acordados e alertas para essas dinâmicas no estágio de mobilização, observando até os sinais pequenos de que o cliente se mobilizou e atuou, tais como fazer um gesto, ou expressar irritação com uma intervenção. "Você realmente teve alguma energia há pouco..." Dar ênfase a esses sinais e estar curioso sobre como eles ocorreram cria um clima de encorajamento e nova possibilidade. Além disso, o terapeuta precisa dar exemplo de presença e de energia disponível, na medida em que ele convida o cliente a expressar para ele seja o que for que o cliente possa estar vivenciando (mesmo aquelas coisas que parecem negativas).

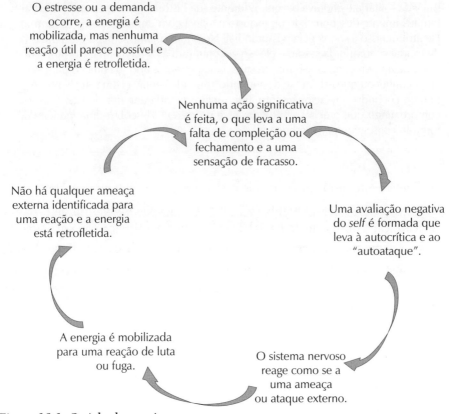

Figura 19.1 O ciclo depressivo

Trabalhar com a dinâmica relacional

Como enfatizamos durante todo este livro, a maneira como o cliente organiza a sua vida também é representada no relacionamento terapêutico. Sua apresentação depressiva será uma combinação da situação de sua vida, de seus princípios organizatórios e como você e ele cocriam seu relacionamento. Isso irá se mostrar no ir e vir de como o "entre" terapêutico torna-se "deprimido". Roubal (2007: 42) sugere evocar a curiosidade do cliente para a maneira como o terapeuta e o cliente estão "se deprimindo" juntos. Suas próprias reações e respostas, suas contratransferências de ansiedade, resgate, irritação ou desespero todas então passam a ser informações úteis sobre como você e ele cocriaram o problema e podem lançar uma luz sobre como ele cocria com outras pessoas.

Exemplo

A sessão normal de Carmine era às 14 horas, às quintas-feiras à tarde. No entanto, o terapeuta começou a temer as sessões nas quais Carmine se queixava de sua vida solitária e chorava baixinho durante sua história. O terapeuta se sentia alternativamente desconectado ou exausto e lutava com um forte desejo de dormir. Ele atribuiu isso à sonolência pós-prandial. No entanto, uma semana Carmine teve de mudar o horário da sessão e eles se encontraram às 9 da manhã. Consternado, o terapeuta percebeu as mesmas reações cinco minutos após o começo da sessão. Ele reconheceu que estava "se deprimindo" quando sentava com seu cliente; eles tinham cocriado o relacionamento amortecido da vida anterior de Carmine. Ele compreendeu que precisava entender esse processo e descobrir uma maneira de torná-lo consciente para ambos.

A tarefa é encontrar uma atitude criativamente indiferente em que o terapeuta possa ficar com aquilo que está entre eles a cada momento, não sucumbindo à atração contratransferencial de ou melhorar a situação ou participar do desespero. Uma maneira específica de fazer isso ocorrer é se o cliente "catastrofizar" sua experiência, de tal forma que todas suas afirmações sejam generalizadas ou globalizadas. O terapeuta pode evitar reações muito generalizadas introduzindo elementos de contexto e tempo: "Então hoje você está sentindo... "Neste momento..." ou "Quando você sente isso mais – ou menos?" "Observe como o sentimento varia à medida que nós permanecemos com ele" e assim por diante. Permanecendo atento ao momento que se desdobra dessa maneira também garante que não há qualquer elemento de "culpar" o cliente por seus sintomas – uma característica clássica da depressão.

Com frequência muitos fatores irão surgir conjuntamente, como no exemplo de caso que se segue:

> **Exemplo**
>
> Travis tinha uma mãe deprimida e só tinha lembranças de um mundo lúgubre e solitário em seus primeiros anos. Ele veio para a terapia reclamando de se sentir deprimido e vazio, querendo mais de sua vida. No estágio de avaliação, Deanna, a terapeuta, foi influenciada pela baixa energia do cliente e teve dificuldade em se manter envolvida enquanto ele falava com uma voz monótona e sem tom. Deanna percebeu a postura corporal "desmoronada" de Travis e como seus pensamentos tão facilmente se voltavam para o pessimismo. Ela o convidou a ficar mais interessado em como ele estava naquele momento com ela e como ele estava vivenciando seu relacionamento. Ele começou a ficar interessado nas expectativas negativas que repetidamente tinha dela. Depois de vários meses, a energia de Travis melhorou, mas sua negatividade contínua e baixa motivação permaneceram.
>
> Um dia, Deanna teve de informar a todos seus clientes que precisava tirar um mês de licença para se submeter a uma cirurgia. Ela tinha discutido com seu supervisor qual seria o melhor período de aviso prévio, que questões poderiam surgir e quais de seus clientes precisariam ser recomendados a outro terapeuta, permanente ou temporariamente. Ela não previu que Travis ficaria especialmente incomodado com o aviso; ele não parecia particularmente ligado a ela. Portanto, não se surpreendeu quando ele apenas disse "tudo bem" em resposta ao aviso dela. Ele continuou sentado em silêncio em uma postura familiar de passividade. Deanna estava a ponto de continuar com detalhes da licença, as datas e outras coisas mais, quando percebeu que Travis estava incomumente imóvel. Seu rosto tinha perdido a cor e ela podia perceber que a respiração dele tinha acelerado. Gentilmente, ela perguntou: "Travis, o que está acontecendo?" Ele olhou fixamente para ela. Depois, explodiu: "Como é que você pode fazer isso? O que é que você está tentando fazer?" Seus punhos se cerraram e o corpo inteiro ressoava com sua fúria. Deanna ficou chocada, mas respirou lentamente e manteve o olhar no dele. Continuou sentada em silêncio, mas com total atenção enquanto ele gritava enraivecido; depois, disse simplesmente "É". Com isso, Travis parou de gritar e começou a soluçar, o corpo sacudindo e a voz embargada enquanto dizia: "Sei que isso é loucura, mas quero dizer não me deixe".
>
> Esse evento abriu um capítulo novo e poderoso para Travis. Deanna encorajou-o lentamente a compreender seus sentimentos de perda com seriedade, ajudando-o a fazer a conexão como seu primeiro abandono ao mesmo tempo em que ela continuava encorajando-o e mostrando sua empatia. Travis gradativamente se permitiu sentir pesar pela separação e trabalhou muitos sentimentos desorientadores de solidão e medo. Ela o encorajou a praticar exercícios de autocompaixão durante a semana e de encontrar meios de se conectar com aquela parte dele que tinha se sentido abandonado quando criança. Deanna organizou um substituto para ver Travis durante sua ausência. Na realidade, ele viu o substituto algumas vezes, mas realmente conseguiu administrar sua vida bem durante a licença de Deanna e começou a procurar atividades em que pudesse conhecer pessoas novas e iniciar relacionamentos novos. Quando Deanna e Travis recomeçaram seu trabalho conjunto foi com uma sensação profunda de conexão.

Trabalhando com a ansiedade

O cliente ansioso pode sentir tensão corporal, palpitações, enjoos, um aumento dos batimentos cardíacos, respiração superficial e muitas vezes sentimentos intoleráveis de medo e agitação na ausência de qualquer ameaça real do aqui e agora. Tudo isso também é muitas vezes acompanhado ou provocado por pensamentos ou crenças atemorizantes. Na sua forma mais simples, a ansiedade começa como uma reação normal à ameaça; a energia para a ação se acumula, mas não é liberada nem diminui e pode então produzir sintomas aparentemente não relacionados.

É importante descobrir se a experiência de ansiedade do cliente é um estado crônico ou se remonta a uma época específica. Se é crônica e não o incapacita à terapia, pode não precisar de qualquer sequência de tratamento especializado a não ser a administração dos sintomas quando necessário, e as considerações normais de avaliação e tratamento discutidas neste livro até aqui serão aplicáveis. Lembre-se também de que o ataque de ansiedade pode estar conectado com alguma causa orgânica ou médica (tais como hipertireoidismo ou medicação) ou com a dieta (tais como excesso de cafeína ou alguns remédios) e isso deve sempre ser verificado primeiramente.

É útil distinguir entre os vários tipos de queixas de ansiedade para lhe ajudar a pensar com seu cliente sobre o significado de suas experiências e as implicações disso para o tratamento. Algumas são parte de um ciclo, sua ansiedade resultando de uma tentativa para resistir a um comportamento problemático (p. ex., o transtorno obsessivo compulsivo e algumas fobias). Outras estão relacionadas com estresse ou trauma atuais ou passados (cf. os cap. 20 e 21 para meios de trabalhá-las). Algumas ainda estão associadas com a retroflexão de um impulso; e algumas parecem não ter uma causa óbvia e são então normalmente reforçadas por subsequentes pensamentos negativos persistentes.

Embora o cliente possa relatar que sua ansiedade tem um foco específico (talvez o sair de casa, medo de dirigir ou situações sociais) o que ocorre normalmente é que o foco aparente é apenas a ponta de uma questão mais profunda que irá emergir no decorrer da terapia. Esboçamos algumas maneiras diferentes de pensar sobre a ansiedade a seguir, mas primeiro descreveremos alguns elementos da terapia que são geralmente úteis para a maioria dos clientes ansiosos, alguns mais do que outros dependendo do tipo de ansiedade. Elas se classificam nas seguintes categorias:

- Administração dos sintomas;
- Administração da evitação;
- Identificação de crenças ansiosas;
- Atenção ao processo corporal;
- Trabalho com a dinâmica relacional.

Administração dos sintomas

Em um ataque de pânico ou episódio de extrema ansiedade, ainda que o cliente compreenda o que está ocorrendo, ele é incapaz de se apoiar e não pode atuar de forma significativa. Se a ansiedade de seu cliente o incapacita, a primeira tarefa urgente é aumentar o autoapoio, reduzir o nível de sofrimento a proporções controláveis e facilitar um envolvimento produtivo com o problema. Não é uma tentativa de "remover" o sintoma e sim construir sua capacidade de voltar à "janela de tolerância afetiva" (cf. p. 320), de tal forma que o cliente esteja disponível para responder e se relacionar com as questões e não simplesmente "sobreviver" aos sintomas.

Na seção de "Construção de recursos pessoais" no cap. 18, há várias sugestões para realizar essa tarefa, inclusive algumas técnicas de respiração que são particularmente úteis para controlar a ansiedade e o pânico. O cliente pode praticá-las com você na sessão e depois aprender a usá-las na sua vida cotidiana.

A respiração é um regulador importante da energia e das emoções. Realmente, uma simples atenção à respiração pode ser transformadora para um cliente ansioso. Aprender a controlar ou a influenciar a respiração pode evitar uma escalada da ansiedade para um ataque de pânico completo. Quando as pessoas estão com medo ou assustadas, sua respiração normalmente torna-se rápida e superficial. É possível notar a mudança na respiração de um cliente quando ele começa a lhe falar sobre uma situação difícil ou começa a ficar ansioso na sessão. Às vezes, é necessário que você faça uma intervenção direta.

Se o cliente parece estar prendendo sua respiração por retroflexão ou medo, é possível encorajá-lo a *expirar* em vez de simplesmente respirar. Isso libera a tensão e cria espaço para a revitalização da inspiração que virá naturalmente a seguir.

Quando um cliente está ansioso, sua respiração muitas vezes fica superficial causando privação de oxigênio; ou ele começa a sorver o ar de tal forma que se torna superoxigenado. Todas essas ações podem fazer com que ele fique tonto ou aturdido como se estivesse a ponto de desmaiar. Ele pode então acreditar que esse estado é uma ameaça real e não uma reação fisiológica à respiração errática. Se isso ocorrer na sessão, você pode guiá-lo por uma sequência de controle da respiração. Dê as instruções em uma voz moderada e regular, guiando-o até que o ritmo esteja estabelecido. Assegure-o de que esse tipo de respiração normalmente parece estranho no começo.

> **Exercício**
>
> Conte lentamente até quatro, inspirando pelo nariz e permitindo que seu abdômen se expanda como se você estivesse puxando o ar para baixo e para dentro dele (mantendo seu peito imóvel), mantenha o ar mentalmente contando até três, depois lentamente expire contando até sete, imaginando que você está suavemente apagando uma vela. No fim dessa expiração, lentamente inspire outra vez contando até quatro.
>
> Peça-lhe que repita essa sequência várias vezes e verifique a mudança na ansiedade.

Encoraje seu cliente a praticar essas técnicas em casa, se ele ficar ansioso entre sessões. Esse tipo de gerenciamento da respiração é útil para a maioria das pessoas. No entanto, como dissemos em outro lugar, para alguns clientes respirar com a sensação de ansiedade pode aumentar essa sensação. Para esses clientes use um dos outros recursos que descrevemos neste capítulo.

Administração da evitação

> *A evitação é o meio que indivíduos usam para evitar completar "situações inacabadas". Com isso eles ficam paralisados, bloqueando suas possibilidades de desenvolvimento. Trabalhar com esses bloqueios é tanto difícil quanto doloroso. A evitação existe por uma razão boa e suficiente e, portanto, a tarefa é ficar consciente das razões para sua existência.*
>
> PERLS; HEFFERLINE & GOODMAN, 1989 ([1951]: 231).

Quando clientes identificam uma situação ou questão que eles acreditam ser a "causa" de sua ansiedade, a evitação é compreensivelmente a primeira reação em muitos casos. Isso temporariamente reduz o sofrimento, mas não soluciona o problema, e normalmente leva a outras desvantagens (tais como uma incapacidade de enfrentar situações importantes). A evitação pode aliviar, mas é disfuncional (e um aspecto comum do abuso de substâncias). A evitação então se torna uma maneira habitual de reagir aos primeiros sinais de ansiedade, confirmando, assim, a impossibilidade de enfrentar aquilo que é temido. Esse é o caminho para ciclos espirais de reforço. Embora seja normal evitar algo que seja perigoso e sentir-se ansioso se a ameaça continua, clientes tipicamente se sentem ansiosos sobre eventos que não contêm esse tipo de perigo e sim têm alguma associação com eventos passados, tais como estar sozinho, falar em um grupo, estar no meio de uma multidão ou ter contato sexual.

Um processo de educação pode ser necessário para ajudar o cliente a compreender como a evitação está contribuindo para o problema e como, juntos, vocês precisam encontrar um caminho para compreender e enfrentar aquilo que é temido.

Quando vocês chegarem a um acordo sobre como enfrentar os comportamentos de evitação e ficar com os sentimentos que surgem, estarão no território do trabalho de impasse (cf. o cap. 11). Isso irá também envolver descobrir meios de reduzir a ansiedade ou acusação quando o cliente começa a pensar ou lembrar a situação temida ou dolorosa (cf. exercícios de relaxamento a seguir). Isso pode incluir muitos tipos de técnicas de "dessensibilização" que encorajam o cliente primeiramente a se familiarizar com seus sentimentos e depois a começar a processá-los de uma maneira diferente (cf. o cap. 9, "Experimentação"). Ele pode então começar um relacionamento também diferente com aquilo que está sendo evitado.

Para clientes com uma fobia, pode ser útil reformular o objeto temido como o "container" de uma parte renegada e projetada do *self* que foi suprimida e está fora da *awareness*. O trabalho com duas cadeiras pode ser uma técnica útil para ajudar um cliente a explorar isso (cf., p. ex., PHILIPPSON, 2009: 31-34). Convide o cliente a "se transformar" no objeto temido e a explorar suas qualidades. O significado oculto de um comportamento compulsivo pode ser explorado de uma maneira semelhante. Qual é o tema da compulsão? Que medo ela está tentando administrar?

Com frequência descobrimos que há uma raiva retrofletida que subjaz à ansiedade incapacitante. Gradativamente ajude seu cliente a identificar todos seus sentimentos, assumir a responsabilidade por eles e expressá-los, inclusive os sentimentos de raiva, no reservatório seguro do consultório.

> **Exemplo**
>
> Deleen, a gerente de uma organização de caridade, foi recomendada a um conselheiro por seu clínico por sua ansiedade, que a estava levando a trabalhar demais, a não dormir direito e a se preocupar constantemente achando que não tinha feito o bastante. Desde o primeiro encontro, Deleen disse que reconhecia "a preocupação de todos", mas que ela tinha responsabilidades demais para ter tempo livre para aconselhamento. Disse que muitas pessoas estavam dependendo dela e que tudo iria desmoronar se ela relaxasse. O terapeuta começou falando sobre ansiedade, suas causas e efeitos. Suavemente ele desafiou Deleen a enfrentar o fato de estar a caminho de um colapso ou de uma exaustão. Relutantemente a cliente concordou com ele; realmente, quando ela sentiu o interesse não crítico e a presença do terapeuta, teve vontade de chorar e compreendeu como tinha estado desamparada e no seu limite. Concordou, então, em vir para uma série de sessões.
>
> O terapeuta começou ensinando-lhe técnicas de relaxamento, às quais ela reagiu muito bem. Encorajou-a também a redescobrir alguma atividade de que ela tinha gostado quando estava menos estressada (no caso dela, a fotografia).
>
> Deleen concordou também em estruturar seu dia melhor, em delegar algum trabalho e em se assegurar de que estava tendo refeições regulares. Eles puderam, então, começar a explorar a própria ansiedade e de onde tinha vindo aquela necessidade de "ser responsável por tudo". Lentamente, Deleen começou a fazer conexões com seu passado – ela era a filha mais velha de quatro que tinha assumido a administração da casa com apenas nove anos de idade quando sua mãe tinha ficado cronicamente doente com o mal de Alzheimer.

Identificação de crenças ansiosas

Como no caso da depressão, as doenças da ansiedade estão normalmente associadas com introjetos negativos poderosos, crenças básicas e pensamentos repetitivos do tipo: "Perdi o controle", "Não consigo", "Tudo isso é demais para mim", "Vou desmaiar e morrer". Com um cliente ansioso o foco está normalmente no futuro – iminente ou mais distante.

Crenças ansiosas são tipicamente supergeneralizadas, exageradas ou catastrofizadoras. Elas se autoperpetuam e levam a um ciclo de ansiedade em que a expectativa gera o sintoma que então reforça a crença. Por exemplo, um cliente que está fazendo compras começa a se preocupar que vai ter um ataque de pânico e desmoronar em público. Isso produz sintomas corporais de ansiedade. O cliente se concentra em seus sintomas ansiosos e seu medo de colapso aumenta, aumentando também sua ansiedade e assim por diante em um ciclo escalador até que ele realmente desmorona (o que então confirma a crença de que é provável que desmorone em público). Ele então decide evitar sair, algo que consegue remover a preocupação (mas significa que agora já não pode sequer fazer compras).

Você pode começar explorando que crenças subjacentes estão associadas com as questões, problemas e situações que o cliente está trazendo para a terapia. Pergunte-lhe como é que ele veio a ter essas crenças e tenha curiosidade sobre quaisquer conexões históricas com eventos ou relacionamentos passados. Se esses forem identificados, às vezes o simples fato de estar consciente de como essas crenças chegaram a ser formadas pode fazer uma diferença significativa.

> **Exemplo**
>
> Leeta percebeu que sua ansiedade diante de figuras de autoridade poderia ser conectada com o *bullying* e a crueldade de um professor primário. Após ter contado sua história com emoção e energia, ela foi convidada a se levantar, respirar profundamente e dizer. "Isso agora acabou. Nunca deixarei que isso aconteça comigo outra vez". Tendo praticado várias versões disso durante a sessão, eventualmente Leeta deu um suspiro profundo; visivelmente relaxada, ela disse que se sentia como se um peso tivesse sido retirado.

Você pode também identificar a mensagem ou instrução que a ansiedade está carregando. Às vezes é um introjeto de um pai ou uma mãe sobre não ser animada, ou sobre a necessidade de "ser perfeita", de "nunca fracassar", que quase sempre garante o fracasso e a ansiedade consequente.

Quando o cliente está descrevendo uma situação – ou quando começa a ficar ansioso com você – peça-lhe que fique consciente daquilo que está dizendo a si próprio. Que pensamentos ou fantasias ele tem? Qual é a pior coisa que poderia acontecer? Consiga que ele seja tão explícito quanto possível. Tente identificar as crenças básicas que subjazem os sentimentos dele, depois introduza um exercício de enraizamento para trazê-lo para o aqui e agora. Peça-lhe que se sente em uma cadeira diferente e considere quão realistas são seus pensamentos e crenças. Peça-lhe que elabore afirmações positivas ou de autoapoio para dizer a si próprio quando esteja ficando ansioso – crenças esperançosas que em seus momentos melhores pareceram verdadeiras. "Posso administrar meus sentimentos de ansiedade e ainda ser competente", "Posso buscar apoio", "Vou superar isso" (às vezes chamado de autoconversa positiva). Como no caso do cliente deprimido (como foi descrito acima) pode ser útil reformular suas reações a experiências passadas, por exemplo, "Você realmente sobreviveu", "Você superou isso antes e o fará outra vez".

Sugira que o cliente mantenha um diário de sua ansiedade. Isso vai aumentar sua *awareness* do processo de ansiedade, algo que, por si só, pode ser transformador. Isso irá mostrar como a ansiedade está relacionada com certas situações, certos lugares ou certas pessoas e até certos momentos do dia. Durante uma semana ele pode manter um registro daquilo que estava ocorrendo quando ficou ansioso, a situação, o momento e o grau de severidade (de um a dez).

Isso terá dois efeitos: tornará as condições de campo que provocam a ansiedade mais claras e também ajudará a identificar os pensamentos, introjetos ou crenças básicas negativas que acompanham a ansiedade. Isso muitas vezes forma uma figura mais clara do problema real (e não do problema imaginado) e lhe dará mais detalhes para avaliar os fatores de maior influência que provocam ou mantêm seu estado ansioso. Manter um diário também exige que o cliente acesse uma orientação aqui e agora o que irá fortalecer sua capacidade de superar o problema – ajudando-o a reenvolver sua capacidade de pensar em vez de ser vencido pela figura excludente do pânico. Finalmente, entre sessões, a presença psicológica do terapeuta também pode ser um apoio imenso. Manter o diário e depois trazê-lo para discuti-lo na próxima sessão tem o efeito de trazer o terapeuta para a mente – construindo assim a base relacional.

Atenção ao processo corporal

Como no caso de qualquer apresentação, o terapeuta gestáltico estará aumentando a *awareness* de todas as facetas da experiência do cliente: pensamentos, emoções, imagens, sensações, postura corporal. Quando a pessoa ansiosa tende a ficar perdida em seus sintomas e na perseverança com relação àquilo que pode ocorrer, é particularmente útil chamar a atenção para o corpo, para o movimento e percepções sensoriais. O trabalho orientado para o corpo descrito no cap. 13 é útil aqui e, lembre-se de que Perls et al. associam a ansiedade a padrões defeituosos de respiração e acreditam que "expirar e inspirar mais profundamente pode transformar a ansiedade em entusiasmo" (PERLS et al., 1989 [1951]: 167).

Você pode usar alguns dos exercícios de respiração acima para canalizar a energia para a ação. Encoraje a expressão corporal de quaisquer movimentos que pareçam interrompidos (gestos, postura corporal) e crie experimentos para encorajar ou desenvolver o movimento. Com frequência você observará que o cliente ansioso começa a se mexer, fica agitado ou retira e retroflete sua energia. Peça ao cliente que fique consciente do movimento ou posição que está emergindo em seu corpo quando ele sente a ansiedade (ou outro sentimento), e depois acompanhe qual será o próximo movimento.

> **Sugestão**
>
> Recorde-se de como sua família expressava ou evitava a animação e energia na sua infância. Agora lembre-se de uma situação recente que você vivenciou que lhe deu ansiedade. Observe sua reação corporal, sua respiração, seus pensamentos e quaisquer mensagens que você está mandando para si mesmo.

Trabalho com a dinâmica relacional

É claro, não queremos sugerir que essas técnicas devam ser usadas fora de contexto. Elas surgem do relacionamento cocriado no qual o terapeuta está facilitando a *awareness* do cliente *daquilo que é*. A ansiedade também é parte integral de estar no relacionamento e para alguns um relacionamento é uma situação das mais estressantes. Embora ele possa ser um fenômeno relacional do aqui e agora muitas vezes ele é uma repetição da história. Frequentemente pode remontar à infância, quando a maneira de ser de um pai ou mãe ansiosos é introjetado (para uma consideração gestáltica cf. "o microcampo introjetado" de DELISLE, 2013: 74) ou em que um pai ou mãe sem confiança, (também em si mesmo), que inspirava temor ou era inconsistente, criou uma atmosfera de ansiedade e vigilância. Em qualquer desses casos, será preciso que você ofereça uma presença incorporada firme e demonstre uma capacidade de conter e tolerar sentimentos e estados corporais difíceis ou excessivamente ansiosos.

Para trabalhar sobre a maneira como a ansiedade é mantida a cada momento, concentre-se em como você e o cliente cocriam um relacionamento "ansioso": Como o *"entre"* terapêutico fica "ansioso"?

O cliente ansioso muitas vezes interrompe o que está ocorrendo na fase de reconhecimento no ciclo de *awareness*. O impulso emergente para ficar zangado, por exemplo, ou para um contato relacional é evitado (por meio da deflexão) e é "rotulado erroneamente" como uma sensação de que algo está errado ou é ameaçador. O cliente então se retrai evitando expressão ou contato e fica ansioso. Às vezes um ciclo de ansiedade é criado quando você ecoa a ansiedade e é, você mesmo, provocado a tentar evitar o "encontro temeroso". Tente perceber os pequenos sinais corporais do cliente que indicam a excitação ansiosa ou uma contenção. Perceba também seu próprio recuo. Encoraje o cliente a vir para uma sensação mais enraizada de si mesmo, investigue esse impulso original e verifique como ele se desenvolveu no relacionamento com você.

Alternativamente a dinâmica relacional pode estar em confluência. Se esse é um padrão relacional antigo então isso por si só pode criar a ansiedade: o medo de ficar totalmente perdido no outro ou o medo da separação e uma sensação de "ansiedade impensável" incontida (WINNICOTT, apud DAVIS & WALLBRIDGE, 1981). A tarefa será desprender o confluente relacionado (cf. o cap. 10) a fim de descobrir, tolerar e investigar os sentimentos "proibidos". Robine (2013) encoraja o terapeuta a prestar atenção na confluência tanto na fase de "soltar" do contato e também na fase de sensação inicial quando a excitação do contato incipiente se transforma em uma ansiedade em que "a emergência de uma figura é uma ruptura em confluência" (p. 482).

Como sempre, com um cliente ansioso, suas próprias reações e respostas – suas contratransferências de ansiedade ou o desejo de assumir o controle – tudo passa a ser informações úteis sobre como você e seu cliente cocriam o problema, bem como ele provavelmente o cocria com outros. Você pode dar um exemplo de estar enraizado ficando em contato com seu corpo, respirando lentamente e investigando seus sentimentos e reações. Com isso você pode estar mais consciente da parte que desempenha no relacionamento ansioso.

Finalmente, muitos clientes passam para o pânico quando seu estilo relacional habitual de se manter isolados não funciona diante da exigência relacional. O terapeuta precisa prestar atenção no desenvolvimento do relacionamento terapêutico a fim de estabelecer uma base de ligação e pertença.

Enfrentando questões existenciais e eventos vitais

Concluímos descrevendo uma situação que é comum à depressão e à ansiedade e realmente é o pano de fundo de todas nossas experiências: a condição humana. Muitos clientes que vêm para a terapia com ansiedade ou depressão como reação à percepção das questões existenciais que confrontam todos nós (mas que são normalmente ignoradas), tais como o envelhecimento, a doença, a inevitabilidade da morte, a incerteza da vida e a experiência de se sentir conectado e ainda assim profundamente só. Ou eles estão enfrentando um dos desafios da vida, tais como a perda de um ente querido, a perda de um emprego ou um acidente sério. A tarefa terapêutica aqui é encorajar uma perspectiva mais ampla dessas questões.

Comece por explorar se há eventos recentes que precederam a depressão ou a ansiedade. Faça uma linha de vida recente (cf. o cap. 5), com um esboço de mudanças, transições, perdas e estresses e convide seu cliente a falar sobre a significância que essas coisas têm para ele.

Identifique o sistema de crença espiritual/religioso do cliente. Pergunte como a crise é considerada em seu sistema de crenças. Que apoio espiritual ou religioso ele procurou e por que isso não o ajudou? O que mais ele poderia fazer dentro daquele sistema de crenças? (cf. o cap. 24.)

Apoie o cliente para que ele possa permanecer com o impasse ou crise. As transformações ou ajustes na vida são geralmente precedidos por situações difíceis e aparentemente impossíveis e a tarefa é muitas vezes apenas descobrir meios de tolerar a ansiedade ou os sentimentos de impotência para permitir um reajuste ou uma solução, em vez de encontrar um alívio para o sofrimento. Às vezes a melhor reação estratégica é estar disponível e ficar com aquilo que emerge.

Reconheça a natureza universal das questões que levaram o cliente à terapia. Estamos todos desafiados pelas questões que mencionamos acima – todos iremos morrer, mas normalmente não sabemos quando; estamos todos incorporados no tempo e no espaço; todos nós sofremos separações e perdas. É muito importante estar ciente disso e garantir que temos nosso próprio apoio para enfrentarmos nós mesmos essas questões. Dessa maneira minimizamos o perigo de entrar em um conluio com o cliente na evitação dessas verdades desafiadoras.

> **Sugestão**
>
> Reserve alguns minutos para refletir sobre o que é, em sua vida, que lhe dá significado e objetivo. É a família ou amigos, seu trabalho, ajudar os outros, a conexão com a natureza, um sentimento de estar vivo no momento, um caminho espiritual ou religioso? Ou é o sonho de um futuro melhor, fazer dinheiro, ter roupas de grife, fama ou poder sobre outros (apenas para colocar um ponto de vista alternativo)? Para quais dessas coisas você se volta em busca de apoio quando a vida parece insatisfatória ou você perdeu o seu caminho?

Conclusão

A depressão e a ansiedade estão sendo cada vez mais diagnosticadas na sociedade ocidental e, cada vez mais, a medicação é oferecida como solução. Como terapeutas Gestalt, podemos tentar deter o curso dessa medicalização e reconhecer as questões psicológicas, o isolamento social, a alienação, e os traumas não reconhecidos que muitas vezes são as questões reais por trás dessas queixas e que confrontam todos nós. Podemos então resgatar a singularidade das circunstâncias de cada cliente e ajudá-los a encontrar a resposta específica que será mais útil para aliviar seu sofrimento.

Leitura recomendada sobre depressão e ansiedade

FOSHA, D.; SIEGEL, D.J. & SOLOMON, M. (2009). *The Healing Power of Emotion*: Affective Neuroscience, Development and Clinical Practice. Nova York: W.W. Norton & Co., p. 204-231.

FRANCESETTI, G. & ROUBAL, J. (2013). "Gestalt therapy approach to depressive experiences". In: FRANCESETTI, G.; GECELE, M. & ROUBAL, J. (orgs.). *Gestalt Therapy in Clinical Practice*: From Psychopathology to the Aesthetics of Contact. Milão: FrancoAngeli.

GILBERT, P. (2007). *Psychotherapy and Counselling for Depression*. Londres: Sage.

GREENBERG, L.S. (2002). "Working with emotion". *International Gestalt Journal*, 25 (2), p. 31-57.

GREENBERG, L.S. & WATSON, J. (2006). *Emotion-Focused Therapy for Depression*. Washington, DC: American Psychiatric Association.

HOOKER, K.E. & FODOR, I.E. (2008). "Teaching mindfulness to children". *Gestalt Review*, 12 (1), p. 75-91.

LEADER, D. (2008). *The New Black*. Harmondsworth: Penguin.

MELNICK, J. & NEVIS, S. (2005). "The willing suspension of disbelief: Optimism". *Gestalt Review*, 9 (1), p. 10-26.

NICE (National Institute for Clinical Excellence) (2009). *Guidelines on Depression* [Disponível em www.nice.org.uk/CG90] [Para a posição do órgão nacional financiado pelo governo britânico].

ROOS, S. (2001). "Theory development – Chronic sorrow and the Gestalt construct of closure". *Gestalt Review*, 5 (4), p. 289-310.

ROUBAL, J. (2007). "Depression – a Gestalt theoretical perspective". *British Gestalt Journal*, 16 (1), p. 35-43.

SHUB, N. (2002). "Revising the treatment of anxiety". *Gestalt Review*, 6 (2), p. 135-147.

Livros de autoajuda (também são úteis para ler se essas questões são novidade para você)

BAKER, R. (2003). *Understanding Panic Attacks and Overcoming Fear*. Oxford: Lion Hudson.

BOURNE, E. (2007). *The Anxiety and Phobia Workbook*. 4. ed. Oakland, CA: New Harbinger.

ROWE, D. (2003). *Depression: The Way Out of Your Prison*. 3. ed. East Sussex: Routledge.

WILLIAMS, M.; TEASDALE, J.; SEGAL, Z. & KABAT-ZINN, J. (2007). *The Mindful Way Through Depression*. Nova York: Guildford.

Websites úteis

www.patient.co.uk/health/anxiety-self-help-guides

www.rcpsych.ac.uk/expertadvice.aspx [Seções sobre depressão, ansiedade e fobias].

20
Trauma, parte 1: avaliando e estabilizando

Introdução

Neste capítulo temos a intenção de descrever a interpretação mais recente de como administrar melhor os sintomas do trauma e garantir uma reação terapêutica competente e segura. Isso é especialmente importante porque descobrimos que aquilo que pode parecer à primeira vista uma questão terapêutica pouco complicada pode subitamente se revelar como associada a um evento muito mais traumático do passado. As questões inesperadas que então surgem podem desorientar o terapeuta que não esteja preparado.

Atualmente, há muitas abordagens diferentes para trabalhar especificamente com traumas, por exemplo, o EMRD (Dessensibilização e Reprocessamento do Movimento Ocular), a Terapia Cognitiva Comportamental, a Psicoterapia Sensório-motora, a Experiência Somática, a Terapia Traumática Somática e muitas outras. Cada uma delas dá uma ênfase distinta ao papel da cognição, da emoção, do processo corporal e do relacionamento no tratamento dos sintomas traumáticos. Na literatura gestáltica, com exceção de "Healing Tasks" de Kepner (1995) (que é muito recomendado) e alguns artigos por outros autores gestálticos, p. ex., Bowman (2002), Cohen (2002), Fodor (2002) e Melnick e Nevis (1997,2005) até há alguns anos havia pouca coisa especificamente escrita sobre como abordar o trauma. De um modo geral, os autores sugeriram abordagens de tratamento que integram princípios gestálticos com outras modalidades: Tobin (2004) com EMDR. Elliot, Greenbert e Lietaer (2004) e Paivio e Pascual-Leone (2010) com a "cadeira vazia" para situações inacabadas como parte de sua Terapia Focalizada na Emoção (EFT); Butollo e Karl, (2012), Butollo et al. (2014) com uma abordagem integrada baseada na Gestalt chamada Terapia de Exposição Dialógica (DET).

Em épocas mais recentes, no entanto, Vidakovi (2013) esboça uma abordagem fundamentalmente gestáltica para o trauma e Taylor (2014 no prelo) desenvolve um modelo gestáltico abrangente e detalhado.

Neste capítulo esperamos integrar uma ampla variedade de interpretações e reações terapêuticas que acreditamos ser mais úteis (e em harmonia com a Gestalt) de uma variedade de abordagens para o tratamento do trauma. Também, de uma maneira pouco comum para este livro, estaremos explicando mais teoria do que normalmente. O motivo para isso é que a compreensão de como e por que os sintomas do trauma aparecem nos dá uma base essencial a partir da qual escolher intervenções que muitas vezes não são óbvias. Isso irá também ajudá-lo a explicar para os clientes a base neurológica para muitas experiências que eles com frequência interpretam erroneamente como evidência de que estão fundamentalmente danificados, "perdendo a cabeça" ou incapazes de se recuperarem.

Como surge o trauma?

Após até mesmo um pequeno trauma (tal como não passar em um exame ou sofrer um acidente de trânsito), muitas vezes teremos um alto nível de excitação física e nos sentiremos perturbados e agitados. Muitas vezes também nos mandamos mensagens autocríticas e ficamos repetindo para nós mesmos como poderíamos ter administrado melhor a situação. Se conversamos sobre o assunto com outra pessoa, acalmamo-nos, dormimos uma boa noite de sono e até aprendemos algo com aquilo, gradativamente o que ocorreu passa a ser uma lembrança que já não nos incomoda ativamente. A experiência foi integrada e resolvida com sucesso.

No entanto, quando o trauma é suficientemente grande ou persistente (p. ex., abuso físico) a capacidade de se recuperar muitas vezes é reduzida ou se perde totalmente. As reações físicas, imagens e emoções frequentemente duram muito tempo após o evento ter passado, e ficam voltando continuamente a nossa mente ou são facilmente provocadas por pequenos lembretes. É como se parte do cérebro ficasse trancado no passado, *ainda sob ameaça* e reagindo de acordo com isso. Clientes podem relatar que têm *flashbacks*, alto nível de ansiedade ou emoções devastadoras. Normalmente há pensamentos supergeneralizados negativos tais como "Nunca vou estar seguro...", "Sou impotente..." (para traumas de adultos) e "Sou ruim, indigno" (mais comumente para traumas da infância) que eles muitas vezes sabem racionalmente que são inexatos, mas, apesar disso, dão a sensação de serem verdadeiros.

Por outro lado, outra reação possível é que eles se calem, se retraiam do contato social e evitem ou suprimam a lembrança completamente. Podem então orientar sua vida inteira para evitar uma repetição daquela situação (decidindo nunca mais viajar de carro, nunca mais se permitirem serem íntimos de alguém ou vulneráveis e assim por diante).

Quando o trauma ou abuso ocorre com uma criança pequena e se o ofensor foi um pai ou uma mãe ou um parente, a criança pode também reagir assumindo a culpa ela mesma a fim de preservar o relacionamento (ser uma criança má faz com que ela se sinta melhor do que ter um pai ou mãe perigosos). No entanto, a reação ao trauma permanece ativa e pode levar a um fracasso educacional, a um comportamento agressivo ou retraído e até a automutilação. Na maturidade, essas crianças podem então ter dificuldade de formar relacionamentos em que exista confiança e segurança, e mantêm limites interpessoais seguros e estados emocionais que se autorregulam.

Por que a reação ao trauma persiste?

Muitas pessoas podem se recuperar completamente de uma variedade de eventos traumáticos significativos sem qualquer intervenção terapêutica. A pesquisa mostrou (ex.: AGAIBI & WILSON, 2005) que fatores protetores importantes são ligações seguras, apoio relacional e comunitário, resistência psicológica e estratégias eficazes para sobreviver. No entanto, quando esses fatores protetores são mínimos ou estão ausentes, há cinco reações comuns que estão muitas vezes na base da incapacidade de se recuperar naturalmente.

Primeiro, há uma tendência a querer tentar evitar a lembrança daquilo que ocorreu e tentar afastá-lo da *awareness* ou negar seu impacto. Embora isso seja uma tendência compreensível, ela significa que as pessoas não procuram ou recebem o apoio relacional necessário e não passam efetivamente pelos estágios necessários para a integração e a recuperação.

Segundo, clientes traumatizados podem desenvolver um sistema de crença negativa que se autorreforça sobre a própria identidade ou o significado do evento, acreditando, por exemplo, que foi sua culpa e que, portanto, merecem sofrer; ou que eles foram permanentemente danificados pelo evento; ou que nunca estarão seguros outra vez. Todas essas crenças inexatas e supergeneralizadas se transformam em gestalts fixos que resistem à atitude necessária que é que eles podem e devem se recuperar.

Terceiro, durante um estado de ameaça devastadora, a parte do cérebro que está formando uma memória narrativa sobre o que ocorreu, em que ordem e quando ocorreu, pode se calar ou ficar desorganizada. Isso significa que depois de o trauma passar, a pessoa pode ter apenas um relato fragmentado do evento, sem uma compreensão significativa ou realista de como e por que ele ocorreu. Isso também significa que o "carimbo temporal" sobre a memória de *quando* aquilo ocorreu pode estar faltando e deixar a pessoa com uma sensação emocional e somática de que o evento não terminou. Isso é desorientador e então fica mais difícil processar ou integrar o que aconteceu (especialmente se aconteceu na infância).

Quarto, o trauma pode sobrepujar a capacidade normal dos sistemas biológico e neurológico de se recuperar do estresse e voltar ao equilíbrio e ao descanso. A fim de entender por que isso ocorre, lembre-se primeiramente de que nosso cérebro e nosso corpo evoluíram durante milhões de anos para lidar com ameaças que são normalmente físicas e de pequena duração (tais como ver um leão à distância). Nosso sistema nervoso desenvolveu uma sequência automática de reações ao perigo que se seguem uma após a outra (cf. PORGES, 2011 para uma explicação detalhada). A primeira reação é buscar conexão social, por exemplo, chamar a família ou o grupo pedindo ajuda (visto mais claramente em uma criança que percebe que está perdida). Se o pedido de ajuda não soluciona o perigo (e o leão se aproxima) uma reação mobilizadora entra em jogo, que provoca a pessoa a lutar ou a se proteger, correr para um lugar seguro ou ficar congelada como um coelho diante dos faróis de um carro, na expectativa de não ser percebida. Se todas essas três reações fracassam, defesas imobilizadoras são ativadas e a pessoa se fecha, fica imóvel e "se finge de morta". Se uma das reações protetoras funciona e a situação se resolve (ou o perigo passa), então os sistemas neurológicos se reequilibram e o corpo volta ao equilíbrio.

No entanto, muitas das ameaças que enfrentamos hoje em dia não são de curta duração, são psicológicas em vez de físicas e são suficientemente complexas para não ter uma "reação correta" óbvia que resolva o problema. Como resultado, nosso cérebro e nosso sistema nervoso tornam-se indefesos e disfuncionais, tentando repetidamente reagir, mas sem sucesso. A recuperação e o descanso, portanto, não ocorrem e o sistema nervoso continua no modo perigo com sistemas reativos ainda ativos, tentando atuar de uma maneira eficaz. É como se o evento ainda estivesse acontecendo e o corpo estivesse tentando atuar para reagir. Isso cria um estresse físico e emocional enorme e eventualmente leva a sintomas crônicos e permanentes ou à doença física. As próprias reações disfuncionais então passam a ser o problema que persiste muito tempo depois de o evento traumático ter passado.

Quinto, após um trauma não processado, pequenos lembretes podem às vezes provocar uma repetição da reação à ameaça. No entanto, esses gatilhos podem estar aparentemente não relacionados (o som de uma porta fechando, um tom de voz) e se o cliente não está consciente de estar sendo provocado, ele simplesmente tem uma sensação interna de angústia. Ele então tem o sentimento de que está em perigo e direciona toda sua atenção para tentar identificar a fonte desse perigo. Se isso ocorre repetidamente, ele pode ficar superconcentrado em procurar aquilo que é perigoso ou ameaçador. Isso então passa a ser um padrão habitual.

> Muito tempo depois de os eventos traumáticos originais terem terminado, muitos clientes se sentem obrigados a antecipar, orientar-se para e reagir a estímulos que direta ou indiretamente se parecem com a experiência traumática original ou com seu contexto. Esses indivíduos, de forma inconsciente e reflexiva, reduzem o campo da *awareness* para lembranças do trauma e com isso deixam de perceber os sinais indicativos de segurança, involuntariamente mantendo uma sensação interna de ameaça (OGDEN; MINTON & PAIN, 2006: 65).

Todas as cinco razões acima podem levar a sintomas contínuos que são perturbadores ou incapacitantes para o cliente muito tempo depois de o trauma ter terminado. Esses sintomas podem levar a diagnósticos de transtorno de estresse agudo (ASD), estresse pós-traumático (PTS), transtorno de estresse pós-traumático (PTSD) e muitos outros. Há também uma evidência crescente de que traumas não identificados podem estar à base de muitas outras condições tais como depressão, ansiedade, transtorno de personalidade limítrofe, transtorno de apego, e abuso de substâncias.

O trauma pode estar associado com uma variedade de situações tanto óbvias quanto mais sutis. Estritamente falando, o trauma terá envolvido o cliente em uma situação em que vivenciou ou testemunhou um evento perigoso ou arriscado (ou onde houve medo de que isso ocorresse), em que ele se sentiu subjugado, impotente e sem controle. O evento poderia ser de dano real, por exemplo, um ataque físico, abuso sexual ou desastres naturais ou poderia ser uma situação em que se teme o perigo, tais como viver em uma zona de guerra ou ser criado por pai ou mãe imprevisivelmente violentos. Poderia ser um trauma temporário, normalmente vivenciado por trabalhadores em serviços de emergência, soldados na ativa, psicoterapeutas de trauma ou irmãos que testemunham abuso. Ele pode também ser resultado da perda de um outro significativo seja por morte ou abandono, quando nenhum outro apoio está disponível.

Mais sutilmente, os sintomas de trauma podem ser resultado de experiências que podem parecer insignificantes, mas que podem deixar um impacto duradouro, tais como ser constrangido por um professor na escola. Acreditamos firmemente que o sofrimento subjetivo do cliente é o elemento mais importante a considerar, independentemente do tamanho ou da natureza do trauma que o causou.

Sequências terapêuticas

Quando você e seu cliente concordam que o trauma é a questão que irão trabalhar em conjunto, há quatro fases possíveis nesse trabalho, que juntas formam aquilo que chamamos de "A Gestalt da Terapia de Trauma".

Fase 1: Avaliação.
Fase 2: Fornecendo recursos.
Fase 3: Processando lembranças traumáticas.
Fase 4: Integração.

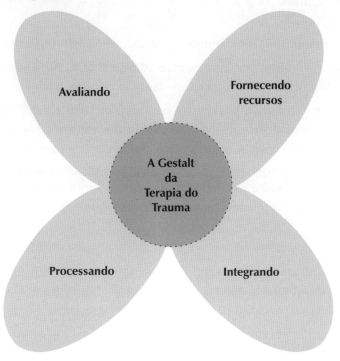

Figura 20.1 A Gestalt da Terapia do Trauma

Fase 1: Avaliando

Como com toda psicoterapia, as tarefas iniciais são começar a formar uma aliança de trabalho, ouvir uma história, formar um entendimento do problema e decidir o que é preciso priorizar. Os primeiros capítulos deste livro (e particularmente o cap. 17, "Avaliando e administrando o risco") cobre, de uma forma abrangente, como fazer isso e aqui só iremos nos referir àquilo que é distinto nas apresentações de trauma.

Primeiro, um aviso importante. Considerando que um cliente extremamente traumatizado muitas vezes terá dificuldades com autorregulação e a manutenção de limites seguros, pode haver uma tendência para que ele despeje toda a história do trauma na primeira sessão ou muito cedo na fase de avaliação. É possível, então, que ele fique devastado e efetivamente retraumatizado (e o mesmo pode ocorrer com o terapeuta!). É possível também que, com isso, ele saia da sessão sentindo-se pior, que se arrependa depois de sua "autorrevelação prematura" a uma pessoa totalmente estranha – e pode até decidir não retornar. Sugerimos, portanto, que você seja firme dizendo ao cliente que não é necessário ou proveitoso contar todo o evento traumático até que vocês se conheçam muito melhor.

Você pode dizer:

• "Dê-me apenas as manchetes daquilo que ocorreu, um esboço mínimo, não quero que você fique muito angustiado em nosso primeiro encontro".

• "Só preciso saber uma frase ou duas sobre o trauma que você está trazendo; examinaremos os detalhes mais tarde".

Na outra extremidade, muitas das reações protetoras e defensivas ao trauma prematuro levam uma pessoa a desconfiar dos outros, a suspeitar da possibilidade de outros abusos, sentindo-se geralmente insegura e fóbica até para discutir a lembrança traumática. Isso significa que você terá de gastar um tempo mais longo do que a média para criar confiança, formar uma aliança de trabalho e esperar que os detalhes surjam lentamente.

Tomada de história

Além de ouvir uma história geral (cf. o cap. 5), também é útil fazer perguntas sobre as experiências do cliente com relação ao seguinte:

1) Seus sintomas em uma semana normal. Por exemplo, ansiedade, sentimentos de pânico, pesadelos, *flashbacks*, comportamento de evitação, e aquilo que provoca sua angústia.

2) Como eles normalmente administram esses sintomas – tanto de forma positiva quanto negativa, por exemplo com álcool ou drogas, ou ao contrário, acalmando-se eles próprios ou procurando a família ou amigos.

3) Um quadro de seu funcionamento cotidiano, autocuidados físicos tais como sono, exercício, alimentação e seus sistemas sociais de apoio.

4) Os principais eventos em sua vida que foram traumáticos (bem como aquele que os trouxe para a terapia). Uma maneira de fazer isso é pedir ao cliente que liste os dez piores eventos que ocorreram com eles (sem muitos detalhes, tendo em mente nosso aviso anterior). Isso pode muitas vezes enfatizar conexões ressoantes significativas com um evento no passado que o cliente não avaliou como relevante. É também proveitoso pedir ao cliente que identifique as cinco experiências mais positivas que ele pode lembrar, de sucesso, momentos de competência, de segurança, de ser amado por alguém. Isso pode mais tarde formar a base dos recursos acessíveis (que discutimos no cap. 18).

Questões específicas que também precisam de atenção

- Possíveis condições superpostas, tais como um diagnóstico prévio ou atual de depressão, transtorno de ansiedade, transtornos por substância ou com alimentação que podem necessitar consideração em primeiro lugar antes do trabalho com o trauma.

- Fatores de risco que precisam de atenção imediata. Por exemplo uma crise iminente ou um comportamento de automutilação.

- Com que facilidade o cliente pode acessar o material traumático sem ficar devastado ou desorganizado e com que facilidade ele pode voltar para o aqui e agora quando o material foi provocado.

- Sinais de dissociação. O cliente pode ficar distante ou parecer muito longe, parar de falar, ficar imóvel ou se deslocar para um autoestado diferente. Tais sinais são uma contraindicação ao trabalho com o trauma sem primeiro fornecer recursos consideráveis e sugerimos que você discuta isso na supervisão antes de prosseguir. Você pode ter uma ideia dos sinais de dissociação examinando a escala de classificação DES mencionada na Leitura recomendada no fim do cap. 21 (p. 322).

A razão para uma avaliação assim tão cuidadosa é a necessidade de minimizar o perigo de retraumatização. No fim dessa fase (talvez de duas a quatro sessões), você deve estar em uma posição que lhe permita ter uma compreensão inicial do trauma, bem como um diagnóstico geral do processo e da dinâmica do aqui e agora no relacionamento terapêutico. Você então pode tomar uma decisão correta sobre que material priorizar, o ritmo do trabalho e de quanto tempo você irá precisar nas fases 1 e 2 antes de passar para o trabalho mais desafiador.

Você terá tido também uma oportunidade de sentir o impacto das primeiras sessões e as possíveis implicações de transferência e contratransferência. Tudo isso irá formar parte de seu codiagnóstico e da importante discussão e elaboração de um contrato com o cliente sobre o que é possível e quanto tempo pode levar.

Exemplo

Jim buscou a terapia com Ezri após ter recentemente começado em um novo emprego no qual tinha ficado extremamente ansioso e tendo problemas para dormir. Disse que gostava do emprego e não via qualquer razão para sua angústia. Não deu muitos detalhes sobre sua história, mencionando vagamente que fora adotado, mas que isso não era um problema.

Ele estava visivelmente tenso e suas mãos tremiam quando descreveu o fato de sentir pânico a maior parte do tempo e de ter pesadelos. Durante o narrar de sua história, tornou-se cauteloso e até desconfiado das perguntas da terapeuta e disse que ela deveria estar achando que ele estava inventando coisas já que não havia qualquer razão para ele estar ansioso. Ezri explicou que em sua experiência havia sempre uma boa razão para o ataque súbito de sintomas tão severos, talvez até um trauma passado não resolvido que tinha sido provocado por algo inconsciente. Jim pareceu tranquilizar-se com sua explicação e relaxou visivelmente. Ezri então lhe perguntou se havia algo sobre o novo emprego que era particularmente incômodo para Jim. Ele pensou sobre o assunto por um momento e disse que seu novo chefe tinha um bigode grosso e dentes manchados. Então empalideceu e ficou olhando para o chão durante muito tempo. "Como meu padrasto" disse a seguir. Suavemente estimulado pela terapeuta ele começou a contar a história de seu abuso na infância pelo segundo marido violento de sua mãe alcoólatra. "Sempre que minha mãe bebia ela dormia e ele vinha para meu quarto" disse ele. "Ele me fazia prometer não contar nada para ninguém... disse que me machucaria se eu contasse... mas ele me machucava de qualquer maneira".

Enquanto ouvia, Ezri começou a perceber que o ritmo das batidas de seu próprio coração tinha se acelerado e que ela estava se sentindo extremamente tensa no estômago. Sentindo que a história era difícil de aguentar, ela compreendeu que precisava ir mais lentamente e se enraizar. Pensou se deveria falar alguma coisa, não querendo interromper Jim, mas decidiu que provavelmente isso era verdade para ambos. Arriscou-se, dizendo: "Jim, essa história é muito dolorosa e penosa, preciso fazer uma pausa por um momento para absorver tudo". Jim

> pareceu curioso e então seus olhos se encheram de lágrimas. "Ninguém jamais soube como era terrível. Você é a primeira pessoa que parece se importar. Minha mãe nunca se importou."
>
> Jim começou a tremer e a chorar e Ezri adiou a narração da história, apenas permanecendo presente e disponível. Ela decidiu que iria se concentrar em se conectar e fornecer recursos até que tivesse ajudado Jim a aprender algumas estratégias de se acalmar e de regulação. Ela sabia que várias semanas iriam passar antes de ela pedir novamente a Jim que voltasse para sua história.

Fase 2: Fornecendo recursos

Essa fase é a base e precursora essencial para qualquer processamento do trauma. Nela o cliente desenvolve uma compreensão de seus sintomas e a capacidade de administrá-los. Esse é o momento em que você pode identificar que recursos estão faltando ou precisam ser fortalecidos. A tarefa principal na Fase 2 é garantir segurança e construir apoio suficiente (intrapsíquico e interpessoal) para permitir que o cliente funcione mais competentemente no mundo. É também a preparação necessária para regular o ritmo do trabalho na Fase 3 em um nível que seja seguro e administrável.

Às vezes a situação do cliente e muito instável (p. ex., ele está enfrentando uma crise atual) ou há questões de risco significativas e você precisará priorizar a segurança e a estabilidade a fim de evitar que o cliente fique assustado ou novamente traumatizado. Alternativamente, você pode estar trabalhando em um contexto de terapia de curto prazo em que não há tempo suficiente para trabalhar passando por todas as fases. Nesses casos, as fases 1 e 2 podem ocupar toda a terapia, mas podem, apesar disso, ser extremamente benéficas e reduzir significativamente os sintomas e o sofrimento psicológico.

Na tomada da história e na avaliação do risco de uma fase prévia você terá identificado as circunstâncias da vida, a higiene do sono, a dieta e os exercícios, as questões de cuidados com ele próprio e riscos com que você deve lidar em primeiro lugar.

Você também terá começado a identificar as áreas que precisam de recursos específicos:

- ataques frequentes de pânico ou uma ansiedade devastadora;
- incapacidade de falar sobre a lembrança sem ficar aturdido ou desassociado;

- incapacidade de permanecer em um contato relacional com você;
- bloqueio de crenças negativas (ex.: Foi minha culpa e eu mereço sofrer");
- pesadelos ou *flashbacks*;
- perda de esperança;
- dessensibilização de sensações corporais.

Muitas dessas questões precisarão de intervenções ativas e ajustes para ajudar o cliente a se estabilizar e a formar uma aliança de trabalho boa o bastante com você antes de estarem prontos para seguir adiante.

Garantir a segurança e evitar nova traumatização desnecessária é uma prioridade essencial em todo trabalho com traumas e você precisa se assegurar de que o cliente pode confiavelmente manter-se na janela de tolerância emocional (cf. p. 320) à medida que o trabalho se desenrola. Cobrimos o fornecimento de recursos em detalhe no cap. 18 e recomendamos que você volte lá para abordar algumas dessas questões quando houver necessidade.

Voltamo-nos agora para uma forma diferente de apoio que é particularmente necessária no trabalho com traumas.

Psicoeducação

Clientes que vêm para a terapia com um trauma estão muitas vezes lutando com sintomas que aparentemente ocorrem aleatoriamente, parecem desproporcionais e impossíveis de administrar. Eles dizem coisas como: "Eu sei que estou seguro, mas tenho medo e fico assustado o tempo todo".

Uma compreensão de como o cérebro e o sistema nervoso funcionam no trauma pode muitas vezes ajudá-los a fazer sentido de suas reações e permitir que eles as controlem e as administrem mais habilmente. É possível encontrar mais detalhes da teoria em, por exemplo, Schore (2012) ou Porges (2013). No entanto, a seguir oferecemos algumas explicações breves que você pode modificar e usar com seus clientes. Muitos de nossos clientes acharam que foi transformador saber que existem razões compreensíveis (e normais) para seus sintomas perturbadores.

O papel da memória

Temos duas maneiras principais de lembrar e recordar eventos, a explícita e a implícita, que usam trilhas bastante diferentes no cérebro. O primeiro tipo de memória (explícita) está associado ao pensamento e à lembrança consciente. Ele cria narrativas sobre eventos – aqueles que podemos recordar, sabendo onde e quando eles ocorreram. O segundo tipo de memória não é consciente ou verbal; ele é "implícito" e não "explícito". Ele é emocional ou corporal-afetivo e muitas vezes não tem uma narrativa ou período de tempo, apenas uma sensação sentida daquilo que ocorreu.

> **Exercício**
>
> Traga à tona a lembrança de uma época quando você estava de férias e estava realmente se divertindo. Lembre-se de alguns detalhes daquele momento. Agora verifique o que você está sentindo em seu corpo.

A maior parte das pessoas descobre que, quando lembramos, há uma sensação determinada, um sentimento que surge de prazer e talvez de relaxamento e excitação. Essa é uma experiência da memória implícita. Você pode perceber que não decidiu se lembrar do sentimento que acompanhou a memória, ele simplesmente surgiu. Se temos uma experiência angustiante que não nos devasta, o mesmo fenômeno ocorre: podemos nos lembrar dos detalhes do evento, o momento em que ele ocorreu, algumas das emoções e a carga física ou a tensão que o acompanhou. Nos dois casos, à medida que o tempo passa, a vividez da experiência vai desaparecendo e nós recobramos aquilo que ocorreu, fazemos sentido e temos uma memória integrada (explícita e implícita) do evento.

No entanto, quando uma situação traumática é suficientemente devastadora, o sistema de narrativa da memória pode se desconectar ou "sair do ar" (provavelmente em virtude de um mecanismo de sobrevivência evolucionário primitivo que prioriza a ação em vez do pensamento). Podemos então ficar com as reações emocionais e físicas de sofrimento sem qualquer história significativa que as acompanhe. Após o evento podemos ter uma sensação geral daquilo que ocorreu, mas achar que é difícil fazer um sentido satisfatório da experiência. (Sei alguma coisa daquilo que ocorreu e ainda sou influenciado por isso, mas não lembro o suficiente para fazer sentido dele.)

Pequenos elementos aparentemente irrelevantes do trauma original podem então atuar como gatilhos que reevocam a sensação, o sentimento ou as imagens do trauma. O perfume da loção de barbear, o som de passos, um tom de voz, tudo isso pode agora provocar uma nova vivência completa da emoção e da sensação da situação original como se o evento original estivesse ocorrendo AGORA. É por isso que traumas não solucionados muitas vezes surgem em sintomas intrusivos. Esses podem ser *flashbacks*, sensações corporais ou emoções de ansiedade e medo. Eles são aparentemente desproporcionais àquilo que está acontecendo no presente, e desconectados de qualquer história narrativa significativa.

Recompondo os sintomas como recursos necessários à sobrevivência

Clientes que têm ou lembranças fragmentadas – ou às vezes nenhuma lembrança consciente, muitas vezes não entenderão que seus sintomas são um legado não resolvido do passado. Para eles será benéfico perceber que aquilo que estão vivenciando é na realidade uma tentativa permanente de administrar algo que originalmente foi percebido como uma questão de sobrevivência. Explicar como suas experiências podem ser compreendidas como isso pode fazer com que elas pareçam normais e ser tranquilizador.

Kathy: Mas por que estou tão tensa e ansiosa o tempo todo? Fico irritadiça e assustada e por qualquer coisa respondo mal às pessoas. Só consigo relaxar quando estou em meu apartamento com a porta trancada.

Terapeuta: Acho que quando você era jovem (e morava com um pai alcoólatra e imprevisível) era necessário permanecer em vigilância total para sobreviver. Suas reações foram originalmente destinadas a mantê-la na expectativa do perigo e mantê-la em segurança. Mesmo que agora elas não sejam mais necessárias, elas foram originalmente um recurso criativo, o melhor que você poderia fazer para cuidar de você mesmo à época. Uma parte de você ainda acredita que está no mesmo tipo de perigo.

Ou:

Jim: Você pode me explicar por que fica me pedindo que preste atenção a que tipo de tensão sinto em meu corpo e onde está a energia quando estou lhe contando sobre quando fui assaltado? A história não é a parte mais importante?

Terapeuta: Acho que quando criança você não era capaz de se defender, mas queria fugir ou empurrar o ofensor para que ele fosse embora. Essas necessidades físicas podem permanecer congeladas no corpo, pressionando por um fechamento (aquilo que você deve ter ouvido ser chamado de "situação inacabada") e precisamos compreender o que seu corpo está tentando expressar.

A maior parte dos clientes também se autocritica, culpa a si próprio ou se envergonha pela maneira como se comportaram à época quando, hoje, se lembram daquilo. Não compreendem que suas ações podem ter sido a melhor (ou única) maneira de minimizar o dano.

Dax: Sei que eu era apenas uma criança, mas ainda me sinto mal – sei que não era realmente minha culpa mas outra parte de mim sente que devo ter merecido aquilo.

Terapeuta: Acho que acreditar que você foi a causa do abuso o protege de pensar que seus pais não podiam ser confiáveis e, para uma criança pequena, a necessidade de acreditar que seus pais são confiáveis e ok, pode parecer uma questão de sobrevivência. Além disso, em sua situação, era necessário assumir a culpa para evitar mais dano, e é mais fácil fazer isso se você acha que é sua culpa.

Ou:

Tasha: Sinto-me tão zangada comigo mesma. Eu devia saber que isso ia acontecer, eu poderia ter feito algo. Agora, quando penso naquilo, a tensão aumenta em meu corpo e sinto como se fosse explodir.

Terapeuta: Quando nos criticamos ou nos culpamos por algo que ocorreu no passado, estamos efetivamente nos atacando e uma outra parte de nós então ativa nossos sistemas mobilizadores e defensivos – às vezes quase que continuamente. Seu corpo está então tentando atuar, mas com o alvo errado. Precisamos encontrar uma forma diferente para que você expresse a emoção e tensão acumuladas. Também precisamos nos questionar sobre como era possível realisticamente para seu *self* de oito anos de idade evitar o ataque.

Na Fase 1 você terá realizado uma avaliação e formulado um plano inicial de tratamento. Na Fase 2, você também terá fornecido recursos relacionais e estruturais suficientes ou psicoeducação para permitir que seu cliente enfrente e compreenda, com segurança, o que lhe ocorreu. A essa altura, a terapia pode estar completa ou você pode precisar começar a viagem mais difícil da Fase 3, que discutiremos no capítulo seguinte.

Para Leitura recomendada veja o fim do cap. 21.

21
Trauma, parte 2: processando e integrando

Fase 3: Processando as lembranças traumáticas

O fato de clientes estarem pedindo ajuda terapêutica significa que eles não solucionaram a experiência de uma maneira satisfatória. Quando o cliente conta sua história e forma um relacionamento com você, você está procurando aquilo que é preciso acontecer para que ele seja capaz de processar o trauma e seguir adiante. Para alguns clientes, isso irá ocorrer naturalmente na conexão e no apoio relacional com você. Para outros, será a compreensão do significado do evento e a atualização de autocrenças. Para outros pode ser encontrar perdão, descarregar a energia corporal, atuar ou expressar aquilo que não foi expresso à época. Para muitos será todas essas coisas juntas.

Um ritmo e uma evolução cuidadosa ao trabalhar com o trauma é crucial. A fim de garantir segurança e contenção suficientes, você precisará ser mais estratégico e assumir o controle do processo às vezes, em vez de apenas seguir o fluxo (como ocorre com seu trabalho gestáltico normal). Uma sensibilidade permanente para a dissociação ou o comportamento prejudicial é crucial nessa fase, especialmente para clientes que têm outros problemas crônicos (tais como condições de campo extremamente estressantes). A dissociação pode ser muito óbvia quando o cliente claramente passou para outro estado do *self*, está indiferente ou desconectado. Mas ela pode também ser muito sutil; seu cliente pode parecer bastante calmo e em controle, mas você começa a perceber uma certa rigidez no corpo dele ou um entorpecimento emocional (*flat affect*) que parece inapropriado. Esteja pronto para lhe perguntar se ele está "aqui na sala" com você, e não dê prosseguimento à terapia até que ele esteja. (Cf. o cap. 17, p. 253s., para um procedimento para trazer um cliente de volta ao presente.)

Peça-lhe que assuma a responsabilidade por lhe avisar quando perceber que está saindo do contato.

Nessa fase, à medida que *vocês dois* enfrentam o material traumático, é possível que você precise voltar para aquilo que foi aprendido ou praticado na Fase 2 a fim de regular o nível de perturbação e excitação e levar o cliente de volta ao funcionamento ideal na janela de tolerância.

Sugerimos que você refresque sua memória com relação à sequência geral das intervenções psicoterápicas lendo o cap. 6.

Estruturando a sessão

O começo de cada sessão deve envolver uma avaliação do impacto da sessão anterior, em termos de quão estressado ou acelerado o cliente esteve desde o último encontro. Isso lhe informará sobre o grau de questionamento apropriado para essa sessão: Continuar o trabalho no trauma original ou passar para mais fornecimento de recursos? Alternativamente, vocês dois podem decidir falar sobre como foi a semana ou se concentrar em um sintoma ou uma lembrança que particularmente o incomodou desde que vocês se encontraram. A decisão sobre o que trabalhar é uma decisão sutil e, idealmente, deve ser um processo colaborativo. O cliente deve sempre ter a escolha sobre quanto e o que trabalhar na sessão.

A seguir volte-se para o ritmo da sessão. Se você decidiu continuar abordando o material traumático, os primeiros três quartos da sessão podem ser dedicados a trabalhar sobre isso, mas o último quarto precisa ser reservado para uma reflexão e fazimento de sentido. Pelo menos cinco minutos no final devem ser dedicados a reorientar e enraizar o cliente, assegurando-se de que ele está relaxado e presente o bastante para dirigir ou ir, de alguma forma, até sua casa.

Acreditamos que, com o apoio correto, uma pessoa pode integrar experiências traumáticas com sucesso, se recuperar e ir adiante, tendo aprendido com a experiência. Nossa estratégia geral, portanto, no processamento de reações traumáticas não solucionadas, é procurar aquilo que está impedindo o processo de recuperação e que outro tipo de apoio o cliente necessita para aquilo que está impedindo que uma autorregulação saudável ocorra. Ainda mais importante para esse processo de cura é o tipo de relacionamento que você irá formar com seu cliente. Sua função como terapeuta, portanto, não é ter como objetivo alguma resolução específica, e sim fornecer apoio, encorajamento e ajuda para que o cliente processe e integre a experiência de sua própria maneira peculiar.

Em termos de uma sequência de tratamento, sugerimos trabalhar na seguinte ordem durante um período de tempo, embora cada sessão possa se deslocar entre os estágios diferentes de acordo com as necessidades do momento:

- Apoie o cliente para que ele enfrente a lembrança traumática;
- Ofereça uma reação relacional harmônica;
- Administre os sintomas e mantenha o cliente na janela da tolerância;
- Facilite expressões de emoções que estavam retrofletidas à época;
- Revele sistemas de crenças supergeneralizados ou imprecisos;
- Retreine o foco de atenção;
- Mantenha um foco naquilo que é positivo;
- Descubra que movimentos ou ações inacabadas precisam ser completadas;
- Reforce limites competentes.

Apoie o cliente para que ele enfrente a lembrança traumática

Há uma crença comum de que se as lembranças do trauma forem lembradas em detalhe em uma narrativa coerente, se o terapeuta ouvir essa narrativa com atenção e empatia e o trauma for "compreendido" então ele poderá ser solucionado. Isso muitas vezes não ocorre (e na verdade, simplesmente contar sem interrupção uma história daquilo que ocorreu pode, por si só, ser retraumatizante). Os clientes com frequência continuam e ser provocados e ativados por lembranças não verbais e implícitas do trauma, por ataques de emoção, imagens intrusivas e fragmentos sensório-motores que não foram tocados pelo processamento verbal.

A tarefa é encontrar o legado daquilo que precisa ser resolvido e, de uma maneira gradativa e com o apoio de recursos, processar todos os elementos diferentes, inclusive a situação inacabada emocional e somática. Isso pode levar muitas sessões ou até muitos meses. Você pode começar pedindo ao cliente que o leve para um ponto no passado antes de o trauma ter ocorrido e depois conte-lhe a história. Peça-lhe que a conte lentamente e faça pausas frequentemente para verificar as sensações corporais e emoções do cliente enquanto ele fala, que crenças estão se formando e como ele se lembra de ter reagido à época. Isso o ajudará a mantê-lo ancorado no presente com você. A maioria dos clientes terão passado a vida toda tentando evitar lembrar o que ocorreu e o fornecimento de recursos que você realizou na Fase 2 será muito proveitoso aqui.

É sempre útil lembrar a importância de se assegurar de que, antes de a sessão terminar, a história deve chegar até um ponto em que o cliente se lembre de saber que tudo tinha terminado e que ele está de volta na segurança do momento presente com você.

Ofereça uma reação relacional harmônica

À medida que a história se desdobra, é preciso que você ofereça um relacionamento dialógico harmônico e empático, mantendo uma presença contínua e de contenção. Como descrevemos antes, esse é um fator importante para fornecer uma regulação emocional interpessoal (aquilo que Schore (2003) chama de "regulação psicobiológica interativa").

Esse é o território da experiência sentida, e não da comunicação verbal. O cliente estará continuamente recebendo impressões e informação a partir do tom de sua voz, sua maneira e postura corporal, o tipo de contato ocular e a sensação de sua presença emocional. Ele também estará alerta para saber se você será capaz de tolerar os sentimentos e histórias mais difíceis de sua vida sem ficar desregulado ou devastado. Uma conexão firme empática e ressoante dará ao cliente uma sensação de ser compreendido, satisfeito e reafirmado e que sua história é "suportável". Isso também começará a preparar o trabalho de base para moderar os estados de excitação que discutimos nas p. 311s. Ainda mais importante, o cliente irá também começar a internalizar sua presença constante, de tal forma que seu apoio relacional tornar-se-á parte de sua experiência interna e de seus recursos permanentes.

Quando você sentir o processo somático ressoante, você pode, às vezes, demonstrar aquilo de que o cliente normalmente não está consciente, espelhando como seu corpo se movimenta quando ele fala do evento, com mudanças sutis na postura e na tensão.

> Percebo enquanto você me diz que teve medo, como seu lado direito fica tenso assim (mostrando a postura – idealmente como uma imagem de espelho, isto é, seu lado esquerdo) e seu corpo parece como se estivesse pronto para receber um golpe.

Ou:

> Meu corpo tem uma sensação real de precisar se expandir e absorver mais ar enquanto ouço a história de como você se sentiu preso sem nenhuma saída.

Isso também pode demonstrar uma empatia somática incorporada pelo cliente, bem como potencialmente facilitar novas reações corporais que podem ser mais solucionadoras. Trabalhando dessa forma você está sempre tentando estimular uma atitude de curiosidade e interesse com plena atenção.

Enquanto você está oferecendo essa reação relacional, é possível que necessite ser mais estratégico e administrar ativamente sua própria excitação ressoante (cf. tb. a seção no cap. 12 sobre trabalhar com transferência) conscientemente se estabelecendo no presente.

O trabalho com traumas provavelmente irá provocar as fortes expectativas relacionais tanto negativas quanto positivas que muitos sobreviventes de trauma têm. Sua atenção à sua contratransferência será útil aqui ao alertá-lo da dinâmica relacional que indica uma transferência ou de figuras passadas (que abusaram ou negligenciaram, p. ex., ou daquele salvador tão esperado). Se transferências negativas estão ocorrendo, é importante lidar com elas antes de continuar o trabalho com o trauma. Acreditamos que durante toda a Fase 3 o cliente precisa ser capaz de sentir que o terapeuta está "do seu lado"; como tendo uma compreensão empática de sua experiência, normalizando-a e mantendo a *awareness* do "passado no presente". Em outras palavras, esse provavelmente não é o momento para permitir que a transferência negativa se amplifique e se aprofunde. Você pode se concentrar nesse tipo de trabalho em outro momento.

Administre os sintomas e mantenha o cliente na janela da tolerância

De muitas maneiras, o processamento de lembranças traumáticas usa as habilidades, os recursos e as técnicas normais comuns a toda a psicoterapia gestáltica. No entanto, específico aos sobreviventes de traumas é o fato de elementos novos e, às vezes, inesperados do trauma emergirem, e seus estados de excitação fisiológica muitas vezes flutuarem incontrolavelmente entre a hiperestimulação e a hipoestimulação, tornando-se caóticos e devastadores ou rígidos e congelados, levando-os a se fechar ou desassociar.

A fim de processar e integrar o trauma de forma competente, o cliente precisa estar em uma zona de excitação ideal em que ele está sendo desafiado pelo material, mas não devastado por ele (chamada a *emergência segura* na Gestalt). Realmente, se o cliente pode ser apoiado para permanecer com o material, dentro da janela de tolerância, então seus processos organísmicos de autorregulação irão muitas vezes levar à integração e à resolução. Em outras palavras, por si mesma essa será uma transformação solucionadora.

Esse território está representado no diagrama abaixo e descobrimos que é muito proveitoso explicar isso aos clientes usando o diagrama para que eles possam entender a importância de regular ativamente seus estados de excitação.

Para explicar a janela de tolerância você pode dizer algo assim:

> Se estivermos hiperexcitados ou hipoexcitados podemos nos tornar emocionalmente caóticos ou apaticamente dessensibilizados em nossa reação. Portanto é necessário aprender a regular nosso estado de excitação a fim de ser capaz de enfrentar os sintomas do trauma e trabalhá-los – sendo capaz de permanecer pensando e sentindo ao mesmo tempo. Esse é o motivo para aprender relaxamento, exercícios de enraizamento, imagens tranquilizantes e outras técnicas.

Ou:

> Nossa capacidade de administrar nossos estados emocionais sem ficarmos devastados ou nos fecharmos completamente é aprendido primeiramente pela maneira como nossos pais reagiam conosco quando estávamos irritados, zangados, ansiosos ou infelizes como crianças. Sua capacidade de tolerar e regular uma certa amplitude de nossa expressão emocional efetivamente estabeleceu os limites daquilo que podemos administrar sem nos tornarmos caóticos ou rígidos em nossa reação. Uma das tarefas da terapia é ajudá-lo a expandir essa amplitude, essa janela de tolerância, para lidar com as emoções e sensações muito fortes que você está enfrentando e irá enfrentar quando continuarmos a trabalhar.

(Observação: É claro que você não diria nenhum desses dois longos parágrafos acima de uma só vez e sim iria modificá-los para o momento e cliente específicos.)

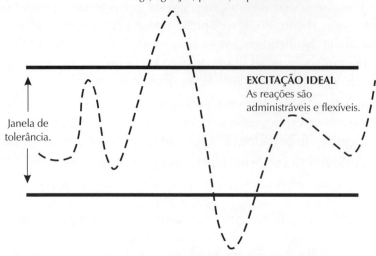

O diagrama mostra três zonas de "ativação": hiperexcitado, hipoexcitado, e otimamente excitado. O cume é onde o cliente está devastado e superativado por sua experiência, o ponto inferior é onde a reação do cliente é retrair-se ou se dessensibilizar. A terceira zona é a "janela de tolerância" em que o cliente está excitado sem ser devastado por seus sentimentos, pensamentos e sensações, e pode continuar a permanecer conectado no momento presente. No trabalho terapêutico, a área ideal para a terapia é a parte superior da janela de tolerância, em que há alta excitação, mas o cliente tem apoio suficiente para enfrentar sua experiência traumática e trabalhá-la.

Figura 21.1 A Janela de Tolerância Afetiva
Fonte: Baseado em Ogden et al. 2006; Siegel, 1999.

Você precisará estar muito alerta para monitorar os sinais quando o cliente está se deslocando para fora da janela. A tarefa terapêutica então irá muitas vezes envolver tornar o questionamento mais lento (ou aumentá-lo) para garantir que o cliente tem o grau ideal de risco e segurança. O psicoterapeuta gestáltico (que está acostumado a nivelar experimentos) é especialmente adequado para ser capaz de se deslocar para frente e para trás entre material de excitação difícil e a sensação tranquilizadora de competência e segurança. Essa é a razão para que toda a atenção seja dada ao aprendizado de permanecer com recursos no presente momento que foi realizado na Fase 2.

> **Exemplo**
>
> A reação de Alexandre quando ele se lembrava do trauma era ficar hipoexcitado, amortecido e imóvel. A terapeuta foi bastante firme ao fazer o contato com o momento presente entre cada frase da história. Ela o convidou a se conectar profundamente com seus sentimentos, emoções e associações do seu aqui e agora, e particularmente com quaisquer pequenas sensações corporais ou movimentos que ele sentisse. Ela lhe pediu que ficasse de pé, andasse pela sala, ou talvez empurrasse seu corpo contra alguma coisa, a fim de que ele se reconectasse com suas defesas de sobrevivência perdidas.
>
> Keira, por outro lado tornava-se facilmente hiperexcitada, com pensamentos de pânico que escalavam. A terapeuta a encorajou a "libertar esses pensamentos e expirar plenamente – agora respira profundamente duas vezes, inspirando e expirando. Conte até quatro enquanto expira. Olhe ao redor da sala – observe todas as cores que você pode ver – observe qual é sua favorita. Lembre-se de que você está segura aqui na sala". (Repetido várias vezes.)
>
> Essa reconcentração na sensação corporal a trouxe de volta a uma sensação de estabilidade e assentamento. Interrompeu também o ciclo reforçador de pensamentos angustiantes provocando emoção em um ciclo em espiral de hiperexcitação.
>
> A terapeuta pedia tanto a Alexander quanto a Keira regularmente que se reorientassem para o aqui e agora e os convidava a observar, por exemplo, a sensação de seus pés no chão, seu corpo na cadeira, o que viam e ouviam a seu redor; ou como se sentiam de uma forma diferente se inspirassem lentamente ou endireitassem e alongassem sua coluna e caminhassem pela sala.
>
> Dessa maneira o grau de excitação e questionamento podia ser modulado para mantê-los na parte ideal da janela de tolerância.

Facilite expressões de emoções que estavam retrofletidas à época

Emoções saudáveis são reações adaptativas a situações específicas e levam com elas uma sensação de adequação; elas geralmente vão e voltam dando uma sensação de finalização após terem passado. São a reação de estar apropriadamente zangado, triste por sofrer uma perda, com medo de uma ameaça ou alegre em um momento feliz. No trauma, no entanto, essas emoções muitas vezes foram suprimidas ou desviadas. O cliente então vivencia reações mais habituais, repetitivas e que não se adaptam, emoções que ou se tornaram incapacitantes, tais como a vergonha e uma culpa inapropriada, ou que pertencem ao passado como reações defensivas que já não são relevantes. Essas emoções muitas vezes encontram expressão em atos impulsivos ou irracionais, como a agressão, a automutilação ou a submissão que confundem e prejudicam o cliente.

A tarefa terapêutica aqui é identificar e fortalecer a emoção que era mais necessitada, mas foi negligenciada ou era impossível: por exemplo, ficar zangado com o abuso ou gritar por socorro. As emoções não são apenas uma reação a uma situação ou evento, elas são tendências de ação que organizam e mobilizam a pessoa para agir. Quando bloqueadas, elas muitas vezes continuam a pressionar por expressão ou fechamento. Por exemplo, o medo organiza seu corpo para fugir, a zanga para se defender, a tristeza para fazer um contato relacional ou procurar consolo.

Revelar que emoções são refreadas não tem como objetivo solucionar o trauma e sim fazer com que sua expressão possa levar a uma sensação de alívio, um recurso positivo ou uma nova compreensão daquilo que era evitado. Também pode ajudar a interromper a identificação com os sintomas traumáticos que podem levar a uma confluência debilitante.

> Com frequência, simplesmente identificar que o sentimento que estamos sentindo é vergonha [ou submissão, vigilância exagerada ou terror paralisante etc.] pode também ser uma intervenção significativa para sobreviventes porque é tanto uma parte de sua experiência contínua que nunca foi identificada como algo específico... Ela pode dar a mensagem "Esse é um sentimento que você está tendo" e não a mensagem "Isso é o que você é" (KEPNER, 1995: 41).

O uso da fantasia e da visualização, da amplificação criativa da linguagem corporal, do trabalho com duas cadeiras, de experimentos nivelados, psicodrama e atuação podem ser técnicas terapêuticas gestálticas muito eficientes para explorar, expressar ou integrar sentimentos. Elas são descritas em outra parte deste livro (cf. os cap. 9, 11 e 13) e todas podem ser úteis em momentos diferentes. No entanto, no trabalho com traumas, descobrimos que o mais benéfico são pequenos experimentos que envolvem movimento gradativo ou nova expressão, com pausas frequentes para reavaliar o sentido e o aprendizado. Isso envolve encorajar uma *awareness* contínua de cada momento de emoção que emerge e torna o processo mais lento. Por exemplo, depois de o cliente lhe dizer (em um tom de voz desesperado) como ele queria resistir ao sedutor, mas não podia, você pode dizer:

> O que acabou de ocorrer pareceu realmente importante. Por um momento realmente observe o que está acontecendo bem agora (quando o cliente se lembra de ser obrigado a se submeter a alguma coisa)... comece a prestar atenção ao sentimento de recusa em seu corpo e emoções.

Trabalhar dessa maneira lenta e metódica inicialmente permite um ajuste mais fácil e mais perfeito da expressão emocional e permite que ambos encontrem o equilíbrio correto e a integração daquilo que precisa ocorrer. Também protege contra a tendência de inesperadamente cair em estados superexcitados ou subexcitados.

Revele sistemas de crenças supergeneralizados ou imprecisos

Após um trauma, muitos clientes formam crenças sobre si mesmos e sobre o mundo que são supergeneralizadas, inexatas ou autocríticas. Você já terá identificado crenças básicas significativas e introjetos no período de avaliação e é provável que outros mais irão surgir. Essas crenças ou atitudes muitas vezes passam a definir todo o significado da vida do cliente após o trauma e tornam-se uma barreira para a recuperação. É uma tarefa importante trabalhar a significância e o sentido do trauma através das lentes do aqui e agora, com perspectiva e compreensão adultas, identificando as distorções cognitivas e as crenças pouco realistas (especialmente se o trauma ocorreu na infância).

Para uma maneira detalhada de trabalhar com cognições veja o cap. 11. Trabalhando dessa maneira o cliente pode desenvolver crenças mais realistas sobre o evento (p. ex., "Se aquilo ocorrer comigo outra vez como um adulto agora eu posso me proteger" ou "Eu só tinha cinco anos – não foi minha culpa").

Retreine o foco de atenção

Clientes com sintomas traumáticos, como aqueles com ansiedade e pânico, muitas vezes se encontram fixados em uma orientação de autoproteção; por exemplo, "Devo ficar vigilante o tempo todo para me proteger do perigo". Toda sua atenção fica concentrada nessa "figura excludente" e eles ignoram outras experiências que possam desafiar isso. Você pode abordar o processo de "re-treinar a atenção" pedindo ao cliente que identifique a crença ou pensamento que os preocupa e, que então, deliberadamente, busque outros fatos que ele sabe ser verdadeiros – por exemplo, que estão seguros atualmente (ainda que seja apenas em seu consultório), com os quais se sentiram tão ansiosos como agora anteriormente e sobreviveram, que o sol está brilhando, e assim por diante. Você pode também convidá-los a observar o local (ou locais) em seu corpo do sentimento associado com a figura excludente e então cuidadosamente explorar seu corpo para encontrar outras áreas que parecem diferentes, tais como um sentimento de estar enraizado, de ter seus pés no chão, ou um sentimento forte, relaxado, quando suas costas estão apoiadas na cadeira. Veja também as sugestões na p. 278s.

Outra maneira de expandir a figura excludente é, é claro, ensinar aos clientes a simplesmente observar o pensamento ou sentimento perturbador compulsório e depois deslocar sua atenção para mais adiante, percebendo tudo que estão ignorando, dando a isso interesse e importância iguais. Essa prática de plena atenção, de seguir o princípio fenomenológico de *horizontalismo*, pode envolver convidar os clientes a ver seus pensamentos ou lembranças como trens passando por uma estação ou cenas de um filme na tela do cinema. O cliente tem o poder para observá-los, mas também para escolher se "sobe no trem e fica com onde ele está indo" ou simplesmente o observa passar (cf. os cap. 3 e 18 para uma explicação mais detalhada).

Mantenha um foco naquilo que é positivo

Em outra forma de figura excludente, os sobreviventes de traumas muitas vezes se concentram exageradamente nas dificuldades diárias de seus sintomas e ignoram momentos que não são angustiantes ou que são até positivos. À medida que o processamento do trauma continua, haverá muitos momentos em que uma pequena mudança aconteceu, foi obtido um *insight*, ou eles sentiram um empoderamento maior em seu corpo. Pode ser importante reconhecer esses momentos como degraus pequenos mais significativos em sua recuperação. Também quando o cliente conta sua história, fique alerta aos elementos que foram positivos ou de apoio que foram negligenciados.

> **Exemplo**
>
> Inicialmente, Alícia só podia se lembrar do som terrível e do impacto da batida do carro, mas após algum processamento, ela espontaneamente se lembrou da bondade da equipe da ambulância e do calor do cobertor quando se sentiu cuidada e segura.

Nesses momentos positivos, pause, amplie e prolongue, encorajando o cliente a realmente valorizar e absorver um momento transformador pequeno mais que o apoia.

Descubra que movimentos ou ações inacabadas precisam ser completadas

De um modo geral, após um trauma não resolvido, há normalmente impulsos sensório-motores de resistência ou de recuo (luta ou fuga). Isso é porque nas situações em que houve um assalto ou ataque uma pessoa pode ter sentido impulsos para agir, mas não pôde fazê-lo. Esses gestos interrompidos podem ainda pressionar para serem expressos.

> Quando nem resistência nem fuga é possível o sistema humano de autodefesa fica devastado e desorganizado. Cada componente da reação normal ao perigo, tendo perdido sua utilidade, tende a persistir em um estado alterado e exagerado muito tempo depois de o perigo real ter terminado (HERMAN, 1992: 35).

Ao trabalhar com esses estados, você precisará introduzir um foco na atenção plena e lenta às sensações, padrões de energia e movimentos incompletos que surgem quando o cliente fala. Você pode então sugerir pequenos experimentos para aumentar o movimento; por exemplo, se seu cliente faz um ligeiro movimento com as mãos, convide-o a exagerar esse movimento, observar como isso lhe parece e o que ele quer que aconteça a seguir. Nos casos em que um movimento ou gesto esperado está ausente; por exemplo, quando relatando um assalto (e uma vez mais sua contratransferência pode ser útil para identificar isso) você pode sugerir um movimento, tal como afastar alguma coisa ou mudar a posição corporal para um estado com mais poder, alongando a coluna e sentindo o apoio da cadeira.

Exemplo

Quando Hoshi estava falando sobre a vez que ela foi estuprada, seu corpo ficou bastante imóvel e seus braços começaram a tremer. Quando o terapeuta encorajou-a a permanecer com as sensações e apenas respirar, seu corpo todo começou a tremer e os braços se estenderam a sua frente, com as palmas voltadas para fora. O terapeuta encorajou-a apenas a identificar e observar o que estava ocorrendo e deixar qualquer sensação ou movimento se desenvolver. Gradativamente seus braços começaram a fazer um movimento violento de empurrar e ela gritou com muita fúria "se afaste de mim". Após alguns momentos, o movimento em seus braços se acalmou, ela deu um forte suspiro e disse: "Eu precisava fazer isso". Ela relatou que agora sentia-se mais calma como se algo tivesse sido liberado, algo que ela tinha guardado dentro de si durante muito tempo.

Quando o cliente fala sobre seu trauma, ou presta atenção a sua experiência corporal, ele pode muitas vezes vivenciar sensações menos direcionais tais como forte estremecimento, tremores, tensão ou dor que podem parecer devastadores. Fisher (2013) descreve o foco sensório-motor de simplesmente voltar-se para o que está surgindo e encorajar o cliente a permanecer atento a seu corpo. Por exemplo, dizendo "Deixe quaisquer pensamentos e emoções negativas saírem por enquanto e simplesmente se concentre apenas em suas sensações corporais", "Apenas observe o que está ocorrendo em seu corpo e me diga de que você está consciente". Com esse tipo de apoio e foco, as sensações angustiantes muitas vezes se reduzem naturalmente e levam a uma sensação de liberação significativa e a um sentimento de tranquilidade ou resolução.

É importante ter confiança nesse processo de autorregulação somática (e isso virá com a experiência) e permanecer enraizado com uma voz calma e regular, apoiando a observação com plena atenção dos padrões de energia que estão mudando no corpo. No entanto, se o cliente ficar muito acelerado e impressionado, você pode voltar para alguma das estratégias tranquilizadoras que já terá praticado na Fase 2.

A psicoterapia sensório-motora (OGDEN; MINTON & PAINE, 2006) é um recurso valioso para que os terapeutas gestálticos aprofundem sua compreensão e competência do trabalho dessa maneira. Ela descreve de uma maneira abrangente como investigar o processo corporal emergente do cliente, fazer "declarações de contato" que concentram a atenção e afirmam a experiência, e depois "sequenciar" – convidar o processo interrompido a se desdobrar e apoiá-lo.

Reforce limites competentes

Para muitos clientes, o trauma terá vencido sua capacidade de manter ou formar um limite interpessoal de contenção ou protetor e sua reação é muitas vezes polarizada em uma ou duas posições. Um cliente pode desenvolver limites muito rígidos e excludentes, levando a dificuldades na intimidade, na conexão ou em tolerar a incerteza. Outro pode ter perdido a capacidade de dizer não de uma maneira efetiva, tornando-se muito adaptável ou confluente em todos seus relacionamentos. (Alguns clientes podem alternar entre essas duas posições.)

A capacidade de dizer "sim" ou "não" de um lugar de poder e manter um limite apropriado é uma função crucial para a resiliência e para a saúde. Isso é uma questão verbal e, ainda mais importante, baseada em uma sensação somática de recurso corporal.

Há muitos experimentos que podem ajudar a reestabelecer tanto um sentido congruente de limite e de autoconfiança sobre limites. Eles incluem o seguinte:

- Gradativamente descobrir o que é necessário dizer tanto com a linguagem e em termos de volume.

- Visualizar ou construir (ex. com almofadas) um limite ao redor do cliente para dar uma sensação de contenção e como essa pode lhe parecer.

- Pressionar os braços, as costas ou todo um lado do corpo contra uma parede para ter uma sensação de forte incorporação e limite.

- Experimentar deslocar sua cadeira para mais perto ou para mais longe e pedir ao cliente que decida qual é a distância ideal.

- Empurrar – uma almofada que você está segurando para que essa ofereça gradativamente uma resistência cada vez maior. (Esse não é um experimento para produzir catarse ou um resultado específico, mas, feito lentamente, por escolha, conscientemente e observando as sensações, emoções e imagens que isso evoca, pode dar ao cliente uma sensação de empoderamento à medida que ele sente a força em seus membros.)

- Entregar-se – pedir ao cliente que experimente permitir que a cadeira o sustente totalmente, suavizando seus músculos e permitindo que algo o mantenha.

Tendo trabalhado aquilo que é necessário em todas essas seções, espera-se que você estará chegando ao fim da Fase 3 em que o cliente terá significativamente menos sintomas permanentes, sentirá que o trauma agora está verdadeiramente em seu passado e estará pronto para o próximo passo em sua recuperação.

Fase 4: Integrando

Integrar e reconectar

De várias maneiras essa fase espelha as tarefas envolvidas na recuperação de um luto ou perda e a necessidade consequente de reajustar-se a novas condições de campo. Clientes que viveram com os sintomas de trauma por décadas também precisarão encontrar um novo entendimento e um novo relacionamento com a pessoa que agora estão se tornando e com os novos desafios que isso apresenta.

Embora eles possam estar recuperados, sua vida nunca será verdadeiramente a mesma e eles terão de enfrentar o fato de o passado ir, de alguma maneira, afetar quem eles são para sempre. Se eles foram vítimas de um crime (especialmente quando jovens) pode haver a percepção de que só raramente – ou talvez jamais – a justiça apropriada será feita ou uma reparação obtida.

Eles podem ter de viver com o conhecimento de que a base de sua sensação de segurança e justiça no mundo foi comprometida para sempre. Irão também precisar encontrar uma maneira de integrar o que ocorreu em sua sensação de significado pessoal e encontrar um modo de se reconectar plenamente com o mundo outra vez. Esse é um momento em que, juntos, o terapeuta e o cliente podem avaliar o que ainda resta, que arrependimentos, que autoculpa ou raiva de outros permanecem, e qual é o legado apropriado daquilo que ocorreu.

Muitos clientes chegam a um estágio de lamentação pelo tempo "perdido" com seus sintomas e com sua infância perdida. Precisarão chorar a perda daquilo que poderia ter sido, o que eles gostariam que tivesse sido (p. ex., ter tido um cuidador carinhoso em momentos de estresse) e como uma parte significativa de sua vida foi ocupada com aquilo que ocorreu em detrimento de outras coisas. Eles podem ter de reconhecer que há coisas que desejariam ter feito de uma maneira diferente e permitir-se não ter mais autoculpa. Esse é um momento para se reconectar com a bondade para consigo mesmo. É especialmente importante aprender a perdoar e gradativamente acalentar uma atitude de autocompaixão. Esse é um processo lento que será ajudado pela presença da compaixão do terapeuta e pode continuar com algumas das intervenções descritas no cap. 18.

Clientes que tinham ajustado suas vidas para manter-se separados, defendidos e protegidos podem também precisar de ajuda para descobrir como se reconectar com outras pessoas, para encontrar atividades que sejam recompensadoras, e construir novos relacionamentos confiáveis. A recuperação de alguns clientes irá depender de eles encontrarem um projeto ou objetivo que pareça fazer sentido de sua experiência, por exemplo, formar um grupo de apoio para pessoas com experiências semelhantes, começar um grupo de ação para evitar que tais coisas ocorram outra vez, educar outros ou aumentar a *awareness* pública.

Encontrar alívio, transformação e a sensação de que agora estão bem

Você pode ter percebido com que rapidez as pessoas se distanciam de sentimentos positivos por comparação com o longo tempo que permaneceram com os sentimentos negativos. Uma das tarefas mais importantes nessa última fase é encorajar, promover e enfatizar as mudanças positivas que foram feitas na terapia. (Isso também pode ser uma tarefa para o terapeuta, já que muitas vezes descobrimos que os próprios terapeutas estão relutantes em aceitar a boa terapia que forneceram!)

Pode ser útil repassar a história da viagem terapêutica com o cliente, examinando as dificuldades que eles enfrentaram inicialmente, a resistência que eles mostraram, as várias maneiras pelas quais eles se transformaram e seguiram adiante. Isso pode ser uma âncora importante para a mudança e pode contribuir para aquilo que às vezes é chamado de "crescimento pós-traumático".

Encoraje seu cliente a passar mais tempo do que de costume com sentimentos positivos de satisfação e prazer ao redor da conquista de ter deixado os sintomas traumáticos para trás, saboreando e aprofundando a sensação de transformação. Isso pode envolver passar algum tempo (o decorrer de várias sessões) percebendo ativamente e permanecendo com a sensação emocional e corporal de satisfação e tranquilidade.

Autocuidados para o terapeuta

Embora o autocuidado do terapeuta seja sempre importante, ele o é especialmente quando está fazendo trabalho com traumas (cf. tb. p. 256s.). Fique consciente dos sinais de traumas temporários ou de se exaurir. Embora estar inclusive e disponível para uma harmonia ressonante pode ser uma de nossas posições terapêuticas mais importantes, isso pode também ser nosso maior perigo. Muitas das comunicações que passam entre você e o cliente estão fora de sua *awareness* e seus esforços para estar aberto e disponível em geral o tornam ainda mais suscetível a isso. Você pode inconscientemente absorver algumas das emoções ou questões somáticas dos clientes ou terminar se sentindo sobrecarregado e estressado. Isso é mais provável se você teve clientes com vários traumas ou um número muito grande de clientes.

Quantos dos fenômenos a seguir você já vivenciou?

• Sentindo-se devastado, esvaziado ou exausto.

• Sentindo-se enraivecido, ansioso ou preocupado com relação à situação do cliente.

• Temendo a vinda de certos clientes.

• Achando difícil relaxar ou estar em relacionamento quando chega em casa.

• Uso exagerado de bebidas alcoólicas ou atividade física excessiva.

• Dificuldade em manter limites profissionais de tempo, dinheiro ou comunicação com o cliente entre sessões.

É particularmente fácil com clientes que descrevem uma história trágica de partir o coração querer ser a pessoa que irá salvá-los e também é fácil acreditar que está em nosso poder ser efetivo com todos os clientes e com todas as apresentações de traumas. Você precisa perceber os limites de sua energia, empatia e competência, e adotar uma perspectiva realista sobre quanto você pode ajudar cada cliente e quantos clientes você pode ajudar em uma única semana.

> **Sugestão**
>
> Lembre-se de um momento no final de um dia ou no fim de uma semana recentemente que foi particularmente desafiadora em termos das questões trazidas por seus clientes. Como é que você se sentiu quando saiu do consultório? Sentiu uma sensação de exaustão e de estar sobrecarregado, ou estava cansado mais satisfeito? Você ficou aliviado por ser o fim da semana mesmo sentindo que tinha feito um bom trabalho? Você percebeu alguns sintomas somáticos tais como dor de cabeça, cansaço, letargia ou uma vivacidade exagerada? Como é que você administrou esses sintomas...? Agora reserve algum tempo para refletir sobre isso na supervisão ou terapia e decida o que precisa ser ajustado.

No começo e no final das sessões

Faça um rápido exame em si próprio no começo de cada sessão, percebendo quão tenso ou relaxado você está em seu corpo, e seu grau de entusiasmo ou relutância para ver o cliente. Depois examine a si próprio outra vez no fim da sessão após a saída do cliente. Descreva seu estado (como se você estivesse falando com seu supervisor).

Use as diretrizes da p. 119, para verificar seu autocuidado de um modo geral.

Desenvolva também um ritual para a transição entre clientes, tais como rápidos exercícios de relaxamento, várias respirações profundas, abrir as janelas, passear pela sala ou imaginar que o espaço da terapia está desocupado e vazio.

Conclusão

Gostaríamos de lembrá-lo uma vez mais da importância de saber o que é um resultado realista para cada cliente e de lembrar que a viagem de cada cliente é única e você pode ser apenas parte dela. Para muitos clientes, sua capacidade de ficar com sua dor e sofrimento e o fato de serem ouvidos e testemunhados pela primeira vez será a coisa mais importante que você pode fazer. É possível que eles também continuem a sofrer e a se curar muito tempo depois do fim da terapia.

Finalmente, *desfrute suas conquistas*. O trabalho com traumas pode ser exigente e estressante. No entanto, é imensamente recompensador e satisfatório ver clientes que podem ter estado sofrendo por décadas, recuperar-se de sua dor e continuar com suas vidas com confiança e otimismo.

Leitura recomendada

BADENOCH, B. (2008). *Being a Brain-Wise Therapist* – A practical Guide to Neurobiology. Nova York: Norton.

BAUER, A. & TOMAN, S. (2003). "A Gestalt perspective of crisis debriefing". *Gestalt Review*, 7 (1), p. 56-71.

BRIERE, J. & SCOTT, C. (2006). *Principles of Trauma Therapy* – A Guide to Symptoms, Evaluation and Treatment. Londres: Sage.

COHEN, A. (2003). "Gestalt therapy and Post-Traumatic Stress Disorder: The irony and the challenge". *Gestalt Review*, 7 (1), p. 42-55.

GOLD, E. & ZAHM, S. (2011). "Gestalt therapy training integrating Buddhist psychology and mindfulness methods". In: BLOOM, D. & BROWNELL, P. (orgs.). *Continuity and Change*: Gestalt Therapy Now. Newcastle: Cambridge Scholars Press.

HARIS, E.S. (2007). "Working with forgiveness in Gestalt Therapy". *Gestalt Review*, 11 (2), p. 108-119.

HERMAN, J. (2001). *Trauma and Recovery*. Londres: Pandora.

INTERNATIONAL SOCIETY FOR THE TREATMENT OF TRAUMA AND DISSOCIATION [Disponível em www.isst-d.org].

KEPNER, J. (1996). *Healing Tasks*: Psychotherapy with Adult Survivors of Childhood Abuse. Londres: Routledge.

LEVINE, P. (2010). *In an Unspoken Voice*: How the Body Releases Trauma and Restores Goodness. Berkeley, CA: North Atlantic.

MacKAY, B. (2011). *Two-You Work* – How to work with the self in conflict. [Canadá]: The Write Room.

OGDEN, P.; MINTON, K. & PAIN, C. (2006). *Trauma and the Body*: A Sensorimotor Approach to Psychotherapy. Nova York: Norton.

PERERA-DILTZ, D.M.; LAUX, J.M. & TOMAN, S.M. (2012). "A cross-cultural exploration of PTSD: Assessment, diagnosis, recommended Gestalt treatment". *Gestalt Review*, 16 (1), p. 69-87.

ROTHSCHILD, B. (2010). *Eight Keys to Safe Trauma Recovery*. Londres: Norton.

_____ (2006). "*Help for the helper, self-care strategies for managing burnout and stress*". Londres: Norton.

_____ (2000). *The Body Remembers*. Londres: Norton.

SCHORE, A. (2012). *The Science and Art of Psychotherapy*. London: W.W. Norton & Co.

SHAPIRO, F. (2012). *Getting Past Your Past*. Nova York: Rodale.

_____ (2001). *Eye Movement Desensitizing and Reprocessing*. Nova York: Guildford.

SIEGEL, D. (2007). *The Mindful Brain*. Nova York: Norton.

_____ (1999). *The Developing Mind*. Nova York: Guilford.

TAYLOR, M. (2014). *Trauma Therapy and Clinical Practice*: Neuroscience, Gestalt and the Body. Maidenhead: Open University Press.

Escala de Classificação de Desassociação (DES)

Para uma amostra desse teste cf. serene.me.uk/tests/des.pdf Mas, por favor, não o use sem treinamento.

Parte III
Prática da Gestalt em contexto

22
Terapia breve

Os conselheiros Gestalt estão cada vez mais trabalhando em cenários em que há um limite para o número de sessões permitidas e nos quais resultados reconhecidos (com frequência comportamentais) são exigidos. Muitas agências também exigem relatórios de progresso e índices de sucesso em conseguir obter o resultado inicial desejado. Isso é particularmente enfatizado no contexto de curto prazo do consultório de clínica médica, nos estágios em saúde mental, nos tratamentos financiados por planos de saúde ou nos Programas de Ajuda a Funcionários (Employee Assistance Programmes – EAPs).

Nesses cenários, alguns clientes se apresentam com desejos vagos ou confusos de "se sentir melhor" ou porque foram recomendados por alguma outra pessoa que "achou que isso ajudaria" ou porque tinham um baixo desempenho ou estavam tendo licenças médicas frequentes no trabalho. Outros se apresentam com metas ou resultados específicos em mente. Por exemplo: "Quero deixar de me sentir ansioso o tempo todo/ter um relacionamento melhor com meu parceiro de vida". Na terapia breve temos de equilibrar a atitude de indiferença criativa e uma prática Gestalt congruente com a necessidade de moldar o trabalho de acordo com o tempo disponível. Com o primeiro grupo de clientes, é possível que precisemos ser mais diretos do que o normal a fim de ajudar a esclarecer e compreender a questão e identificar o que pode ajudar. Com o segundo grupo, é possível que precisemos discutir com o cliente quanto, como profissionais da Gestalt, estamos preparados para nos concentrar em um resultado desejado específico. Com os dois grupos, precisamos permanecer conscientes daquilo que pode ser abordado realisticamente naquele período de tempo.

Os dois grupos enfatizam a tensão que existe na prática Gestalt sobre quanto ser diretivo ou focalizado em uma meta. Discutimos essa mesma questão no cap. 3 e não há qualquer dúvida de que nos cenários de terapia breve ela é particularmente grave. Acreditamos fortemente, no entanto, que o profissional da

Gestalt *pode* oferecer um trabalho focalizado ou direcionado que ainda assim permaneça fiel aos princípios de imparcialidade criativa, fenomenologia e à permanência com "o que é".

Com efeito, o aconselhamento Gestalt *já tem* metas, mas normalmente elas são metas de processos, por exemplo, de maior *awareness*, melhor funcionamento da saúde, poder de escolha, relacionamento autêntico e o término de negócios inacabados.

Portanto, quando o cliente se apresenta com um pedido por um resultado desejado específico, por exemplo "ajudar com minha depressão", o conselheiro pode claramente concordar em abordar a "depressão" e apoiar o cliente a se deslocar na direção que ele – o terapeuta – escolher. No entanto, ele normalmente não estará de acordo com um resultado comportamental específico (p. ex., "deixar de se sentir deprimido") pois ele acredita que um contrato assim tão rígido seria artificialmente limitante e não seria no melhor interesse do cliente. Igualmente, clientes que chegam com um quadro ou fantasia ideal específicos de como eles querem ser diferentes (p. ex., "ser feliz" ou "livre de estresse") estão tentando obter um resultado predeterminado e estão, portanto, inibindo o crescimento e a mudança natural da pessoa em sua totalidade (aquilo que PERLS, 1969 chamou de "realização da autoimagem" em vez de "autorrealização").

A questão importante não é sobre direções definidas ou intenção, e sim se o acordo terapêutico também permite novos resultados inesperados. Clientes muitas vezes acham que aquilo que eles *realmente* querem só emerge após algumas semanas de terapia e é, então, muitas vezes diferente daquilo que eles achavam que queriam. Acreditamos que a solução se encontra em dar mais clareza à questão do cliente. A terapia breve então passa a ser uma intervenção estimulante e poderosa. Idealmente, não seria "limitada no tempo" e sim "focalizada em uma questão" e por meio disso o terapeuta e o cliente permanecem concentrados na tarefa acordada e negociam um contrato para uma, quatro ou talvez doze sessões, e só aumentam esse número se for necessário.

É interessante perceber que em um cenário em que há um limite de, digamos, doze sessões, as pessoas normalmente vêm para todas as doze, mesmo se seis sessões teriam sido suficientes. Pensar sobre o aconselhamento como "focalizado em uma questão" em vez de uma tarefa para um número determinado de sessões pode significar que o trabalho tem como centro a necessidade do cliente, e não a estrutura estabelecida. Isso irá garantir também que você não cai na armadilha de ver o curto prazo como uma coisa inferior ao longo prazo

(p. ex., "*Só* posso lhe oferecer seis sessões") em vez de apresentar o contrato como uma oportunidade positiva ("Posso lhe oferecer até seis sessões", dito com entusiasmo).

Apesar disso, é necessário deixar bem claro quais são as vantagens e desvantagens de trabalho breve. Para alguns clientes um contrato breve pode evitar o estigma de "doença", patologia ou dependência. É mais barato e pode se concentrar em uma dificuldade ou estimular o cliente a enfrentá-la. Também demonstra mais claramente sua eficácia (ou o oposto!); descobrimos que os clientes podem realizar mudanças bastante dramáticas após um período relativamente curto. No entanto, também descobrimos que material importante às vezes só é revelado após vários meses ou até anos de um relacionamento confiável (especialmente questões de abuso sexual e vergonha). Temos dúvidas, portanto, se *insights* profundos ou mudanças sérias de perspectiva sobre questões vitais maiores podem ser adequadamente assimilados em um compromisso de curto prazo. Isso normalmente também é verdadeiro nos casos em que o trabalho envolve um foco exclusivo em uma mudança de comportamento arraigado tais como o abuso de bebidas alcoólicas ou de drogas (a não ser que o cliente já tenha, em um certo sentido, feito uma mudança interna e simplesmente necessite de algum apoio para efetivar as mudanças). Você pode dizer, "Essa é uma questão em que a ajuda de um especialista pode ser mais proveitosa" e sugerir uma recomendação para um profissional mais apropriado.

> **Sugestão**
>
> Lembre-se, por um momento, de algumas das mudanças importantes que você fez em sua experiência de terapia ou de treinamento para a terapia. Quantas delas poderiam ter sido conseguidas em quatro ou até doze sessões? Quais são as razões pelas quais algumas delas poderiam ser realizadas e outras não?

Decidindo o que é apropriado

Uma variedade de fatores são indicadores de quando o aconselhamento breve será mais apropriado e eficaz. Sugerimos que você verifique na sessão/sessões iniciais se o cliente:

- Pode se envolver com você suficientemente na primeira sessão para que você tenha uma sensação de que alguma conexão relacional está começando a se formar.

- Tenha a disposição para ver e aceitar alguma responsabilidade pela parte que ele pode desempenhar na queixa que ele trouxe para a terapia.
- Não tenha fatores de riscos significativos que irão precisar de uma resposta diferente.
- Aceita que ele precisará participar ativamente do processo de mudança.
- Não tem nenhum ganho secundário para não mudar (p. ex., terá de voltar ao trabalho).
- Tenha a capacidade de concordar com um foco para o trabalho que possa ser abordado em um número limitado de sessões, ainda que na verdade seja parte de um problema mais profundo.
- Compreende uma descrição da maneira como vocês poderão trabalhar juntos e concorda com ela.

Compreendemos que ter respostas para todas essas perguntas pode ser pouco realista com alguns clientes e em algumas agências. Algumas apresentações não se adequam a um cenário breve já que elas não podem ser abordadas de uma maneira significativa em apenas algumas poucas sessões. No entanto, seu trabalho de curto prazo pode ser enormemente importante para preparar o terreno para uma recomendação para uma terapia de longo prazo. Você tem como objetivo envolver o interesse do cliente nele próprio, apoiar sua motivação e oferecer uma experiência positiva de terapia para que ele escolha – imediatamente ou em uma data posterior – ir para um tratamento de longo prazo. Exemplos são clientes com transtornos alimentícios, vícios persistentes em drogas ou bebidas alcoólicas, diagnose dupla ou outras questões de longo prazo.

Envolvendo-se no trabalho

Como no começo de qualquer terapia, a tarefa é dupla – desenvolver uma aliança de trabalho e entrar em acordo sobre um foco para o trabalho na maneira descrita acima, tendo avaliado juntos os problemas e aquilo que é possível. Esse é um equilíbrio delicado para ser administrado até na melhor das situações, e mais ainda no trabalho breve, em que no final da primeira (ou no máximo da segunda) sessão você já tem como objetivo ser capaz de decidir qual é a questão-chave para o trabalho e determinar se o cliente (e sua questão) é apropriado. Isso é verdade mesmo que você decida que "tornar-se claro" será o foco.

Além disso, você está fazendo tudo isso ao mesmo tempo em que se assegura de que o cliente tem bastante tempo e espaço no qual contar sua história e sentir que você está escutando com sensibilidade e uma atitude dialógica (uma tarefa e tanto!).

O conselheiro pode necessitar, ocasionalmente, desenvolver um estilo bastante assertivo e estar disposto a dirigir o fluxo da sessão mais do que faria em um contexto de longo prazo. Alguns conselheiros enviam um questionário antes da sessão para saber a história e as aspirações do cliente, juntamente com um folheto que explica o processo de aconselhamento para maximizar o tempo disponível. É sempre uma boa ideia começar com: "Essa é uma sessão inicial para ver se eu lhe posso ser útil". No final da sessão você pode então dizer ao cliente com mais facilidade se você acha que pode ajudá-lo, ou precisa de outra sessão para decidir, ou se você sugere enviá-lo para outro profissional (cf. p. 25s.).

A seguir você precisará esclarecer a questão e entrar em acordo sobre o que é possível naquele período de tempo. Se o cliente está confuso ou angustiado, isso pode levar mais de uma sessão. Perguntas que você poderá achar proveitosas (no trabalho breve, mas talvez também em outras ocasiões):

- "O que você tinha esperança de conseguir/esperava/pensava quando decidiu vir me ver?"
- "Qual é seu entendimento do problema que o trouxe aqui?"
- "Você tem alguma sensação de como o aconselhamento pode ajudar?"
- "O que seria um resultado bem-sucedido para você?"

Além disso, achamos que é muito benéfico descobrir como o cliente acredita que a mudança ocorre, por que ele veio para o aconselhamento naquele momento exato e como ele administrou crises semelhantes no passado.

A entrevista para ouvir a história do cliente pode ser bastante curta, mas insistimos fortemente que, por razões de segurança, você pergunte sobre quaisquer fatores de risco (p. ex., uma história previa de automutilação, doença mental etc.; cf. o cap. 17).

Achamos que também é crucial identificar tipos inadequados de questões trazidas pelo cliente, que nós chamamos informalmente de "questões de circunstância". Essas são queixas sobre outras pessoas ou circunstâncias ("Meu marido me trata mal", "meu chefe é injusto") em que o cliente não assume qualquer autorresponsabilidade e a única solução que desejam é uma solução prática ou que algo ou alguma outra pessoa mudem. Descobrimos que uma reformulação útil pode ser perguntar: "Há alguma maneira em que você pensa que pode ser parte do motivo pelo qual eles tratam você assim?" Ou "Ainda que *eles* sejam o problema, você estaria interessado em descobrir um meio melhor de lidar com isso?"

Às vezes o cliente foi enviado por seu clínico, seu parceiro ou até seu empregador e só veio porque lhe disseram que viesse, e está esperando que você "os faça diferentes". Essas são questões inicialmente não apropriadas para a terapia, ou no melhor dos casos, estão merecendo um aconselhamento prático e que lhes dê apoio (algo que você pode ou não estar disposto a oferecer). Fazer as quatro perguntas acima normalmente clarifica a questão ou pelo menos lhe ajuda a encontrar uma questão que *seja* adequada. Isso pode bem envolver priorizar as questões para descobrir o que precisa ser abordado em primeiro lugar. Trabalhar com uma ou duas questões à exclusão de outras pode ser justificado (embora seja mais diretivo e menos dialógico). Sempre verifique no final da avaliação:

- "Que tal lhe pareceu conversar comigo?"
- "Isso lhe pareceu útil?"

Isso é importante já que pode lhe dar alguma sensação do impacto e da efetividade de uma sessão e que ajustes você precisa fazer.

"O trabalho propriamente dito"

Para essa fase da terapia acreditamos que se o contrato foi acordado de forma adequada, será possível completá-lo de tal modo que mesmo se o cliente deixar a terapia ainda com questões inacabadas, ele terá tido a experiência de realização e sucesso que não só irá melhorar sua vida atual, mas fazer com que seja provável que ele use alguma terapia no futuro. Houston (2003) sempre chama essa fase de "o meio". É um momento para ir adiante com o trabalho, ao mesmo tempo em que se mantém o começo (o contrato) e o fim claramente à vista.

Como com todo o aconselhamento Gestalt, você terá estado oferecendo desde o começo uma atitude dialógica e usando a investigação fenomenológica para aumentar a consciência de seu cliente com relação a si próprio em sua situação. Mesmo no trabalho breve, uma abordagem fenomenológica que tenha como base o princípio de mudança paradoxal, pode muitas vezes ser o bastante. Além disso, o seguinte pode ser especialmente relevante:

- Enfatize a conexão entre como o fazer sentido afeta o comportamento (isto é, como crenças básicas influenciam os resultados em sua vida, ex:

"Eu sempre fracasso em tudo". Cf. tb. a excelente discussão em WHINES, 1999: 10).

- Reúna apenas tanta informação quanto for necessária para deslocar-se para o próximo momento. Tenha cuidado para não se encantar com a história e perder o foco.

- Descubra a figura específica administrável para cada sessão (p. ex., "ser mais assertivo" precisa ser apurado para referir-se a situações específicas em que o cliente foi pouco assertivo). Descubra o fundo relevante para aquela figura. ("Que sentimentos ocorrem quando você fica zangado e como é que os outros reagem?" etc.)

- Mantenha um foco intenso sobre a relevância do material ou da figura que foi trazida, tendo em mente o contrato e assegurando-se de fazer conexões com ele com frequência. Avive a figura para manter relevante o material que emerge. ("Como é que você acha que isso se relaciona com o motivo pelo qual você está vindo?")

- Ofereça experimentos para clarificar ou expandir a figura emergente (*não* para encontrar uma solução). Por exemplo: "Deixe-se conhecer plenamente esse sentimento que surge quando você imagina aquela situação." Em outras palavras, confie no processo de *awareness*.

- Minimize fenômenos de transferência, mencionando, confrontando ou se autorrevelando (cf. o cap. 12 sobre maneiras de trabalhar com a transferência).

- Pratique sequenciamento apertado (e frouxo) (POLSTER, 1999: 208). Essa excelente técnica estreita ou amplia o foco. Com o sequenciamento apertado em vez de explorar o próprio momento, o terapeuta volta-se para sua transição para o próximo, acompanhando cuidadosamente o desdobrar do processo e seu potencial dinâmico (p. ex., "Então agora você está com os ombros tensos quando se lembra de ser assediado no trabalho"). O sequenciamento frouxo, por outro lado, pode ser perceber peças importantes na narrativa que estão faltando e investigar isso. (P. ex., "Mas onde estava sua mãe naquela época?")

- Há mérito também no "dever de casa" em que o cliente concorda em fazer uma tarefa entre sessões – talvez praticar um novo tipo de comportamento ou manter um registro de reações de ansiedade.

- É importante sempre manter o final à vista e "fazer uma contagem decrescente" das sessões. "Então essa é nossa quinta sessão e temos mais três" acrescentando "O que é que você sente com relação a isso?"

Crises passadas ou presentes tais como perda de emprego ou luto podem inesperadamente tornar-se figurais e você pode precisar interromper o tema em andamento temporariamente para permitir que a crise seja compreendida e trabalhada. No entanto, é importante fazer uma conexão com o contrato geral no fim da sessão. Se algo emerge que óbvia e apropriadamente suplanta o contrato original, faça um acordo claro ou descontinue o contrato anterior e entre em acordo sobre um contrato novo. Dessa maneira o contrato pode ser o contêiner e o limite permanentes do trabalho.

Sua supervisão pode ser um local para praticar esse tipo de trabalho focalizado. Desenvolva a técnica de estar aberto para oportunidades de aprender que surjam, ao mesmo tempo em que apresenta seu trabalho economicamente – fazendo um contrato com seu supervisor (como você faria com seu cliente) para abordar a figura mais importante e permanecer focalizado nela.

Considerações sobre agências

Embora alguns terapeutas ofereçam terapia breve na prática privada, isso é normalmente por livre-escolha. Nas agências há menos flexibilidade e tanto o cliente quanto o conselheiro estão sujeitos a limites – talvez não desejados – impostos "de cima". Essa situação dá lugar a várias considerações desde o começo.

Quando, por exemplo, um clínico geral ou um empregador envia o cliente, é crucial explorar a motivação e a expectativa daquela pessoa e as expectativas que ela gerou no cliente. Essas podem ser averiguadas, perguntando, por exemplo:

- "O que é que seu chefe quer ao enviá-lo para aconselhamento?"
- "O que foi que lhe disseram sobre vir ver um conselheiro?"
- "O médico lhe explicou como o aconselhamento poderia lhe ajudar?"
- "O que é que você esperava que fosse ocorrer aqui?"

Quando o aconselhamento ocorre em um consultório médico pode haver uma alta expectativa de que o conselheiro irá "curar" o paciente.

Em um cenário de anotações compartilhadas é importante decidir e estar de acordo com a agência previamente sobre quanta informação – se alguma – você está preparado a revelar para outros profissionais na agência e sob que circunstâncias você irá romper a confidencialidade, por exemplo em casos de risco de suicídio. Você deve falar com o cliente na primeira sessão sobre os limites de sua confidencialidade.

Em uma agência, você tem vários relacionamentos diferentes para negociar. É útil lembrar-se de que existem contratos múltiplos (com a agência, com seu cliente, com seu supervisor, com sua organização de treinamento, bem como entre o supervisor e a agência e assim por diante). Isso pode exigir cuidado já que nem sempre esses contratos são compatíveis.

Proctor e Sills (2005) desenvolvendo o trabalho de English (1975) (cf. Figura 22.1), propõe um arcabouço excelente para estruturar o contrato administrativo e as metas amplas do tratamento no trabalho breve. Ele é especialmente útil em ambientes de agências.

Ao longo de cada eixo, os detalhes do acordo são feitos transparentes entre as partes, de tal forma que, por exemplo, todas elas sabem quais são os limites de confidencialidade existentes, todas as três estão cientes de que informação foi fornecida ao conselheiro sobre o cliente e todas as três estão cientes das restrições e regras que foram impostas pela agência.

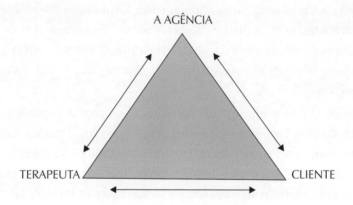

Figura 22.1 Contratos em uma agência

Atenção primária

Na Atenção Primária à Saúde, "O aspecto chave é ser parte da equipe" (MANDIC-BOZIC, 2009 – comunicação pessoal). Com frequência conselheiros têm uma tendência a se manter separados em virtude de seu papel e abordagem diferentes com relação aos cuidados aos pacientes. No entanto, seu trabalho fluirá mais suavemente e de maneira mais agradável se você se assegurar de que está em contato regularmente com colegas, tanto individualmente e em reuniões de equipe. Médicos e agentes de saúde da família têm uma abundância de informação sobre pacientes e todos podem colaborar para decidir como reagir a questões críticas. Isso pode dar muito apoio a todos envolvidos. É possível também "educar" as pessoas sobre critérios para uma boa recomendação. Alguns conselheiros gostam de preparar uma folha com informações sobre aquilo que oferecem, mas entrevistas face a face, quando possíveis, criam relacionamentos melhores e mais cooperativos.

Esteja pronto para oferecer apoio aos médicos, bem como aos clientes. Na Inglaterra, os clínicos gerais têm apenas de 7 a 8 minutos por paciente. Além de ter que fazer um diagnóstico, receitar e completar os registros informatizados, eles também sofrem a pressão de questões transferenciais e psicológicas naquele breve período de tempo. Portanto, quando abordam um conselheiro com uma recomendação, eles podem muitas vezes começar com um "processo paralelo" da questão do paciente. Os conselheiros precisam se conectar com os médicos sobre isso, oferecendo apoio e ajudando a limitar as questões e a planejar o próximo passo.

Será preciso que você possa articular sua formulação do problema, seus planos de tratamento e resultados intencionados de uma maneira que faça sentido para outros profissionais da saúde na equipe. Portanto, esteja preparado para criar uma linguagem compartilhada, permaneça acessível e aberto a outras perspectivas.

No Reino Unido pode ser útil familiarizar-se com a estrutura do Clinical Commissioning Group (responsável pelos cuidados de saúde locais desde 2013, substituindo o Primary Care Trust), ir às reuniões se essas forem realizadas e estar interessando nos desafios gerenciais que eles enfrentam. Além disso, entre em contato com a associação Counsellors in Primary Care (Conselheiros na Assistência Primária) para apoio, ideias e oficinas.

Términos

Dedicamos todo o cap. 16 aos términos na terapia. No entanto o fim no trabalho breve tem uma significância específica. No trabalho com agências, o fim é muitas vezes predeterminado antes da avaliação e nesse sentido não é escolhido livremente. Isso pode suscitar questões para cada um de vocês ou ambos sobre impotência ou abandono, sobre ser controlado ou restrito por uma autoridade externa "insensível". É importante expressar essas questões com o cliente, mas também evitar que o espaço seja contaminado por quaisquer situações inacabadas ou opiniões que você tenha.

Por outro lado, o benefício desse tipo de fim é que ele replica muitos dos eventos da vida – com muita frequência os fins "nos acontecem" em vez de serem escolhidos. Em cada extremidade de nossa vida encontra-se uma transição importante ou um "fim", cujo momento nós não escolhemos (nosso nascimento e nossa morte). Talvez a associação mais poderosa é o fato de todos morrerem, embora raramente saibamos exatamente quando. Mas há uma miríade de outras perdas e fins – alguns desejados, outros não – que acompanham nosso crescimento e também nossas vidas adultas. Portanto, a oportunidade para o cliente é passar por um fim como esse em plena *awareness* – percebendo sua inclinação para certas reações específicas, percebendo como ele se sente com relação ao terapeuta e à terapia. Ele pode descobrir uma tendência a dizer: "De que vale fazer esse trabalho quando só temos mais três sessões?" Ou ele pode dizer: "Preciso aproveitar cada minuto". Ele pode evitar se apegar, ou pode se sentir zangado ou com medo: "Ainda não estou pronto" ou "Nunca há o bastante". Seja o que for que surja, é importante que os sentimentos e reações do cliente estejam conectados com o contrato e com os padrões em sua vida. No processo, pode ser reparador para ele poder falar sobre suas perdas e ser escutado plenamente.

Para o conselheiro, o desafio é aceitar o que é e o que não é realizável naquele período. Muitos conselheiros têm de aprender a se disciplinar para aceitar o bom trabalho que fizeram, para aceitar que eles eram apenas um companheiro temporário na vida de seu cliente e não ansiar por poder ter mais sessões (como o cliente faz às vezes). Ambos podem ter de lamentar a perda daquilo que não pôde ser realizado no período e aceitar a frustração, a zanga ou a tristeza que se segue. Não esqueça, porém, as outras tarefas do término: mencionar e comemorar aquilo que foi realizado e planejar para como os desafios futuros serão enfrentados.

Conclusão

Trabalhar a curto ou a longo prazos é, em grande medida, uma questão de preferência pessoal, exceto quando você tem a limitação de uma agência. A desvantagem do trabalho breve é que ele pode ser um substituto insatisfatório e inapropriado para problemas que precisam de mais tempo, especialmente aqueles que necessitam um relacionamento de confiança mais profundo. No entanto, no melhor dos casos, a terapia breve pode ser transformadora, eficiente, custo-efetiva e amplamente suficiente para ajudar um cliente. Ela pode também lhe dar uma boa experiência do processo de aconselhamento e lançar as bases para mais aconselhamento no futuro. Gostaríamos de encorajá-lo a evitar a armadilha de querer uma "finalização" e aceitar que, para alguns clientes, um resultado bem-sucedido para a terapia breve inclui deixar um gestalt aberto que lhes permita continuar na direção de mais crescimento e mais mudanças.

Leitura recomendada

British Gestalt Journal (1999), 8 (1), p. 4-34 [vários artigos relevantes].

DENHAM-VAUGHAN, S. (2005). "Brief Gestalt therapy for clients with bulimia". *British Gestalt Journal*, 14 (2), p. 128-134.

ELTON WILSON, J. (2006). "Choosing a time-limited counselling or psychotherapy contract". In: SILLS, C. (org.). *Contracts in Counselling and Psychotherapy*. Londres: Sage, p. 137-151.

HARMAN, B. (1995). "Gestalt therapy as brief therapy". *Gestalt Journal*, 18 (2), p. 77-86.

HOUSTON, G. (2003). *Brief Gestalt Therapy*. Londres: Sage.

POLSTER, E. (1991). "Tight therapeutic sequences". *British Gestalt Journal*, 1 (2), p. 63-68.

WILLIAMS, B. (2001). "The practice of Gestalt therapy within a brief therapy context". *Gestalt Journal*, 24 (1), p. 7-62.

23
O profissional refletivo: pesquisa na Gestalt

No fim deste capítulo recomendamos algumas visões gerais da ampla variedade de possíveis métodos de pesquisa que podem aprimorar sua prática terapêutica. Nossa intenção aqui é oferecer algumas ideias para estimular o interesse dos profissionais para a necessidade de pesquisa, fazer um esboço de como começar um projeto que seja simpático à Gestalt e, principalmente, encorajá-los a adotar uma atitude de pesquisa para a prática da Terapia Gestalt.

O que é pesquisa?

De muitas maneiras, a própria vida criativa é um processo que exige uma pesquisa contínua, por exemplo, ao decidir que restaurante é mais adequado para uma ocasião especial, que escola é a melhor para seu filho ou de que tipo de curso de extensão você precisa. Em outras palavras, é sobre descobrir informações novas e úteis sobre algo que é importante para nós.

Em seu nível mais simples, a pesquisa é um estudo sistemático de um assunto específico que leva a maior conhecimento e compreensão. Em um ambiente psicoterápico, ela também precisa ser útil para a prática clínica. Uma boa pesquisa é um processo criativo envolvendo a coleta de dados confiáveis, saber como analisá-los e compreendê-los, e extrair deles conclusões significativas e proveitosas.

Nos tipos de pesquisa que discutimos a seguir, como na boa Terapia Gestalt, ela é também, nos seus melhores casos, uma experiência transformadora para o pesquisador. O processo de pesquisar irá envolver uma exploração em busca de novos entendimentos e novas direções. Ela pode também ser um processo dialógico holístico, fenomenológico e sensível ao campo.

Por que a pesquisa é importante?

São muitas as razões – algumas pragmáticas e algumas com a intenção de saber mais:

• Muitos órgãos, instituições e empregadores governamentais, usam as conclusões publicadas de uma pesquisa para decidir qual terapia é mais eficiente e quanto tempo ela deve levar. Isso pode levar a decisões de um planejamento a longo prazo sobre quais terapias serão encorajadas, promovidas e reconhecidas oficialmente.

• É um imperativo ético e profissional saber que tipo de terapia pode funcionar melhor para cada cliente e que tipo de intervenções podem ser benéficas ou prejudiciais, segundo a sua (e a de seu cliente) definição de saúde.

• Também é profissionalmente importante ter (e, se lhe pedirem, fornecer) evidência confiável para mostrar a nossos clientes que a terapia que estamos oferecendo é eficiente, e além disso que é efetiva para o problema ou necessidade que o levou à terapia.

• Pesquisas foram a fonte de muitas ideias novas e levaram a desenvolvimentos importantes no campo das terapias psicológicas (ex.: mais recentemente, a pesquisa neurocientífica e sobre bebês). A evidência resultante de pesquisas pode nos ajudar a manter nossa prática e nossa formação atualizada e em dia com novas visões.

• Adotar uma "atitude de pesquisa" encoraja um espírito de prática reflexiva que foi identificado como sendo um meio de aumentar a eficiência na prática (ex. VAN RIJN et al., 2008).

Duas formas diferentes de saber: filosofias de pesquisa

A falta generalizada de interesse em pesquisas na Gestalt e a falta comparativa de evidência publicada resultante de pesquisas feitas por profissionais relacionais se origina em grande medida de sua atitude com relação ao "científico" ou àquilo que é chamado de pesquisa quantitativa. Essa pesquisa científica tradicional (ou positivista) parte da premissa de que as pessoas podem ser estudadas objetiva e imparcialmente. A pesquisa nessa modalidade é "a distância". Ela tenta ser objetiva e muitas vezes lida com números e cifras – por isso o nome "quantitativo". Ela é uma tentativa de descobrir a verdade que está "lá fora" para ser descoberta e normalmente depende de amostragens muito amplas a fim de coletar evidência confiável e generalizável.

No entanto, nos últimos anos, uma perspectiva diferente de pesquisa tornou-se mais aceita, com base naquilo que é às vezes chamado de pensamento "pós-positivo" ou "pós-moderno" e é certamente a posição mais importante da Teoria Gestalt. Ela parte da premissa de que existem múltiplas realidades, de que a verdade é potencialmente diferente para cada pessoa e que cada pesquisador está inevitavelmente enraizado em seu contexto peculiar (ou em suas condições de campo). As perguntas que fazem, portanto, a maneira como indagam ou investigam e o sentido que fazem serão todos específicos deles. A pesquisa nessa modalidade é participativa, colaborativa e subjetiva. Geralmente chamada de "abordagem qualitativa" ela dá importância à qualidade da experiência, não apenas à mensurabilidade dos dados.

> **Sugestão**
>
> Você decidiu comprar um carro novo. Vários levantamentos em revistas sobre carros recomendam um modelo específico, considerando-o confiável, fácil de dirigir, competente e custo efetivo. Qual a influência que esses levantamentos ou números (evidência quantitativa) tem sobre você? Por outro lado, você diria que isso fez pouca diferença com relação à probabilidade de você comprar aquele carro e você decidiria apenas após a experiência de um *test-drive* prolongado (evidência qualitativa)?

Os dois tipos de métodos de pesquisa, quantitativo e qualitativo, são úteis para objetivos diferentes. Pesquisas e comparações quantitativas podem fazer discriminações úteis e fornecer dados sobre eficiência, enquanto a pesquisa qualitativa pode fornecer contexto e profundidade de entendimento. Embora gestaltistas vão normalmente preferir métodos qualitativos, sugerimos que muitas vezes uma síntese de ambos é útil, já que acreditamos que ambos têm valor e representam aspectos diferentes do mesmo todo. Juntos eles fornecem um quadro valioso e significativo daquilo que está sendo pesquisado. A fim de fazer essa síntese de uma maneira bem-sucedida é também útil reconhecer que há dois motivos diferentes para realizar uma pesquisa, representados na pesquisa "pura" e na pesquisa "aplicada".

A pesquisa pura tem como base o desejo de explorar e aprender. Ela produz (nos melhores casos) informação valiosa, relacionamentos mais profundos e revela novo território. Na prática Gestalt essa é a arena da investigação fenomenológica e da indiferença criativa – não há qualquer investimento em qualquer tipo de resultado e a única motivação é estar interessado naquilo que é descoberto e aberto para recebê-lo. A pesquisa aplicada, em contraste, tem como base um desejo de fazer melhorias, de ser praticamente útil de alguma maneira. Na prática Gestalt, isso seria uma tentativa de melhorar a prática, aprimorar as intervenções e desenvolver entendimentos melhores sobre aquilo que é útil ou sobre a melhor maneira de ajudar o cliente.

O profissional da Gestalt como pesquisador, potencialmente encontra-se entre esses dois tipos. No modo de pesquisa pura ele irá adotar uma posição de indiferença criativa, seguindo sua própria energia e a do cliente, procurando compreensão, mas permitindo que o significado emerja naturalmente. No modo de pesquisa aplicada, ele estará avaliando suas intervenções e examinando a efetividade. Essa abordagem avaliativa será necessária para aqueles que oferecem contratos de curto prazo e que podem precisar demonstrar efetividade para o cliente ou para uma agência financiadora.

O grande debate da pesquisa: a efetividade na psicoterapia

A pesquisa de resultados na psicoterapia no último meio século descobriu repetida e convincentemente que todas as abordagens principais à terapia são efetivas (cf., p. ex., LUBORSKY et al., 1975; ELLIOT, 2002; COOPER, 2008b).

Metaestudos de pesquisa de resultados revelam a importância da efetividade da terapia, não da elegância das teorias e da metodologia terapêutica, mas de certos "fatores comuns" em grande medida relacionados com aquilo que ocorre entre o cliente e o terapeuta. Às vezes chamado de "relacionamento curativo", ele é caracterizado pelo respeito mútuo e compreensão empática por parte do terapeuta o que faz com que o cliente se sinta aceito e confirmado, apesar de mostrar seus defeitos e vulnerabilidades (ASAY & LAMBERT, 1999; WAMPOLD, 2001). Ele também envolve mutualidade de relacionamento e uma visão compartilhada das metas e dos processos da terapia.

Conectamos isso com a evidência oferecida por Miller et al. (2008) sobre uma atitude de pesquisa com relação à prática que dá ênfase à importância de perguntar ao cliente o que é que ele acha mais útil na terapia e então fazer mais daquilo que funciona com cada cliente específico. Isso nos parece ser parte daquele relacionamento respeitoso de objetivos e intenções compartilhados. Para algumas das questões que trazem as pessoas à terapia, algumas abordagens podem funcionar um tanto melhor que outras, mas de um modo geral, qualquer abordagem coerente, usada de maneira competente e com confiança por um terapeuta que é receptivo às opiniões do cliente, pode ter um efeito benéfico.

Uma disputa atual é se a evidência de pesquisas é uma forma melhor de apoiar as psicoterapias de curto prazo, focalizadas no resultado e cujo objetivo é a redução de sintomas (tais como a Terapia Cognitiva Comportamental) ou se ela apoia a psicoterapia orientada para o relacionamento tais como a Gestalt, a psicodinâmica e a centrada na pessoa, que não são tão focalizadas no resultado, às vezes são de maior duração e tem como objetivo uma mudança holística mais abrangente.

As psicoterapias de redução de sintomas foram corroboradas por um grande número de Ensaios Controlados Randomizados (ECR) que testam as intervenções terapêuticas em grupos comparáveis com sintomas comparáveis. Essa "prática baseada na evidência", com grande aceitação, começou com a melhor das intenções – coletar todos os dados sólidos sobre o que funciona para uma doença específica a fim de encontrar o melhor tratamento. Mas ela deixou as variáveis "humanas" fora do quadro e levou à elaboração de abordagens manualizadas. Isso nos parece ser um caso de "evidência de pesquisa como uma Gestalt fixa" e não a receptividade permanente e flexível para "aquilo que é". Como dizem Yontef e Jacobs, ela não "apoia adequadamente um esforço dialógico que revolve primordialmente ao redor de nossos valores e significados pessoais" (2013: 328). Há um paradoxo intrínseco: quanto mais confiável e quantificável a pesquisa é, e quanto mais rigor é utilizado para minimizar a influência de variáveis, tanto menos representativa ela é da prática clínica real em um ambiente não experimental. Em outras palavras, seu rigor exige que a "situação" do cliente não seja levada em conta e que ele deva ter apenas um problema para trazer para a terapia!

Terapias relacionais também têm boa evidência de pesquisas com relação à efetividade em uma grande variedade de fatores, produzindo muitas vezes efeitos mais variados, especialmente uma qualidade de vida melhor para os clientes. As críticas mais importantes aqui são os números menores de estudos de pesquisa e, ainda mais importante, o fato de cada terapia ser cocriada unicamente com cada cliente e, portanto, não serem adequadas para estudos que comparam métodos terapêuticos padrões. Em termos da pesquisa Gestalt, a mais detalhada é a de Greenberg e seu copesquisador (p. ex., GREENBERG & WATSON, 2006) e Strumpfel (2004), que faz uma revisão esplêndida de 60 estudos que envolvem pelo menos três mil clientes com vários diagnósticos. A pesquisa mostra de um modo geral que a Terapia Gestalt, com sua ênfase no aqui e agora, o contato relacional autêntico e a oportunidade para aprender por meio da experimentação, incorpora os principais "fatores comuns" das terapias efetivas. Ela tem um desempenho tão bom quanto ou melhor que outras terapias em muitos casos. Veja também Brownell (2008) para um panorama geral excelente. É verdade que a maior parte da pesquisa é qualitativa e baseada em um processo e como tal não é considerada pelos órgãos financiadores como tão válidas "cientificamente" quanto a evidência baseada na redução de sintomas. No entanto, nos últimos anos, terapeutas Gestalt no mundo todo começaram a abordar "O Desafio de Estabelecer uma Tradição de Pesquisa para a Terapia Gestalt" (título de uma importante conferência em 2013 patrocinada pela Aagt (Association for the Advancement of Gestalt Therapy) e o Gestalt International Study Centre e esperamos com ansiedade que os frutos desse movimento desenvolvam uma comunidade de estudiosos que integre a pesquisa acadêmica com a filosofia, os princípios e a prática da Gestalt.

Em nossa opinião, há uma maneira importante pela qual a Gestalt pode fazer uma contribuição significativa na área de pesquisa. A ênfase da Gestalt na reflexividade – estar consciente da experiência e receptivo a ela – a torna muito apropriada para coletar "evidência baseada na prática", em outras palavras aprender o que é efetivo a partir de estudos do trabalho terapêutico em ação. Acreditamos que os terapeutas Gestalt estão idealmente localizados para explorar o foco mais detalhado daquilo que funciona na prática, quais intervenções são mais úteis e como.

Concentramo-nos aqui em dois métodos de pesquisa, a pesquisa-ação e a pesquisa de estudo de caso, já que as consideramos particularmente compatíveis com a abordagem Gestalt à psicoterapia.

Todo bom gestaltista já está fazendo pesquisa

A primeira é a *pesquisa-ação*. Arguiríamos que um bom terapeuta Gestalt já está realizando pesquisa já que, junto com seu cliente, ele procura e revela nova informação, novo conhecimento e novos significados. O espaço refletivo da supervisão também será parte desse processo. Ele também é um clínico e, portanto, busca aplicar seu novo conhecimento e novas visões a serviço da melhoria da vida do cliente (e às vezes da sua própria vida).

Todas as vezes que atende um cliente, você está tentando obter uma melhor compreensão das questões que o trouxeram para a terapia, como ele se relaciona com sua vida e como ele e você estão criando um relacionamento. Você faz isso investigando, usando o método fenomenológico, fazendo perguntas, monitorando suas reações e as reações do cliente e depois formando entendimentos iniciais parciais. Como resultado disso, você faz intervenções clínicas, observa seu impacto, aprende a partir daquilo que ocorre e apura ou ajusta sua compreensão inicial. A seguir, você faz uma nova intervenção baseada nessa nova compreensão. Com base na reação do cliente, você então ajusta suas hipóteses operacionais... e assim por diante.

Por exemplo, após o fim de uma sessão de terapia, você pode se sentar tranquilamente, lembrar o que ocorreu, procurar padrões, temas ou pontos de mudança e refletir sobre a parte que você desempenhou neles. Você pode então perceber que não tinha percebido o impacto de algo que o cliente disse, repassar toda a sessão em sua mente sob essa nova luz e chegar a uma compreensão diferente. Pode então discutir isso na supervisão, reavaliar sua estratégia de intervenção ou investigar mais na próxima vez, verificando o que o cliente sentiu ou pensou sobre a última sessão.

Exemplo

Após a saída de sua cliente deprimida, Naomi analisou a sessão e se perguntou por que o relacionamento tinha parecido tão difícil quase no fim. Ela repassou o intercâmbio com a cliente e percebeu que tinha involuntariamente provocado uma reação de vergonha quando perguntou sobre o desemprego da cliente. Na supervisão ela se perguntou se ela própria tinha algum interesse em uma volta ao trabalho e se isso era de alguma maneira uma atuação de transferência. Decidiu, então, que na próxima sessão checaria para saber se a pergunta tinha sido difícil para a cliente e também se, aos olhos da cliente, o que ela disse tinha parecido uma crítica.

Para resumir, de uma perspectiva gestáltica, todas as sessões com um cliente podem ser uma investigação de pesquisa coconstruída. A prática reflexiva Gestalt é um ciclo contínuo de identificação da questão clínica, de coleta de impressões ou dados com seu cliente, e inclui fazer comparações, descobrir temas e conexões ou gerar novas ideias, depois retornar à questão como uma nova visão para fazer uma nova intervenção ou experimento e explorar mais uma vez. Embora a tarefa primordial seja compreender o *processo* do cliente, a natureza relacional do esforço significa que o terapeuta também necessita levar em conta suas próprias perspectivas e reações. Esse processo de pesquisa pode ser um processo de aprendizado para o terapeuta também, e normalmente leva à mudança tanto para o terapeuta quanto para o cliente. Ele é também a base da pesquisa-ação.

> A pesquisa-ação é um processo participativo e democrático interessado em desenvolver conhecimento prática na busca de objetivos humanos válidos... Ela busca reunir ação e reflexão, teoria e prática, na participação com outros, na busca de soluções práticas para questões de interesse urgente para as pessoas e mais geralmente para o florescimento de pessoas individuais e suas comunidades (REASON & BRADBURY, 2001: 1).

O método básico é um ciclo que se repete de *planejamento-ação-observação-reflexão*. Ele tem como base a prática e fornece uma estrutura para o tipo de refletividade e investigação colaborativa que descrevemos acima como a essência da Terapia Gestalt. Aqui está um exemplo:

Uma cliente ser criticada por ser incapaz de parar de pensar sobre um namorado que cruelmente a rejeitou.

- Você observa a reação de seu corpo quando ela fala e decide que ela precisa entrar em contato com sua raiva retrofletida (**Plano**).

- Você então faz uma sugestão para que ela preste atenção a quaisquer sentimentos de raiva quando ela pensa na rejeição (**Ação**).

- Você percebe que, quando ela tenta fazer isso, torna-se ainda mais autocrítica de sua incapacidade de ser assertiva; você percebe também que está começando a se sentir frustrada com ela (**Observação**).

- Você se pergunta o significado de ambas essas consequências (**Reflexão**).

- Você então decide desistir da tentativa de trabalhar a raiva e se concentra em vez disso na autocrítica da cliente (**Novo plano**).

- Você escuta empaticamente e em silêncio enquanto ela se culpa (**Ação**).

- Você agora ouve que ela começa a lembrar quando ela se sentiu rejeitada pelo pai quando era criança (**Observação**).

- Você percebe que fazer conexões com a infância dela é a primeira prioridade para ela (**Reflexão**).

- E assim por diante...

Como outra avenida de exploração, você pode querer realizar uma *investigação pessoal refletiva* sobre um aspecto da prática. Por exemplo, você percebe que está relutante em confrontar outro cliente que, em contraste, parece culpar a todos os demais em seu mundo por suas infelicidades e você se sente ineficiente e empacada.

> - Você decide monitorar sua experiência interna enquanto está sentada com o cliente (**Plano**).
> - Você observa que, quando ele fala, você se sente irritada com essa acusação constante, mas começa a sentir ansiedade quando pensa sobre revelar isso. Sua ansiedade se transforma em medo quando você se prepara para falar e termina fazendo, em vez disso, um simples comentário empático (**Observação**).
> - Depois da sessão, você passa algum tempo pensando e sentindo o que aquela confrontação significa para você. Você fica consciente de uma crença que tem de que "o cliente não vai gostar de mim se eu não for solidária. Será que ele pode começar a me culpar? Você se pergunta se sua relutância em confrontar é verdadeira com outras pessoas também (**Reflexão**).
> - Você decide monitorar sua habilidade na confrontação com todos seus clientes (**Plano**).
> - No decorrer do trabalho da semana você percebe que os clientes que você confronta são todos aqueles de quem você realmente gosta (**Observação**).
> - No seu momento de reflexão você pensa uma vez mais sobre a conexão que você está fazendo entre confrontação e gostar. Você compreende que seu anseio original de confrontar seu cliente era realmente um desejo de culpá-lo (**Reflexão**).
> - Você decide pedir a permissão dele para lhe dar algum retorno e simplesmente comenta sobre aquilo que você percebeu. Decide também prestar atenção a sua respiração enquanto faz isso, para regular sua ansiedade (**Plano**).

No primeiro exemplo o profissional reflexivo pode entender algo sobre trabalhar relacionalmente com esse cliente específico. No segundo, ele está em uma viagem de autodescoberta sobre potência. As duas experiências envolvem refletir, agir, experimentar e aprender sobre efetividade.

Aqui está um formato para uma simples pesquisa-ação pessoal para investigar sua prática e desenvolvê-la:

1) Plano

Examine sua prática e defina uma área que você gostaria de investigar. Por exemplo: "Qual é o efeito no cliente da minha autorrevelação?" "Por que acho que longos silêncios no consultório são difíceis/" ou "Como é que meu desejo de ajudar os clientes a se sentirem melhor interfere com confrontações efetivas quando eles estão infelizes?" Observe em que ideias ou teorias você está se baseando.

Pense sobre como você irá investigar isso e faça um plano de ação – ex.: durante o próximo silêncio longo, irei monitorar quaisquer introjetos que surjam, perceber minhas tensões físicas e perguntar ao cliente o que é que ele sente com o silêncio.

2) Ato
Realize o experimento.

3) Observe
Reúna dados ou informação.

4) Reflita
Pense sobre a experiência (depois da sessão ou na supervisão), veja que aprendizado ela contém e observe que nova investigação ou questão surge. Depois continue com o ciclo.

Para muitos estudantes em formação, os três projetos de pesquisa potencialmente mais importantes são o relatório do processo – a transcrição analisada de uma parte de uma sessão com um cliente real, o único estudo de caso (que nós cobrimos a seguir) e o diário pessoal contínuo que é uma exigência de muitos cursos de formação. A transcrição gravada e analisada já é uma base útil para um projeto de pesquisa-ação sobre aprimorar suas técnicas clínicas. As reflexões clínicas pessoais no diário também podem ser parte da prática reflexiva e um esforço de pesquisa por si mesmo.

Pesquisa de estudo de caso

O segundo método de pesquisa que é apropriado para a Gestalt é o estudo de caso. Há duas razões importantes para realizar a pesquisa de estudo de caso. A primeira é a exigência de muitos cursos de formação que os alunos demonstrem a capacidade de formar relacionamentos terapêuticos efetivos, fazer intervenções terapêuticas apropriadas, demonstrar uma prática ética e profissional e se envolver em uma reflexão crítica sobre o que ocorreu. A segunda é produzir ou publicar uma evidência bem-documentada e analisada rigorosamente para ajudar a compreender o que realmente ocorre na sessão de terapia e fornecer uma base de evidência para aumentar a efetividade terapêutica ou para influenciar os fazedores de políticas.

Uma área importante a considerar, especialmente se você está se envolvendo na pesquisa de estudo de caso é se um resultado aparentemente bom pode ser atribuível à terapia que você descreve ou pode ter ocorrido como resultado de algum outro meio ou de outros fatores na terapia ou na vida do cliente. O cliente conseguiu aquilo que esperava durante seu trabalho? Que fatores ou elementos estavam presentes no terapeuta e na terapia que foram influentes nisso? Qual é o nível de certeza sobre quais fatores influenciaram o resultado e qual é a possibilidade de que a mudança teria ocorrido de qualquer forma sem a terapia?

Qualquer estudo de caso que tenha a intenção de demonstrar efetividade precisa incluir uma narrativa detalhada e abrangente, alguma maneira de identificar o ponto de partida básico do problema, uma maneira de avaliar o processo no decorrer da terapia e uma maneira de avaliar a mudança no fim da terapia. Sugerimos que é útil olhar a "Entrevista de mudança" para medir a mudança na perspectiva do cliente e os "Critérios de plausibilidade" para avaliar as "causas" do resultado (ambos desenvolvidos por ELLIOTT et al., 2001).

Tipos diferentes de investigação de estudo de caso

McLeod (2010) fornece uma visão geral excelente dos tipos diferentes de pesquisa de estudo de caso, na qual ele identifica cinco formas: desenhos de sujeito único, estudos de caso para a construção de teorias, estudos de caso pragmáticos, estudos de eficácia em um único caso hermenêutico e estudos de caso de narrativas. Os objetivos desses estudos são um tanto diferentes. Alguns tentam avaliar a efetividade ou resultado da terapia ou decidir o que funciona melhor com aquilo que trouxe o cliente para a terapia, alguns têm como objetivo refinar a teoria, alguns dar ao leitor uma sensação daquilo que ocorreu para o terapeuta e alguns para explorar o significado do encontro. Quando você for escolher seu cliente para o estudo de caso, pense sobre que tipo de caso esse é, e que tipo de questões ou hipóteses interessantes ele pode envolver. O que é que o atrai para avaliar ou explorar aquele trabalho específico a não ser simplesmente demonstrar que você é "competente o suficiente" para credenciamento. Você poderia usar o trabalho para testar uma teoria, por exemplo, para investigar o efeito de maneiras específicas de trabalhar, construir uma nova hipótese ou ilustrar uma hipótese existente? É possível que você queira pesquisar alguns dos aspectos identificados por Parlett que já foram reconhecidos como prática efetiva pelo "profissional-cidadão" Gestalt (PARLETT, 2009: 331-339).

As metodologias da pesquisa de estudo de caso variam em níveis de rigor e especificidade dependendo da intenção. Em uma extremidade do grupo está o estudo de caso narrativo, que não tem qualquer outra exigência que não seja um compromisso de trazer um processo de reflexividade para uma profunda investigação no processo entre terapeuta e cliente. Na outra extremidade, o estudo de caso pode envolver elementos de avaliação mais objetiva, tais como o Case Study Experimental Design (Desenho Experimental de Estudo de Caso) que inclui uma coleta de dados sistemática e sua análise, parâmetros e critérios especificados para avaliar a validade. O tipo de estudo de caso normalmente encontrado em processos de credenciamento encontra-se em algum lugar entre as duas polaridades.

Redes de pesquisas profissionais

Os estudos de caso têm ainda a vantagem de potencialmente transformarem o conhecimento adquirido a partir de um único estudo em um estudo amplo e abrangente. Por exemplo, McLeod (2010: 211) esboça aquilo que ele chama um modelo de pesquisa profissional baseado em equipe – o grupo de investigação de estudo de caso. Aqui o profissional, com base em uma equipe, forma parte de um grupo de pessoas (estagiários e profissionais qualificados) que trabalham em conjunto. Eles planejam um projeto de estudo de caso, obtêm consentimento ético, coletam e analisam dados usando uns aos outros para verificar a validade dos códigos, submetem suas conclusões a uma adjudicação externa e preparam um relatório do caso para publicação como um artigo, um capítulo ou um livro. Isso permite que os profissionais trabalhem juntos em redes de pesquisa profissional e realizem estudos em grande escala comparando estudos de caso diferentes. Esses estudos então podem concorrer efetivamente em órgãos de tomadas de decisão sobre políticas como evidência razoável.

Isso tem outro poder. O caso de estudo típico, embora forneça uma narrativa valiosa e detalhada, é, apesar disso, uma história contada por uma pessoa, e é inevitável que você não possa descrever ou refletir sobre tudo o que ocorre nas sessões de terapia. Ele também está sujeito ao viés e à memória seletiva do autor – aquilo que Spence (1989, 2001) chama de "suavização da narrativa" na qual alguns aspectos da terapia são priorizados enquanto aspectos desfavoráveis ou negativos são negligenciados (especialmente no contexto de ser avaliado para passar ou ser reprovado em um exame). O monitoramento recíproco pelos membros do grupo de investigação do estudo de caso iria ajudar a moderar esse efeito.

As redes podem formar um dos modelos para projetos de pesquisa que encorajam a "comunidades de pesquisa sobre a Terapia Gestalt" a treinar institutos e universidades defendidas por Brownell (2008).

Como não temos espaço para entrar em detalhes aqui, na Leitura recomendada no final deste capítulo sugerimos alguns livros e artigos excelentes que descrevem a pesquisa de estudos de caso, seus vários tipos e como realizá-las.

A atitude de pesquisa e o viés

Ao realizar qualquer pesquisa individualmente ou como parte de um projeto de pesquisa maior, o primeiro e mais importante ponto de partida é a atitude que você traz para a pesquisa. Das muitas qualidades úteis que o profissional da Gestalt traz consigo, a mais fundamental para uma boa pesquisa é o espírito de abertura mental, não estar em uma posição defensiva, ter curiosidade e envolvimento, ao lado de uma indiferença criativa com relação a um resultado específico e disposição para explorar e aprender.

A segunda exigência é a reflexividade, a capacidade do terapeuta de perceber seus próprios sentimentos e reações, refletir criticamente sobre o que ele está trazendo para o processo, bem como observar seu impacto no foco da pesquisa. Isso enfatiza a importância de levar em conta a influência das premissas iniciais do pesquisador (conhecidas como "viés do pesquisador") o campo interacional do pesquisador e aquilo que está sendo pesquisado e as implicações de tudo isso para as conclusões da pesquisa. Uma boa psicoterapia relacional, nesse sentido, é a essência da abordagem reflexiva.

Ser reflexivo significa estar consciente do campo pessoal, relacional e cultural em que vivemos e operamos e como esses afetam as maneiras pelas quais compreendemos o mundo e a posição inicial de nossa pesquisa. É outra maneira de dizer que não há qualquer "posição neutra" a partir da qual podemos começar uma pesquisa; somos sempre tendenciosos e singularmente fazendo nosso próprio sentido. Ao oferecer nossas conclusões só podemos declarar nosso viés em um espírito de abertura e honestidade para permitir que o leitor da pesquisa (ou o cliente) tenham sua própria opinião sobre nossos vieses iniciais e nossas conclusões. Essa transparência sobre os valores e crenças do pesquisador que irão inevitavelmente influenciar as conclusões da pesquisa é aquilo que Etherington (2004) chama de "reflexividade do pesquisador" ou "reflexividade crítica" e até certo ponto mitiga o tipo de resultados tendenciosos que, como já ficou demonstrado, o viés do pesquisador pode criar (LUBORSKY et al., 2003).

Pesquisando sua prática como um todo

Considere por um momento como você responderia às seguintes perguntas que um cliente poderia fazer em uma primeira visita:

- "Qual é seu grau de sucesso em tratar meu tipo de problema?"
- "Existem quaisquer riscos?"
- "De quantas sessões eu vou precisar?"
- "Você é a melhor pessoa para me ajudar?"
- "Qual é seu índice de sucesso e de fracasso com esse tipo de problema?"
- "Qual é a conclusão de pesquisas sobre a evidência para sua abordagem?"

Muitos profissionais gestálticos iriam ter dificuldade para responder a essas perguntas, e embora essa seja uma consequência inevitável de uma abordagem que valoriza a auto-organização organísmica, o poder da *awareness* e o contato relacional, isso pode também ser uma desculpa para uma prática de má qualidade e uma inabilidade de dar ao cliente a terapia melhor e mais curta.

> **Sugestão**
>
> Imagine que você deseja enviar alguém, digamos, um bom amigo, para outro terapeuta. Como você decide quem será a melhor pessoa e qual seria a melhor modalidade terapêutica? Você escolhe pela senioridade, qualificações, reputação, ou por já tê-lo conhecido e gostado dele? Você verifica a evidência de pesquisas para a abordagem que ele usa?

Pause por um momento e se pergunte: Quantas vezes você analisa seus fracassos em tratamentos em sua própria prática? Quanto você ativamente aprende com seus sucessos? Sou um psicoterapeuta eficaz? Como é que sei isso?

Pesquisando sua efetividade

Acreditamos que é importante ter algum sentido de sua efetividade como terapeuta. Já argumentamos que a área de pesquisa Gestalt mais relevante é a de pesquisa de processo. Nós também apoiamos a avaliação de resultados. Assim, embora não estejamos defendendo que você se concentre exageradamente no resultado, acreditamos que isso é necessário e possível, mesmo permanecendo na abordagem reflexiva e receptiva da "evidência baseada na prática". Isso irá servir como uma orientação para evitar uma prática ineficaz e também para refutar autocríticas não merecidas (e, menos comumente, autoelogios não merecidos!).

As perguntas que se seguem podem ajudá-lo a refletir sobre sua efetividade com qualquer cliente específico que você esteja revisando. Elas devem ser tomadas como uma perspectiva geral com o passar do tempo, não simplesmente um controle de um momento, já que a maioria dos cursos de terapia inevitavelmente passam por períodos de dificuldade, confusão e insatisfação, tanto para o conselheiro quanto para o cliente, quando questões desafiadoras estão sendo trabalhadas.

Lista de verificação do progresso

- O cliente está satisfeito com o progresso da terapia?
- Você concorda? (E seu supervisor?)
- De um modo geral, você está seguindo aquilo que vocês acordaram em sua última revisão mútua?
- Sua posição relacional ou contratransferência é apropriada para a situação clínica?
- O retorno que o cliente recebe de seus amigos, família ou trabalho corrobora sua própria autoavaliação? (Lembre-se de que parte da rede social do cliente ou de sua família podem não gostar das mudanças pelas quais o cliente está passando.)
- De um modo geral, seu nível de funcionamento está melhorando e ele mostra resiliência e autoempoderamento crescentes?
- Suas mudanças refletem uma atitude respeitosa e relacional com a comunidade mais ampla?

Você pode também usar um resultado ou uma medida de processo formalmente reconhecidos (cf. a Leitura recomendada para alguns exemplos) especialmente se você vai participar de um projeto de maior escala em colaboração com colegas. Por exemplo, o Core (Clinical Outcomes in Routine Evaluation) [Resultados Clínicos em Avaliação de Rotina] permite comparações com uma ampla variedade de terapeutas e modalidades e pontos de referências nacionais (cf. SCHEINBERG et al., 2008: 314-317). Você pode decidir se envolver na *Gestalt Practitioner Research Network*, um projeto com base no Reino Unido que usa a medida do Core e já está produzindo dados interessantes sobre a efetividade da Terapia Gestalt (cf. o site do *British Gestalt Journal*, seção pesquisa).

Uma palavra sobre pesquisa publicada

Enquanto estamos promovendo os benefícios da pesquisa, uma das técnicas que acreditamos ser essencial é ser capaz de fazer uma crítica de textos ou estudos de pesquisa para que você obtenha uma opinião informada com relação à validade das conclusões ou implicações. Grande parte da pesquisa publicada é profundamente falha, metodologicamente pouco sólida, não representativa e, nos piores casos, deliberadamente tendenciosa para provar um argumento ou vender uma ideia ou projeto para obter financiamento (ou fama).

Isso é particularmente importante quando se examina conclusões de pesquisas que sejam avaliativas. As principais áreas a considerar sempre são:

- Quem está financiando ou facilitando a pesquisa? (P. ex., uma companhia farmacêutica pagando uma pesquisa sobre a maior efetividade de remédios antidepressivos do que da psicoterapia. Ou um órgão governamental tentando justificar uma mudança de política.)
- Pense sobre "viés de pesquisador". Eles são declarados e explorados? (P. ex., os pesquisadores estão tentando demonstrar como sua terapia é mais eficaz do que uma outra modalidade rival.)
- Poderia haver outras explicações para as conclusões da pesquisa, ou a amostra seria pouco representativa? (P. ex., os participantes eram universitários.)

Conclusão

E, portanto, embora seja nossa crença profunda e nosso conhecimento que a boa terapia é única, dinâmica, relacional e emergente, também precisamos encontrar meios de pesquisar nossa prática – combinando os melhores métodos de pesquisa qualitativa e quantitativa. Nossa pesquisa deve nos ajudar, coletiva e individualmente a avaliar e aumentar a efetividade de nossa prática, ao mesmo tempo em que produz evidência sólida que irá influenciar os fazedores de políticas, os detentores de financiamento e os compradores de terapia.

Para fazer isso, precisamos não só entender e sermos capazes de criticar a pesquisa que surge, mas também desenvolver uma atitude de pesquisa que é expandida e articulada mais além daquilo que um bom profissional gestáltico já está implicitamente realizando.

Leitura recomendada

BARBER, P. (2006). *Becoming a Practitioner Researcher, a Gestalt Approach to Holistic Enquiry*. Londres: Middlesex University Press.

BROWNELL, P. (org.) (2008). *Handbook for Theory, Research and Practice in Gestalt Therapy*. Newcastle: Cambridge Scholars Publishing.

COOPER, M. (2008). *Essential Research Findings in Counselling and Psychotherapy*: The Facts are Friendly. Londres: Sage.

ETHERINGTON, K. (2004). *Becoming a Reflexive Researcher* – Using Our Selves in Research. Londres: Jessica Kingsley.

FINLAY, L. & EVANS, K. (2009). *Relational Centred Research for Psychotherapists*. West Sussex: Wiley-Blackwell.

GOLDACRE, B. (2008). *Bad Science*. Londres: Fourth Estate [cf. tb. www.badscience.net].

McLEOD, J. (2010). *Case Study Research*. Londres: Sage.

MILLER, S.; HUBBLE, M. & DUNCAN, B. (2008). "Supershrinks". *Therapy Today*, 19 (3), p. 4-9.

PARLETT, M. (2009). In: ULLMAN, D. & WHEELER, G. (orgs.). *Co-creating the field* – Intention and Practice in the Age of Complexity. Nova York: Routledge, Taylor and Francis.

PARLETT, M. (org.) (2002). *British Gestalt Journal Special Edition on Research*, 11 (2), p. 78-119.

SPINELLI, E. (2005). *The Interpreted World*: An Introduction to Phenomenological Psychology. Londres: Sage [cf. o cap. 7: "Phenomenological Research"].

STRUMPFEL, U. (2004). "Research on Gestalt therapy". *International Gestalt Journal*, 12 (1), p. 9-54.

Alguns exemplos de medidas de pesquisa

Change Interview and PQ [Disponível em www.experiential-researchers.org/instruments.html].

CORE (Clinical Outcomes for Routine Evaluation) [Disponível em www.coreims.co.uk].

Helping Alliance Questionnaire [Disponível em www.med.upenn.edu/cp/instruments.html].

PSYCHLOPS [Disponível em www.psychlops.org.uk].

24
Diversidade, cultura e ética

Diferença e diversidade são inevitáveis em todos os aconselhamentos. Além das diferenças de atitude ou de caráter, há diferenças de raça, cultura, nacionalidade, gênero, idade, capacidade, sexualidade, classe e primeiro idioma. As diferenças se dividem em duas categorias – aquelas que são óbvias e visíveis tais como raça, capacidade física, gênero (e muitas vezes a nacionalidade e a classe) e aquelas que não são tão óbvias tais como sexualidade, atitude, educação e assim por diante.

Neste capítulo concentramo-nos principalmente em raça e cultura. Acreditamos, no entanto, que a maior parte das ideias que sugerimos podem ser generalizadas para outras áreas de diferença e, nos exercícios que oferecemos, insistimos para que você considere todas e quaisquer questões de diferença em suas reflexões.

Em uma sociedade cada vez mais multicultural, as diferenças em raça e cultura entre o cliente e o conselheiro são também cada vez mais prováveis. Reconhecer que, mesmo depois de vários anos de nossa própria terapia pessoal, nós (os autores) ainda estamos limitando nosso pensamento e nossas percepções de acordo com nossa origem cultural (especialmente porque somos de uma cultura dominante) pode ser uma experiência disciplinadora, bem como um desafio estimulante.

Identidade racial

A identidade racial é um aspecto interligado e integral da personalidade. As crenças básicas do cliente sobre ele próprio e os demais, seus ajustes criativos e gestalts fixos, serão afetados pelas normas raciais, culturais e linguísticas que são uma parte inerente de seu fundo. Para que esse aspecto seja levado em conta plenamente é essencial que não só o cliente, mas também os conselheiros explorem e assumam responsabilidade por sua identidade racial e o efeito que isso tem no relacionamento terapêutico.

É importante também reconhecer que o aconselhamento e a psicoterapia no século XX foram em grande medida dominados por profissionais brancos e de classe média. Isso significou que os valores e costumes engastados em sua teoria e prática, inclusive a Gestalt, são em grande parte brancos e de classe média. Portanto, inevitavelmente são os vieses e preconceitos dos quais os profissionais podem mal estar cientes. Eles são a base de nossa prática. Jacobs (2006) assinala que se a base cultural apoia a cultura e as práticas brancas, é difícil para pessoas negras terem uma presença plena. Se o conselheiro é negro ou branco (usamos o termo negro aqui para representar todas as pessoas que não sejam brancas) ou de uma origem étnica que é diferente daquela em que ele vive, ele será influenciado pela dinâmica do campo mais amplo, a base cultural da sociedade em que ele vive.

Na base do cliente e do conselheiro está sua história única de raça, nacionalidade e cultura. Todas essas são potencialmente influentes, assim como o são a raça, a nacionalidade e a cultura dominantes da sociedade em que o aconselhamento ocorre. O relacionamento histórico entre a "tribo" do conselheiro e a do cliente forma parte de seu campo relacional consciente e inconscientemente, assim como também todas as tensões e integrações que estão ocorrendo a cada momento na sociedade.

Sugestão

Como você se caracterizaria em termos de cultura, raça, nacionalidade e outros fatores que são importantes para você? Por exemplo, você pode dizer mulher, branca, classe operária, irlandesa. Agora por um momento pense sobre todas as outras subculturas que a influenciaram e que ajudaram a formar a pessoa que você é agora. Por exemplo, como você descreveria seus pais e avós? Você se mudou para uma área diferente quando criança – uma área com valores culturais diferentes? Para cada dessas influências culturais, pense um valor ou costume que você ainda mantém hoje. Depois pense sobre seus clientes, um por um. Qual é o relacionamento histórico entre suas duas culturas (inclua coisas como gênero, educação, estilo de vida, bem como cultura e etnia)? De que maneira essa história pode estar afetando seu relacionamento?

Diferenças em costumes e valores

Além disso, há diferenças em costumes, valores e crenças. Como mencionamos no cap. 5, diferenças em valores e atitudes podem causar preconceitos indesejáveis no campo de saúde mental. Quanto mais não for, eles podem fazer com que o terapeuta (que tem mais poder no relacionamento) imponha, consciente ou inconscientemente, seus valores ao cliente. Aqui, os terapeutas gestálticos têm uma vantagem, já que o método fenomenológico de investigação ajuda a evitar essa imposição de valores. É importante, no entanto, perceber o perigo potencial da redução fenomenológica (a suspensão temporária das crenças, premissas e juízos do conselheiro) que pode permitir que o terapeuta ignore a significância das diferenças em atitudes e crenças.

A vigilância é necessária já que muitos valores estão tão engastados que podem estar profundamente inconscientes. É mais seguro e mais respeitoso convidar seu cliente deliberadamente a compartilhar com você os valores que são importantes para ele. Também é útil já saber alguma coisa sobre a cultura ou costumes nacionais de seu cliente, embora isso nem sempre seja possível (e pode, de qualquer forma, levar a generalizações desrespeitosas). O que é importante é reconhecer a diferença entre vocês, e convidar seu cliente a lhe dizer qualquer coisa que ele queira que você saiba. Dessa forma, ele não vai sentir que a diferença está sendo ignorada ou negada ou que ele tem de "jogar de acordo com suas regras" para que você o respeite. Você pode dizer algo assim:

"Há algumas diferenças importantes entre nós porque eu sou uma mulher polonesa e você uma mulher indiana. Não sei muito sobre sua cultura, mas estou muito interessada em descobrir. Com certeza isso será importante em nosso trabalho juntas e realmente desejo e sugiro que você me diga o que está pensando e sentindo com relação a nossas diferenças à medida que formos nos conhecendo melhor. Imagino que é possível também que compartilhemos algumas experiências semelhantes".

> **Sugestão**
>
> Pense sobre uma cultura, nacionalidade, comunidade ou grupo sobre o qual você tem alguns sentimentos ou crenças negativas. Expresse sua antipatia com palavras. Esses sentimentos negativos são baseados em evidência sólida? Se são, eles são resultado de um costume ou hábito de que você não gosta? E se isso é verdade, por que você não gosta deles (isto é, eles vão contra um valor que é importante para você, ou é simplesmente que eles são diferentes, estranhos e desconfortáveis)? Esse sentimento ou essa crença negativa são compartilhados por sua comunidade, sociedade ou nação? Eles têm uma raiz histórica?

Diferenças no consultório

Todas essas influências – históricas, estruturais e "culturais do aqui e agora" – serão trazidas para o consultório. Elas se revelarão em linguagem verbal e não verbal, na escolha de palavras, nos valores e vieses sobre a vida, e nos relacionamentos de transferência e contratransferência entre o terapeuta e o cliente.

Se você foi criado na Grã-Bretanha, é provável que tenha internalizado algumas atitudes racistas. Essas atitudes podem estar enterradas profundamente de forma inconsciente, mas não é possível crescer em uma cultura com uma história colonial desse tipo e aspirações permanentes por influência global sem ter internalizado alguma sensação da superioridade britânica e branca. Isso é verdade, seja você branco ou negro, embora, é claro, o impacto que isso terá nos dois casos será diferente. Se você for branco uma sensação da "justiça" branca terá sido profundamente engastada no sentido que você tem de si próprio; ser "outro" e ser "menos". Se você for negro, você quase que certamente terá internalizado uma sensação de opressão ou impotência; alguma sensação de que o "outro" é mais poderoso ou de alguma forma tem mais direito. Essa é uma importante condição de campo no consultório. É especialmente relevante se o conselheiro é branco e o cliente negro. O relacionamento terapêutico já tem um potencial embutido para um diferencial de poder, e o racismo institucionalizado reforça esse potencial.

Exemplo

Tom se sentia desencorajado quando seu cliente, Jadzir, repetidamente achava que seus comentários eram paternalistas. Jadzir estava lutando com a decisão de terminar com seu namorado (um jovem branco) a fim de obedecer às exigências de sua rígida família muçulmana. O terapeuta se orgulhava de ter realmente tentado entender as importantes implicações culturais e não tinha outra coisa além de simpatia e apoio para sua cliente. No entanto, as críticas que Jadzir fazia dele eventualmente começaram a perturbá-lo. Na supervisão, ele percebeu que tinha estado definindo a reação dela como transferência (tanto de seu pai dominador e inevitavelmente do estereótipo cultural do homem branco). O supervisor o desafiou a tentar descobrir como ele estava contribuindo para a situação e lhe pediu que explorasse seus sentimentos e pensamentos sobre o dilema da cliente. Ele percebeu que tinha deixado de lado seu desejo de empoderar Jadzir a favor de respeitar os valores culturais da moça. De uma maneira sutil, ele estava minimizando a enormidade do problema para ela e esperando que ela tomasse uma decisão ou/ou. Na sessão seguinte, o terapeuta lhe perguntou se eles poderiam passar algum tempo realmente examinando seu relacionamento, de tal forma que ele pudesse compreender como é que ele estava sendo paternalista. Jadzir ficou extremamente aliviada e juntos eles discutiram as muitas pequenas maneiras pelas quais ao "fazer a coisa certa" ele não a tinha apoiado como ela queria.

Desigualdade e identidade racial podem, é claro, ainda ser um foco importante mesmo se o terapeuta e o cliente sejam ambos brancos ou ambos negros.

À medida que preparamos esta terceira edição, estamos conscientes das mudanças no campo no Reino Unido com relação ao preconceito racial. Leitores mais jovens terão vivenciado uma cultura muito mais diversa já que cresceram em um país que tem comunidades britânicas negras de terceira e quarta gerações. Eles também terão introjetado menos arrogância sobre a superioridade britânica. O racismo recentemente esteve inclinado a voltar sua face para o Leste Europeu e o Oriente Médio; tempos politicamente turbulentos introduziram uma espécie de cautela e preconceito entre culturas, religiões e tradições diferentes. O desafio oferecido por Jacobs (2004) para que tratemos nossos semelhantes, homens e mulheres, com atenção, inclusão e abertura ao diálogo, nunca foi tão urgente.

Outras diferenças no consultório

Em qualquer encontro entre dois indivíduos, inevitavelmente haverá muitas diferenças e todas elas são potencialmente relevantes na terapia. Há algumas diferenças que têm muito da mesma dinâmica no consultório do que a diferença racial. Há diferenças em que uma pessoa é parte de um grupo que é ou foi o alvo de opressão, desaprovação ou discriminação (deliberadas ou acidentais). Elas incluem diferenças de gênero, capacidade física, sexualidade, idade, religião, classe e educação ou inteligência.

Todas elas precisam ser tratadas com a mesma atenção cuidadosa do que as diferenças na cultura. Ambas as partes (inclusive a pessoa que está no "grupo alvo" (BATTS, 2000) precisam levar em conta o significado daquela questão para ambos, examinar o que é estar no grupo alvo ou não estar nele – suas vantagens e desvantagens. Se o conselheiro ainda não é capaz de vencer as questões do preconceito sobre, digamos, mulheres, homossexualidade ou deficiência, então ele não deve trabalhar com um cliente desses grupos já que se arriscará a negar a identidade deles ou a reforçar quaisquer crenças negativas que eles tenham sobre eles mesmos.

> **Sugestão**
>
> Pense sobre uma ocasião quando você foi parte de um "grupo alvo" e se sentiu sendo tratado como um "menos" (se você é branco, homem, heterossexual, de língua inglesa, de classe média, fisicamente capaz e culto é possível que seja difícil para você se identificar com uma experiência de grupo alvo; então sugerimos que você escolha a experiência de ser uma criança, que tristemente muitas vezes se sente como "alvo".) Como é que você se sentiu e o que é que você pensou sobre você mesmo, os outros e o mundo? Como você usa essa experiência "de ser alvo" para limitar seu poder? Agora se permita saber uma vantagem de estar nesse grupo. Veja se você obteve algum poder ou vantagem a partir de sua experiência (BATTS, 2000).

Em suma

A fim de trabalhar de forma efetiva e útil com questões de raça, cultura e diferenças de qualquer tipo, o conselheiro deve primeiro examinar as influências do campo de seu próprio contexto cultural, seus vieses, suas preferências, seu racismo, homofobia, discriminação contra idosos, e assim por diante. O reconhecimento do preconceito, embora desconfortável, é importante, mas o conselheiro não deve ficar paralisado por sua descoberta. Por exemplo, a vergonha apropriada e o constrangimento cultural devem ser temperados com um orgulho igualmente apropriado de sejam quais forem os valores e realizações culturais que você respeita. O conselheiro de uma cultura dominante ou às vezes opressora não deve sobrecarregar o cliente com suas desculpas humildes, buscando sua compreensão. Pelo contrário, os profissionais devem estar dispostos às vezes a ser o representante da sociedade opressora e de receber a raiva associada com aquele papel. Pode ser uma forma de cura para o cliente ser capaz de abordar essas questões importantes com um conselheiro que é respeitoso e interessado e que pode reconhecer a verdade de sua contribuição para essa transferência como para qualquer outra. Esse processo também pode ajudar o cliente a identificar o quanto de suas experiências são atuais e quanto são situações inacabadas – até mesmo traumas transgeracionais – que podem ser trabalhados no relacionamento.

Igualmente, o conselheiro de um grupo oprimido pode precisar ser bastante forte ao receber as projeções de seus clientes – seja qual for sua cultura ou etnia – e estar preparado para oferecer um relacionamento dialógico enquanto o cliente trabalha seus preconceitos ou idealizações, pois qualquer uma das duas coisas pode fazê-lo se sentir bastante invisível. Seria pouco realista esperar que podemos conhecer e reconhecer todos os preconceitos e premissas que foram profundamente engastados em nós desde a infância. Embora algumas de nossas premissas estejam acessíveis à consciência, inevitavelmente muitas estarão em nossa base inconsciente, desconhecidas, mas influentes. O que devemos nos perguntar como terapeutas é a intenção e boa vontade de ficar conscientes delas, de examiná-las e desafiá-las.

Dilemas éticos

> O homem não luta para ser bom; o bem é aquilo pelo qual é humano lutar.
> PERLS et al. (1989 [1951]: 335).

A Terapia Gestalt foi desenvolvida na década de 1950 e promoveu uma atitude anárquica que considerava os códigos morais como gestalts fixas e fora de moda, que precisavam ser desafiados. A ética e os códigos de conduta deveriam ser decididos individualmente ou negociados. Havia pouco interesse em seu potencial para dano terapêutico ou qualquer discussão de moralidade ou valores comunitários. Acreditamos que isso levou a muitos exemplos de relacionamentos terapêuticos abusivos e continua a gerar um problema significativo para o código de ética e de conduta da Gestalt.

No entanto, acreditamos que é possível destilar certas implicações de valor a partir do modelo de saúde do processo Gestalt e da compreensão do comportamento doentio ou neurótico. Por exemplo, a maior parte da literatura gestáltica claramente está a favor do lado esquerdo das seguintes polaridades (há muitas mais, é claro).

Interdependência	sobre	Independência
Coesão	sobre	Fragmentação
Integridade	sobre	Aleatoriedade
Comunidade	sobre	Individualidade
Honestidade	sobre	Manipulação
Curiosidade	sobre	Evitação
Relacionalidade	sobre	Singularidade
Espontaneidade	sobre	Rigidez
Perspectiva de campo	sobre	Visão linear
Autenticidade	sobre	Aparência

Há, portanto, muitos valores na Teoria Gestalt que poderiam sustentar um código de ética gestáltico (embora a geração de um código detalhado a partir desses "primeiros princípios" está além do alcance deste livro; cf. LEE, 2004 para uma coleção de artigos sobre esse debate). Na prática, há uma concordância geral surpreendente na comunidade gestáltica sobre o conteúdo necessário de tais códigos de ética e da adoção profissional de códigos reconhecidos tais como, no Reino Unido, aqueles do United Kingdom Council for Psychotherapy, da British Association for Couselling and Psychotherapy ou da British Psychological Society. Argumentaríamos que isso é resultado dos valores não declarados, mas implícitos na Teoria Gestalt do funcionamento saudável.

> **Sugestão**
>
> Por um momento considere a base de sua própria moralidade (a pedra angular de toda a ética). Seu código moral é o mesmo que o de seus pais ou cuidadores? De que maneiras ele mudou desde que você deixou sua família de origem? Em que você se baseia para decidir o que está certo e errado – por exemplo razões religiosas ou legais? Como você decide quando ser honesto; ou se é errado roubar? Esses são valores absolutos para você ou são sempre relativos a cada situação específica? Quais são os valores absolutos ou não negociáveis de sua teoria de terapia ou de sua prática clínica?

A noção de prática ética torna-se ainda mais complexa pelo fato de a Gestalt ser filosoficamente relacional e teorética de campo. Em outras palavras a ideia de uma lista de regras absolutas sobre certo e errado é antiética para nossa abordagem (p. ex., que é *sempre* errado roubar, matar ou mentir). Até mesmo a chamada "ética situacional" que leva o contexto em consideração (p. ex., que é errado roubar *exceto se você está morrendo de fome*, errado matar *exceto para proteger seus filhos*; errado mentir *exceto para salvar uma vida*, e assim por diante) realmente não se aproxima da verdadeira perspectiva relacional que veria cada evento como cocriado de uma maneira única e com uma determinação moral também potencialmente única.

Uma abordagem relacional à ética considera uma reação ética a uma situação desafiante como sendo dependente do campo e necessita descobrir uma solução que "aumenta o desenvolvimento tanto do indivíduo quanto do ambiente" (LEE, 2007: 2). Lee distingue entre um código de ética como um conjunto de regras e uma ética relacional em que as implicações e decisões éticas emergem do fundo de um relacionamento solidário, conectado e apreciativo. Essa visão é explorada em profundidade por Carroll e Shaw (2012) que se baseiam na neurociência para elaborar os elementos emocionais e de confiança da moralidade relacional. Aplaudimos essa visão, mas acreditamos que também precisamos de uma maneira de determinar as responsabilidades éticas no campo normalmente hostil de reclamações.

Lee (2007: 7) cita Wertheimer dizendo "Todos os valores são fundamentalmente relativos, mudando com o lugar e o tempo". No entanto, apesar de tudo isso, o terapeuta tem de encontrar uma maneira de se envolver com questões éticas e a prática ética. Concordamos com Elton Wilson (2003 – comunicação pessoal) que assinala que aquilo que os terapeutas às vezes descrevem como dilemas éticos muitas vezes não são sequer dilemas. Eles são, na verdade, situações em que o terapeuta (compreensivelmente) está relutante em questionar o comportamento inapropriado de, por exemplo, um colega, porque é difícil fazê-lo. Não há qualquer dilema: o curso de ação correto está claro – mas é temido. Um dilema real é aquele em que a direção a seguir não está nada clara. Elton Wilson identifica uma série de parâmetros, que podem ser usados para avaliar e julgar as considerações éticas de uma situação. Desenvolvemos seu trabalho para criar a Tabela 24.1 a seguir, que mostra um número de polaridades relevantes que identificamos como sendo comuns a muitos dilemas.

Dilemas éticos verdadeiros ocorrem quando há conflito entre dois ou mais valores. Por exemplo, uma ação pode ser "correta" (moralmente), mas "ilegal" (p. ex., quando retemos anotações de um caso que seriam prejudiciais à posição do cliente, mas que são intimadas por um tribunal). Ou o dilema pode ser sobre uma ação que "apoia a autonomia", mas é "arriscada" (p. ex., quando o cliente insiste sobre seu direito de ter sexo desprotegido).

A tabela, é claro, não fornece uma orientação para a ação, ela apenas estimula a consciência das questões comuns à maioria dos códigos profissionais de ética e conduta. Uma abordagem relacional gestáltica também precisa de reações ou soluções que estimulam um desenvolvimento do relacionamento do indivíduo com a comunidade e com as condições de campo mais amplas.

Tabela 24.1 Polaridades para a análise de dilemas e consequências

Mantendo o contrato	ou	Rompendo o contrato
Legal	ou	Ilegal
Seguro	ou	Arriscado

- Protege a vida e a integridade física
- Protege o profissional
- Protege o cliente
- Protege a comunidade

Justo (justiça natural ou lealdade)	ou	Injustiça
Estimula conexão relacional	ou	Diminui conexão relacional
Honesto	ou	Desonesto
Misericordioso	ou	Cruel
Apoia a interdependência	ou	Cria isolamento
Apoia a terapia	ou	Prejudica a terapia

> **Sugestão**
>
> É útil ter refletido bastante sobre algumas questões éticas relacionadas com as polaridades acima (antes de elas surgirem!) a fim de ficar confortável com o processo de "reflexão". Incluímos alguns exemplos desafiadores a seguir para que você os considere.
>
> 1) Um cliente novo lhe revela que vem escondendo uma séria doença mental com medo de ser rejeitado do curso de aconselhamento que está fazendo. Ele está a ponto de aceitar clientes como é uma das exigências do curso, e insiste que isso seja mantido em segredo.
>
> 2) Sua cliente descreve uma situação em casa que faz você acreditar que o filho dela de três anos pode estar em risco. Embora no início da terapia você claramente explicou que um dos limites à confidencialidade seria se você acreditasse haver risco ou dano, você teme que se revelar o assunto isso irá prejudicar irreparavelmente a confiança terapêutica. E você sabe que a capacidade de sua cliente de cuidar de seu filho depende fortemente de sua permanência na terapia.
>
> 3) Uma de suas clientes lhe diz que uma amiga está em terapia com um de seus colegas e que ela teve relações sexuais com o terapeuta. Ela diz que a amiga está feliz com essa situação e sua cliente recusa permissão para que você rompa a confidencialidade sobre aquilo que ela lhe disse.

Esses exemplos ilustram os complexos conflitos de valores que estão inerentes em dilemas éticos. Por exemplo, os direitos do cliente *versus* os direitos de outros; a exigência legal *versus* o dano; o respeito dos desejos do aqui e agora de um cliente *versus* a necessidade de seguir códigos éticos. Nenhuma dessas situações têm "uma resposta certa". Terapeutas, quando se deparam com dilemas semelhantes, precisam refletir cuidadosamente sobre as questões para tentar descobrir qual é a melhor maneira de agir. Acreditamos que a lista a seguir nos dá um arcabouço e procedimentos que irão lhe ajudar a cobrir todas as questões importantes.

Superando um dilema ético

1) Faça um resumo do dilema.
2) Identifique as questões éticas envolvidas.
3) Descubra a seção de seu código de ética que se aplica a elas.
4) Identifique os valores que estão em conflito.
5) Verifique restrições legais (ex. necessidade de denunciar abuso de crianças).
6) "Tempestade de neve": TODAS as decisões possíveis para ação (ou inação).
7) Organize consulta ou supervisão (*antes* de tomar uma decisão).
8) Avalie as possíveis consequências de cada decisão que você possa tomar.
9) Escolha a decisão que teria as consequências menos prejudiciais ou o melhor resultado de um modo geral.
10) Faça um relatório escrito de suas considerações e as recomendações de seu supervisor (com datas).
11) Planeje como se apoiar para viver com a decisão.
12) Aja de acordo com o que você decidiu.

Lembre-se de que normalmente não há nenhum resultado que não tenha algumas consequências perturbantes. Você está sempre buscando a melhor solução possível para uma situação difícil.

Quando a decisão começa a ter suas consequências, é possível que você queira se consultar frequentemente com seu supervisor e quaisquer colegas que já tiveram experiência nessa área específica. Você pode também descobrir que sua organização profissional ou sua companhia de seguros tem um telefone que oferece ajuda com conselhos sobre quaisquer questões legais.

Esforçamo-nos para permanecer leais a perspectiva relacional e teorética de campo da Gestalt, o que implica uma confiança no processo saudável – a "luta pelo bem" que Perls et al. propõem na citação na abertura deste capítulo. Uma abordagem relacional à terapia compreende que nós cocriamos o relacionamento terapêutico e, portanto, cocriamos também os padrões relacionais, as transferências e as experiências que ocorrem nas sessões. Muitas dessas interações são, é claro, inconscientes, não verbais, implícitas e só conscientemente aparentes mais tarde, ou talvez nunca.

A consequência inevitável desse ponto de vista é que é muito mais difícil declarar objetividade ou certeza na tomada de decisão ética. Agir eticamente, autenticamente e com consciência das questões do campo mais amplo potencialmente exige um compromisso com buscar uma nova solução cada vez e estar disposto a lutar com a incerteza.

Leitura recomendada sobre diversidade

APPEL-OPPER, J. (2012). "Intercultural body-oriented psychotherapy: The culture in the body and the body in the culture". In: YOUNG, C. (org.). *About Relational Body Psychotherapy*. Body Psychotherapy Publications.

British Gestalt Journal (1998). "Special focus on gay and lesbian issues", ed. esp., 7 (1).

BROWN, J. (2004). "Conflict, emotions and appreciation of differences". *Gestalt Review*, 8 (3), p. 323-335.

Counselling Psychologist (2007) [Número especial sobre racismo], 35, p. 13-105.

DAVIES, D. & NEAL, C. (orgs.) (1996). *Pink Therapy Two*: Therapeutic Perspectives on Working with Lesbian, Gay and Bisexual Clients. Buckingham: Open University Press.

FERNBACHER, S. (2005). "Cultural influences and considerations in Gestalt therapy". In: WOLDT, A.L. & TOMAN, S.M. (orgs.). *Gestalt Therapy – History, Theory and Practice*. Thousand Oaks, CA: Sage.

JACOBS, L. (2000). "For whites only". *British Gestalt Journal*, 9 (1), p. 3-14.

LEVINE BAR-JOSEPH, T. (org.) (2005). *The Bridge*: Dialogues Across Cultures. New Orleans: Gestalt Institute Press.

LICHTENBERG, P. (1990). *Community and Confluence*: Undoing the Clinch of Oppression. Cleveland, OH: Gestalt Institute of Cleveland.

PONTEROTTO, J.G.; UTSEY, S.O. & PEDERSON, P.B. (2006). *Preventing Prejudice*: A Guide for Counsellors, Educators and Parents. 2. ed. Londres: Sage.

RYDE, J. (2009). *Being White in the Helping Professions*. Londres: Jessica Kingsley.

THOMPSON, C.E. & CARTER, R.T. (orgs.) (1997). *Racial Identity Theory*. Nova Jersey: Lawrence Erlbaum.

WHEELER, G. (2005). "Culture, self and field: A Gestalt guide to the age of complexity". *Gestalt Review*, 9 (1), p. 91-128.

Leitura recomendada sobre ética

BERNHARDTSON, L. (2008). "Gestalt ethics: a utopia?" *Gestalt Review*, 12 (2), p. 161-173.

BOND, T. (2009). *Standards and Ethics for Counselling in Action*. Londres: Sage.

CARROLL, M. & SHAW, E. (2012). *Ethical Maturity in the Helping Professions*. [Austrália]: PsychOZ.

GREMMLER-FUHR, M. (2001). "Ethical dimensions in Gestalt therapy". *Gestalt Review*, 5 (1), p. 24-44.

JACOBS, L. (2004). "Ethics of context and field: The practices of care, inclusion and openness to dialogue". In: LEE, R. (org.). *The Values of Connection*. Cambridge, MA: Gestalt.

LEE, R.G. (2002). "Ethics: A gestalt of values". *Gestalt Review*, 6 (1), p. 27-51.

LEE, R.G. (org.) (2004). *The Values of Connection* – A Relational Approach to Ethics. Cambridge, MA: Gestalt.

MELNICK, J.; NEVIS, S. & MELNICK, N. (1994). "Therapeutic ethics: A Gestalt approach". *British Gestalt Journal*, 3 (2), p. 105-113.

POPE, K. & VASQUEZ, M. (2007). *Ethics in Psychotherapy and Counselling*: A Practical Guide. São Francisco, CA: Jossey Bass.

25
Aconselhamento espiritual

Pode parecer estranho estarmos incluindo um capítulo sobre espiritualidade em um livro dedicado ao aconselhamento e à psicoterapia. Como profissionais somos treinados para trabalhar com questões "mundanas" e, na maioria das vezes, não somos treinados para lidar com as necessidades espirituais de nossos clientes. Na verdade, pode parecer presunção supor que podemos. No entanto, há três motivos importantes para incluir a espiritualidade.

Primeiro, os caminhos espirituais de nossos clientes estão inseparavelmente conectados com suas vidas pessoais – eles se atrapalham ou se ajudam em uma miríade de maneiras.

Segundo, é importante para nós como conselheiros discriminarmos quando um problema ou necessidade de um cliente é de natureza espiritual e não a província de psicoterapia ou aconselhamento. Realmente, pode ser necessário enviar o cliente para uma fonte de orientação espiritual.

Terceiro, a espiritualidade oriental desempenhou um papel importante na moldagem da teoria e da prática Gestalt desde sua origem e muitos princípios gestálticos têm muito em comum com a prática espiritual. As tradições espirituais orientais enfatizam a equanimidade, a renúncia, e a conexão com uma realidade maior. Por exemplo, o zen-budismo enfatiza viver no momento presente (o aqui e agora) e a atenção plena (estar holisticamente consciente daquilo que você está fazendo). Ele também defende evitar o "pensar sobre" a favor de uma simples consciência (perca sua mente e venha para seus sentidos), adotando equanimidade (indiferença criativa) e a experiência de *sartori* ou pequenas iluminações ("aha", cume ou momentos Eu-Você).

Essa influência vai e vem no mundo gestáltico com o passar dos anos e sempre foi a outra polaridade para o sabor diretivo, individualista e materialista das primeiras teorias e práticas gestálticas. Mais recentemente, a influência crescente da teoria de campo e do método dialógico reintroduziu uma ênfase mais de conexão, de conjunto e ecológica. Isso levou também a um interesse maior na natureza potencialmente espiritual do campo e dos elementos espirituais de um encontro dialógico.

> **Sugestão**
>
> O que a seu ver é o sentido ou objetivo mais importante da existência humana? Felicidade, criatividade, *status*, sucesso, intimidade, criar uma família, ajudar os outros, viver uma vida religiosa, encontrar um sentido ou conexão espiritual? Qual o grau de abertura que você tem para estar com um cliente com uma visão de mundo radicalmente diferente da sua?

No entanto, para começar, acreditamos que há duas distinções importantes a serem feitas em qualquer entendimento clínico daquilo que imprecisamente chamamos de questões de espiritualidade.

A primeira distinção é a diferença entre espiritualidade exotérica e espiritualidade esotérica. A exotérica (ou religiosa) está relacionada com a crença em um deus pessoal, aderência a rituais, costumes, códigos de conduta e moralidade. A espiritualidade esotérica por outro lado, tem um interesse mínimo em dogmas ou crenças e está interessada nas práticas que levam a uma experiência direta de conectividade espiritual. Na religião oriental e em menor grau na religião ocidental, há uma divisão clara entre a forma externa de crença ou ritual e uma dimensão esotérica ou mística que enfatiza a experiência pessoal.

> Os aspectos esotéricos da espiritualidade são aquelas práticas destinadas a dar ao aspirante um encontro direto com o Divino (INGERSOLL, 2005: 137).

A exploração ou o questionamento das questões exotéricas permanecerão dentro de uma estrutura religiosa estabelecida, enquanto as questões esotéricas irão exigir abertura para ir mais além das estruturas até um território desconhecido.

A segunda distinção é os dois usos diferentes da palavra espiritual. Em um sentido, ela significa uma expansão pessoal de significado ou dos autolimites ou do sentimento de estar "em harmonia com a natureza" e ainda assim dentro da moldura da consciência familiar. No outro sentido, significa uma experiência de uma consciência radicalmente diferente, que é misteriosa, humilde e muitas vezes descrita como uma conexão com uma presença maior.

Aqueles que nunca tiveram qualquer experiência direta de uma conexão espiritual transcendente provavelmente irão dizer que essas experiências são imaginação ou evidência de doença psicótica. É também muitas vezes considerada como uma perda doentia de limites "a falácia pré/trans" de Wilber (2000: 205) em que:

> Experiências genuínas místicas ou contemplativas... são consideradas (erradamente) como uma regressão ou reversão aos estados infantis do narcisismo, adualismo oceânico [...] e até a um autismo primitivo.

Acreditamos que é crucial estar claro sobre qual desses significados de "espiritualidade" você e seu cliente estão negociando a fim de saber como reagir melhor.

Ambas essas distinções são relevantes para dar forma à terapia. Um cliente que vem para a terapia com questões do significado maior da vida, uma possível crise espiritual ou desespero pode estar enfrentando uma de três situações potenciais, cada uma das quais precisa de uma abordagem de aconselhamento diferente:

• Primeiro, ele pode estar vivenciando uma crise existencial de sentido (às vezes, a nosso ver, imprecisamente chamada de crise espiritual). Aqui o cliente estará bem servido por uma prática Gestalt humanista/existencial competente em que o foco seria enfrentar a crise existencial, confrontando a ansiedade ou os problemas da vida e de encontrar novo sentido.

• Segundo, ele poderia estar vivenciando uma perda de fé em sua crença ou prática religiosa tradicional. Aqui podemos explorar a questão, mas deveríamos considerar enviá-lo a um mentor religioso apropriado, um sacerdote ou presbítero receptivo.

• Terceiro, ele poderia estar vivenciando uma sensação de algo que está faltando em sua vida que não pode ser satisfeita com as recompensas da vida comum. Esses são muitas vezes clientes que vêm com uma sensação de confusão de que eles "deveriam estar satisfeitos" com sua vida bem-sucedida ou com uma sensação de que há "alguma coisa mais" que se encontra na área espiritual. Para essa questão ou crise (esotérica) o cliente precisa de esclarecimento, apoio para a incerteza, e ajuda para identificar práticas que irão fortalecer sua busca. Para alguns clientes isso significa encontrar um caminho ou disciplina espiritual na qual se envolver (e nesse caso eles podem ou não abandonar a terapia).

Investigação espiritual

Se a dimensão espiritual torna-se figural, achamos que é útil explorar o contexto das crenças e influências espirituais do cliente. Uma maneira proveitosa de começar um diálogo sobre isso é perguntar ao cliente sobre momentos em sua vida em que ele teve uma experiência de significado espiritual e o sentido que ele fez disso.

Durante a avaliação inicial pode ser útil perguntar sobre a orientação espiritual ou religiosa. Isso lhe permitirá compreender quanto impacto o fundo espiritual tem sobre as questões do cliente, bem como seu lugar na vida do cliente e se elas precisam de uma orientação adicional. Por exemplo, você pode perguntar:

- De que religião ou orientação espiritual eram seus pais ou cuidadores?
- Como é que isso o afetou quando você estava crescendo?
- Que crenças espirituais ou religiosas você tem atualmente?
- Qual é o grau de importância das crenças espirituais em sua vida?
- O que é que lhe apoia, por exemplo, meditação, orações, uma comunidade espiritual, a Igreja, o templo etc.?
- Como essas coisas afetam suas dificuldades ou problemas atuais?
- As minhas crenças espirituais ou religiosas são importantes para você. Se são, como são?

Exemplo

Jake veio para a terapia com uma sensação de desilusão e uma falta de sentido em sua vida. Por quaisquer padrões ele era um profissional competente e bem-sucedido com uma parceira apaixonada e muitos interesses em sua vida. À medida que o conselheiro começou a explorar mais, ficou claro que Jake tinha estado buscando algo que ele não podia encontrar em sua vida de bem-estar material e emocional. Ele tinha pouco interesse na religião formal e firmemente acreditava que embora passasse por períodos de falta de sentido, isso não era uma realidade existencial e sim uma falta de conexão com algo que ele percebia, mas não podia explicar. Embora tivesse o tipo de questões relacionais normais da infância tanto ele quanto o terapeuta não acharam que essa era a raiz de suas questões. À medida que exploravam sua história, no entanto, Jake relatou que às vezes ele tinha tido uma sensação de significado em momentos de visitas tranquilas, durante as férias, a catedrais, templos, ou locais de adoração. Um tema comum dessas experiências parecia ser uma sensação de silêncio, abertura e receptividade a alguma coisa além de sua sensação normal de "Eu". O terapeuta encorajou-o a buscar essa

> experiência ativamente, deixando momentos de lado para uma reflexão silenciosa, e fazendo visitas a organizações locais que pareciam convidar a esse tipo de estado meditativo tais como reuniões de quacres, centros de refúgio silenciosos, e cursos de meditação budistas. No entanto, ele o aconselhou a tentar ter uma sensação corporal de quais locais lhe falavam, em vez de usar seu intelecto para decidir. Jake decidiu fazer um curso de meditação e eventualmente encontrou um mentor espiritual. Pela primeira vez em muitos anos ele teve esperança de que estava em uma viagem de significado e conectividade.

Há muitas razões que levam clientes a procurar a ajuda do aconselhamento. Elas variam em uma série contínua que vai desde problemas que eles querem resolver (ou que alguém resolva por eles!) até a área média de autoconhecimento e crescimento pessoal, até a outra extremidade do *continuum*, um desejo por realização espiritual.

Problemas ou tristeza ...... Crescimento pessoal ..... Crescimento espiritual

É claro, todas essas três necessidades podem estar presentes ao mesmo tempo, ou o cliente pode se deslocar entre essas três posições à medida que a terapia progride. A capacidade do conselheiro de se deslocar habilmente ao longo desse *continuum* irá depender de seu interesse e treinamento em questões espirituais. Em alguns casos pode ser importante perceber quando você atingiu o limite de sua competência e precisa sugerir ao cliente que busque um mentor espiritual para aquela parte de sua viagem.

Awareness

Em um sentido mais amplo, a consciência tem tanto um significado comum, como um significado transcendente. Ela inclui viver plenamente no momento, tanto de uma maneira completamente humana quanto de uma maneira que ultrapasse o comum. Esse é o sentido implicado pela consciência espiritual ou despertar no budismo Zen, e é também contida na descrição de Martin Buber da qualidade transcendente do encontro Eu-Você. Essas experiências são caracterizadas por serem fascinantes, misteriosas e de alguma forma inexplicável com palavras. As pessoas descrevem uma sensação de conexão e contato, de ir além do ordinário, uma sensação de reverência diante de algo maior e que tudo abrange. É nesses momentos também que há pouco sentido em "fazer" ou do próprio ego, mas há mais uma humildade com relação a um significado ou objetivo maior.

> [...] um estágio de *awareness* além da *awareness* do aqui e agora; uma *awareness* retrofletida em si mesma, que se devora e se dissolve em uma condição de consciência sem um objeto [...] não dupla *awareness*, a cognição do "fundo do ser" (NARANJO, 1981: 9).

A experiência espiritual fundamental é a experiência de mistério, de estar em relação a, ou na presença de, alguma realidade maior, quando a sensação normal do *self* não está perdida e sim transcendida.

Kennedy (1994) defende essa ideia do mistério da experiência espiritual. Da mesma forma, experiências culminantes ou momentos Eu-Você muitas vezes têm uma qualidade de transcendência da personalidade comum em que a sensação normal do *self* ou da identidade parece mínima ou temporariamente ausente. No momento de pleno contato há uma perda do *self* que paradoxalmente sente um máximo de vitalidade, de envolvimento e excitação. Essa experiência é descrita detalhadamente na literatura budista como a pedra do ego (na sua terminologia, uma autopercepção falsa ou ilusória) e é uma característica inevitável da iluminação espiritual.

Muitas das técnicas Gestalt de enraizamento, atenção à respiração, *awareness* sensorial, abertura de atitude, todas levam a um estado de simples *awareness* que pode se deslocar para a consciência transcendente. O Convite Gestalt para que a pessoa "perca sua mente e venha para seus sentidos" também está de acordo com a perspectiva comum de que a atividade incansável do pensamento e da mente é um obstáculo para a consciência espiritual. Realmente muitas práticas espirituais e de meditação começam com aquele tipo de exercícios de autopreparação como aqueles descritos no cap. 1 (que o preparam para a tarefa da terapia).

Visualizações orientadas, meditação, rituais xamanistas, orações, música, contato com a natureza, são apenas alguns exemplos de como criar as possíveis condições para a experiência espiritual. Nenhuma delas é especificamente Gestalt, mas alguns conselheiros gestálticos que são treinados nessas áreas ou têm talento para elas, podem incorporá-las apropriadamente em seu trabalho se o cliente solicitar esse tipo de exploração. Realmente, como diz Hemming (2009: 273), "Grande parte daquilo que praticamos na Gestalt forma os elementos básicos de uma prática espiritual".

> **Sugestão**
>
> Olhe para trás em sua vida e identifique os momentos quando você teve uma experiência de significado espiritual forte, uma sensação de algum objetivo ou conexão maior. Quais eram as condições e como elas afetaram seu trabalho como terapeuta?

Como um gesto de precaução, é importante lembrar que uma crise ou emergência espiritual envolve experiências extraordinárias e uma ruptura desorientadora dos limites do ego. Sem um apoio adequado, uma crise espiritual pode se tornar uma emergência psiquiátrica ou ser – pouco utilmente – rotulada como tal. Por exemplo, o desespero espiritual – a noite negra da alma – pode ser rotulada erroneamente como depressão. As experiências fora do corpo, ouvir vozes, visões e assim por diante, são todas aceitas e bem-vindas como algo espiritual em algumas comunidades e tratadas como psicose em outras. Se o terapeuta não tem a opção da lente de uma dimensão espiritual normalmente verá a busca espiritual do cliente como algo que precisa ser mudado e não vivenciado. Você precisa saber, portanto se há um contexto na cultura ou sistema de crenças daquela pessoa para esse tipo de experiência.

Conclusão

Nos últimos anos, tem havido uma tendência crescente na literatura gestáltica a reconhecer a dimensão transcendente da Gestalt. Isso inclui o processo maturativo de Jacobs "anseio de crescer" (1989), os momentos eu-você de Buber (1958/1984), os elementos transpessoais de Clarkson, "a alma na Gestalt" (1989), a descrição de Parlett (1991) da qualidade espiritual da presença, a Gestalt-transpessoal de Williams (2006), o "campo mais amplo" de Hemming (2009) e o "espaço liminar" de Denham-Vaughan (2010):

> O espaço liminar [...] é caracterizado por uma disposição de abandonar qualquer coisa familiar e por uma abertura para aquilo que está emergindo. Ele se encontra, portanto, no momento tanto de ser quanto de se tornar, em que o imanente e o transcendente se unem (p. 35).

Há muitas outras contribuições (cf. Leitura recomendada no final deste capítulo), bem como programas espirituais tais como a Escola Ridhwan fundada por A.H. Almaas que, de maneira surpreendente, integra muitas práticas psicoterapêuticas Gestalt com um caminho espiritual.

Ambas as tradições espirituais e a Terapia Gestalt enfatizam viver no momento presente e a *experiência* acima da crença ou dogma. Ambas exigem uma abertura para o mistério ou para a espontaneidade da própria vida e, nesse relacionamento, encontrar um nível mais sutil de experiência que é claramente de uma ordem diferente. Ambas podem levar a uma transformação que muda nossa vida.

Leitura recomendada

ALMAAS, A.H. (2008). Para artigos cf. www.ahalmaas.com

BATE, D. (2001). "Letter to editor: 'Gestalt and spirituality'". *British Gestalt Journal*, 10 (2), p. 125-126.

BROWNELL, P. (2012). "Spirituality in gestalt therapy". In: LEVINE BAR-JOSEPH, T. (org.). *Gestalt Therapy. Advances in Theory and Practice*. Londres: Routledge.

CROCKER, S.F. (2005). "Phenomenology, existentialism and Eastern thought in Gestalt therapy". In: WOLDT, A.L. & TOMAN, S.M. (orgs.). *Gestalt Therapy* – History, Theory and Practice. Thousand Oaks, CA: Sage, p. 73-80.

DENHAM-VAUGHAN, S. (2005). "Will and Grace". *British Gestalt Journal*, 14 (1), p. 5-14.

FRAMBACH, L. (2003). "The weighty world of nothingness: Salomon Friedlaender's 'Creative Indifference'". In: SPAGNUOLO LOBB, M. & AMENDT-LYON, N. (orgs.). *Creative License*: The Art of Gestalt Therapy. Nova York: Springer-Verlag Wien, p. 113-128.

HARRIS, E.S. (2000). "God, Buber, and the practice of Gestalt therapy". *Gestalt Journal*, 23 (1), p. 39-62.

HEMMING, J. (2009). "A larger field". In: ULLMAN, D. & WHEELER, G. (orgs.). *Co-creating the Field* – Intention and Practice in the Age of Complexity. Nova York: Routledge.

INGERSOLL, R.E. (2005). "Gestalt therapy and spirituality". In: WOLDT, A.L. & TOMAN, S.M. (orgs.). *Gestalt Therapy* – History, Theory and Practice. Thousand Oaks, CA: Sage.

NARANJO, C. (2000). *Gestalt Therapy*: The Attitude and Practice of an Atheoretical Experientalism. 2. ed. rev. Nevada City, CA: Crown House [Cf. Parte I, cap. 2; Parte IV, cap. 12 e 18].

SNIR, S. (2000). "A response from a Kabalistic perspective to 'The spiritual dimensions of Gestalt therapy'". *Gestalt!*, 4 (3) [outono].

ULLMAN, D. (2009). "Mindfulness, magic and metaphysics". In: ULLMAN, D. & WHEELER, G. (orgs.). *Co-creating the Field* – Intention and Practice in the Age of Complexity. Nova York: Routledge.

WILLIAMS, L. (2006). "Spirituality and Gestalt. A Gestalt-transpersonal perspective". *Gestalt Review*, 10 (1), p. 6-21.

Referências

AGAIBI, C. & WILSON, J. (2005). "Trauma, PTSD, and Resilience: A review of the literature". *Trauma Violence and Abuse*, 6, p. 195-216.

APPEL-OPPER, J. (2012). "Relational living body psychotherapy". In: YOUNG, C. (org.). *About Relational Body Psychotherapy*. [s.l.]: Body Psychotherapy.

ARNOLD, H.-P. (2008). "Gestalt-integrated strategy development, making the gestalt approach available for the coaching process". *International Gestalt Journal*, 32 (2), p. 77-107.

ASAY, T.P. & LAMBERT, M.J. (1999). "The empirical case for the common factors in therapy: quantitative findings". In: HUBBLE, M.A.; DUNCAN, B.L. & MILLER, S.D. (orgs.). *The Heart and Soul of Change*: What Works in Therapy. Washington, DC: APA, p. 33-56.

BARBER, P. (2006). *Becoming a Practitioner Researcher*: A Gestalt Approach to Holistic Enquiry. Londres: Middlesex University Press.

BATTS, V. (2000). *Racial awareness in psychotherapy* – Workshop Presentation. Canterbury: ITA Conference.

BAUMGARDNER, P. (1975). *Legacy from Fritz*: Gifts from Lake Cowichan. Palo Alto, CA: Science and Behavior.

BEAUMONT, H. (1993). "Martin Buber's I-Thou and fragile self organization". *British Gestalt Journal*, 2 (2), p. 85-95.

BEISSER, A.R. (1970). "The paradoxical theory of change". In: FAGAN, J. & SHEPHERD, I. (orgs.). *Gestalt Therapy Now*. Palo Alto, CA: Science and Behavior, p. 77-80.

BLAKE, W. (1969). *The Complete Writings*. Oxford: Oxford Paperbacks [org. de G. Keynes].

BLOM, R. (2006). *The Handbook of Gestalt Play Therapy*: Practical Guidelines for Child Therapists. Londres: Jessica Kingsley.

BOHM, D. (1996). *On Dialogue*. Londres: Routledge [org. de L. Nichol].

BORDIN, E.S. (1994). "Theory and research in the therapeutic alliance". In: HORVATH, O. & GREENBERG, S. (orgs.). *The Working Alliance*: Theory, Research and Practice. Nova York: Wiley.

BOWMAN, C. (2002). "To ground zero and back". *Gestalt*, 6, p. 1-11 [O periódico online não está mais disponível].

BROWN, M.T. & LANDRUM-BROWN, J. (1995). "Counselor supervision: cross-cultural perspectives". In: PONTEROTTO, J.; CASAS, J.M.; SUZUKI, L.A. & ALEXANDER, C.M. (orgs.). *The Handbook of Multicultural Counselling*. Londres: Sage.

BROWNELL, P. (2005). "Gestalt therapy in community mental health". In: WOLDT, A.L. & TOMAN, S.M. (orgs.). *Gestalt Therapy* – History, Theory and Practice. Thousand Oaks, CA: Sage, p. 257-278.

BROWNELL, P. (org.) (2008). *Handbook for Theory, Research and Practice in Gestalt Therapy*. Newcastle: Cambridge Scholars Publishing.

BUBER, M. (1967). *A Believing Humanism*. Nova York: Simon & Schuster.

_____ (1958/1984). *I and Thou*. Edimburgo: T&Clark.

BURLEY, T. & BLOOM, D. (2008). "Phenomenological method". In: BROWNELL, P. (org.). *Handbook for Theory Research and Practice in Gestalt Therapy*. Newcastle: Cambridge Scholars Publishing.

BUTOLLO, W. & KARL, R. (2012). *Dialogische Traumatherapie* – Ein Manual zur Behandlung der Posttraumatischen Belastungsstörung. Stuttgart: Klett-Cotta.

BUTOLLO, W.; KARL, R.; KÖNIG, J. & HAGL, M. (2014). "Dialogical exposure in a Gestalt-based treatment for posttraumatic stress disorder". *Gestalt Review*.

CLARKSON, P. (1992). *Transactional Analysis* – An Integrated Approach. Londres: Routledge.

_____ (1989). *Gestalt Counselling in Action*. Londres: Sage.

CLARKSON, P. & CAVICCHIA, S. (2013). *Gestalt Counselling in Action*. 4. ed. Londres: Sage.

CARROLL, M. & SHAW, E. (2012). *Ethical Maturity in the Helping Professions*. [Austrália]: PsychOZ.

CARTER, R.T. (1997). "Race and psychotherapy: the racially inclusive model". In: THOMPSON, C.E. & CARTER, R.T. (orgs.). *Racial Identity Theory*. Mahwah, NJ: Lawrence Erlbaum.

CLAXMAN, G. (1990). *The Heart of Practical Buddhism*. Londres: Aquarian.

CLEMMENS, M. (2012). "The Interactive Field: Gestalt therapy as an embodied dialogue". In: LEVINE BAR-YOSEPH, T. (org.). *Gestalt Therapy*: Advances in Theory and Practice. Londres: Routledge.

_____ (2008). *Team development workshop*. [s.l.]: Metanoia Institute.

_____ (2005). *Getting Beyond Sobriety*. Londres: Taylor & Francis.

COHEN, A. (2003). "Gestalt therapy and post-traumatic stress disorder: The irony and the challenge". *Gestalt Review*, 7 (1), p. 42-55.

_____ (2002). "Gestalt therapy and post-traumatic stress disorder: the potential and its fulfilment". *Gestalt*, 6 (1) [A publicação online já não está disponível].

COHN, H. (1997). *Existential Thought and Therapeutic Practice*. Londres: Sage.

COOPER, M. (2008a). Palestra para a oitava *Person Centred and Experiential Conference*. Norwich, UK.

_____ (2008b). *Essential Research Findings in Counselling and Psychotherapy*: The Facts Are Friendly. Londres: Sage.

COZOLINO, L. (2006). *The Neuro-science of Human Relationships*. Nova York: W.W. Norton.

CROCKER, S.F. (1999). *A Well Lived Life*: Essays in Gestalt Therapy. Cleveland, OH: Gestalt Institute of Cleveland Press.

DAVIS, M. & HAYES, J. (2011). "What are the benefits of mindfulness? – A practice review of psychotherapy-related research". *Psychotherapy*, 48 (2), p. 198-208.

DAVIS, M. & WALLBRIDGE, D. (1981). *Boundary and Space*: an Introduction to the work of D.W. Winnicott. Harmondsworth: Penguin.

DELISLE, G. (2013). *Object Relations in Gestalt Therapy*. Londres: Karnac.

_____ (2011). *Personality Pathology*: Developmental Perspectives. Londres: Karnac.

DENHAM-VAUGHAN, S. (2010). "The liminal space and twelve action practices for gracious living". *British Gestalt Journal*, 19 (2), p. 34-45.

_____ (2005). "Will and Grace". *British Gestalt Journal*, 14 (1), p. 5-14.

DUNCAN, B. & MILLER, S. (2000). *The Heroic Client*. São Francisco, CA: Jossey-Bass.

ELIOT, T.S. (1942). *The Complete Poems and Plays of T.S. Eliot*. Londres: Faber & Faber.

ELLIOTT, R. (2002). "The effectiveness of humanistic therapies: a meta-analysis". In: CAIN, D. & SEEMAN, J. (orgs.). *Humanistic Psychotherapies*: Handbook of Research and Practice. Washington, DC: American Psychological Association, p. 57-81.

ELLIOTT, R.; GREENBERG, L.S. & LIETAER, G. (2004). "Research on experiential psychotherapies". In: LAMBERT, M. (org.). *Handbook of Psychotherapies and Behavior Change*. 5. ed. Nova York: Wiley, p. 493-539.

ELLIOTT, R.; SLATICK, E. & URMAN, M. (2001). "Qualitative change process research on psychotherapy: alternative strategies". In: FROMMER, J. & RENNIE, D.L. (orgs.). *Qualitative Psychotherapy Research*: Methods and Methodology. Lengerich: Pabst Science, p. 69-111.

ELTON WILSON, J. (1993a). "Towards a personal model of counselling". In: DRYDEN, W. (org.). *Questions and Answers in Counselling in Action*. Londres: Sage, p. 95-102.

_____ (1993b). *Ethics in Psychotherapy*. Londres: Metanoia.

ENGLISH, F. (1975). "The three cornered contract". *Transactional Analysis Journal*, 5 (4), p. 383-384.

ERSKINE, R.G.; MOURSUND, J. & TRAUMANN, R.L. (1999). *Beyond Empathy*. Nova York: Brunner-Mazel.

ERSKINE, R.G. & TRAUTMANN, R. (1996). "Methods of an integrative psychotherapy". *Transactional Analysis Journal*, 26 (4), p. 316-328.

ETHERINGTON, K. (2004). *Becoming a Reflexive Researcher* – Using Our Selves in Research. Londres: Jessica Kingsley.

FISHER, J. (2013). *When Shame gets in the Way*, 10/04/2013 [Disponível em www.janinafisher.com].

_____ (2011). "Attachment as a sensorimotor experience: The use of sensorimotor psychotherapy". *Attachment*: New Directions in Psychotherapy and Relational Psychoanalysis, 5 (2), p. 99-107.

FODOR, I. (2002). "Reflections on September 11th". *British Gestalt Journal*, 10 (2), p. 80-85.

FOSHA, D. (2009). "Emotion and recognition at work". In: FOSHA, D.; SIEGEL, D. & SOLOMON, M. (orgs.). *The Healing Power of Emotion* – Affective Neuroscience, Development and Clinical Practice. Nova York: W.W. Norton, p. 204-231.

FRANCESETTI, G. (2013). "Gestalt therapy perspective on panic attacks". In: FRANCESETTI, G.; GECELE, M. & ROUBAL, J. (orgs.). *Gestalt Therapy in Clinical Practice*: From Psychopathology to the Aesthetics of Contact. Milão: FrancoAngeli.

FRANCESETTI, G. & ROUBAL, J. (2013). "Gestalt therapy approach to depressive experiences". In: FRANCESETTI, G.; GECELE, M. & ROUBAL, J. (orgs.). *Gestalt Therapy in Clinical Practice*: From Psychopathology to the Aesthetics of Contact. Milão: FrancoAngeli.

FRANCESETTI, G.; ROUBAL, J. & GECELE, M. (2013). *Gestalt Therapy in Clinical Practice*: From Psychopathology to the Aesthetics of Contact. Milão: FrancoAngeli.

FRANK, R. (2013). *The First Year of the Rest of Your Life*: Movement, Development and Psychotherapeutic Change. Nova York: Routledge.

_____ (2003). "Embodying creativity". In: LOBB, M.S. & AMENDT-LYON, N. (orgs.). *Creative Licence* – The Art of Gestalt Therapy. Viena: Springer-Verlag.

FREDRICKSON, B.L.; TUGADE, M.M.; WAUGH, C.E. & LARKIN, G.R. (2003). "A prospective study of resilience and emotions following the terrorist attacks on the United States on September 11th, 2002". *Journal of Personality and Social Psychology*, 84 (2), p. 365-376.

FREUD, S. (1917). *Mourning and Melancholia* – The Standard Edition of the Complete Psychological Works of Sigmund Freud. Vol. XIV, 1914-1916. Londres: Hogarth, p. 237-258.

GAFFNEY, S. (2009). "The cycle of experience re-cycled: then, now... next". *Gestalt Review*, 13 (1), p. 7-23.

GILBERT, A. (2006). "A phenomenological exploration of a traumatic incident (death of a child) on social services staff". *European Journal for Qualitative Research in Psychotherapy*, 1 (1), p. 1-19.

GLADWELL, M. (2006). *Blink*: The Power of Thinking Without Thinking. Londres: Penguin.

GOLD, E. & ZAHM, S. (2011). "Gestalt therapy training integrating Buddhist psychology and mindfulness methods". In: BLOOM, D. & BROWNELL, P. (orgs.). *Continuity and Change*: Gestalt Therapy Now. Newcastle: Cambridge Scholars Press, p. 221-235.

GOULDING, R. (1992). "Transactional analysis and Gestalt therapy". In: NEVIS, E.C. (org.). *Gestalt Therapy*. Nova York: Gardner, p. 129-146.

GREEN, A. (1986). *On Private Madness*. Londres: Karnac.

GREENBERG, E. (1989). "Healing the borderline". *Gestalt Journal*, 12 (2), p. 11-56.

GREENBERG, L.S. & WATSON, J. (2006). *Emotion-Focused Therapy for Depression*. Washington, DC: American Psychiatric Association.

HANSON, R. & MENDIUS, R. (2009). *Buddha's Brain*: The Practical Neuroscience of Happiness, Love and Wisdom. Oakland, CA: New Harbinger.

HARRIS, C. (1992). "Gestalt work with psychotics". In: NEVIS, E.C. (org.). *Gestalt Therapy*. Nova York: Gardner, p. 239-262.

HARRIS, E.S. (2007). "Working with forgiveness in Gestalt therapy". *Gestalt Review*, 11 (1), p. 108-119.

HAWKINS, P. (1991). "Approaches to the supervision of counsellors". In: DRYDEN, W. & THORNE, B. (orgs.). *Training and Supervision for Counsellors in Action*. Londres: Sage.

HAYES, S.; FOLLETTE, V. & LINEHAN, M. (2004). *Mindfulness and Acceptance*: Expanding the Cognitive-Behavioral Tradition. Nova York: Guilford.

HEMMING, J. (2009). "A larger field". In: ULLMAN, D. & WHEELER, G. (orgs.). *Co-creating the Field* – Intention and Practice in the Age of Complexity. Nova York: Routledge.

HERMAN, J.L. (1992). *Trauma and Recovery*. Nova York: Basic.

HOOKER, K.E. & FODOR, I.E. (2008). "Teaching Mindfulness to children". *Gestalt Review*, 12 (1), p. 75-91.

HOROWITZ, M.J. (1982). "Strategic dilemmas and the socialization of psychotherapy researchers". *British Journal of Clinical Psychology*, 21 (2), p. 199-227.

HOUSTON, G. (2013). *Gestalt Counselling in a Nutshell*. Londres: Sage.

_____. (2003). *Brief Gestalt Therapy*. Londres: Sage.

HOWDIN, J. & REEVES, A. (2009). Working with suicide". *British Gestalt Journal*, 18 (1), p. 10-17.

HUNTER, M. & STRUVE, J. (1998). *The Ethical Use of Touch in Psychotherapy*. Londres: Sage.

HUSSERL, E. (1931). *Ideas*: General Introduction to Pure Phenomenology. Vol. 1. Nova York: Macmillan.

HYCNER, R.A. (1991). *Between Person and Person*. Highland, NY: Gestalt Journal.

HYCNER, R.A. & JACOBS, L. (1995). *The Healing Relationship in Gestalt Therapy*. Highland, NY: Gestalt Journal.

INGERSOLL, R.E. (2005). "Gestalt therapy and spirituality". In: WOLDT, A.L. & TOMAN, S.M. (orgs.). *Gestalt Therapy, History, Theory and Practice*. Thousand Oaks, CA: Sage.

JACOBS, L. (2006). "That which enables – Support as complex and contextually emergent". *British Gestalt Journal*, 15 (2), p. 10-19.

_____ (2004). "Ethics of context and field: the practice of care, inclusion and openness to dialogue. In: LEE, R. (org.). *The Values of Connection*. Cambridge, MA: Gestalt.

_____ (2003). "Ethics of context and field". *British Gestalt Journal*, 12 (2), p. 88-96.

_____ (2002). "It's not easy to be a field theorist: commentary on 'Cartesian and post-Cartesian trends in relational psychoanalysis'". *Gestalt!*, 6 (2), p. 17-26.

_____ (2000). "Enduring relational themes". In: "Respectful dialogues". *British Gestalt Journal* 9 (2), p. 105-116.

_____ (1996). "Shame in the therapeutic dialogue". In: LEE, R.G. & WHEELER, G. (orgs.). *The Voice of Shame*. São Francisco, CA: Jossey-Bass, p. 297-315.

_____ (1989). "Dialogue in Gestalt theory and therapy". *Gestalt Journal*, 12 (1), p. 25-68.

JOYCE, P. & SILLS, C. (2001). *Skills in Gestalt Counselling and Psychotherapy*. 2. ed. Londres: Sage.

KABAT-ZINN, J. (2003). "Mindfulness-based interventions: past, present and future". *Clinical Psychology*: Science and Practice, 10 (2), p. 144-156.

KAUFMAN, G. (1989). *The Psychology of Shame*: Theory and Treatment of Shame. Nova York: Springer.

KAZDIN, A.E. (1981). "Drawing valid inferences from case studies". *Journal of Consulting and Clinical Psychology*, 49, p. 183-192.

KELLY, C. (1998). *Body Process workshop*. Londres: Metanoia.

KENNEDY, D.J. (1994). "Transcendence, truth and spirituality in the Gestalt way". *British Gestalt Journal*, 3 (1), p. 4-10.

KEPNER, J. (2003). "The embodied field". *British Gestalt Journal*, 12 (1), p. 6-14.

_____ (1995). *Healing Tasks in Psychotherapy*. São Francisco, CA: Jossey-Bass.

_____ (1987). *Body Process*: A Gestalt Approach to Working with the Body in Gestalt Therapy. Nova York: Gardner.

KIM, J. & DANIELS, D. (2008). "Experimental freedom". In: BROWNELL, P. (org.). *Handbook for Theory, Research and Practice in Gestalt Therapy*. Newcastle: Cambridge Scholars Publishing.

KOHUT, H. (1977). *The Restoration of the Self*. Nova York: International Universities Press.

_____ (1971). *The Analysis of the Self*. Nova York: International Universities Press.

LAMBERT, M. (2003). *Bergen & Garfield's handbook of Psychotherapy and Behaviour Change*. 5. ed. Nova York: John Wiley.

LEADER, D. (2008). *The New Black*. Londres: Penguin.

LEE, R.G. (2007). "Shame and Belonging in childhood: the interaction between relationship and neurobiological development in the early years of life". *British Gestalt Journal*, 16 (2), p. 57-83.

LEE, R.G. (org.) (2004). *The Values of Connection* – A Relational Approach to Ethics. Cambridge, MA: Gestalt.

LEE, R.G. & WHEELER, G. (orgs.) (1996). *The Voice of Shame*. São Francisco, CA: Jossey-Bass.

LEVINE, P. (1997). *Waking the Tiger* – Healing Trauma. Berkeley, CA. North Atlantic.

LEWIN, K. (1951). *Field Theory in Social Science*. Nova York: Harper & Brothers.

LUBORSKY, L.; ROSENTHAL, R.; DIGUER, L.; ANDRUSYNA, T.; LEVITT, J.; SELIGMAN, D.; BERMAN, J. & KRAUSE, E. (2003). "Are some psychotherapies much more effective than others?" *Journal of Applied Psychoanalytic Studies*, 5 (4), p. 455-460.

LUBORSKY, L.; SINGER, B. & LUBORSKY, L. (1975). "Comparative studies of psychotherapies: is it true that 'everyone has won and all must have prizes'"? *Archives of General Psychiatry*, 32, p. 995-1.108.

LUTHAR, S.S. (2006). "Resilience in development: A Synthesis of research across five decades". In: CICCHETTI, D. & COHEN, D.J. (orgs.). *Developmental Psychopathology*: Risk, Disorder and Adaptation. 2. ed. Nova York: Wiley, p. 739-795.

MANN, D. (2013). *Gestalt Therapy* – 100 Key Points. Londres: Routledge.

MacKEWN, J. (1997). *Developing Gestalt Counselling*. Londres: Sage.

McGILCHRIST, I. (2009). *The Master and His Emissary*: The Divided Brain and the Making of the Western World. New Haven, CT: Yale University Press.

McLEOD, J. (2010). *Case Study Research*. Londres: Sage.

MELNICK, J. & NEVIS, S. (2005). "The willing suspension of disbelief: Optimism". *Gestalt Review*, 9 (1), p. 10-26.

_____ (1998). "Diagnosing in the here and now: a Gestalt Therapy approach". In: GREENBERG, L.S.; WATSON, J.C. & LIETAER, G. (orgs.). *Handbook of Experiential Psychotherapy*. Nova York: The Guilford, p. 428-429.

_____ (1997). "Gestalt diagnosis and DSM-IV". *British Gestalt Journal*, 6 (2), p. 97-106.

MELNICK, J. & ROOS, S. (2007). "The myth of closure". *Gestalt Review*, 11 (2), p. 90-107.

MILLER, S.D.; HUBBLE, M. & DUNCAN, B. (2008). "Supershrinks". *Therapy Today*, 19 (3), p. 4-9.

MOTHERSOLE, G. (2006). "Contracts and harmful behavior". In: SILLS, C. (org.). *Contracts in Counselling*. Londres: Sage, p. 87-97.

MULLEN, P. (1990). "Gestalt therapy and constructive developmental psychology". *Gestalt Journal*, 13 (1), p. 69-90.

MULLER, B. (1996). "Isadore From's contribution". *Gestalt Journal*, 19 (1), p. 57-82.

NARANJO, C. (1981). "Gestalt conference talk". *Gestalt Review*, 5 (1), p. 3-19.

NEFF, K. (2011). *Self Compassion*. Nova York: William Morrow.

NEVIS, E. (2003). "Blocks to creativity in organisations". In: LOBB, M.S. & AMENDT-LYON, N. (orgs.). *Creative Licence* – The Art of Gestalt Therapy. Viena: Springer-Verlag.

_____ (1987). *Organisational Consulting*: A Gestalt Approach. Nova York: Gardner.

NORCROSS, J. (2011). *Psychotherapy Relationships That Work*: Evidence-based Responsiveness. 2. ed. Nova York: Oxford University Press.

OAKLANDER, V. (2006). *Hidden Treasure*: A Map to the Child's Hidden Self. Londres: Karnac.

OGDEN, P. (2009). "Emotion, mindfulness and movement – Expanding the regulatory boundaries of the window of affect tolerance". In: FOSHA, D.; SIEGEL, D. & SOLOMON, M. (orgs.). *The Healing Power of Emotion*: Affective Neuroscience, Development and Clinical Practice. Nova York: W.W. Norton, p. 204-231.

OGDEN, P.; MINTON, K. & PAIN, C. (2006). *Trauma and the Body*: A Sensorimotor Approach to Psychotherapy. Nova York: W.W. Norton.

OGDEN, T. (1982). *Projective Identification and Psychotherapeutic Technique*. Nova York: Jason Aronson.

ORLINSKY, D.E.; GRAWE, K. & PARKS, B.K. (1994). "Process and outcome in psychotherapy". In: BERGIN, A.E. & GARFIELD, S.L. (orgs.). *Handbook of Psychotherapy and Behavior Change*. 4. ed. Nova York: Wiley.

PAIVIO, S.C. & PASCUAL-LEONE, A. (2010). *Emotion focused therapy for complex trauma*: An integrative approach. Washington, DC: American Psychological Association.

PARLETT, M. (2009). "A part of the whole, a part to play". In: ULLMAN, D. & WHEELER, G. (orgs.). *Co-Creating the Field* – Intention and Practice in the Age of Complexity. Nova York: Routledge.

_____ (2007). "Introduction" . In: WOLLANTS, G. (org.). *Gestalt Therapy*: Therapy of the Situation. Londres: Sage.

_____ (1993). "Towards a more Lewinian gestalt therapy". *British Gestalt Journal*, 2 (2), p. 115-120.

_____ (1991). "Reflections on field theory". *British Gestalt Journal*, 1 (1), p. 69-80.

PERERA-DILTZ, D.M., LAUX, J.M. & TOMAN, S.M. (2012). "A cross-cultural exploration of PTSD: assessment, diagnosis, recommended gestalt treatment". *Gestalt Review*, 16 (1), p. 69-87.

PERLS, F. (1979). "Planned psychotherapy". *Gestalt Journal*, 2 (2), p. 5-23.

PERLS, F.S. (1970). "Four Lectures". In: FAGAN, J. & SHEPHERD, I. (orgs.). *Gestalt Therapy Now*. Palo Alto, CA: Science and Behavior, p. 14-38.

_____ (1969). *Gestalt Therapy Verbatim*. Moab, UT: Real People.

_____ (1947). *Ego, Hunger and Aggression*. Nova York: Vintage.

PERLS, F.; HEFFERLINE, R. & GOODMAN, P. (1989 [1951]). *Gestalt Therapy*: Excitement and Growth in the Human Personality. Londres: Pelican.

PERLS, L. (1970). "One Gestalt therapist's approach". In: FAGAN, J. & SHEPHERD, I. (orgs.). *Gestalt Therapy Now*. Palo Alto, CA: Science and Behavior, p. 125-129.

PERRY, A. (2008). *Claustrophobia* – Finding Your Way Out. Londres: Worth.

PHILLIPPSON, P. (2012). *Gestalt Therapy*: Roots and Branches. Londres: Karnac.

_____ (2004). "The experience of Shame". *International Gestalt Journal*, 27 (2), p. 85-96.

POLSTER, E. (1999). *From the Radical Centre*. Cambridge, MA: Gestalt Institute of Cleveland.

_____ (1998). "Martin Heidegger and Gestalt therapy". *Gestalt Review*, 2 (3), p. 253-268.

_____ (1995). *A Population of Selves*. São Francisco, CA: Jossey-Bass.

_____ (1991). "Tight therapeutic sequences". *British Gestalt Journal*, 8 (1), p. 5-22.

_____ (1985). "Imprisoned in the present". *Gestalt Journal*, 8 (1), p. 5-22.

POLSTER, E. & POLSTER, M. (1973). *Gestalt Therapy Integrated*. Nova York: Vintage.

PORGES, S. (2013). *Clinical insights from the Polyvagal Theory*. Nova York/Londres: W.W. Norton.

_____ (2011). *The Polyvagal Theory*: Neurophysiological Foundations of Emotions, Attachment, Communication and Self-Regulation. Londres: W.W. Norton.

PROCTOR, B. & SILLS, C. (2005). "Personal therapy for trainees – A three-cornered conundrum". *Counselling and Psychotherapy Journal,* 16 (5), p. 38-42.

RACHID, T. & SELIGMAN, M. (2013). "Positive psychotherapy". In: WEDDING, D. & CORSINI, R. (orgs.). *Current Psychotherapies*. 10. ed. Belmont, CA: Cengage Learning, p. 461-498.

RACKER, H. (1982 [1968]). *Transference and Countertransference*. Londres: Karnac.

REASON, P. & BRADBURY, H. (2001). "Inquiry and participation in search of a world worthy of human aspiration". In: REASON, P. & BRADBURY, H. (orgs.). *Handbook of Action Research*: Participative Inquiry and Practice. Londres: Sage.

RESNICK, R. (1990). "Gestalt therapy with couples". *Workshop*. Londres: Metanoia Institute.

RIZZOLATTI, G.; FADIGA, L.; GALLESE, V. & FOGASSI, L. (1996). "Premotor córtex and the recognition of motor actions". *Cognitive Brain Research*, 3, p. 131-141.

ROBINE, J.-M. (2013). "Anxiety within the situation: Disturbances of Gestalt construction". In: FRANCESETTI, G.; GECELE, M. & ROUBAL, J. (orgs.). *Gestalt Therapy in Clinical Practice*. Milão: FrancoAngeli/Eagt, p. 479-493.

ROBINE, J.-M. (org.) (2001). *Contact and Relationship in a Field Perspective*. Bordeaux: L'Exprimerie.

RONALL, R. (2008). "Intensive Gestalt workshops: Experiences in community". *British Gestalt Journal*, 17 (2), p. 39-50.

ROUBAL, J. (2007). "Depression – A Gestalt theoretical perspective". *British Gestalt Journal*, 16 (1), p. 35-43.

SCHEINBERG, S.; JOHANNSON, A.; STEVENS, C. & CONWAY-HICKS, S. (2008). "Research communities in action: Three examples". In: BROWNELL, P. (org.). *Handbook for Theory, Research and Practice in Gestalt Therapy*. Newcastle: Cambridge Scholars.

SCHORE, A. (2003). *Affect Regulation and the Repair of the Self*. Nova York: W.W. Norton.

_____ (2000). *Minds in the making* – Seventh Annual John Bowlby Memorial Award Conference. Londres: Centre for Attachment-based Psychoanalytic Psychotherapy.

SHAPIRO, F. (2001). *The Science and Art of Psychotherapy*. Londres: W.W. Norton.

SHUB, N. (1992). "Gestalt therapy over time: Integrating difficulty and diagnosis". In: NEVIS, E.C. (org.). *Gestalt Therapy*. Nova York: Gardner.

SICHERA, A. (2003). "Therapy as an aesthetic issue". In: LOBB, M.S. & AMENDT-LYON, N. (orgs.). *Creative Licence*: The Art of Gestalt Therapy. New York/Viena: Springer, p. 93-99.

SIEGEL, D. (1999). *The Developing Mind*. Nova York: Guilford.

SILLS, C. (2006). "Contracts and contract making". In: SILLS, C. (org.). *Contracts in Counselling*. 2. ed. Londres: Sage, p. 9-26.

SPENCE, D.P. (2001). "Dangers of anecdotal reports". *Journal of Clinical Psychology*, 57, p. 37-41.

_____ (1989). "Rhetoric vs. evidence as a source of persuasion: a critique of the case study genre". In: PACKER, M.G. & ADDISON, R.B. (orgs.). *Entering the Circle*: Hermeneutic Investigation in Psychology. Nova York: State University of New York Press.

STAEMMLER, F.-M. (2012a). "Compassion and self-esteem". *British Gestalt Journal*, 21 (2), p. 19-28.

_____ (2012b). *Empathy in Psychotherapy*. Nova York: Springer.

_____ (2009). *Aggression, Time and Understanding*. Nova York: Routledge.

_____ (2007). "On Macaque monkeys, players, and clairvoyants: Some new ideas for a Gestalt therapeutic concept of empathy". *Studies in Gestalt Therapy* – Dialogical Bridges, 1 (2), p. 43-64.

_____ (1997a). "Towards a theory of regressive process in Gestalt therapy". *Gestalt Journal*, 20 (1), p. 49-120.

_____ (1997b). "Cultivating uncertainty: An attitude for Gestalt therapists". *British Gestalt Journal*, 6 (1), p. 40-48.

_____ (1993). "Projective identification in Gestalt therapy with severely impaired clients". *British Gestalt Journal*, 2 (2), p. 104-110.

STAWMAN, S. (2011). "Empathy and understanding". *British Gestalt Journal*, 20 (1), p. 5-13.

STERN, D.N. (1985). *The Interpersonal World of the Infant*. Nova York: Basic.

STERN, S. (1994). "Needed relationships and repeated relationships: an integrated relational perspective". *Psychoanalytic Dialogues*, 4 (3), p. 317-345.

STORR, A. (1979). *The Art of Psychotherapy*. Londres: Heinemann.

STRATFORD, C.D. & BRALLIER, L.W. (1979). "Gestalt therapy with profoundly disturbed persons". *Gestalt Journal*, 2 (1), p. 90-104.

STRUMPFEL, U. (2004). "Research on Gestalt therapy". *International Gestalt Journal*, 12 (1), p. 9-54.

SWANSON, J. (1988). "Boundary processes and boundary states". *Gestalt Journal*, 11 (2), p. 5-24.

TAYLOR, M. (2014). *Trauma Therapy and Clinical Practice*: Neuroscience, Gestalt and the Body. Maidenhead: Open University Press.

TOBIN, S. (1982). "Self-disorders, Gestalt therapy and self-psychology". *Gestalt Journal*, 5 (2), p. 3-44.

VAN RIJN, B.; SILLS, C.; HUNT, J.; SHIVANATH, S.; GILDEBRAND, K. & FOWLIE, H. (2008). "Developing clinical effectiveness in psychotherapy training: Action research". *Counselling and Psychotherapy Research*, 8 (4), p. 261-268.

VERHAEGHE, P. (2007). *Chronicle of a death foretold* [Palestra principal na Health Life Conference. Dublin City University].

_____ (2004). *On Being Normal and Other Disorders*. Nova York: Other.

VIDAKOVIC, I. (2013). "The Power of moving on: gestalt therapy approach to trauma treatment". In: FRANCESETTI, G.; GECELE, M. & ROUBAL, J. (orgs.). *Gestalt Therapy in Clinical Practice*: From Psychopathology to the Aesthetics of Contact. Milão: FrancoAngeli, p. 317-330.

WAMPOLD, B.E. (2001). *The Great Psychotherapy Debate*. Mahwah, NJ: Lawrence Erlbaum Associates.

WATSON, J.C.; GORDON, L.B.; STERMAC, L.; KALOGERAKOS, F. & STECKLEY, P. (2003). "Comparing the effectiveness of process experiential with cognitive behavioural psychotherapy in the treatment of depression". *Journal of Consulting and Clinical Psychology*, 71, p. 773-781.

WHEELER, G. (1991). *Gestalt Reconsidered*. Nova York: Gardner.

WHINES, J. (1999). "The 'symptom-figure'". *British Gestalt Journal*, 8 (1), p. 9-14.

WILBER, K. (2000). *Sex, Ecology, Spirituality*. Boston, MA: Shambhala.

WILLIAMS, L. (2006). "Spirituality and Gestalt: A Gestalt-transpersonal perspective". *Gestalt Review*, 10 (1), p. 6-21.

WILLIAMS, M. & KABAT-ZINN, J. (2013). *Mindfulness*: Diverse Perspectives on its Meaning, Origins and Applications. Londres: Routledge.

WILLIAMS, M.; TEASDALE, J.; SEGAL, Z. & KABAT-ZINN, J. (2007). *The Mindful Way Through Depression*. Nova York: Guilford.

WOLDT, A.L. & TOMAN, S.M. (orgs.) (2005). *Gestalt Therapy* – History, Theory and Practice. Thousand Oaks, CA: Sage.

WOLLANTS, G. (2007). "Therapy of the Situation". *British Gestalt Journal,* 14 (2), p. 91-102.

WOLLANTS, G. (org.) (2007). *Gestalt Therapy*: Therapy of the Situation. Londres: Sage.

WORDEN, W. (1991). *Grief Counselling and Grief Therapy*: A Handbook for the Mental Health Practitioner. Londres: Routledge.

YONTEF, G. (2005). "Gestalt therapy theory of change". In: WOLDT, A.L. & TOMAN, S.M. (orgs.). *Gestalt Therapy* – History, Theory and Practice. Thousand Oaks, CA: Sage.

_____. (1993). *Awareness, Dialogue and Process*: Essays on Gestalt Therapy. Highland, NY: Gestalt Journal.

_____ (1991). "Recent trends in Gestalt therapy". *British Gestalt Journal,* 1 (1), p. 5-20.

YONTEF, G. & FUHR, R. (2005). "Gestalt therapy theory of change". In: WOLDT, A.L. & TOMAN, S.M. (orgs.). *Gestalt Therapy* – History, Theory and Practice. Thousand Oaks, CA: Sage, p. 81-100.

YONTEF, G. & JACOBS, L. (2013). "Gestalt therapy". In: WEDDING, D. & CORSINI, R. (orgs.). *Current Psychotherapies*. 10. ed. Belmont, CA: Brooks-Cole, p. 299-338.

YONTEF, G. & PHILLIPPSON, P. (2008). "A unified practice". In: BROWNELL, P. (org.). *Handbook for Theory, Research and Practice in Gestalt Therapy*. Newcastle: Cambridge Scholars.

ZINKER, J. (1977). *The Creative Process in Gestalt Therapy*. Nova York: Random House.

_____ (1975). "On loving encounters: a phenomenological view". In: STEPHENSON, F. (org.). *Gestalt Therapy Primer*. Chicago, IL: Charles Thomas.

Índice remissivo

Aconselhamento
    com tempo limitado 335-346
    multicultural 365-377
Adequação para a Gestalt-terapia 23, 86
Aliança de trabalho 67, 85
Amor 199s.
Ansiedade 274, 288
    crenças ansiosas 292
    e depressão 274-278
    processo corporal 294
Apoio 111-120
    ambiental 107, 231
    autodiálogo 115
    autoprocesso 112
    companheiro evocado 116
    do conselheiro 119
    relacional 117s.
Atenção plena 259, 267s.
Atitudes eu-você, eu-isso 77-79
Atuação 76, 113, 141, 177, 189
Automonitoramento 162
Autoprocesso frágil 78, 104, 108
Autorresponsabilidade 113
Autorrevelação 75
Autossupervisão 224
Avaliação 81-99, 306
    considerações do tratamento 100-110
    decidindo prioridades 106

de compatibilidade 86
　　e administração de risco 245-257
　　　autocuidados e autoapoio 253, 270, 328
　　　classificando o risco 249
　　envolvendo o cliente 102
　　fases do tratamento 107
　　fatores culturais 95
　　folha de avaliação 98
　　implicações do diagnóstico 101
　　intervenções experimentais 19
　　processando lembranças 314-327
　　sequências terapêuticas 305
　　tipo de relacionamento 188
　　trabalho com duas cadeiras 207
　　utilidade do conceito 100
Avaliando e administrando o risco emergente 245
Awareness 49-65
　　relacional 57
　　zonas de 53

Cadeira vazia 140
Campo relacional 204
Catarse 207
Ciclo da experiência 58-62, 225
Cocriação 67, 121, 181
Compaixão 270
Comunicação aberta 75
Condições do campo 94
Confirmação 71
Confluência 154, 296
Contratos 21s.
Contratransferência 94, 180, 184, 225, 256
Crenças
　　básicas 91, 174, 292
　　　trabalhando com 174
　　limitantes 281

Cultura 95
Curiosidade 30s., 38, 52
   ativa 37

Deflexão 158
Depressão 274, 278s.
   ciclo depressivo 285
   e ansiedade 274-298
      esperança 274
      rótulos 275
      ganho secundário 276
Descrição 35s.
Dessensibilização 160s.
Diagnóstico 85s., 88
Dilemas éticos 371-377
   polaridades 374
   superando os 375
Dimensões existenciais 20, 31, 62, 296, 380
Diversidade 365-377
Dominador/dominado 141
DSM-5 85

Egotismo; cf. Processo incorporado; Automonitoramento
EMDR 171, 300
Emergência de segurança 135, 173, 262, 319
Emoções 174, 321
Empatia 73, 75
Equalização; cf. Horizontalismo
Espiritualidade 297, 378-386
   e *awareness* 383
   investigação 381
   oriental 378
Estilos de contato 149
Evitação 290
   administrando sintomas 318
   plena atenção 267

processo corporal 294
  questões existenciais 296
Exercícios de enraizamento 14, 207, 293, 383
Experiências positivas 271s., 324, 328
Experimentação 113-148
  sequências de 113
  cf. tb. Trabalho com sonhos
Explicando o aconselhamento Gestalt 19-21

Faltas 18, 27
Fases do aconselhamento e da terapia 106, 110
Fenomenologia 31-47
  aplicação clínica 41
  método fenomenológico 31-41
Férias 116
Figura
  e fundo 45
  excludente 277, 323
Finalizações 229-241
  inesperadas 232
  padrões de 229s.
  tarefas de 235
Foco atencional 210s., 323
Folha de informação para clientes 24
Folhas de admissão 16-18
Fornecendo recursos 258
  de sobrevivência 232
Funções de contato 89
Fundo 170s.

Gestalt relacional 67
Gestalts fixas 86, 98, 152
Gratidão 282
Grupos 221

História de risco 255
Honorários 23, 25
Horizontalismo 36

Identidade racial 365
Identificação projetiva 196
Identificando-se com sua própria experiência 114s.
Imaginação 174
Impasse 173
Impotência 283
Impulsividade 163
Inclusão 73-79
    comunicando a 74
    disposição para 75
Indiferença criativa 63, 168
Interrupções ao contato 150-152
Introjetando/rejeitando 155
Introjetos 176

Janela de tolerância 173, 318-320

Limites 326
Linguagem de autorresponsabilidade
Lista
    de progresso 361
    de verificação do progresso do cliente 361
Lugar seguro 265

Manutenção de registros 27
Memória 310s.
Microcampos introjetados 295
Micromovimentos 209
Modificações ao contato 149
Movimentos inacabados 324

Neurônios espelho 203

Otimismo 260

Padrões relacionais 92
Pesquisa 360-363
   -ação 352
   debate sobre efetividade 350
   de estudo de caso 356
   filosofia da 348
   importância da 348
   investigação pessoal refletiva 354
   redes de pesquisa de profissionais 358
   refletividade 359
   viés na pesquisa 359
Pesquisando sua própria prática 360s.
Polaridades 149, 151, 165
Preparando para a sessão 14
Presença 70
Primeiros encontros 15
Processo corporal; cf. Ansiedade; Evitação; Processo incorporado
Processo incorporado 89, 202-214
Processos regressivos 245
Projeção 156
Psicoeducação 260, 310
Psicose 384
Psicoterapia sensório-motora 208, 300, 326

Questões pessoais 76s.

Recursos esquecidos 266
Recusando clientes 25, 87
Redução fenomenológica (*bracketing*) 31
Relacionamento
   dialógico 69-79
   terapêutico 67-79
Retroflexão 159
Revisões 104, 226s.
Risco de suicídio 251

Sexualidade 198-200
Sistema(s)
   de ação defensiva 208
   de apoio 90
   de crenças 91, 297, 323
Situação inacabada 169-178, 195, 238, 283, 300
Supervisão 224-228

Teoria
   de Campo 45-47
   Paradoxal de Mudança 62
Terapia breve 335-346
   considerações 342
   nos cuidados primários 343
Toque 211s.
Trabalho
   com sonhos 216-223
   corporal para o desenvolvimento 211
Transferência 180-201
   cocriação da 181
   erótica 198
   reconhecendo 183
   relacionamento
      necessitado 188
      repetido 187
   trabalhando com a 190
Trauma 300s., 314
Traumatização indireta 256

Vergonha 121-131, 261
   origens 122
   restrições por 123
   trabalhando com 125-131

Zen-budismo 378
Zonas de *awareness* 53-56

Conecte-se conosco:

- facebook.com/editoravozes
- @editoravozes
- @editora_vozes
- youtube.com/editoravozes
- +55 24 2233-9033

www.vozes.com.br

Conheça nossas lojas:

www.livrariavozes.com.br

Belo Horizonte – Brasília – Campinas – Cuiabá – Curitiba
Fortaleza – Juiz de Fora – Petrópolis – Recife – São Paulo

EDITORA VOZES LTDA.
Rua Frei Luís, 100 – Centro – Cep 25689-900 – Petrópolis, RJ
Tel.: (24) 2233-9000 – E-mail: vendas@vozes.com.br